U0872170

深圳律师实务丛书

企业合规
律师实务指南

深圳市律师协会第十四期青年律师研修班 编著

QIYE HEGUI LÜSHI SHIWU ZHINAN

法律出版社
LAW PRESS · CHINA
北京

图书在版编目(CIP)数据

企业合规律师实务指南 / 深圳市律师协会第十四期青年律师研修班编著. -- 北京 : 法律出版社, 2023
(深圳律师实务丛书)
ISBN 978-7-5197-7610-7

Ⅰ. ①企… Ⅱ. ①深… Ⅲ. ①企业法-研究-中国
Ⅳ. ①D922.291.914

中国国家版本馆 CIP 数据核字(2023)第 030768 号

企业合规律师实务指南
QIYE HEGUI LÜSHI SHIWU ZHINAN

深圳市律师协会第十四期青年律师研修班 编著

责任编辑 朱轶佳 韩超群
装帧设计 汪奇峰 鲍龙卉

出版发行 法律出版社
编辑统筹 司法实务出版分社
责任校对 王晓萍 王语童
责任印制 胡晓雅
经　　销 新华书店

开本 710 毫米×1000 毫米 1/16
印张 27 **字数** 412 千
版本 2023 年 3 月第 1 版
印次 2023 年 3 月第 1 次印刷
印刷 三河市龙大印装有限公司

地址:北京市丰台区莲花池西里 7 号(100073)
网址:www.lawpress.com.cn
投稿邮箱:info@lawpress.com.cn
举报盗版邮箱:jbwq@lawpress.com.cn

销售电话:010-83938349
客服电话:010-83938350
咨询电话:010-63939796
版权所有·侵权必究

书号:ISBN 978-7-5197-7610-7
定价:96.00 元
凡购买本社图书,如有印装错误,我社负责退换。电话:010-83938349

深圳律师实务丛书
编　委　会

主　任：　章　成

副主任：　李军强　黄红珍

委　员：　金振朝　周昌春　张　鹏　罗　娟

　　　　　罗兆旋　郑　标　树宏玲　杨　欣

　　　　　黄香江　黄群晶

本书编委会

编委会主任：杨 逍　王 伟

编委会副主任：肖伟东　曾艳青

执行主编（按姓氏首字母排序）：

杜婉纯　李家宏　林小曼　吴国荣　谢宜峰
徐李晓红　尹诗的　钟志伟

编委会成员（按姓氏首字母排序）：

蔡深兴　陈嘉丽　陈 帅　陈文景　纪金彪
蒋清明　康芬芬　李福兴　李 婧　廖森林
刘春花　刘诗霞　刘 涛　刘小燕　刘智英
毛晶晶　倪勇进　王彩琴　王丹丹　王 荻
王红娟　王小敏　吴芷莹　夏文娟　辛 月
许姣姣　闫维航　杨 飞　杨小丽　杨玉盟
易怀炯　于雪飞　余明枫　袁韶浦　张 亮
张楠楠　赵乙桥　郑惠珍　钟益平　曾 祺
周国鹏　朱小华

践行初心使命　回归专业发展

律师行业如何专业化发展是个常谈常新的问题。作为社会分工精细化的必然产物,律师业务专业化发展是法律服务适应市场发展的内在要求,也是一种国际趋势。随着新技术、新模式、新业态的快速发展,律师从业环境不断变化,法律服务市场的竞争日益激烈,只有走专业化发展道路,才可能提高服务质量,寻求更好发展。专业化道路的探索不易,必将经历一些困局,那么如何打破这些困局,摸索破局之道呢?呈现在眼前的这套“深圳律师实务丛书”为我们提供了重要的世界观与方法论,这其中记载的逻辑思路、办案细则,为提供高质量专业法律服务创造了可能。

律师行业的专业化首先需要律师个人花费更多的心血研读专业书籍,花费更多的精力掌握本专业的实践知识。本套丛书大量采用以案释法的方式,锁定实务中存在的痛点,运用综合的法律视野,结合实际办案经验,精准实现了理论与实践的融合,知行合一,极大地提高了律师个人提升专业素养的效率,为实现律师行业专业化发展奠定了广泛的人才基础。

律师行业专业化还需要创新业务领域,追求多方面发展。开放的市场经济需要律师行业的专业化发展,但同时也会带来新的问题,产生实务领域上的法律业务空白,制约律师行业的专业化发展。本套丛书先行先试,勇于破冰探路,在前人著书立说尚少之处积极探索,紧密结合理论与实践需求,有针对性地阐明各类实务问题,通过全面深入地论证分析,在一定程度上填补了相关领域实务方面的空白。

深圳目前正处于“双区”驱动、“双区”叠加、“双改”示范及建设中国特色社会主义法治先行示范城市的重大历史时期,深圳律师应当树立终身学习理念,实现专业知识与市场需求相匹配;紧握行业动向,创新法律服务领域及模式;抢抓历史机遇,充分了解法治环境政策,实现专业化深耕,为深圳社会主义法治建设做贡献。

蒋小文

深圳市司法局党委书记、局长

2023 年 1 月 9 日

回归专业　潜心钻研
促进高质量发展

斗转星移,继往开来。深圳市律师协会自 2012 年启动“深圳律师实务丛书”(以下简称丛书)出版工作以来,至今已出版实务专著 37 部,内容涵盖诸多专业领域,全面展现了深圳律师业务的研究成果和实务经验,已成为深圳市律师协会推进行业专业化建设的品牌项目。

鼓励和引导律师著书立说是深圳市律师协会推动律师专业化的一项长期性的重点工作。丛书旨在充分发挥深圳市律师协会的业务指导作用,通过鼓励深圳律师和深圳市律师协会各专业委员会撰写实务专著,可以有效提升律师业务水平,增强律师业务能力,保证律师服务质量,以专业引领和成果共享助推深圳律师行业高质量发展。

本套丛书凝集着深圳律师的心血与经验,展现了深圳律师的专业水平。本套丛书在律师业务的众多领域,汇集了深圳律师的业务成果,总结了深圳律师的执业经验,体现了深圳律师的专业能力,彰显了深圳律师的职业精神。这一本本专著必将成为深圳律师专业化发展史上一颗颗璀璨的明珠,永远镶嵌在深圳律师专业化发展的史册上。

2023 年是全面贯彻落实党的二十大精神的开局之年,深圳律师要深学细悟笃行党的二十大精神,让党的二十大精神在深圳律师行业落地生花,要以习近平法治思想为指引,大兴专业研究之风,切实回归专业,潜心研究,深挖专业和实务问题,以高品质的法律服务保障行业的高质量发展。开展业务和实务研究不能脱离实际,必须密切关注经济社会发展和法治建设,聚焦其中的热点、难点、堵点问题，深入开展有针对性的研究，进而提出应用对策与实践指引，也期待深圳律师能输出更多的法律实务研究成果，并能形成专著与同行共享，这本身也是律师业务领域的一种先行示范。

希望本套丛书成为广大实习人员、执业律师期待、必备的好工具，也希望未来能够出版更多、更好的供律师们学习提高、掌握律师实务知识与技能的好专著！

张　斌

深圳市律师协会会长

2023 年 1 月 9 日

本书序

十年树木,百年树人。青年研修班是深圳市律师协会长期坚持的一项青年律师培养计划。为了培养企业合规专业法律服务人才,提升青年律师执业能力,深圳市律师协会通过公开报名,经笔试、面试遴选出来一批优秀青年律师组成第十四期青年律师研修班(企业合规方向)。研修班学习期间恰逢新冠疫情特殊时期,研修班的青年才俊克服困难,不仅圆满完成了既定的学习任务,还挤出时间,将理论与实践相结合,形成了一份令人惊喜的研修成果,也即现在呈现在读者面前的这本集体智慧成果——《企业合规律师实务指南》。拜读这部著作时,我深感欣慰,同时也为深圳青年律师开拓进取的精神点赞。

面对百年未有之大变局,我们面临更多的不确定性。在这个充满不确定性的时代,无论是企业还是个人,都必须有效地管控风险,而管控风险最有效的措施就是把合规挺在前边,以合规的确定性应对时代的不确定性。第十四期青年律师研修班选择企业合规这个主题进行研究是一个非常好的选题。《企业合规律师实务指南》涵盖了广泛的主题,包括较为前沿的反垄断、进出口管制、数据保护、刑事合规等,也包括常见的企业反贿赂、劳动合规等。无论您是刚从事律师职业的青年律师,还是经验丰富的资深律师,本书都会为您提供有益的指导,不仅可以帮助您了解相关领域的合规要求,而且可以提供如何遵守这些要求的实务指导。

青年律师精力旺盛、学习能力强、创新能力强,在研习新型业务和创新业务方面具有先天优势。第十四期青年律师研修班就为广大青年律师树立了榜样,他们敢于突破、勇于创新,不仅系统地研习了合规新业务,而且开创性地创作了《企业合规律师实务指南》这一成果,实为可贵。青春如同一粒种子,只有埋入大地才能生根发芽。青年律师只有投入火热的社会实践中才能茁壮成长,愿更多的青年律师投身于新时代火热的实践,共创未来。

张　斌
深圳市律师协会会长
2022年12月31日

前言

“企业合规”是一个舶来词，最早起源于美国。近年来，随着国家对公司治理的高度重视，政府机构相继出台了一些公司治理规则，确立了我国的企业治理合规标准。与此同时，著名的中国企业中兴公司于2018年因涉嫌违反外国出口管制法律，将管制物品违规销售至其他国家，导致面临外国政府的安全打击和调查，从而被迫达成监管协议。这一事件引起了中国社会的巨大反响，从另一方面也推动了中国企业合规的建设与发展。企业合规引起了各方面的关注，企业、政府、司法机关、行业协会等越来越多的主体参与合规建设，合规也从银行、保险、证券等特定行业的监管政策要求，演变为刑事合规、行政合规、国企合规等多方面的要求，因此2018年也成为中国合规元年。

一些在海外经营的律师事务所已经在境外为多国企业提供服务，随着一些中国公司将企业合规作为企业治理的一部分，中国律师在企业合规中发挥的作用越来越显著。基于企业合规的要求，必须将律师的法律服务阶段提前到风险爆发的预防阶段，形成企业合规服务的前置化，将律师的业务范畴从原来注重治疗式的辩护服务，扩展为注重体检式的合规风险防控。因此，这就要求律师行业给予有力的回应，如2022年深圳市第一批第三方监控人的30家机构，其中23家为律师事务所。这就要求律师行业快速跟上合规发展的步伐，在企业合规建设的实践中发挥主力军作用。

理论需要实践，时代呼唤践行者，本书编纂的目的，就在于帮助律师办理企业合规业务，为律师办理企业合规业务提供必要的指引。

目录

第一编　总　　则

第一编 总 则

第一章 企业合规概述

◇ 第一节 合规的定义

在当前社会风险无处不在的时代大背景下,作为社会治理现代化的重要组成部分,企业在生产、经营过程中如何实现对自身治理的现代化是摆在社会各界面前的一个重要命题,企业合规这个主题便是在这样的时代发展趋势下催生而出。企业合规是指企业在生产、经营过程中既要遵循或符合法律法规、监管规定、行业准则、国际公约等外部规范,又要符合企业内部的规章制度、商业伦理道德、合同或协议等自愿性承诺。

企业合规、内控管理和风险控制作为公司治理的重要组成部分,都是落实公司治理任务的方式和保障,三者各自独立,相互包容,相辅相成,以各自独特的价值完成防控公司在经营过程中存在的诸多风险这一目标,共同保障公司的可持续、健康发展。

内控管理是以公司董事会、监事会、职业经理人和员工及公司的业务作为对象,通过制定公司发展战略、管理规程,设置专业化职能机构和监督机构来明确责任、权利、利益,以激励、鞭策各董事、监事、高级管理人员和员工,贯彻落实股东大会决议,在公司章程授权范围内依法依规、诚实守信、尽职尽责、公开公平地履行职责,保障好、实现好公司和投资人、员工的利益。

风险控制则是以识别、评估、监测决策程序、执行程序和内外环境,分析风险源、风险概率、风险程度及可能造成的后果为对象,通过改变内外环境,改善决策、执行程序，尽可能地改变风险发生的概率或控制风险可能产生的后果，以实现企业利益的最大化。

合规管理脱胎于内控管理，其与内控管理的关联度极深，但因为合规管理所具有的独特价值（如企业刑事合规不起诉等）和重要意义，当前已发展为一种独立的管理体系。具体而言，合规管理也是以防范和化解风险为目标，但其以责任分配、调查和问责为主要方式，通过在事前为权利行使设定标准和界限，事中监督落实，事后调查问责这一体系来对企业成员和企业经营、管理过程中的各项事务发挥作用，其具有履职的全覆盖性和刚性，是一种保障性管理方略。

第二节　企业合规的起源与发展

20 世纪 60 年代，美国企业为避免反垄断处罚，开始制定合规措施，实施合规管理。1977 年，美国政府为了严厉惩治日趋严重的海外贿赂行为，颁布了《反海外腐败法》。随着《反海外腐败法》的历次修订，该法案将属人原则与属地原则相结合，进而具有了域外效力（长臂管辖权原则）。

20 世纪 90 年代，美国司法部和证交会对海外贿赂行为的查处力度显著加强，大批跨国企业因为存在各种商业贿赂问题而被定罪量刑。基于此，美国政府与一些国际组织进行谈判，一方面推动了美国的主要贸易伙伴制定相应的反腐败法律，另一方面也推动了《反腐败国际公约》的制定和实施。于是，企业合规理念及其制度便随之在全球范围内得到推广和加强，逐渐出现在一些西方国家的法律和国际公约之中，并且延伸至反腐败领域之外，也开始逐步扩展到数据、进出口贸易等多个领域。

我国境内的企业合规建设起步较晚，自 2002 年中国银行将总行法律事务部更名为“法律与合规部”并设立首席合规官开始，至今也就近 20 年时间，且在初期基本上都是围绕着金融企业展开，之后逐渐推广到所有的中央国有企业。

2005 年，中国金融监管机构开始在国有金融企业中推行合规机制。

2006 年 10 月，中国银行业监督管理委员会（以下简称中国银监会）[1]发布了《商业银行合规风险管理指引》。2007 年 9 月，中国保险监督管理委员会（以下简称中国保监会）[2]也颁布了与《商业银行合规风险管理指引》内容一致的《保险公司合规管理指引》（已失效）。2008 年 7 月，中国证监会发布了《证券公司合规管理试行规定》（已失效）。2016 年 4 月 15 日，国务院国有资产监督管理委员会指定中国石油天然气集团有限公司、中国移动通信集团有限公司、招商局集团有限公司、中国东方电气集团有限公司、中国铁路工程集团有限公司五家央企作为合规管理试点企业，系统探索开展企业合规体系建设工作。

2018 年，中兴通讯遭到美国政府的监管，被美国政府派驻合规监督团队，为期 10 年。这一惨痛的合规代价引起了国内对于企业合规体系建设的高度重视，在全国范围内兴起了企业对合规体系建设的浪潮。

2018 年系我国的合规元年，国务院国有资产监督管理委员会（以下简称国资委）高度重视合规管理工作，组织编制了一系列合规指南。国家质量检验检疫总局与中国标准化委员会以国际标准化组织发布的《合规管理体系指南》为蓝本，共同颁行了首个国家推荐性标准《GB/T 35770—2017 合规管理体系　指南》（2017 年 12 月 29 日发布，2018 年 7 月 1 日实施），该标准以良好治理、比例原则、透明和可持续性原则为基础，对合规管理体系的各项要素以及各类组织建立、实施、评价和改进合规管理体系提出了系统的建议，对企业具体开展合规体系建设具有里程碑式的意义；2017 年 6 月 6 日，中国证监会发布《证券公司和证券投资基金管理公司合规管理办法》，以行政规章的方式向证券企业推行强制合规制度（该办法已于 2020 年 3 月 20 日修正）；2018 年 11 月 2 日，国资委发布《中央企业合规管理指引（试行）》，明确提出中央企业应当加快建立健全合规管理体系，并为相关企业进行合规体系建设提供了全面的指导；2018 年 12 月 26 日，国家发展和改革委员会（以下简称发改委）和外交部、商务部等部门联合发布了《企业境外经营合规管理指引》，用于指导开展对外贸易、境外投资、对外承包工程等相关业务的

---

[1] 根据《国务院机构改革方案》，2018 年中国银行业监督管理委员会和中国保险监督管理委员会的职责整合，组建中国银行保险监督管理委员会，行使相关职责。

[2] 中国保监会已于 2018 年国务院机构改革后修改相关措辞，现改为“国务院保险监督管理机构”。

中国企业和境外子公司、分公司、代表机构等境外分支机构。此外，除上述国家级规范外，国内的上海、深圳等地也均发布了相应的合规建设文本。显然，上述指南、指引、标准等的密集发布，标志着国家、地方等各级部门对企业合规经营、健全合规体系的高度关注和重视。

2022 年为中央企业“合规管理强化年”，国务院国资委进一步加大推动力度。2022 年 8 月 23 日，国务院国资委发布《中央企业合规管理办法》（国务院国有资产监督管理委员会令第 42 号，2022 年 10 月 1 日施行），该办法首次明确要求中央企业应当设立首席合规官。

近年来，为促进非公有制经济的发展，最高人民检察院也高度重视服务和保障企业发展，并制定了《最高人民检察院关于充分发挥检察职能依法保障和促进非公有制经济健康发展的意见》《最高人民检察院关于充分履行检察职能加强产权司法保护的意见》《最高人民检察院关于充分发挥职能作用营造保护企业家合法权益的法治环境支持企业家创新创业的通知》等一系列文件。随着这些文件在司法活动中不断深入和落地，企业刑事合规制度也应运而生。2020 年 3 月，最高人民检察院启动涉案企业合规改革试点工作。2021 年 4 月，最高人民检察院颁布《关于开展企业合规改革试点工作的方案》，正式启动第二轮企业合规改革试点工作。2021 年 6 月 3 日，最高人民检察院发布了四起企业合规改革试点典型案例，这四起典型案件的主体都是民营企业，表明目前我国企业合规建设的主体不仅包括国企，也同样包括民营企业。2021 年 6 月 3 日，最高人民检察院、司法部等九部门印发了《关于建立涉案企业合规第三方监督评估机制的指导意见（试行）》，提出检察院在办理企业犯罪案件时，可以引入第三方监督评估机制，完善合规体系建设。这一系列举措无不标示着企业开展合规建设已经得到刑事司法的补充和支持。

综上，无论是从立法层面、行政层面还是司法层面，我国的企业合规显然已经逐渐步入深水区，企业合规建设已经成为现代企业实现可持续、健康发展必不可少的内核。

第三节　企业合规的价值创造

一、合规是企业实现自身可持续发展的重要基石

企业要实现可持续发展就必须有效防范风险。企业建立完善的合规机制并坚守合规理念、执行合规要求,这对防范企业风险、保障企业可持续发展至关重要。

同时,合规是企业提升内部管理能力的重要机制。在公司治理中引入专门的风险评估、风险防范与应急机制,并明确落实管理层、员工的个人职责,不但能全面带动企业提高现代化管理能力,降低管理成本,还能将企业责任与员工个人责任予以切割,保障企业稳健运营。

合规还可以为企业创造巨大的商业价值,为企业自身带来更多商业机会,比如企业申请贷款、融资、上市、参与投标以及各类奖项评比等。

二、企业合规对社会和国家而言具有正义价值和法治价值

企业合规正如公民守法一样符合公众利益,具有正义价值。企业合规有助于在整个行业乃至社会形成良好的合规文化传递效应,能有效维护社会的法治环境。

企业合规意味着企业从内到外认可和接纳各种规则对企业经营自由的限制,不再对外部规则持对抗和逃避态度,于政府监管部门而言,企业和政府之间的关系由对抗走向合作,能极大程度地推进我国法治共建局面的实现。

三、从外部监管视角看企业合规创造的价值

在行政监管层面,企业合规能够帮助企业从轻、减轻或免除行政处罚。目前,我国较多企业已经在实务中通过企业合规争取到了行政和解的宽大处理,避免了经济、交易资格及声誉损失。在刑事监管层面,企业合规能够帮助企业达到合规不批捕、合规不起诉、合规从宽处罚等效果。在国际制裁层面,企业合规能够有效避免国际制裁,从而避免因被制裁而遭受声誉损

失、资金损失、监管处罚、民事或刑事赔偿等损失。

诚然，上述合规所创造的价值彼此之间也是相辅相成、相得益彰的良性循环关系。企业只有在充分认识到上述合规价值以后，才能从外部的“要我合规”的被动层面，提升到“我要合规”的主动层面。

第四节　企业合规的主要渊源

企业合规的主要渊源，包括如下几个方面：

一、中国法律规范

改革开放以来，我国经济飞速发展，随着越来越多的企业做大做强，走出国门，在企业合规立法领域迫切需要补齐短板。我国企业合规的法律渊源经历了由外部法律渊源传导到我国国内立法的过程。

1. 在市场秩序与消费者权益保护方面

我国制定了《中华人民共和国反不正当竞争法》（以下简称《反不正当竞争法》）、《中华人民共和国价格法》（以下简称《价格法》）、《中华人民共和国产品质量法》、《中华人民共和国消费者权益保护法》（以下简称《消费者权益保护法》）、《中华人民共和国反垄断法》（以下简称《反垄断法》）。上述五部法律对于规制我国企业的竞争发展起到重要作用，是我国经济法的重要组成部分，对企业在市场经济中合法合规经营、竞争具有定海神针的作用。

2. 在企业反腐败反商业贿赂方面

2005 年，第十届全国人大常委会第十八次会议审议批准《联合国反腐败公约》，开启了我国企业合规在反腐败和反商业贿赂领域发展的序幕。2011 年《刑法修正案（八）》中增加了对外国公职人员、国际公共组织官员行贿罪。

3. 在网络安全、数据安全、个人信息保护方面

我国制定了《中华人民共和国网络安全法》（以下简称《网络安全法》）、《中华人民共和国数据安全法》（以下简称《数据安全法》）、《中华人民共和国个人信息保护法》（以下简称《个人信息保护法》）。在互联网经济发展的今天，上述三部法律对于企业在网络经济中的合规经营和竞争有着重要作用。

4. 在企业劳动用工方面

1995 年 1 月 1 日起施行的《中华人民共和国劳动法》(以下简称《劳动法》)经过 2009 年、2018 年的两次修正,在规制企业劳动用工方面起到重要作用。2008 年 1 月 1 日起施行的《中华人民共和国劳动合同法》(以下简称《劳动合同法》)经过了 2012 年的修正后,也成为企业劳动用工合规领域的重要法律规范。

另外,在企业出口管制、企业安全生产、企业税务等其他领域,我国立法工作也积极推进,制定了一系列法律规范,为企业合规经营构建了完善的规则体系。

二、外国法律规范

如前所述,企业合规的概念受到了美国的极大影响。1977 年,《反海外腐败法》通过。《反海外腐败法》禁止美国公司向外国政府的公职人员行贿,并且首次明确了企业的合规管理责任。

1991 年,《针对组织机构的联邦量刑指南》由美国联邦量刑委员会正式提交给国会表决通过。之所以《针对组织机构的联邦量刑指南》在合规历史上非常重要,是因为其首次明确了在对组织犯罪量刑时,公司是否建立了有效的合规计划将直接影响法院对公司的处罚。

1998 年,为了实施 1997 年经济合作与发展组织(Organization for Economic Cooperation and Development, OECD)签署的《关于打击国际商业交易中行贿外国公职人员行为的公约》,美国再次修订了《反海外腐败法》。《反海外腐败法》将涵盖人员的范围扩大至外国国民及公共国际组织的任何官员,还将该法案的管辖权扩展到美国境外。美国司法管辖权扩张的重要表现——长臂管辖原则也由此开始显露威力。

2004 年进一步修订了《针对组织机构的联邦量刑指南》,该指南明确阐述了关于建立有效的合规计划的七个标准,即建立合规政策和标准、高管的监督、谨慎下放实质性自由裁量权、与各级员工进行有效沟通、实现合规的合理步骤(包括系统性监测、审计和报告可疑不当行为而不必担心遭到报复)、持续执行合规标准(包括纪律机制)、应对及预防进一步的类似违法行为的合理步骤,基本上形成了现行国际上均认可的基础合规框架结构。

伴随美国开具的几个重大高额管辖罚单,企业合规的影响作用逐步在全世界范围内得到确立,也促使了其他国家加大合规的立法与执法力度。

三、国际组织规则

1997,经合组织签署的《关于打击国际商业交易中行贿外国公职人员行为的公约》受到了美国《反海外腐败法》的影响,其中包含反贿赂及对公司会计账目的要求。

2004 年,巴塞尔委员会(Basel Committee on Banking Supervision)通过了《巴塞尔协议Ⅱ》,提出审核监管机制,要求银行拥有能确保有效管理的内部系统。

2005 年,联合国通过的《反腐败公约》(United Nations Convention against Corruption)涵盖五个主要领域:预防措施、刑事定罪和执法、国际合作、资产追回、技术援助和信息交流。

2010 年,世界银行颁布了《诚信合规指南》(World Bank Group Integrity Compliance Guidelines),列明了一套合规体系应具备的十一项要素,包括禁止不当行为、合规责任、规划启动与风险管理及复核、内部政策、关于业务伙伴的合规政策、内控制度、培训及沟通、激励机制、报告制度、补救措施、集体行动。

2014 年,亚太经济合作组织发布了《高效率公司合规项目基本要素》(General Elements of Effective Voluntary Corporate Compliance Programs)。这是第 22 届亚太经合组织领导人非正式会议上提出的《北京反腐败宣言》的一个关联文件,中国作为《北京反腐败宣言》的主要发起者,也参与了文件的起草。

2014 年,国际标准化组织推出了《ISO 19600:2014 合规管理体系　指南》(ISO 19600:2014 Compliance Management Systems – Guidelines),2016 年推出了《ISO:2016 37001 反贿赂管理体系　要求及使用指南》(ISO 37001:2016 Anti – Bribery Management Systems – Requirements with guidance),并于 2021 年更新为《ISO 37301:2021 合规管理体系　要求及使用指南》(ISO 37301:2021 Compliance management systems – Requirements with guidance for use)。以上指南作为可认证的标准,为各组织进行合规建设提供了明确的标准。

四、行业规则及内部治理准则

我国企业合规的行业规则最早可追溯到2006年。2006年6月，国务院国资委发布《中央企业全面风险管理指引》，提出了全面风险管理的概念。2006年10月20日，原中国银监会发布的《商业银行合规风险管理指引》是我国第一部合规管理的规范性文件，标志着金融行业企业合规的开始。2008年8月1日施行的《证券公司合规管理试行规定》（已失效）也为证券公司企业合规提供了指引。2016年12月30日，原中国保监会发布了《保险公司合规管理办法》，要求保险公司建立合规管理体系，强调三道防线内的各自职责。2017年6月中国证券监督管理委员会发布了《证券公司和证券投资基金管理公司合规管理办法》（2020年已修正），该办法在《证券公司合规管理试行规定》的基础上进一步促进证券公司和证券投资基金管理公司加强内部合规管理。[1] 自此，我国金融行业全面进入企业合规管理的时代。

与此同时，在医药、教育等行业，有关主体也制定了相应的治理准则，构建了该行业的合规体系。

◆ 第五节　律师合规业务范畴

一、目标性合规业务

（一）大合规

大合规的特点就是大而全，但每个领域有其相应的合规目的和特点。大合规包括但不限于：刑事合规、行政合规；政府合规、事业单位合规、国有企业合规、民营企业合规等。

（二）行业合规

行业合规的特点就是根据行业来分类，根据每个行业的特点，进行有针对性的行业合规。行业合规包括但不限于：银行合规、基金合规、保险合规、建设工程合规、生物医药医疗合规、教育合规、区块链合规、人工智能合规、

〔1〕 参见《证券公司和证券投资基金管理公司合规管理办法》，2020年3月公布。

文化娱乐合规、游戏行业合规等。

（三）专项合规

专项合规的特点在于根据企业组织运营的具体过程中需要注意的风险点进行合规。专项合规包括但不限于：反腐败（反商业贿赂）合规、反垄断合规、资本（反洗钱、反恐怖融资、跨境投资）合规、数据合规、进出口管制合规、知识产权合规、劳动人事合规、环保合规、财务（税务）合规、产品推广合规、采购合规、安全（生产、产品、消防等）合规等。

二、过程性合规业务

（一）合规管理体系建设业务

合规管理体系建设，指律师根据企业实际情况，建立一套以有效防控合规风险为目的，以企业和员工经营管理行为为对象，开展包括制度制定、风险识别、合规审查、风险应对、责任追究、考核评价、合规培训等有组织、有计划的管理体系。同时，在从事本项业务的过程中，还应进行合规管理体系的运行和测试，并提请公司对合规管理体系建设的情况进行验收。

（二）合规调查业务

合规调查，指公司内部人员出现违规行为时，公司委托外部律师提供调查、处理的法律服务，以达到惩戒相关人员、纠正违规行为的目的。需要注意的是，与合规管理体系建设法律服务不同，律师开展合规调查法律服务时，应当承担严格的保密责任，同时注意避免利益冲突。

（三）合规评价业务

合规评价，指律师对企业的合规状况进行合规性评价的服务。合规评价业务最终出具的法律文件即《合规评价报告》，内容包括：参照对应的合规标准（如针对合规管理体系，评价标准是《合规管理体系指南》；针对特定的专项合规项目，评价标准是具体的合规规则、法律法规），对企业合规管理的现状描述，列出的合规风险，评价可能导致的后果、建议采取的整改措施等。

（四）合规培训业务

合规培训，指律师对企业及其相关人员进行合规知识和技能的培训。律师可以提供合规培训的一般课程供企业选择，也可根据企业合规管理的需要，设置定制化培训课程。合规培训的一般课程包括：合规理念导入培训，合规法律法规串讲，合规管理体系建设和运行，合规管理文件解读，合规要素的讲解等。定制化培训课程则可以通过了解企业目前合规管理体系的建设情况及其需求进行设置，或者针对社会上发生的、企业自身遭遇的某些重大合规事项进行设置。

（五）商业合作伙伴管理

商业合作伙伴管理，指律师根据企业的合规政策，为规范、促使企业的商业合作伙伴合规经营，而开展的法律服务。商业合作伙伴，包括但不限于供应商（含产品和服务提供商）、销售商、代理商和律师事务所、会计师事务所、招投标咨询公司等各类中介机构。在全球合规环境下，商业合作伙伴作为公司经营活动的延伸，其违规行为往往会波及公司自身。公司故意利用商业合作伙伴实施违规行为，将对违规行为的后果承担连带责任；公司疏于对商业合作伙伴的合规管理，往往需承担管理责任和商业信誉损失。因此，规模较大的公司或者在产业链中具有影响力的公司，往往会将自身的合规政策延伸到商业合作伙伴的管理中。

（六）合规顾问业务

合规顾问，指律师参照法律顾问模式，为客户提供与合规相关的专项或者常年顾问服务。合规顾问法律服务分为合规常年顾问法律服务和合规专项顾问法律服务。

合规常年顾问法律服务的内容是在服务期限内，为客户提供合规咨询、合规培训，出具合规法律意见书等。

合规专项顾问法律服务的内容是针对客户的商业模式、特定业务、特定项目，提供合规咨询、培训服务，出具合规法律意见书等。

（七）合规监管与整改

合规监管与整改，是在企业涉及行政违法或刑事犯罪的情形下，行政机关或司法机关摒弃以往偏重制裁的思维，采用制裁与合规营救并重的理念，通过设置独立第三方监管人，督促企业依法合规经营的制度。

在我国，现阶段的企业合规监管与整改，主要存在于合规不起诉的情形中。根据2021年6月最高人民检察院联合司法部、财政部等部门发布的《关于建立涉案企业合规第三方监督评估机制的指导意见（试行）》，第三方监管人（在该意见中被称为“第三方监督评估机制管理委员会”）的主体定位为“调查、评估、监督、考察”。因此，无论是第三方监管人还是第三方监管组织，都担负着调查企业涉案动因、评估企业合规风险、监督企业合规整改，以及考察企业整改成效的职责。对于那些涉嫌犯罪而又具有建立合规体系意愿、具备合规整改可行性的企业,检察机关可责令其进行合规调查、引导其提出合规申请并作出合规承诺、责令其提交合规计划。对于符合合规监管条件的涉案企业,检察机关可将其纳入合规监管程序当中,设置合规考察期,责令其委托独立的合规监管人,由合规监管人提交合规考察报告。在考察期结束前,检察机关可根据合规监管人的合规考察报告与相关处理建议,对涉案企业作出是否提起公诉的决定。

第二章 企业合规策划

◆ 第一节 合规策划的原则

企业首先应当树立合规经营的理念,相信合规创造价值,而不是成为企业的负担。合规方针应当得到高层的明确支持和执行,这样才有合规方针的工作基础。具体制定合规方针时,应当从组织架构、合规制度、合规运行机制、合规文化等方向制定方针。同时,应当增强企业的社会责任感,从环境保护、社会关系、公司治理等方面制定合规方针,不可以简单地以应付监管要求为方针导向,合规应该成为企业自觉的行为。企业合规策划应遵循以下原则:

第一,全面覆盖。合规应当是公司整体的要求,贯彻公司管理的各个方向。从股东会、董事会到各级部门,从公司股东、实际控制人、高管到中层、基层员工,从销售到财务、审计等各部门,从公司到分公司、子公司,从公司自身合规到商业合作伙伴合规以及与监管机构的沟通,都需要制定合规方针,做到全面覆盖。

第二,强化责任。合规首先是企业高层应当承诺的事由,而不是某个特定部门的事由。公司的合规责任首先在于企业的一把手、负责人、实际控制人,而不是具体的合规人员。对于各层级、各部门、各岗位的合规责任,都应当有明确的规定。

第三,协同联动。合规需要合规部门与风险管理、内部控制、法务、审计、纪检监察等部门协作完成，而不能是单独的工作，单打独斗会让企业合规成为无源之水，无本之木。

第四，客观独立。合规的生命在于独立性。合规部门对于不合规事项，有一票否决的权利，不能受到高层、其他部门和人员的随意干涉。并且企业本身应从组织架构、制度、运行机制、文化等多方面保证合规工作的独立性。

第五，适用性原则。企业应该根据自身的实际情况，如业务开展范围、所在国、所在地区、企业规模、现有主要问题等情况，来具体执行合规，不应当简单地追求大而全。合规要和企业的实际情况相适应，这样才能更好地发挥作用。

第六，以企业价值观为导向。将合规理念纳入企业价值观体系，充分体现企业的使命和担当，并以价值观作为衡量合规管理的最终标准。

第七，风险穿透。要牢固树立合规“零容忍”理念，坚持风险穿透原则，避免形式合规掩盖实质不合规。

第八，有效落地。合规体系要加强与业务、管理活动的融合，将合规要求有效嵌入公司章程、法人治理、管理制度、业务流程，保证合规有效落地。

第二节　合规策划的要素与构成

一、什么是有效的合规策划

有效的合规策划包括两层含义。第一层含义是有效的合规策划要满足合规激励的需要。第二层含义是合规策划需要满足企业内部合规管理的需要。总的来说，有效的合规策划既能满足预防违法犯罪的内部合规管理需要，又能满足企业在面临行政或刑事处罚时可以获得免除、减轻、从轻或暂缓处罚的需要。为满足有效合规的要求，企业在制定合规策划的时候，务必要考虑国际组织、当地政府的合规指引和要求。以《GB/T 35770—2022/ISO 37301:2021 合规管理体系　要求及使用指南》为例，该指引采用 PDCA 理念（计划、执行、检查、处理四个环节）完整覆盖了合规管理体系建设、运行、维护和改进的全流程，为各类组织提高自身的合规管理能力提供系统化方法和打造合规体系的整套方案。该制度势必成为监管机构和司法机构评估企业合规计划(以及执行)有效性的重要参考标准,并成为衡量处罚力度的一个考量因素。

二、企业合规策划的要素与构成

企业在制订具体计划的时候仍需要结合自身的发展需要、合规目标以及业务特点进行量身打造,避免出现制定了相关制度但无法有效落实的情况。据此,我们建议企业在制定合规策划时,应至少考虑合规目标、合规组织、合规制度、合规运行、合规策划的改进等要素与构成。

第三节　合规范围的确定

一、合规管理范围的界定

合规管理对象包括但不限于个体经营者、公司、集团、商行、企事业单位、合伙企业、慈善机构或研究机构等,或上述组织的部分、组合,无论是否为法人组织,共有或私有。合规管理依据不仅包括国际公约和国际规则、国内法律法规、监管规定、行业准则、企业章程、规章制度等,也包括企业自愿性承诺、商业道德以及公序良俗等。

为了明确合规管理工作内容,合规管理范围的界定是我们合规工作的首要任务。

合规管理体系的范围包括了组织架构边界、地域边界、体系适用范围边界,具体可以包括以下内容:

(1)组织边界,即合规涉及的具体企业部门,可以具体是董事会、财务部、人力资源部、生产部、仓管部、销售部、采购部,也可以是前述部门的累加。

(2)地域边界,即合规涉及的地区,可以具体是深圳市、广东省、中国、美国、欧洲等,也可以是前述地域的累加。

(3)适用范围边界,即合规涉及领域,按专业区分,可以具体是反商业贿赂方面、反垄断方面、劳动用工方面或者进出口方面等;按行业区分,也可以是互联网和相关服务业、教育行业、烟草制品行业、新闻和出版行业等。

(4)规则边界即合规义务,包括合规要求与合规承诺。

二、确定合规管理范围的方法

为确定合规管理范围,需要律师与委托方沟通,通过了解委托方需求,才能确定合规管理范围。通常可以通过访谈或收集调查问卷的方式了解,无论通过何种方式,目的是通过委托方的回答,分析其痛点、需求点。

了解委托方的需求,通常从以下几个方面的问题展开:

(1)是否有相关事件促使您想进行企业合规管理,具体事件是什么?

(2)公司主要业务范围是什么,是否需要行政许可,涉及监管部门有哪些?

(3)公司的产品、服务或活动涉及的地域有哪些,是否有出口至其他国家?

(4)公司近两年业务增长情况如何?

(5)公司近期是否遭到投诉、举报或其他不利舆论影响,具体情况如何?

(6)公司近期是否涉及相关行政处罚,具体情况如何?

(7)公司近期是否发生民事诉讼,具体情况如何?

(8)公司或公司人员是否涉及刑事案件,具体情况如何?

(9)就您所知,同行业企业近期是否涉及相关行政处罚,具体情况如何?

(10)您进行企业合规管理的短期目标是什么?

(11)您所在公司是否有上市计划、重组计划,或融资计划?

(12)公司的主要竞争对手是谁?

(13)公司的客户或者供应商是否提出了合规要求?

(14)公司所在监管部门是否提出了合规要求?

(15)公司本次合规管理的成本预算范围是多少?

(16)在业务与合规管理相冲突时,您选择业务吗?

三、确定合规管理范围的作用

确定合规管理体系范围,才能以范围为基点确定影响合规管理体系预期结果的内部和外部因素,才能识别合规义务、评估合规风险。

确定合规管理体系适用范围后,可以区分出范围内部因素、外部因素,可以确定需要尽职调查的对象范围,比如可以确定是需要对公司全部业务进行尽职调查，还是仅对某一类产品、服务进行尽职调查即可，以及可以确定是否需要对哪些部门进行尽职调查。

确定合规管理体系适用范围后，可以确定合规管理所对应的专业版块或行业版块，包括国际公约和国际规则、国内法律法规、监管规定、行业准则、企业章程、规章制度等。通过确定的规范文件，才能梳理出确定的合规义务。确定合规义务后，才能评估企业合规风险。

四、合规尽职调查

为确定合规管理的范围以及合规整改内容，对企业进行全面的合规尽职调查是必不可少的环节。通常对于企业合规的尽职调查，可以从企业的设立和历史沿革、治理结构、关联方以及关联交易和同业竞争情况、经营业务、财务、知识产权管理、重大资产、劳动用工、诉讼、仲裁纠纷、处罚等方面开展并要求企业提供具体的尽调材料。一般来说，要求企业提供的尽调材料如下：

（一）关于企业的设立和历史沿革的合规调查材料清单

（1）股东协议及其所有修订版本；

（2）企业注册资本实缴证明（历次验资报告，资产评估报告及投资证明）以及中国注册会计师就公司股东出资出具的历次验资报告；

（3）企业成立以来或近年来的股东会、董事会、监事会的会议记录清单、会议记录及决议以及任何提交给董事会成员的报告；

（4）章程及其附件、章程的修改或补充；

（5）如有关主管部门事先批准的，提供有关主管部门对企业设立的批复文件或批准证书；

（6）企业法人营业执照等经营证照；

（7）如涉及特许经营的，提供特许经营批准文件；

（8）公司历次变更后的股权关系架构图或清单；

（9）公司历任股东转（受）让公司股权的合同或协议及相关文件（如补充协议、从合同等）；

（10）公司历任股东就转（受）让公司股权的股东会决议等；

（11）其他有关企业设立和变更的资料和文件。

（二）关于企业治理结构的合规调查材料清单

（1）董事、监事和高级管理人员（法定代表人、董事、监事、总经理、副总经理、财务总监、风控负责人等）的人员名单及任免书；

（2）公司历届董事、监事、高级管理人员变更所形成的股东会决议、董事会决议；

（3）董事、监事和高级管理人员工作简历及证明文件、学历证书，并根据企业的性质决定是否要求提供无犯罪记录证明、个人信用报告等资料；

（4）董事、监事和高级管理人员曾担任破产清算的公司、企业的董事、监事或高级管理人员，并对该公司、企业的破产负有个人责任的，请予以说明；

（5）董事、监事和高级管理人员曾担任因违法被吊销营业执照、责令关闭的公司、企业的法定代表人和高级管理人员，并对因违法被吊销营业执照、责令关闭负有个人责任的，请予以说明；

（6）董事、监事和高级管理人员不符合政府对行业特定监管要求的，请予以说明；

（7）企业法定代表人、董事、监事和高级管理人员的职责和分工的说明以及证明文件；

（8）企业部门设置图及部门职能介绍文件；

（9）企业经营管理制度，风险管理制度，反欺诈、反洗钱和反恐怖融资制度，信息披露制度，重大事件应急预案，风险识别、评估和分析制度，资料保存及档案管理制度，财务管理制度，人事管理制度，以及内部控制流程、内部审核流程、风险控制流程等相关制度文件和流程说明；

（10）股东会议事规则、董事会议事规则、监事会议事规则。

（三）关于企业关联方、关联交易及同业竞争情况合规调查材料清单

（1）关联方名单；

（2）关联交易管理制度；

（3）关联交易内部决策和批准文件；

（4）关联交易合同文件；

（5）限制关联交易和同业竞争的相关协议和情况说明。

（四）关于经营业务合规调查材料清单

（1）详细的业务模式说明书；

（2）详细的业务操作流程；

(3)企业短期、中期、长期发展规划；

(4)企业主要标准业务合同；

(5)企业与其他主要合作伙伴签订的合作协议；

(6)企业经营所必备的经营许可文件和备案文件；

(7)招投标或遴选机制；

(8)供应商管理制度(反商业贿赂、诚信合作、反不正当竞争等)。

(五)关于企业财务合规调查材料清单

(1)最近3年或成立以来(二者中较短者)的全部年中及年终财务报表和审计报告；

(2)企业信用报告；

(3)主要资金结算账户(包括个人供企业使用账户)及使用说明；

(4)企业重大融资、担保安排的文件及协议；

(5)关于资产负债表之外的重要的或有债权的财务文档；

(6)企业应付而未付的所有款项的原因、数额及支付计划；

(7)完税证明及税务无违法证明。

(六)关于企业知识产权管理合规调查材料清单

(1)企业现时拥有的全部知识产权(含专利、著作权、商标及域名等)清单和证明文件；

(2)技术、专利、计算机软件、商标转让或使用许可合同；

(3)品牌使用协议、加盟协议；

(4)技术顾问服务协议(包括第三方向公司提供的以及公司向第三方提供的)；

(5)技术合作开发协议；

(6)企业因为知识产权可能产生的纠纷或者已经产生的纠纷或者索赔清单。

(七)关于企业重大资产的合规调查材料清单

(1)企业主要固定资产清单；

(2)资产共有产权情况说明及相关协议；

(3)资产租赁情况说明及相关协议；

(4)资产来源说明及证明文件；

(5)资产产权证明文件。

（八）关于劳动用工合规调查材料清单

（1）现行的标准劳动合同（包括临时、试用及正式员工聘用合同），并说明公司是否与全部员工签订了劳动合同；

（2）员工缴纳各项社会保险和住房公积金清单和证明文件；

（3）最新花名册；

（4）核心员工（包括各部门经理以上人员）的简历；

（5）核心员工（包括各部门经理以上人员）的亲属在公司任职人员名单及任职情况；

（6）员工手册及主要劳动人事管理制度；

（7）员工招聘、入职、考核、奖惩、调薪、调岗、离职等流程文件和主要使用文件；

（8）如存在劳务派遣用工，需要提供劳务派遣合同、派遣单位资质，以及对派遣单位用工合法性的考察材料。

（九）诉讼、仲裁纠纷以及处罚方面材料清单

（1）企业目前在中国境内外涉及或可能涉及的刑事诉讼、民事诉讼（包括破产程序）、仲裁或其他任何司法程序、行政程序，并提供相关情况说明及有关证明文件；

（2）有效的诉讼文书或调解文书，包括权利请求信、控告、回答等，还包括任何过去或现在的环境索赔或问题；

（3）法院或政府机构的任何法令、命令或判决；

（4）目前可能引起上款所述程序的任何事件（如履行合同过程中的违约事件、违反法律的情况、合同双方发生争议、客户投诉等）的详细情况及证明文件；

（5）目前尚未执行完毕的仲裁机构、司法机构及行政机构的裁决、判决及决定（如有关项目一期发生的各起诉讼或争议）；

（6）企业已经或可能被公安机关或其他行政机关立案调查的情况；

（7）行业协会的纪律处分情况；

（8）在有关诚信数据库中存在负面信息、不良信用记录或被列入全国企业信用信息公示系统的经营异常名录或严重违法企业名录的情况。

◆ 第四节　合规义务识别

合规义务作为合规管理体系的不可或缺的一个环节，是合规管理体系的建立、开发、实施、评估、维持和改进的基础要件。识别合规义务是企业建立合规管理体系的第一步，也是开展其他合规工作的出发点。企业要识别和确定具体的合规风险，首先要识别“合规义务”。合规义务就是企业及其员工衡量、评估其自身经营管理行为是否合规的标尺。有了尺子，才能够度量出行为过程中可能出现的合规偏差（合规风险）。

一、合规义务的概念

在国资委颁发的《中央企业合规管理办法》中未见“合规义务”的定义；而在发改委等多个部门联合颁发的《企业境外经营合规管理指引》中亦未见“合规义务”，用的是“合规管理要求”一词，该指引详细规定了在对外贸易、境外投资、对外承包工程、境外日常经营中等的“合规要求”。这里所述的“合规要求”，主要是指在前述经营管理行为中应遵守的境内、外法律法规。

根据国家标准《GB/T 35770—2017 合规管理体系　指南》第 2.16 条规定，“合规义务（compliance obligation）是指合规要求或合规承诺”。国际标准化组织在 2021 年 4 月 13 日发布了《ISO 37301:2021 合规管理体系　要求及使用指南》（修订并代替《ISO 19600:2014 合规管理体系　指南》），明确合规义务是组织强制必须遵守的要求（合规要求）以及组织自愿选择遵守的要求（合规承诺）。

合规义务，是指企业及其员工在经营管理过程中必须遵守或自愿遵守的各项规定、规范和规则。合规义务是一种要求，是对企业和企业内部员工的一种要求。这种要求包括内部的和外部的要求。内部的要求一般是指企业内部的规章制度。外部的要求，即企业及其员工必须遵守的法律规定和道德规范。这些要求对所有同类型的企业和行为都是适用的，即在一定范围内，所有不同的企业要遵守同样的要求。

二、合规义务的层级

按整体的层次来看，合规义务根据约束力的强弱可分为三个层级。

第一层级是约束力最强的法律法规，包括国内的、国际的、他国有长臂管辖效果的法律、法规，也包括行业监管规定。违反这个层级的合规义务，会发生通常所称的“违法风险”。

第二层级是约束力适中但对于企业及其员工而言也是应该遵守的各项规定，包括集团公司对子公司的规定，公司所在社区或社团对公司的要求，公司的章程规定以及公司内的规章制度。可以看出，它与前述的“内规”的内涵不完全相容。这些规定或要求不限于内部规定，相反，可把其划入“外规”的范畴。但其对企业的约束力比较弱，在企业不遵守的情况下，对企业所产生的直接负面影响可能不大。

第三层级是约束力较弱但某些特定情况下也可能带来严重不利后果的道德规范，包括企业社会道德、员工职业道德、商业伦理规则等。有时这些道德规范的边界是模糊的。有一些道德规范，如对公序良俗的遵守，已纳入由法律法规强制力约束的范畴。

三、合规义务分类

合规义务是一种内、外部的要求。这种要求，是由外及内的，其主要来自法律、法规、政策、规范等。按不同的角度，合规义务可分为不同的类别。

按要求来源是属于企业外部还是企业内部，合规义务可分为“外规”和“内规”。“外规”包括本国法律法规规定、本国行业规定规范、具有长臂管辖效果的外国规定以及本国参加的国际组织规定等。“内规”包括企业级别的规定、部门或流程级别的规定、岗位或任务级别的规定。部门级别的规定和岗位级别的规定，本质上都应以企业的名义作出，都属于公司内部规章制度。如某公司的法律合规部会同人力资源部制定的《合规经理岗位职责》，作为该公司合规管理办法实施细则的一个附件，便属于部门级别的规定。它应构成合规经理这个岗位所应遵守的“内规”。

按作用力的大小，合规义务分为具有强制约束力的规定和自愿遵守的规定。其中，可能存在一些规定，其边界比较模糊。例如，一些企业商业规范，行业自律规则等，在法律法规以及行业监管等方面没有明确规定，也非企业主动明确提出愿意遵守的商业规则,但如有企业违反,也会带来声誉的损失。这种就属于约束相对模糊的规定。强制约束力的规定,主要包括法律、法规、行业监管政策、他国法律法规、法院判决、强制性技术规范等。自愿遵守的规定主要包括承诺的推荐性标准、自愿行为准则、自愿承诺等。

根据《GB/T 35770—2022/ISO 37301:2021 合规管理体系　要求及使用指南》标准,合规义务分为合规要求和合规承诺两类。

(一)合规要求

合规要求又称强制性合规义务,是由企业外部、与企业相关的个人或组织赋予企业及其员工的义务。与企业相关的个人或组织可能影响企业的决策或者行为,或者可能受到企业的决策或行为的影响。这里所说的影响可能是明确具体的影响,也可能只是一种看法,即个人或组织自己认为受到了企业的决策或行为的影响。法律是典型的合规要求。

合规要求可能是明示的,也可能是暗含的,即可以是按照常识或者交易习惯推导出来的。例如,即使法律没有明确规定而且在合同中没有明确约定,企业也应当对在交易过程中知悉的合作伙伴的商业秘密妥善保管。

合规要求可能是书面的,也可能是非书面的。商业道德是典型的非书面合规要求。

《GB/T 35770—2022/ISO 37301:2021 合规管理体系　要求及使用指南》中给出了合规要求的范例:"法律法规;许可、执照或其他形式的授权;监管机构发布的命令、条例或指南;法院或行政法庭的判决书;条约、惯例和协议。"

(二)合规承诺

合规承诺是基于企业自身的价值观诉求或者外部相关方对本企业的期望。合规承诺的水平高于合规要求。

1. 合规承诺定义

合规承诺(compliance commitment)是指组织自愿选择遵守一些"可做可不做"的要求,是组织选择遵守的要求,与合规要求(compliance requirement)的强制性不同,是组织自愿性的合规义务。一般包括和社区团体或非政府组织的协定和公共机构及客户的协议;组织要求,如方针及程序;自愿原则或行为守则;自愿标识或环境承诺;基于本组织的合同安排所产生的义务;相关组织和行业标准。

对企业而言,合规承诺是企业选择遵守的要求,它是企业对相对方的一种承诺,是自愿性的。它来自企业内部,相当于是企业内部的要求,通常是企业主动承担的合规义务,是企业对自己的一种高标准要求,而不是有义务遵守的要求。对于企业而言,合规承诺一般包括企业与第三方签订的合同、协议、承诺书;企业所在行业的自律性规则,企业适用的非国家强制性标准、行业指南、行业标准和企业标准;企业自愿的对外承诺;企业章程,股东会、董事会、管理层决议;企业内部规章制度;企业所在行业公认并普遍遵守的职业道德、行为准则、行业惯例;国际公约及倡议;国内指引性条款等。

2. 合规承诺的作用

(1)通过明责守诺,强化诚实、守信、正直等职业道德与行为操守,强化对各个岗位的自我约束、自我监督和主动纠偏,强化员工从业禁止性规定的执行,有效根治企业经营管理中的违规行为,确保岗位责任清晰、制度执行有力,实现"制度管人,流程管事",确保各业务条线、各岗位的合规管理要求落到实处。

(2)促进合规风险防控常态化,能有效防控企业经营风险,提升内控管理水平。让员工增强"人人有责""全员参与"的合规管理意识,切身体会"人人、事事、时时合规"的从业氛围,从而自觉抵制违法违规违纪行为,依法合规经营,诚信务实履约,认真履行岗位职责,从基层把好合规管理的第一道防线,形成一种从下至上、从内到外、从被动变主动的高效协同配合的合规管理工作局面,为实现企业依法合规经营、有效防控经营风险奠定坚实的基础。

(3)有利于进一步加强合规管理,强化企业及各级员工的合规风险意识,提高合规风险防控能力,杜绝发生违规事件。

(4)有利于进一步压实企业及各层级、全体员工的合规管理责任,夯实企业合规管理基础,是对企业自身及全体员工合规管理要求的一次再宣贯、再强调,促进企业合规管理体制机制日趋完善。

3. 合规承诺的方式及制作合规承诺范本

(1)制作并签订《合规承诺书》(单位版、个人版)。《合规承诺书》的签订分两个层面,确保实现全覆盖。

在公司层面,以公司名义签署《合规经营承诺书》,履行对外承诺。企业可结合所处行业的合规要求、行业准则、行业惯例、行业特点及自身生产经营特点,制定并签署《合规经营承诺书》。

在公司内部员工层面,公司内部全体员工逐级层层签订《员工合规责任承诺书》。企业应按照“责任到层、到岗、到人”原则,逐层、逐岗、逐人签署《员工合规承诺书》。

承诺书由承诺人、企业各执一份,备案留存。具体做法如下:企业可根据岗位职责在员工入职时要求员工在签订劳动合同的同时也签署《员工合规承诺书》,按照岗位职责要求进行相应承诺;企业也可以开展全员合规责任承诺工作,如组织召开全员合规责任承诺动员和宣誓大会活动,全体员工郑重承诺宣誓,宣誓结束后,全体员工签署《员工合规承诺书》,把员工岗位职责嵌入《员工合规承诺书》,按照各自岗位职责要求进行承诺,避免合规承诺流于形式。

(2)定期或不定期要求全员抄写合规承诺书,领导带头垂范,引导全员牢固树立“内控优先,合规为本”理念,将合规意识内化于心、外化于行,通过全员抄写合规承诺书,确保合规文化深入人心。

(3)中高层管理人员要率先垂范,切实担负起第一责任人责任,各条线、各部门要承担主体责任,形成上下联动、齐抓共管的工作格局,全面推动全员合规责任承诺工作的有序、有效开展。

(4)可在与相关方签订的合同、协议中作出相应合规承诺,通过企业章程、相应股东会决议、董事会决议、管理层决议的形式作出相应合规承诺;通过企业内部规章制度的形式作出相应合规承诺。合规承诺范本详见本书附录一。

四、合规义务的特点

从合规义务的内涵和外延可以看出,合规义务是非常庞杂的。我们按不同的分类方式,可得到不同层级的合规义务。每一层级的合规义务,其本身可能就是复杂的。通过对合规义务的梳理,我们可以看到合规义务具备以下四个特点。

(一)合规义务数量多且不能完全准确识别

具有强制约束力的法律法规从数量上看就极为繁多。根据 Alpha 法律法规数据库截至 2021 年 9 月的统计,中国现行有效的法律文件为 2400 余件,行政法规文件为 9300 余件,司法解释文件为 6800 余件,部门规章 29 万余件，行业规定 6 万余件，地方性法规 222 万余件等。虽然不是所有的“外规”都和特定企业密切相关，但是基于其庞大的基数，我们进行合规义务梳理时，一定会遇到合规义务数量极其多且不能做到完全准确地识别的难题。

（二）合规义务的内容不断变化且变化快

随着经济和技术的不断发展，企业产品的品种、服务的内容、活动的范围在不断地变化，企业的上下游合作伙伴、竞争对手也在不断地发生变化，同时，企业外的法律、法规、规章制度、条例、标准、规范性法律文件等也在不断地更新。例如，北大法宝提示，2021 年 7 月仅到中旬，7 月新颁法律法规文件 210 余件，生效 240 余件。因此，企业适用的合规义务必然跟随着企业生产经营行为的变化和法律的更迭而不断地发生变化。这些合规义务的产生和变化，对任何一家中国企业的合规管理都具有重大意义，但基于合规义务多方面地、不断地在变化且变化极为迅速，即使是借助专业机构进行收集和识别，也很难做到及时更新。

（三）要求本身模糊、不清晰，在某些场景下甚至存有冲突和灰色地带

法律法规总是滞后于现实社会经济发展。对于一些企业的行为，法律法规可能缺乏明确的规定。对于一些行为，有的规定可能存在冲突。例如，2021 年 6 月施行的《中华人民共和国反外国制裁法》第 12 条第 1 款规定：“任何组织和个人均不得执行或者协助执行外国国家对我国公民、组织采取的歧视性限制措施。”这就是基于某些外国的法律法规对中国公民、组织采取歧视性规定而实施的反制规定，这样会造成一定的冲突。

（四）企业选择适用哪些合规义务依赖于合规文化

鉴于合规义务数量多、内容广，一个企业选择主动遵守哪些规定，特别是那些非强制性的规定，取决于企业决策层对合规义务的接受程度。因为有一些合规义务，即便企业不遵守，短时间内企业也不会受到什么影响。有一些合规义务，与企业的行为并无直接关系，企业选择漠视的情况在实践中也大量存在。虽然理论上所有的法律、法规、规定、规范，企业都应遵守，但最终企业是根据成本效益原则，根据决策层的认知等合规文化方面的因素，而选择适用哪些合规义务。

五、合规义务的识别

(一)识别合规义务的重要性

确保企业合规的首要前提便是清晰、有效地识别合规义务,因此识别合规义务是企业建立合规管理体系的第一步且是至关重要的一步。清晰地识别合规义务可以确定企业合规体系应遵守的要求,明确满足合规义务所需的能力要求,落实合规责任分配,建立获取、辨识、评审、更新法律法规及其他要求的渠道,拟定实施合规的措施,监督执行和评价合规状态和有效性,纠正不合规的现象,保障企业切实履行合规义务。

(二)合规义务识别的基本原则

1. 企业不可能也没有必要识别所有合规义务

识别合规义务需要花费大量的时间、金钱,如果企业耗费大量资源用于识别和更新合规义务,势必对企业的日常经营管理造成重大的影响,进而触动企业根基,企业能否存续都成疑问,企业合规也就成了幻影、空谈。因此,企业要集中有限的资源用于识别可能给企业带来重大合规风险的,甚至是决定企业生死存亡的至关重要的合规义务。

2. 企业围绕监管部门获取重要的合规义务将事半功倍

从监管机构的角度来识别重要的合规义务便捷而有效。应当从企业的生产经营管理活动所涉及的主要监管机构入手,获取这些不同国家、地区以及不同层级的监管机构的执法重点和工作计划,以及他们执法所依据的主要法律、法规、规章及其他法律文件,优先保证这些监管机构的执法、处罚所依据的重要合规义务的识别。

3. 识别重要的合规义务应从企业内外部环境全盘分析

合规部门可以作为牵头部门组织企业内部其他相关部门并借助外部专业机构的力量全方位地进行企业内外部环境分析,提出企业可能面临的内部和外部的重大合规风险,并针对这些内外部合规风险确定企业需要重点关注和识别的合规义务。

(三)合规义务识别的方法

企业可以全面体检式地进行合规义务识别,在此基础上跟踪可能影响企业合规义务的内部和外部变化,并选择重点话题继续进行专项合规义务识别。

《GB/T 35770—2022/ISO 37301:2021 合规管理体系　要求及使用指南》给出的获取有关法律和其他合规义务变更信息的途径和方法包括列入相关监管部门的收件人名单;成为专业团体的会员;订阅相关的信息服务;参加行业论坛和研讨会;监控监管部门网站;与监管部门会晤;与法律顾问洽商;明晰监视合规义务的来源(如监管声明和法院判决)。

基于合规义务识别的基本原则,可参考《GB/T 35770—2022/ISO 37301:2021 合规管理体系　要求及使用指南》给出的途径和方法,识别合规义务的方法步骤大致如下:

(1)识别合规义务的分工部署。一般而言,基于各类企业的不同的文化背景、不同部门职责和分工,面对不同领域的监管部门,企业可将获取和更新不同类型、不同领域和不同范围的合规义务的职责分配给相关职能部门。

(2)各职能部门设立专门的识别和更新合规义务责任人。各责任人应定期或不定期自行或聘请外部专门机构协助其浏览监管部门的网站,拜访监管部门,加入行业协会或专业组织,以便及时从相关监管部门处获取重要的合规义务。各职能部门要定期梳理企业自己为了赢得市场、监管机构的认可而主动作出的承诺。

(3)建立合规义务清单并报送合规部门。各职能部门结合其分工范围将合规义务按照不同的重要程度进行分级,按照合规部门规定的时间、频率及格式对合规义务进行汇总,并建立清单报送合规部门。

(4)合规部门统筹和汇总合规义务清单。合规部门将各职能部门报送的合规义务清单进行统筹和汇总,并评估合规义务对企业运营的影响程度大小,排列优先级,最终形成企业总的主次分明的合规义务清单。

(5)各职能部门负责合规义务的动态维护,确定新增的和更新的合规义务,并报送合规部门,以确保持续合规。

(6)合规部门评估已识别变更的影响,并在合规义务清单中进行任何必要的变更。

◇ 第五节　合规角色和责任

企业合规角色的分布具体见图1－1。

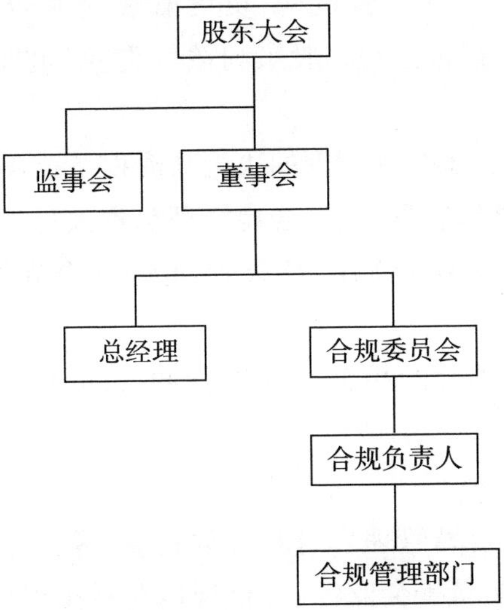

图1－1　企业合规角色的分布

一、领导力

合规建设需要有强大的领导力做支持，否则会导致合规工作推进困难，合规文化难以形成。

二、企业各层级合规管理角色和职责

(一)董事会

董事会是公司日常经营决策的重要机构，对股东(大)会负责。具体到合规方面，董事会负责确定公司的合规经营管理目标，对公司合规经营管理的有效性承担首要责任。董事会的合规管理职责通常包括：

(1)决定公司合规管理的计划、基本制度、组织体系；

(2)授权合规管理委员会对公司日常经营中的合规风险进行监督；

(3)决定合规管理负责人的任免,与合规负责人直接沟通;

(4)决定合规管理部门的设置和合规管理职能;

(5)决定与合规管理有关的重大事项;

(6)决定对违规人员的处理。

(二)监事会

监事会是公司的内部监督机构,负责监督董事会、经理等高级管理人员,防止其滥用职权,损害公司和股东利益。监事会的合规管理职能通常包括:

(1)监督董事会关于合规管理的决策与流程是否合规;

(2)监督董事、高级管理人员、合规管理负责人是否合规履职,对引发重大合规风险负有首要责任的董事、高级管理人员、合规管理负责人提出罢免建议;

(3)对公司合规风险的相关情况进行调查,并要求相关部门及人员协助。

(三)经理层

公司总经理负责经营管理公司的日常业务,落实合规管理目标,就合规工作向董事会负责,受董事会监督,对合规运营承担责任。经理层的合规管理职能通常包括:

(1)负责设立合规管理部门,确保合规管理部门的独立性;

(2)审核公司合规管理制度,报经董事会审议通过后,确保相关制度得到有效执行;

(3)负责将合规管理要求融入具体业务流程中;

(4)审核并向董事会或者合规管理委员会提交年度合规报告;

(5)及时制止并纠正不合规的经营管理行为,追究违规人员责任,并及时向董事会或合规管理委员会、监事会报告任何重大违规事件。

三、合规管理组织架构

(一)合规管理委员会

合规管理委员会通常在董事会中设立,作为企业合规管理体系的最高负责机构,负责公司合规管理的总体部署、体系建设及组织实施。在设董事会的公司中,合规管理委员会应由具备法律、财务、人事管理专业知识和技能的董事组成。在不设董事会的公司中，合规管理委员会可由执行董事负责组织，并由具备法律、财务、人事管理专业知识和技能的高管组成。

合规管理委员会的合规职责一般包括如下内容：

(1)确认合规管理战略，明确合规管理目标，确保公司的内部制度和合规体系能够对相关的合规风险形成有效控制；

(2)承担合规管理的组织领导和统筹协调工作，建立和完善企业合规管理体系，审定公司合规管理工作部署、年度合规管理工作计划和重大合规风险管理方案。

(3)研究决定公司合规管理的重大事项或提出意见建议；

(4)听取合规管理工作汇报，指导、监督、评价公司合规管理工作。

(二)合规负责人或首席合规官

合规负责人是具体实施公司合规管理工作的负责人、决策者和日常监督者，对公司合规管理工作负具体管理责任。公司可以任命独立的首席合规官担任合规负责人，也可任命总法律顾问兼任合规负责人。

合规负责人的合规职责一般包括如下内容：

(1)贯彻执行公司决策层对合规管理工作的各项要求，全面开展并具体实施合规管理的各项工作。

(2)协调合规业务与公司各项业务之间的关系，监督合规管理执行情况，全面开展并具体实施合规管理的各项工作，定期向公司决策层提交合规风险评估报告。

(3)领导合规管理部门，完善组织合规管理队伍建设，做好人员选聘培养，监督合规管理部门认真有效地开展工作。

(4)指导、监督公司有关部门为员工提供或组织持续合规培训，处理涉及公司和工作人员违法违规行为的投诉和举报。

(三)合规管理部门

合规管理部门对合规负责人负责，按照公司规定和合规负责人的安排履行合规管理职责。公司可结合实际情况设置专职的合规管理部门，或者由具有合规管理职能的相关部门承担合规管理职责。

合规管理部门的合规职责一般包括如下内容：

(1)持续关注法律法规、行业监管要求和国际准则的最新发展，正确理解法律法规、行业监管要求和国际准则的规定及其精神，准确把握法律法

规、行业监管要求和国际准则对公司经营的影响,及时为公司决策层提供合规建议;

(2)协助合规负责人制订并执行合规管理计划,包括特定政策和程序的实施与评价、合规风险评估、合规性测试、合规培训等;

(3)审查评价公司各项政策、程序和实施细则的合规性,组织、协调和监督各业务部门对各项政策、程序和实施细则进行梳理和修订,确保公司各项政策、程序和实施细则符合法律法规、行业监管要求和国际准则的要求;

(4)组织实施合规审核、合规检查;

(5)组织实施合规风险监测,识别、评估和报告合规风险;

(6)开展合规培训,并向公司员工提供合规咨询;

(7)建立合规报告和记录的台账,制定合规资料管理流程;

(8)建立并保持与监管机构的日常工作联系,确保在建立、实施和维护合规管理体系流程中能够获得专业建议;

(9)组织或者参与实施合规考核和问责;

(10)董事会确定的其他合规管理职责。

第六节　合规风险识别

一、合规风险与合规风险源

对于合规风险的定义,巴塞尔银行委员会制定的《统一资本计量和资本标准的国际协议:修订框架》(International Convergence of Capital Measurement and Capital Standards: a Revised Framework)指出,合规风险是指银行因未能遵循法律法规、监管要求、规则、自律性组织制定的有关准则以及适用于银行自身业务活动的行为准则,而可能遭受法律制裁或监管处罚、重大财务损失或声誉损失的风险。

《GB/T 35770—2022/ISO 37301:2021 合规管理体系　要求及使用指南》则将合规风险定义为不符合组织合规政策和义务,造成不合规的可能性和后果。

《中央企业合规管理办法》(国务院国有资产监督管理委员会令第 42

号)第 3 条第 2 款规定:“本办法所称合规风险,是指企业及其员工在经营管理过程中因违规行为引发法律责任、造成经济或者声誉损失以及其他负面影响的可能性。”

合规义务与合规风险相互对应,合规风险是因违反合规义务而引发的风险。根据合规义务的依据不同,合规风险对应的合规义务依据包括法律法规、监管要求、规则、自律性组织制定的有关准则、适用于该行业的行为准则。

合规义务还包括企业员工应当遵循的职业操守与道德规范。企业发展不仅需要接受国家、地方政府、行业组织、社区的监管,更重要的是面对市场、客户、合作伙伴以及员工等的评价,故职业操守、道德规范亦为合规义务之重要来源。

概言之,从企业角度出发,合规风险是企业及企业内外部合规义务人在经营过程中,因未能遵循有关规定与准则,乃至相应的职业操守和道德规范,引发法律责任、受到相关处罚、造成经济损失、遭受企业声誉损失以及其他负面影响的可能性和后果。

合规风险源是指产生合规风险可能性的因素。合规风险可能因企业内外部环境的变化所引起,外部环境包括监管政策、经营区域、技术、国内外贸易环境等,内部环境包括企业自身的经营模式、组织管理方式、员工行为、合作伙伴等因素。合规风险可能由一个或者多个因素组合引致。合规风险识别与评估的重点在于识别风险源并对风险源进行分类评价,从而制定有效的合规管理制度对其进行有效管控。

二、合规风险的主要分类

根据不同方面与不同层级,合规风险的分类是多角度的。

根据是否已有对应的合规风险管理措施管控的不同,《GB/T 35770—2022/ISO 37301:2021 合规管理体系　要求及使用指南》将合规风险分类为固有合规风险(Inherent Compliance Risk)与残留合规风险(Residual Compliance Risk)。固有合规风险是企业处于无管控状态下,在没有对应的合规风险管理措施时所面临的合规风险。残留合规风险是企业在现有的合规风险管理措施管控下仍无法有效管控的合规风险。

按照责任形式的不同,合规风险包括刑事责任风险(企业及其负责人员面临刑事处罚风险)、行政责任风险(行政处罚、吊销经营资质、失去供应商资格、注销企业主体资格等)、民事责任风险(经济赔偿、业务机会丧失或减少等)、社会效果风险(企业名誉损害)。

按照业务环节的不同,合规风险分为决策风险、采购销售风险、生产安全风险、产品和服务质量风险、财务风险、人员管理风险、策划宣传风险等。

按照业务领域的不同,合规风险分为组织管理风险、财税风险、知产风险、数据风险、品牌风险等。

从合规义务人的主观故意角度,合规风险还可分为操作性合规风险和故意(蓄意)合规风险。

三、合规风险识别过程

(一)合规风险识别的定义

合规风险评估的首要工作是识别合规风险,只有在全面、准确识别企业合规风险的前提下,方能进一步分析、评价合规风险,继而建立合规管理体系,完成有效的企业合规管理。

《GB/T 35770—2022/ISO 37301: 2021 合规管理体系　要求及使用指南》要求企业根据部门职责、职务职责和不同类型的组织活动,识别各部门、职能和不同类型组织活动中的合规风险源。企业应定期识别合规风险源,并定义与每个合规风险源相对应的合规风险情况,以制定合规风险源列表和合规风险情况列表。因此,合规风险识别在本质上是分析、判断合规风险源,并收集合规风险源中每一个合规风险点以形成合规风险列表,对合规风险进行分析、评价的行为。

(二)合规风险识别的目的

合规风险识别的目的是通过自查的方式,识别企业在经营过程中潜在的合规风险,针对合规风险制定可行的防控措施,形成企业合规管理制度,协助企业人员形成合规风险意识,规范日常经营管理行为,从而实现有效地合规管理,实现企业做大做强的发展目标。

(三)合规风险识别流程

合规风险识别的第一步为合规风险自查。这要求风险识别人员对企业的各个环节进行前期合规尽职调查,深入了解企业的组织架构、业务模式、部门协作、采购销售、生产质检、人员管理、财务管理、客户与供应商管理等各个方面目前的状况，并如实记载、记录。

1. 风险识别清单

需要排查的合规风险应涵盖企业经营管理活动中可能遇到的所有风险点，且对特定风险描述应是全面、准确的。为免疏漏，合规风险尽调首先应制作风险识别清单。风险识别清单可按照企业业务流程、部门职能分工两个维度进行设计，纵列列示企业每一项业务活动的流程，横列明确对应的职能部门、责任岗位、职权安排、现有管理措施。该尽调清单应由企业各部门负责人协作，对各自部门描述的业务、职能事项进行复盘确认和审核，以保证清单记载的业务、职能事项全面、准确，方可精准地确定风险核查点。

2. 资料收集

在完成风险识别清单的设计后，针对清单所对应的业务流程、岗位职责向负责人员收集企业活动、产品、服务、运行的相关方面资料。资料包括但不限于：

（1）公司历史沿革资料（如股东出资证明、历次三会决议文件、经营资质许可文件）；

（2）治理机构及运作资料（如公司内控制度、用印审批流程记录）；

（3）业务资料（如交易合同、往来商函、收付款记录）；

（4）生产管理资料（如生产安全管理流程图、培训记录、监管稽查记录、质检文件）；

（5）宣传推广资料（如对外商务广告、公司官网和微信公众号）；

（6）资产权属资料（如购置合同、产权证明、付款凭证）；

（7）劳动人事资料（如考勤安排、员工名册、保密竞业协议）。

上述列举仅为帮助读者进一步了解资料的主要构成，不代表尽调资料的全面性。在实操中，合规尽调人员应根据不同企业的特点，尽可能地收集与企业各项活动相关的文件。

3. 人员访谈

在对收集的资料有初步了解与分析的基础上，合规尽调人员应安排与管理层、部门负责人、员工的访谈，通过面对面访谈及调查问卷的方式，从一线工作人员处了解公司实际的运营状态，也可以对企业员工对于公司运营事务的理解和认知进行探底，合规尽调人员还可以从员工的知识经验中来识别潜在的合规风险。企业的发展需要自上而下的合作，综合了解管理层、一线员工之间看法的差异性，不仅对识别合规风险有重要的推动作用，对企业发展本身而言，亦能有效地减少决策与执行之间信息错配的情况。需要注意的是，人员访谈是贯穿收集和整理资料的全过程的。在收集分析资料过程中，针对发现的问题随时可能与直接负责人员进行一对一访谈。

4. 经验总结

合规风险识别还应该对过往风险事件进行总结和分析。企业合规部门应建立案例库进行统计分析，从过往的风险事件中提炼因果关系、监管动态、舆论风向、对公司的影响程度。通过评估、分析上述要素，有助于识别新的和正在出现的风险，发出风险警报，以避免同类事件的再次发生。

四、合规风险评估

（一）合规风险评估的作用

根据《GB/T 35770—2022/ISO 37301:2021 合规管理体系　要求及使用指南》附录第 A.4.6 条，合规风险评估是实施合规管理系统以及分配适当和足够的资源、流程，以管理已识别合规风险的基础。组织应以合规风险评估为基础，识别、分析和评价其合规风险。

对于企业来说，合规风险评估是进行有效合规管理的基础性工作。只有在识别、分析、评估合规风险的前提下，才能对合规义务和合规风险源有准确的把握，有的放矢地建立起对应的合规风险防控措施。同时，合规风险评估也是一项对合规风险尽调的总结工作，在前期风险识别的基础上，对企业已有和潜在的风险进行系统性评估。

（二）合规风险评估的方法

《GB/T 35770—2022/ISO 37301:2021 合规管理体系　要求及使用指南》附录第 A.4.6 条对于合规风险评估的方法及要求有如下规定："组织应从不合规的根本原因、来源、后果、后果发生的可能性分析合规风险。例如，后果可能包括人身和环境损害、经济损失、声誉损害、行政处罚以及民事和刑事责任。风险评估包括将组织可接受的合规风险水平与合规政策中规定的合规风险水平进行比较。"

合规风险评估是对企业行为的已有或潜在的风险的推演或预估。按照上述《GB/T 35770—2022/ISO 37301:2021 合规管理体系　要求及使用指南》的标准，在评估合规风险时应从根本原因、来源、后果、后果发生的可能性的要素来进行分析、评价。出于差异化合理配置合规资源的目的，笔者建议增加"风险等级"以及"风险管理措施有效性"作为评估要素之一。通常而言，合规风险评估的频率保持一年一次较为合适，但在下列情况发生时，应定期对合规风险进行重新评估：

(1)出现新的或需要改变的活动、产品或服务；

(2)组织结构或战略发生改变；

(3)出现重大外部变化，如金融经济环境、市场状况、负债和客户关系；

(4)合规义务发生改变；

(5)发生合并与收购；

(6)发生不合规(即使是单一的不合规事件，也可能构成环境的重大变化)。[1]

合规风险评估的范围和详细程度根据不同企业的经营环境、人员和业务规模、风险情况和合规目标而有所差异，合规评估人员可根据企业的特点，综合考虑合规资源配置水平和风险可控程度，有针对性地划定评估范围。

针对上述风险评估要素，细分如下：

(1)根本原因：在判断风险源的基础上深入分析风险事件或行为本身的原因因素，如因加班费引起的劳动争议风险，根本原因在于考勤制度管理疏漏。

(2)来源：合规风险源的判断，可能是外部营商环境的变化、内部经营管理行为的偏差、外部合作方的牵连行为；同时需考虑不同领域的风险交叉情况，某一风险来源可能导致多个合规风险的发生。

(3)后果：此后果应为不利后果，即可能遭受的民事、刑事、行政责任，额外的重大财产损失，名誉损失，经营资质丧失，行业地位下降，业务机会减少等。

(4)后果发生的可能性：应考虑发生概率较高的风险事件。

(5)风险等级：根据后果严重性以及对企业的影响程度进行等级分类，可考虑使用风险等级坐标图来列示，以不同的颜色号区分严重程度，以可视

[1] 参见《GB/T 35770—2022/ISO 37301:2021 合规管理体系 要求及使用指南》附录第 A.4.6 条。

化的方式帮助企业通过调整风险管理资源的优先级来提高其风险管控与治理能力。

（6）风险管理措施有效性：基于上述分析评估现有企业风险管理措施的有效性。

（三）合规风险评估报告

合规风险识别与评估最终的成果为合规风险评估报告，每一次的企业合规风险识别与评估的工作应当以书面的形式妥善保留存档，这也是企业制定合规管理制度，建立有效的合规风险管理体系的依据。

合规风险评估报告内容应由以下内容组成：

（1）企业概况。此部分可分为两方面进行描述，一是企业的外部环境，包括所处行业的营商环境、涉及的法律法规及监管规定、企业的市场地位与社会影响力；二是企业的内部信息，包括企业基本信息、组织架构、股权结构、现有人员结构、财务资产状况。

（2）合规风险尽调的情况。包括本次尽调所采取的核查手段、资料收集分类情况、人员访谈记录、外部机构反馈的企业问题等。

（3）公司现有业务流程。分环节介绍分析公司现有业务流程，对应的负责部门以及岗位职能。

（4）合规风险分析。对合规尽调发现的法律风险进行归类整理，最好汇编法律风险表，可根据不同标准设计表格，如根据不同的风险领域进行分类，可分为数据合规风险、财税合规风险、出口合规风险、采购销售合规风险等；或根据不同的业务流程进行分类，可分为采购环节风险、生产环节风险、质检环节风险、销售环节风险、公司内部治理环节风险等。

（5）风险存在原因与可能的损失。

（6）风险应对措施建议。建议应该具备针对性及可行性，并按照轻重缓急的处理顺序进行排序。

第三章 企业合规实施

第一节 合规支持

企业合规的实施，需要企业自上而下，从人力、物力到财力各方面的支持。

一、合规组织架构支持

（1）企业组织架构支持。企业的董事会、监事会、经理层等各部门都可根据各自的职责给予合规管理支持。由各部门负责人作为合规负责人，支持本部门合规机制的建立和运行。

（2）相对独立的合规管理委员会作为企业的合规管理的专门管理机构，赋予其独立的合规管理权限，对企业合规全面负责。

二、合规制度支持

1. 人事制度支持

在公司的管理制度中，赋予合规管理委员会相对独立的人事权利，合规委员会中应包含有法律、财务、人事管理专业知识和技能的专业人才。

2. 财务制度支持

对于企业合规管理体系建设，应有足够的财政预算予以支持，在内部团队力量不够支持企业合规管理建设时，可外聘专业团队支持建设。在相关合规管理体系建设过程中，有足够的财务支持可以帮助合规团队进行调研，建立合规管理制度及体系。在合规管理制度及体系建设完毕后，需要有足够的财务支持开展培训，并做好培训记录。

3. 管理制度的支持

在企业的管理制度中，应明确确立合规管理委员会的相对独立性，并且明确规定于合规管理过程中，各部门、各层级应予以配合。在合规管理制度的策划、调研、建立、运作以及完善的每一个过程中，各个部门均应配合。

三、合规机制支持

1. 配合前期的基础调研

各部门应配合前期合规管理机制的调研活动，厘清本部门的合规要求。

2. 制定合规管理制度和体系

合规管理部门根据前期的调研情况，制定和建立各部门的合规管理制度和体系，初步形成本企业整体的合规管理体系，并逐步完善企业的合规管理体系。

3. 建立运行过程的反馈渠道

企业合规管理体系初步建立并投入运行后，应建立畅通的反馈渠道，让合规管理委员会可以在第一时间获取合规管理体系运作的效果以及存在的问题，以便进一步完善。

四、合规文化支持

自上而下地宣传和贯彻合规理念，取得高层的合规承诺和部门负责人的承诺，在相关的制度以及各类会议中，不断宣传和贯彻合规文化，让每个员工都知晓企业合规理念，形成各个岗位均需合规的理念。

五、领导支持

合规需要由高层发动、全员参与，所以领导支持很重要。领导在计划方案的制定到执行阶段都需要以身作则，全面体现领导支持。

六、人力资源支持

合规需要设置专职或兼职的合规人员进行任职，包括首席合规官、专职合规员、兼职合规员。合规从业人员不仅在数量上应该配备充足，也应具有相应的专业经验和业务能力。

七、财务资源支持

合规专业人员聘用、合规信息系统采购、合规文化活动开展都离不开财务资源的支持。企业需要有专门的合规财务预算。

八、权限支持

合规人员应保持一定的独立性，并且能够向最高领导层和监管机构汇报。合规人员需要企业赋予充足的权限。

九、物质资源支持

合规机构需要专门的独立办公场地、办公设备等物质支持，企业应给予相应的支持。

第二节　合规能力和意识

一、合规能力

1. 合规能力的定义

合规能力是指合规管理人员运用知识和技能实现预期结果的本领。组织应确定员工具有在其控制下影响合规管理体系绩效的能力；确保这些员工在接受适当的教育、培训的基础上能胜任相关工作；必要时，采取措施获得必要的能力，并评估所采取措施的有效性；保存适当的文化信息，包括能力证明。适当的措施可以包括对员工的培训、指导或调岗，雇佣称职人员。

2. 合规能力的内容

(1)对员工的培训；

(2)对员工的工作或者操作进行指导；

(3)对不称职的员工进行调岗；

(4)雇佣或聘用其他称职人员。

3. 合规能力在招聘、提拔人员中的具体体现

在雇佣人员或提拔现有人员之前，组织应进行尽职调查，包括背景参考或背景调查。组织应从合规管理的角度对人力资源招聘、岗位调整和晋升以及激励等方面给予明确的管理规定，具体如下：

（1）在招聘环节，应明确招聘条件，要求前来应聘的人员必须认同组织的合规文化，遵守组织的合规政策、流程和程序；然后，从招聘的岗位、职责、角色和人员自身多个角度，实施尽职调查程序，考虑可能存在的合规风险；

（2）在试用期间，应尽早给新到的员工发放企业合规手册，并对其进行相关合规政策培养，必要时可以进行合规政策考试；

（3）在工作期间，应监督员工的合规言行，并对违反组织的合规义务、政策、进程和程序的员工给予适当的纪律处分；

（4）在调整（晋升）岗位时，应当对待岗的岗位、职责、角色和人员自身多个方面开展尽职调查，考虑可能存在的合规风险；

（5）在绩效与激励方面，组织应定期审查合规绩效目标、绩效奖金和其他激励措施，以核实是否有适当的措施来防止和应对不合规行为。

4. 企业合规师的职业

2021 年 3 月 18 日人力资源和社会保障部会同国家市场监督管理总局、国家统计局向社会正式发布了集成电路工程技术人员、企业合规师、公司金融顾问等 18 个新职业信息。

在人社部等部门发布的文件中，对企业合规师的定义是：从事企业合规建设、管理和监督工作，使企业及企业内部成员行为符合法律法规、监管要求、行业规定和道德规范的人员。企业合规师的主要工作任务是：

（1）制订企业合规管理战略规划和管理计划；

（2）识别、评估合规风险与管理企业的合规义务；

（3）制定并实施企业内部合规管理制度和流程；

（4）开展企业合规咨询、合规调查，处理合规举报；

（5）监控企业合规管理体系运行的有效性，开展评价、审计、优化等工作；

（6）处理与外部监管方、合作方相关的合规事务，向服务对象提供相关政策解读服务；

（7）开展企业合规培训、合规考核、合规宣传及合规文化建设。

企业合规师作为企业的专业人员，应当在上岗之前已经具备相关的能力。

二、合规意识与合规文化

（一）合规意识

在合规实践中，企业工作人员应积极培养合规意识，清楚自己的言行应当符合合规方针，清楚自己的角色应该符合企业合规管理体系的要求，以及不合规的后果；同时清楚自己的合规行为对企业合规管理体系的价值和贡献。

合规意识的内容包含：

（1）合规方针；

（2）对合规管理体系的有效性作出的贡献，包括改善合规绩效的好处；

（3）不符合合规管理体系要求的影响；

（4）提出合规疑虑的方法和程序；

（5）合规方针和与其角色相关的合规义务的关系；

（6）支持合规文化的重要性。

（二）合规文化

发展合规文化，要求治理机构、最高管理层和其他管理层对组织的各个领域所要求的、共同的、已发布的行为标准作出积极、可见的、一致的和持久的承诺。

1. 合规文化的形成应当采取的必要行为

组织应鼓励和支持合规的行为，不应容忍危害合规的行为。

组织的最高管理层在鼓励合规中的角色主要体现在：

（1）调整组织对合规的承诺，使其与组织的价值、目标和战略保持一致，以便恰当地定位合规；

（2）宣传组织对合规的承诺并建立合规意识，以激励员工接受合规管理体系；

（3）鼓励所有员工接受、实现他们所负责或应负责的合规目标的重要性；

（4）创造一个鼓励报告不合规并且报告的员工不会受到报复的环境；

（5）鼓励员工提出有利于合规绩效持续改进的建议；

(6)确保合规已融入更广泛的组织文化和文化改变的计划中；

(7)迅速识别并采取措施纠正或解决不合规；

(8)确保组织方针、程序和过程支持和鼓励合规；

(9)确保运行目标和指标不会危害合规行为。

2. 合规文化发展的支持因素

(1)组织已发布清晰的价值观；

(2)高管层以身作则、积极实施和遵守已发布的价值观；

(3)管理者在检视、辅导和指导过程中以身作则；

(4)无论职位高低，在处理相似的合规问题时，所采取的措施应保持一致；

(5)对候选员工进行适当的就业前评估；

(6)在入职培训或新员工(包括轮岗、换岗到新岗位的员工)培训中强调合规和组织的价值观；

(7)持续进行合规培训，包括更新培训内容和培训形式；

(8)就合规问题持续地与利益相关方进行及时沟通；

(9)在绩效考核体系中，考虑对合规行为的评估，并将合规表现与员工工资挂钩，以保证合规关键绩效措施和结果的实现；

(10)对合规管理业绩和结果予以明确认可；

(11)对故意或因疏忽而违反合规义务的情况给予及时和适当的惩罚；

(12)对及时报告合规风险或不合规事件的员工进行奖励；

(13)在组织战略和个人角色之间建立清晰的联系，该联系反映出合规是实现组织目标所必不可少的；

(14)就合规事项与利益相关方进行公开和适当的沟通，如发布《企业合规报告》《企业社会责任报告》等。

为了培育合规文化，在实践中，组织的合规师、合规负责人或者聘用的第三方合规服务机构需要定期检查组织合规文化的措施是否得到落实。对于企业合规文化培育措施的检查，不仅要关注其输出，更要关注其成果；不仅需要统计企业新增的合规培训项目、新增的员工行为指导文件、新增的合规监控报告，还需要统计在这些新的合规措施推出后企业减少或消除违规的情况。当合规文化渗透到员工的脑海中，形成一种意识时，这种意识就时刻提醒员工，其个人活动及所在部门的活动是与其企业密切相关的，员工的违规行为自然减少了。只有相关的违规行为减少了或者没有了,利益相关方才会认同企业的合规文化。

◇ 第三节　合规沟通与培训

一、合规沟通与培训组织架构

为保障沟通与培训完整、顺利、有效地进行,企业应利用企业完整的组织架构,一致联动地实施沟通与培训,该等参与方应至少包括董事会或总经理、法务(合规)部门、各职能部门、外部顾问团、其他人员如党团、全体员工。

董事会或总经理作为企业最高管理者,应牢牢树立合规意识,将合规管理体系的创建纳入工作计划,将实现合规发展的目标上升到战略发展高度。

法务(合规)部门应配合外部顾问团,做好企业合规义务识别工作,并定期更新。法务(合规)部门还应会同外部顾问团、各职能部门,共同讨论培训课程内容,制作培训课件及培训计划,并组织员工对培训进行定期评价考核。

全体员工应积极学习合规义务,积极参与企业组织的合规培训,并对培训进行评价,提出意见。同时,对于发现的新的合规义务或不合规行为,应立即进行报告。

二、合规沟通与培训制度

1. 合规报告制度

企业应定期对新出现的合规义务及不合规行为进行报告,并使该等报告的内容嵌入企业信息化系统或企业常规报告中,以便全体员工实时知悉。该等报告既包括自下而上的报告,也包括自上而下的通报。

2. 合规举报制度

鼓励员工反映并报告违法行为或不合规事件,并应为员工的该等举报行为予以鼓励和保密,使其积极行动而不会感受到威胁。

3. 定期交流制度

企业与外部(监察机构、客户、承包商、供应商、投资方、紧急服务提供方、非政府组织和邻居）的沟通交流应注重方式的多样性及实用性，方式可能包括网站和电子邮件、新闻稿、广告和定期简报、年度（或其他定期）报告、非正式讨论、开放日、分组座谈会、社区对话、参与社区活动和热线电话等。

4. 定期培训制度

企业应定期为相关人员提供培训，从受雇时开始，并按确定的计划间隔进行培训。尤其对负责销售、采购、销售网络管理、联络行业协会及参加行业活动、制定价格及商务政策以及并购管理等重要风险岗位人员设置更为细致而深入的专门培训。培训可以多渠道，如线上线下、面对面、远程；多形式，如政策宣讲、案例讨论、沉浸式学习等。

5. 培训评价制度

培训应注重被培训人员对培训课程的真实评价，引导被培训人员对于培训课程内容及培训方式发表建议，以使培训更加符合企业合规管理的要求，更加有效。

6. 培训考核制度

根据培训评价结果及培训课程落实情况，企业应对培训实施考核，激发培训操作人员坚持投入，持续改进。

7. 人员上岗制度

在可能的情况下，针对重点岗位人员，建议将参与合规培训并培训合格作为该等重点岗位人员任职、上岗的必备条件。

三、合规沟通与培训机制

1. 企业应建立合规的实施机制

合规实施机制包括但不限于：

（1）合规文化培育机制：践行诚实守信、合规经营、合规价值观，增强员工合规意识；

（2）汇报机制：向内部决策层、管理层汇报，提出风险评估意见和应对措施；

（3）审核机制：对重大决策、重要协议内部审核，听取内部法律顾问、律师或者外部专业机构的意见；

（4）风险识别与评估机制：建立能够准确识别和评估经营管理和业务行为与有关法律的符合性机制；

(5)合规咨询机制:建立内部咨询、外部专家咨询及有关执法机构咨询等机制;

(6)承诺机制:最高管理层以上率下,带头通过发布书面声明作出合规个人承诺;

(7)内部发现机制:鼓励经营者建立内部自查管理系统,员工可通过该系统以秘密或匿名等方式向企业合规管理部门反映企业可能存在的合规问题;

(8)培训机制:对职员进行持续且定期的相关培训,包括但不限于企业内部组织的合规管理及培训,通过专业机构等第三方开展的合规管理及培训,确保其知悉不可为的事项以及正确的应对处置方式。

2. 企业合规管理队伍应保持沟通,合规培训应加强对重点人员的合规管理

(1)管理人员。促进管理人员切实提高合规意识,带头依法依规开展经营管理活动,认真履行承担的合规管理职责,强化考核与监督问责。

(2)重要风险岗位人员。根据合规风险评估情况明确界定重要风险岗位,有针对性地加大培训力度,使重要风险岗位人员熟悉并严格遵守业务涉及的各项规定,加强监督检查和违规行为追责。

(3)海外人员。将合规培训作为海外人员任职、上岗的必备条件,确保遵守我国和所在国的法律法规等相关规定。

(4)其他需要重点关注的人员。

四、合规沟通与培训文化

企业应重视合规沟通与培训文化的建设,践行诚实守信、合规经营、合规价值观,增强员工合规意识。培育和宣传合规文化、将合规文化融入员工行为非常重要。

1. 合规沟通

企业应确定与合规管理体系有关的内外部沟通,具体包括:沟通什么、何时沟通、与谁沟通、如何沟通。

企业应在考虑其沟通需求时,考虑各种各样的潜在障碍;确保在建立沟通过程时考虑有关各方的意见;当建立沟通过程时,既要包括针对合规文化、合规目标和合规义务的沟通,又要确保所沟通的合规信息与合规管理体

系内产生的信息一致且可靠,具体包括:

(1)对合规管理体系的相关沟通作出回应;

(2)适当时,保留文件化信息作为其沟通的证据;

(3)和组织的各级和职能部门沟通与合规管理体系有关的信息,适当时,包括合规管理体系的变更;

(4)确保其沟通过程使人员能够对合规管理体系的持续改进作出贡献;

(5)确保其沟通过程能够使人员提出合规疑虑;

(6)对外沟通与组织沟通过程中所建立的合规管理体系相关的信息,包括对其合规文化、合规目标和合规义务的沟通。

2. 合规培训

(1)总体原则

企业应建立与其规模相适应的合规培训制度,开展常态化合规培训,以确保企业相关部门及员工理解、遵循企业合规的目标和要求。

(2)培训对象

企业合规培训对象应涵盖企业全体员工,针对核心管理人员及风险较大的业务部门等员工应进行重点培训。

(3)培训内容

合规培训的一般内容应包括国家法律法规、行业准则、企业合规制度等,针对企业核心管理人员及风险较大的业务部门员工的培训,还应该结合其岗位职责、常见业务风险点、实践案例等进行重点培训。

(4)培训方式

合规培训的开展可通过线上和线下形式进行,除常规的讲座分享之外,还可以结合合规测试、案例分享等形式开展。

第四节　合规运行

一、合规运行组织架构的意义

搭建完善的合规管理架构是合规建设的重要内容,是开展合规工作的基本前提。完善的组织架构可以明确企业各部门的角色和定位,明确部门和成员的合规职责，协调管理职能和资源配置，确保合规体系高效运行。完善的组织架构能够使合规、风控、审计、法务、业务等部门充分发挥其优势，形成管理合力，将合规管理各项工作落实到位。

完善的合规组织架构能够保证公司各部门的汇报渠道畅通，帮助企业不断地巩固和完善合规体系。

二、搭建合规管理组织架构的基本原则

(1)独立性原则。独立的合规管理架构要求汇报路径的独立，独立的管理机构还应具备充足的权利。

(2)专业性原则。合规工作具有专业性，应配备相应的专业工作人员。

(3)适当性原则。合规组织架构应根据企业规模、所在地、业务模式、发展阶段来确定具体的设立需求。

三、合规管理组织架构的层级设计参考

自2017年起，国家各部委、地方国资委等部门发布了一系列企业合规管理的指引性文件，给企业合规管理体系组织架构的设计提供了参考思路。其中，国资委发布的《中央企业合规管理办法》在第二章"组织和职责"中，将合规管理部门分为党委(党组)、董事会、经理层、企业主要负责人、合规委员会、首席合规官、各业务及职能部门、合规管理部门，以及纪检监察机构和审计、巡视巡察、监督追责等部门，直接明确了不同部门的合规职责；发改委发布的《企业境外经营合规管理指引》在第三章"合规管理架构"中将组织架构分为决策层、管理层、执行层；国家市场监督管理总局和国家标准化管理委员会联合发布的《GB/T 35770—2022/ISO 37301:2021 合规管理体系　要求及使用指南》在5.3"岗位、职责和权限"章节，则把合规管理机构分为治理机构和最高管理者、合规团队、管理者、人员。

四、组织架构中各层级的角色分工与职责

结合企业实际，各企业可选择已经核实的指引性文件作为设计合规管理组织架构的参考模板。下面以发改委发布的《企业境外经营合规管理指引》中规定的决策层、管理层、执行层三层级模式为例，具体阐述架构中各层级的角色分工及职责。

决策层是企业合规管理体系的最高负责机构，以保证企业合规经营为目的，通过原则性顶层设计解决合规管理工作中的权力配置问题并进行重大事项决策。[1] 决策层主要包括企业的董事会、监事会，以及董事会中设立的合规委员会。

（一）决策层的职责

第一，充分掌握企业的合规风险。了解风险是防范、化解风险的前提。企业的管理层必须保证能够及时获得有关于企业合规风险的第一手信息，同时还要对同行业对标企业的风险充分掌握。

第二，审查、批准合规管理体系的关键内容。决策层负责对合规体系的重要部分进行审批，如重大合规制度、风险管理措施、合规委员会的权责等。

第三，领导、支持首席合规官。首席合规官需要从决策层获得充分的授权，以有效开展工作。同时，还要开辟首席合规官就企业合规问题直接向决策层进行汇报的路径。

第四，对企业合规体系进行反馈。决策层应当对企业合规体系的有效性进行评估，对企业发现重大合规风险时的反应能力进行评估，对首席合规官的合规汇报进行反馈。

第五，对管理层的合规管理工作进行监督问责。管理层合规管理的有效性承担直接责任，其管理效果必须与决策层的预期相一致。

（二）决策层的具体分工

依照国资委发布的《中央企业合规管理办法》、发改委发布的《企业境外经营合规管理指引》以及国家市场监督管理总局和国家标准化管理委员会联合发布的《GB/T 35770—2022/ISO 37301:2021 合规管理体系　要求及使用指南》的相关内容，企业合规体系的决策层主要包括董事会、监事会、合规管理委员会。

董事会是股东会的执行机关，对股东负有忠实义务和注意义务，应尽力确保企业合法、合规运营。从合规管理的通用要素来看，“领导承诺”至关重要，有效的合规管理体系必须要得到决策层的重视及承诺，为其他部门和员工梳理合规的正确意识。董事会的合规职能主要包括：

---

[1] 参见刘相文等：《企业如何搭建合规管理组织架构》，载中美嘉伦网 2020 年 10 月 22 日，http://www.jlun.net/bencandy/view.html? fid =67&id =5860。

(1)批准企业合规管理战略规划、基本制度和年度报告。

(2)推动完善合规管理体系。

(3)决定合规管理负责人的任免。

(4)决定合规管理牵头部门的设置和职能。

(5)研究决定合规管理有关的重大事项。

(6)按照权限决定有关违规人员的处理事项。

监事会是公司的内部监督机构,主要作用是防止董事会、管理层滥用职权损害公司和股东利益。企业监事会的合规管理职能通常包括:

(1)监督董事会的决策与流程是否合规。

(2)监督董事和高级管理人员合规管理职责履行情况。

(3)对引发重大合规风险负有主要责任的董事、高级管理人员提出罢免建议。

(4)向董事会提出撤换公司合规管理负责人的建议。

在国际实践中通常在董事会中设立合规管理委员会,由具备法律、财务、人事管理背景的董事组成,是企业合规管理体系的最高负责机构,负责公司合规管理的总体部署、体系建设及组织实施。

《企业境外经营合规管理指引》对合规委员会的主要职责进行了概括,具体包括:

(1) 确认合规管理战略,明确合规管理目标;

(2)建立和完善企业合规管理体系,审批合规管理制度、程序和重大合规风险管理方案;

(3)承担合规管理的组织领导和统筹协调工作;

(4)定期召开会议;

(5)研究决定合规管理重大事项或提出意见建议;

(6)听取合规管理工作汇报,指导、监督评价合规管理工作;

(7)听取合规管理工作汇报,指导、监督评价合规管理工作。

(三)管理层的合规职责

企业的管理层通常包括公司总经理、合规负责人。其中,合规负责人可以为首席合规官,或由总法律顾问兼任。根据企业对合规工作的重视程度,企业可能任命最高管理层中的一员为合规管理部门的总负责人。管理层在合规管理体系架构中具有承上启下的作用,负责中间环节的组织架构搭建、战略规划制定、合规制度批准、合规意见决策,以及领导牵头部门工作等内容。

(1) 搭建合规组织架构;

(2)指定合规战略规划;

(3)批准具体合规制度;

(4)明确合规管理流程;

(5)制止纠正违规行为;

(6)提出决策合规意见;

(7)领导牵头部门工作;

(8)汇报重大合规事项;

(9)起草合规年度报告。

(四)管理层的具体分工

管理层包括经理层。一般经理层的合规职责为:

(1)根据董事会决定,建立健全合规管理组织架构;

(2)批准合规管理具体制度规定;

(3)批准合规管理计划,采取措施确保合规制度得到有效执行;

(4)明确合规管理流程,确保合规要求融入业务领域;

(5)及时制止并纠正不合规的经营行为,按照权限对违规人员进行责任追究或提出处理建议;

(6)经董事会授权的其他事项。

管理层也包括首席合规官和合规负责人。根据合规领域的国际通行实践,建立了全面合规管理体系的企业通常会任命首席合规官。首席合规官是企业的合规负责人,负责企业合规管理工作的具体实施和日常监督。在实践中,最常见的几种首席合规官的任命方式有企业任命总法律顾问兼任首席合规官、任命独立的首席合规官但是向总法律顾问报告、任命独立的首席合规官但是直接向首席执行官和董事会报告。

国资委采用"合规管理负责人"的概念,而发改委合规指引则更加与国际接轨,明确了企业可以任命专职的首席合规官,也可以由法律事务负责人或者风险防控的负责人担任合规负责人。同时,两项指引还对其职能进行了明确,具体包括:

(1)组织制定合规管理战略规划;

(2)参与企业重大决策并提出合规意见;

(3)领导合规管理牵头部门开展工作;

(4)向董事会和总经理汇报合规管理重大事项;

(5)组织起草合规管理年度报告;

(6)贯彻执行企业决策层对合规管理工作的各项要求,全面负责企业的合规管理工作;

(7)协调合规管理与企业各项业务之间的关系,监督合规管理执行情况,及时解决合规管理中出现的重大问题;

(8)领导合规管理部门,加强合规管理队伍建设,做好人员选聘培养,监督合规管理部门认真有效地开展工作。

(五)执行层

企业的执行层包括合规管理部门和各业务部门。这些部门应及时识别归口管理领域的合规要求,改进合规管理措施,执行合规管理制度和程序,收集合规风险信息,落实相关工作要求。

第五节　合规控制程序

一、合规控制程序的背景

近年来,国际社会和各国政府都致力于建立和维护开放、透明、公平的社会秩序,创造健康有序的竞争格局。与此同时,我国全面推进依法治国,法律制度不断完善。合规意味着既要遵守现行适用的法律法规、监管规定、国家强制标准,又需要遵循有效治理原则或道德伦理准则。若不合规,组织可能遭受法律制裁、监管处罚、重大财产损失和声誉损失,由此可能造成业务的连续性中断,甚至存在退出市场的风险。

建立科学有效的合规控制程序,既是适应内外部环境变化及应对和管控风险的应对之策,也是服务组织内部业务连续性的理性选择。经过国内外组织及监管机构在合规控制程序上的探索,目前已积累总结了大量实践经验,逐渐形成结合时代的合规控制理论及实践共识。

1. 国外合规控制程序

例如,COSO 公布的《COSO 内部控制整合框架》(以下简称《COSO 内部控制框架》）成为美国上市公司内部控制框架的参照性标准；国际标准 ISO 9001、IATF 16949、ISO/IEC 27001、ISO 22301 等一系列管理体系要求，则在不同侧面助力企业在合规控制程序中识别相应不同的管理风险，履行合规要求。

2. 国内合规控制程序

国内主管机关依据国民经济发展现状，制定了诸多适用于央企、金融机构的合规指南、国家标准，例如于 2017 年 12 月 29 日发布的《GB/T35770—2017 合规管理体系指南》，2022 年 10 月 12 日发布的《GB/T 35770—2022/ISO 37301:2021 合规管理体系 要求及使用指南》；2018 年 11 月 2 日国资委下发的《中央企业合规管理指引（试行）》，明确提出中央企业应当加快建立健全合规管理体系等；银监会于 2014 年修订的《商业银行内部控制指引》，该文件成为适用于银行及非银行金融机构内部控制建设的重要指引文件；2022 年 8 月 23 日，国资委公布《中央企业合规管理办法》，该办法自 2022 年 10 月 1 日起施行。

我国对合规控制程序的探索由来已久，近年来更是加快了创新步伐，尤其是国有企业、金融机构的合规承诺及实践为市场积累了丰富的治理经验。从本土科技公司成长为跨国企业的华为、中兴通讯等科技公司，更是在持续开拓国内外市场、参与竞争的进程中，形成了具有自身特色与国际先进经验相结合的合规控制程序，为合规控制领域提供了优秀的实践样本。

二、合规控制程序的实践视角（以商业银行内部合规控制程序为例，总结合规控制程序中的核心要素）

银监会于 2014 年修订的《商业银行内部控制指引》中，明确商业银行内部控制应当遵循全覆盖、制衡性、审慎性及相匹配四大基本原则，并从内部控制职责、内部控制措施、内部控制保障、内部控制评价、内部控制监督等核心要素出发，构建了从商业银行董事会、监事会、高级管理层和全体员工参与的动态过程和控制机制。[1] 该文件的内容为商业银行开展内部控制，实现控制目标应遵循的路径、方法提供了明确的指引和执行方向。

该指引提出的“内部控制程序”五大核心要素及范围，虽然是对商业银

---

〔1〕 参见《商业银行内部控制指引》（银监发〔2014〕40 号，2014 年 9 月 12 日发布）。

行内部控制的要求，但核心要素所体现的管理理念及控制框架在各行各业基本趋同，与《COSO内部控制框架》提出的“五要素”（控制环境、风险评估、控制活动、信息与交流、监督活动）内涵相同，实务中可作为组织探索合规控制程序，进行流程再造的参考框架及核心要素。

下文将基于《商业银行内部控制指引》的控制要求，以商业银行内部合规控制程序为例，重点介绍合规控制程序运行需遵循的五大核心要素，即内部控制职责/组织架构、内部控制措施、内部控制保障、内部控制评价、内部控制监督。

1. 内部控制职责/组织架构

内部控制职责是合规控制程序运行的环境和基础，包括组织架构建设与内控文化等。包括COSO在内的合规标准中强调控制的顶层设计，认为管理者的合规理念及经营风格对商业银行内部合规控制的影响力较大。建立相互制衡、职责明确、激励约束分明的组织架构有利于合规内控文化的建设，向全体员工传达正确的内部控制理念，形成合规控制的文化基调。例如，在工商银行强调顶层设计，持续改善内部控制环境[1]；三井住友银行实施扁平化的治理结构等案例中都有体现。

在我国《商业银行内部控制指引》第7－13条的规定中，内部控制职责的开篇即明确商业银行内部控制治理和组织架构，例如：

（1）“商业银行应当建立由董事会、监事会、高级管理层、内控管理职能部门、内部审计部门、业务部门组成的分工合理、职责明确、报告关系清晰的内部控制治理和组织架构。”

（2）董事会负责保证商业银行建立并实施充分有效的内部控制体系，保证商业银行在法律和政策框架内审慎经营；负责明确设定可接受的风险水平，保证高级管理层采取必要的风险控制措施；负责监督高级管理层对内部控制体系的充分性与有效性进行监测和评估。

（3）监事会负责监督董事会、高级管理层完善内部控制体系；负责监督董事会、高级管理层及其成员履行内部控制职责。

（4）高级管理层负责执行董事会决策；负责根据董事会确定的可接受的

〔1〕 参见庄伟杰：《城市商业银行内部控制问题与改进——以A城商行为例》，首都经贸大学2019年硕士学位论文。

风险水平，制定系统化的制度、流程和方法，采取相应的风险控制措施；负责建立和完善内部组织机构，保证内部控制的各项职责得到有效履行；负责组织对内部控制体系的充分性与有效性进行监测和评估。

（5）商业银行应当指定专门部门作为内控管理职能部门，牵头内部控制体系的统筹规划、组织落实和检查评估。

（6）商业银行内部审计部门履行内部控制的监督职能，负责对商业银行内部控制的充分性和有效性进行审计，及时报告审计发现的问题，并监督整改。

（7）商业银行的业务部门负责参与制定与自身职责相关的业务制度和操作流程；负责严格执行相关制度规定；负责组织开展监督检查；负责按照规定时限和路径报告内部控制存在的缺陷，并组织落实整改。

2. 内部控制措施

内部控制措施为合规控制程序的关键要素，也是风险管理的表现形式，是运用具体措施的动态过程，包括合规风险识别与评估体系、风险预警、全流程控制活动等。在具体执行层面，将根据商业银行采购、业务经营、金融科技、财务会计等关键环节设置不同的控制措施。例如，针对授信活动建立完善的授信体系，覆盖贷前、贷中、贷后全流程。

近年来，越来越多的商业银行采取增强信息技术的措施，通过将内部控制措施嵌入业务及管理全流程的方式，完善及优化控制措施。在《巴塞尔协议Ⅲ》中也提倡引进先进的计算机技术，量化经营业务中的信用风险、流动性风险，更好地开展风险识别及评估，如花旗银行构建高效安全的电子化风险控制系统。

在我国《商业银行内部控制指引》第14－26条的规定中，列明了内部控制措施的方法、路径、运作要求等。例如：

（1）商业银行应当建立健全内部控制制度体系，对各项业务活动和管理活动制定全面、系统、规范的业务制度和管理制度，并定期进行评估。

（2）商业银行应当合理确定各项业务活动和管理活动的风险控制点，采取适当的控制措施，执行标准统一的业务流程和管理流程，确保规范运作。

（3）商业银行应当采用科学的风险管理技术和方法，充分识别和评估经营中面临的风险，对各类主要风险进行持续监控。

(4)商业银行应当建立健全信息系统控制,通过内部控制流程与业务操作系统和管理信息系统的有效结合,加强对业务和管理活动的系统自动控制。

(5)商业银行应当根据经营管理需要,合理确定部门、岗位的职责及权限,形成规范的部门、岗位职责说明,明确相应的报告路线。

(6)商业银行应当建立有效的核对、监控制度,对各种账证、报表定期进行核对,对现金、有价证券等有形资产和重要凭证及时进行盘点。

(7)商业银行设立新机构、开办新业务、提供新产品和服务,应当对潜在的风险进行评估,并制定相应的管理制度和业务流程。

(8)商业银行应当建立健全外包管理制度,明确外包管理组织架构和管理职责,并至少每年开展一次全面的外包业务风险评估。涉及战略管理、风险管理、内部审计及其他有关核心竞争力的职能不得外包。

(9)应当建立健全客户投诉处理机制,制定投诉处理工作流程,定期汇总分析投诉反映事项,查找问题,有效改进服务和管理。

3. 内部控制保障

内部控制保障是内控合规程序实现组织目标的保证调整。我国《商业银行内部控制指引》中列明的内控保障要点包括:

(1)覆盖所有业务和全部流程的管理信息系统和业务操作系统;

(2)对信息系统访问实施权限管理;

(3)建立有效信息沟通机制;

(4)建立与其战略目标相一致的业务连续性管理体系;

(5)制定有利于可持续发展的人力资源政策;

(6)建立科学的绩效考评体系、合理设定内部控制考评标准;

(7)培育良好的企业内控文化,引导员工树立合规意识。

目前商业银行已普及使用员工业务流程申报与绩效管理、财务报销 OA 系统、信贷风险量化评估系统,随着数据越来越多,区块链和大数据等技术应用也将成为高效的控制保障。

4. 内部控制评价

内部控制评价是对内部控制建立和执行的有效性进行评价。根据我国《商业银行内部控制指引》第 35 条,商业银行建立的内部控制评价制度包括规定内部控制评价的实施主体、频率、内容、程序、方法和标准等,确保内部控制评价工作规范进行。我国商业银行内部控制评价由董事会指定的部门组织实施,层级较高。

从内部控制评价制度的角度来看,中国邮政储蓄银行浙江省分行经济师徐冠军在《商业银行内部控制评价机制研究——以邮储银行 A 分行内控评价工作为例》一文中具体介绍了该行内部控制评价内容,包括过程评价、效果评价和评价校正。在邮储银行分行,过程评价主要围绕内部环境、风险评估、控制活动、信息与沟通和内部监督等内部控制"五要素",建立了"机构单元—控制要素—业务单元—控制事项"四层级架构。具体评价层级和评价框架可见表 1 -1。同时该行根据产品体系特点,将业务单元分成综合管理、后台管理、资产业务、负债业务、票据业务及中间业务六大块[1],具有实务借鉴价值。

表 1 -1 邮储银行 A 分行内部控制评价框架

评价层级	评价框架
第一层级:机构单元	评价机构
第二层级:控制要素	内部环境、风险评估、控制活动、信息与沟通、内部监督
第三层级:业务单元	综合管理、后台管理、资产业务、负债业务、票据业务、中间业务
第四层级:控制事项	问题词条

5. 内部控制监督

内部控制监督是对控制程序实施情况的重要反馈。在监督指标上,从现有网络公开的文件资料显示,我国多家商业银行以人民银行、中国银行保险监督管理委员会相关文件精神,COSO 报告,巴塞尔委员会要求为理论基础,由银行内审机构对采购、财务、经营等环节进行独立的内部审计,并加强了 IT 审计。

根据我国《商业银行内部控制指引》第 43 -49 条之规定,商业银行内部审计部门、内控管理职能部门和业务部门均承担内部控制监督检查的职责,

[1] 参见徐冠军:《商业银行内部控制评价机制研究——以邮储银行 A 分行内控评价工作为例》,载《邮政研究》2022 年第 1 期。

应根据分工协调配合,构建覆盖各级机构、各个产品、各个业务流程的监督检查体系。同时要求商业银行建立内部控制管理责任制,银保监会将通过非现场监管和现场检查等方式实施对商业银行内部控制的持续监管,并对存在控制缺陷的商业银行采取监管措施。

在实践中,内部控制监督是个复杂的系统,监督的松紧程度会随着内部因素和外部环境而改变,或将给管理层建立一套行之有效的监督体系带来挑战。

三、小结

以上简要介绍了合规控制程序的背景和《COSO 内部控制框架》"五要素",同时以我国《商业银行内部控制指引》为蓝本,结合商业银行内部合规控制程序的合规实践进行举例说明,仅作实务参考。

第六节 合规文件化

一、合规文件化组织架构

合规文件化是指合规管理所需要的文件资料,以及组织确定有效的合规系统所需要的文件化信息。文件是一组带标识的、在逻辑上有完整意义并存储于物理介质上的信息项的集合。信息项构成了文件内容的基本单位。

合规文件化信息范围可能因为组织的规模及其活动、过程,产品和服务的类型,流程、交互的复杂程度以及人的能力而有所不同。在文件化组织架构设立前,必须完成如下工作:(1)确定质量方针、质量目标;(2)确定组织机构及职能分配;(3)列出现有的部门工作流程;(4)列出现有的各类文件、记录等清单;(5)收集外部文件、相关法律法规;(6)确定过程和接口;(7)确定体系文件的结构。具体见图1-2。

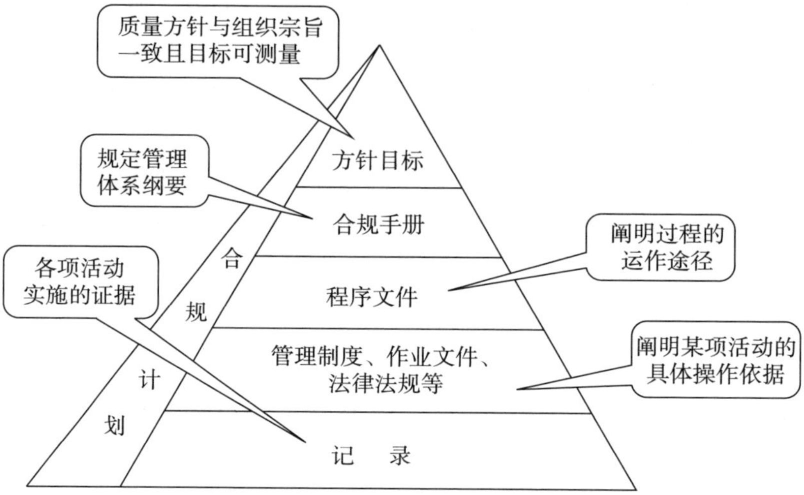

图 1-2　文件化管理体系的结构

注:合规管理体系文件是合规管理体系运行的依据,可以起到沟通意图、统一行动的作用。

二、合规文件化建设

合规文件化建设的主要工作是编制文件,编制文件应明确责任分工,制定文件编写计划,并依据计划编制文件目录等,文件的编纂应包括写稿、讨论、优化、修改等环节。

按照合规文件化管理体系的架构,具体编写内容如下:

1. 合规手册

合规手册是公司合规管理的总纲,是公司合规文化与理念的集中体现,涵盖了合规理念、合规目标、合规整体框架、合规职责、合规操作标准、法律法规索引、合规管理案例库等内容。

2. 程序文件

程序文件主要包括实施一项活动或过程的规定途径、提供有关活动实施方式协调的信息的文件,与合规管理体系有关的个人或部门职责及权限和活动的总体描述。标准规定的程序文件包括文件、记录、内部审核、不合规纠正措施、预防措施。

3. 合规管理文件

合规管理文件是为了加强对全公司经营管理实施法规性、制度性、整体性的风险监控和管理,通过基础性的制度和体系建设,加强流程管理、合规把关和执行监督,防范合规风险的制度性文件。合规管理文件应包括合规职责、合规保障、合规管理等。

4. 合规记录

合规记录是为已完成的活动或达到的结果提供客观证据的文件,是合规体系文件中最基础的文件。合规记录具有可操作性、可追溯性、系统性,其填写和管理对体系的运行会产生重大影响。记录的信息包括:组织的合规政策和程序;合规管理系统的目标、指标、结构和内容;分配角色和责任以实现合规性;有关合规义务的登记册;依从风险登记册,并根据风险评估流程确定防控的优先级;违规、未遂和调查的记录;年度合规计划;人事记录,包括但不限于培训记录;审核过程、审核时间表和相关的审核记录。

文件化信息可以包括与监管报告要求有关的事项,记录的信息可以包括各种媒体(数字和非数字媒体)。

三、合规文件化运行机制

为保障合规文件的顺利运行,合规管理系统所要求的文件信息应受到严格的控制,以确保其便捷性(可用性,在需要的地方和时间方便检索)并充分予以保密,避免因使用不当对其完整性造成损坏。

为了达到上述目的,组织应酌情开展以下活动:

(1)建立健全公司文件管理制度,加强公司文件的统一协调与管理,按期进行汇总统计,保证公司文件处理工作高效运转。

(2)指定专人负责公司合规文件管理工作。合规文件管理人员应忠于职守、廉洁正派、保密观念强。

(3)加强文件储存和保存,方便检索,保持易读性。

(4)对文件的权限进行设置,包括文件的查阅权限、更改文件的权限。

(5)完善合规文件的借阅制度。

(6)对文件的保留、废止均制定相应的程序。

(7)组织应确定文件信息的来源,并加以控制。

四、合规文件化重要性

合规文件化是一项科学化、专业化的工作,是在合规运行的过程中将合规的相关文档进行书写、收集、管理和存储的操作过程，在企业管理过程中意义重大。

1. 合规文件化应贯穿于企业合规管理的全过程

合规文件化的全方位管理，就是在合规管理过程中对所有的文档进行全方位管理，要通过工作程序和专业人员的配合，在合规刚开始即对文件的状态、版本、进度、阅览权限、更新发布流程、内容质量等重要属性进行前端控制，对这些属性进行追踪与有效控制，从而保证文档在项目的全过程中都以统一科学的标准生成和流转。

2. 合规文件化应属于企业管理的常规事项

文件化在企业的日常管理中应占据重要的地位。在企业中，任何的业务几乎都需要以文档的形式来呈现，这能够使得企业的管理者通过文档来完成对企业的管理和控制。

3. 员工应树立合规文件化意识

合规文化建设本就是一个系统性工程，须循序渐进，而建设的重点则在于员工本身。为在全行业营造“人人合规”的文化氛围，要加强合规教育，认真学习合规建设文件，从制度、思想、环境等方面入手。只有各层部门和员工通力合作与执行，才能让这一企业文化深入人心，源远流长，成为企业管理发展的助力。

第四章 企业合规检查

◇ 第一节　合规监视测量

一、合规监视测量组织架构

企业在设立合规监视测量的组织架构时，应充分考量企业自身规模、经营范围、市场影响、竞争对手、政策因素等，结合企业初始制定的合规管理体系目标，因地制宜、因时制宜，并在发展过程中不断完善。通常情况下，根据负责、执行合规事项的部门、人员的不同，可将企业合规监视测量组织架构区分为以下几种类型：

（1）企业专门设立合规管理部门负责企业合规管理体系内的全部事务（包括企业合规监视测量），合规管理部门负责人与企业其他各部门负责人的职务等级一致，直接向企业最高领导汇报合规管理工作。

（2）企业将合规管理体系内全部事务（包括企业合规监视测量）归入法务部门或行政管理部门，法务部门或行政管理部门负责人与企业其他各部门负责人职务等级一致，直接向企业最高领导汇报合规管理工作。

（3）在第三方机构，如律师事务所、法律咨询机构指导下，企业法务部门或行政管理部门负责企业合规管理体系内全部事务或部分事务（包括企业合规监视测量），企业法务部门或行政管理部门负责人与企业其他各部门负责人职务等级一致，直接向企业最高领导汇报合规管理工作。

（4）第三方机构，如律师事务所、法律咨询机构，负责企业合规管理体系内全部事务或部分事务，直接向企业最高领导汇报合规管理工作。

（5）其他。企业在合规管理体系的组织架构中是否设立最高领导负责制直接决定企业合规管理的执行效果以及实现合规目标的决心。因此，无论在企业合规管理体系中，还是在企业合规监视测量领域，最高领导负责制都是建立组织架构的核心和关键性问题。

二、合规监视测量制度

企业合规监视测量制度从理论上确立企业合规监视测量的目标、内容、方法、流程，从而形成可量化的企业合规监视测量文化。通常情况下，一般企业将合规监视测量的目标设立为确保企业稳定实现已制定的合规目标。为实现这一目标，企业往往采用监视、测量的手段，系统性、综合性评估合规管理体系的性能，而实现合规管理系统的有效性及合规性能则成为企业监视测量的重要内容及指标。本小节中所指的“合规管理系统的有效性”的具体评价标准包含：

（1）企业风险控制的有效性，体现企业预判、评估风险等级以及应对突发风险的能力；

（2）企业各部门能有效分配职责，履行合规义务，体现企业各部门的执行力、协同性以及部门最高领导的领导力；

（3）企业处理不合规问题的有效性，体现企业对不合规问题的认知程度及改进决心；

（4）企业内部检查未按合规计划执行的情况，体现企业自身的审查、监督力；

（5）企业针对合规风险自查业务流程，体现企业对合规风险的识别能力。

合规性能具体评价标准包含：

（1）企业没有履行合规义务的情况，需要着重区分是否仅形式合规，实质违规的情况；

（2）企业达不到合规目标的情况，需要着重区分各部门合规目标的实现情况，可将达到合规目标作为各部门领导层考核标准之一；

（3）企业遵守合规文化的情况，需要着重区分企业在遵守合规文化各个环节的具体量化指标，对于量化指标临界点的环节予以重点关注、改进；

(4)企业设立合规业绩指标,并将合规业绩指标纳入部门领导的年度考核之中,影响其评级、年终奖等。

企业在进行合规监视测量的过程中,需要建立、制定一套具体的工作流程,这一工作流程可参照企业规模、经营范围、战略目标等,但至少需要覆盖以下方面:信息资料的筛选、信息资料的收集、信息资料的分类整理、信息资料的分析、信息资料的评价、企业合规监视测量报告以及信息资料的保存。其中,信息资料的筛选、信息资料的收集、信息资料的分类整理、信息资料的分析、信息资料的评价共同构成企业合规监视测量机制,关乎企业合规监视测量系统的有效运行;企业合规监视测量报告以及信息资料的保存则形成企业合规监视测量文化,关乎企业合规管理体系合规性能的评价与改进。总体来讲,企业通过设立合规监视测量制度,实现对合规管理体系实施前、实施过程中、实施后的各类型问题的全方位统计归类,是监控企业合规风险的重要手段之一。

三、合规监视测量机制

企业合规监视测量机制解决的是企业在信息资料的筛选、信息资料的收集、信息资料的分类整理、信息资料的分析以及信息资料的评价方面如何操作、运用的问题。

首先,在信息资料的筛选、收集方面,需要明确企业筛选信息资料的边界及范围,信息资料应该包含以下内容:企业内部的合规性问题、新出现的合规性问题、新的法律法规、行业规范、企业的承诺等。针对上述资料收集过程,应采取的方法策略包括:

(1)通过企业员工、客户等投诉、举报或其他方式获取信息;

(2)通过非正式讨论、沟通获取信息;

(3)通过直接观察、采访、走访参观、检查获取信息;

(4)通过抽查、测试、培训获取信息;

(5)通过审核、审查、调查获取信息;

(6)其他。

其次,企业应针对已收集的信息资料制定统一的分类标准,使得合规部门可以按照信息资料的来源、部门、不合规问题的描述、风险等级程度、监管部门监管的频率等将信息资料作出分类,有条件的企业可以尝试开发一套用于信息分类、存储、检索的系统，便于对信息资料进行统一管理、分类管理。

最后，企业在信息资料的分析、评估方面应对在信息资料整理过程中出现的合规问题进行充分分析、论证，明确其可能产生的合规风险，并对合规风险以及违规产生的后果（包括经济赔偿、罚款、商誉等）进行综合评估，制作法律风险清单及可视化、量化型的风险等级评估表格，方便企业各部门人员就出现的或可能出现的合规问题所涉及的风险等级作出快速、精确的判断，避免或减少企业损失。其中，法律风险清单可通过系统梳理、全面评估企业过去发生过的、目前存在的及未来可能发生的法律风险，并归类、细化法律风险类别，列明每一法律风险行为及适用的法律法规、对应的法律责任、风险等级、涉及的外部主体等，法律风险清单示例如表1－2所示，具体内容可按实际情况填写。

表1－2　法律风险清单

风险类别	风险子类别	风险代码	风险名称	引发法律风险的行为	风险等级	涉及的法律法规	涉及的法条	引发的法律责任或后果	相关责任部门	相关审查部门	可能涉及的外部主体

四、合规监视测量文化

在企业合规管理体系运行过程中，如何体现企业合规监视测量的成果，即需要定期形成合规监视测量报告及包括报告在内的所有信息资料的记录、保存、归档。

首先，企业合规部门在形成的合规监视测量报告中以下三点内容必不可少：

（1）及时披露已出现或可能出现的不合规的数量、细节，以及对它们的分析及风险评估；

(2)按阶段对企业各部门合规绩效的完成情况作出衡量,包括不合规问题和持续改进情况;

(3)按阶段明确企业合规义务的变化对企业的影响以及履行新的义务应当采取的行动方针等。

其次,企业合规部门在报告中涉及不合规问题时,还应着重指出以下几方面问题:

(1)监控处理不合规问题方案的执行情况,尤其是源自审计报告及监管机构的要求;

(2)涉及监管机构时,应体现与监管机构的联系反馈以及关系的发展;

(3)与合规管理体系有效性、持续性、改进性相关的信息。

此外,企业合规部门应注意除定期形成合规监视测量报告外,对突发性的合规问题需要立即收集、分析、评估、报告。

最后,关于信息资料的记录、保存、归档。合规部门应注意记录、保存企业一直以来涉及的合规性问题、不合规性问题以及处理过程中采取的具体方法、步骤、效果。记录、保存、归档信息时应注意确保信息资料的可读性、可识别性、可检索性、完整性以及不可篡改性,以防止任何形式的增加、删除、修改、未经授权的使用或隐藏。

综上,企业合规监视测量作为企业合规检查的环节之一,在企业合规体系的内循环中发挥必不可少的作用。

第二节　合规内部审核

企业合规管理体系可以针对单一领域,也可以针对几个领域,涵盖企业的机构、岗位和职责、策划、运行、方针、惯例、规则、理念、目标及其实现的过程。但是由于合规管理体系的制定过程以及执行过程不可避免地存在漏洞,所以企业合规管理体系本身并不是完善的,这就要求不断地对企业合规管理体系进行内部审核,发现问题、解决问题并进行不断改进、优化,以确保企业及其员工的经营管理行为符合法律法规、监管规定、行业准则、企业章程和制度、国际条约规则等要求,实现维护和改善企业合规管理体系的目的。

一、内部审核的概述

（一）内部审核的内涵

内部审核，通常称作第一方审核，是指企业内部为了管理评审或者其他内部管理目标，通过制定和实施一系列标准、程序、方法，对已经建立和实施的合规管理体系，从符合性、有效性等方面进行客观、系统、独立评价并形成文件的活动。

内部审核是由企业或者以企业的名义进行的，是保证企业合规管理体系有效运行的手段，是企业改进和持续运行的内部检查，以解决外部审核、第三方审核或者认证之前的问题。通过内部审核，企业管理层了解合规管理状况，如企业合规管理体系是否完善、所设定的标准和程序是否得到贯彻执行、相关人员的职责是否明确、工作环境是否优良、相关保障是否充分、合规管理体系是否需要改进等。

（二）内部审核的原则

内部审核的要点在于其遵循若干原则，坚持这些原则是提供有效审核结论的前提，也是支持企业实现战略目标和运营目标的保障。

1. 客观性原则

内部审核结果、审核结论和审核报告应当真实、客观地反映审核活动。审核员应当报告审核过程中遇到的重大障碍、分歧意见。内部审核沟通要真实、准确、客观、及时、清晰、完整。[1]

2. 系统性原则

针对一个或者多个管理体系标准或者其他要求进行内部审核时，以其中标准要求最高的为准。内部审核的设计要科学、系统地反映内部控制中存在的问题，在审核时将相关经营管理活动、业务流程全覆盖，贯穿决策、执行、监督、反馈等各个环节。

3. 独立性原则

内部审核公正性和审核结论客观性的基础在于审核员应当独立于被审核的活动，不应与内部审核员的职责产生利益冲突，不能审核与自己直接相

---

〔1〕 参见《GB/T 35770—2022/ISO 37301:2021 合规管理体系　要求及使用指南》。

关的活动。[1] 审核员应当在内部审核过程中保持客观性，以确保内部审核结果和结论仅基于审核证据。

对于小型企业而言，内部审核员如果无法完全独立于审核活动，则应当采取有效的措施保证审核员的客观性。

4. 适用性原则

不同企业合规的内部审核范围和规模根据实际情况确定。内部审核应从企业经营规模、业务范围、竞争状况、风险水平等实际出发，关注重要业务事项和高风险领域，权衡实施成本与预期效益，强化合规管理制度的可操作性，提高合规管理的有效性。同时，企业应随着内外部环境的变化持续调整和改进合规管理体系。

（三）内部审核的基本方法

内部审核的方法是审核员为完成内部审核工作而采取的各种手段的总称。内部审核的基本方法包括询问、观察、检查和再执行等，并且需要多种方法配合使用[2]。审核员的询问、检查、观察等需要授权，但是不应当受任何人员的限制。

1. 询问

询问是指通过口头或者书面的方式对相关人员提出问题，根据被询问人员的回答来确定企业合规管理体系是否存在并有效运行，以及相关人员对合规管理体系的理解程度。询问是一种非常简便的方法，可以被广泛地应用于内部审核过程，同时由于确信水平较弱，经常作为其他内部审核方法的补充。

询问前应收集相关的背景资料，确定合适的询问对象；询问过程中应做好记录并要求被询问对象签字；询问后应对谈话的内容进行评价和总结。

2. 观察

观察是指对企业合规管理体系的物理环境、硬件设施和办公场所、具体执行等进行了解或者现场见证正在执行的事项，从而判断合规管理是否存在错漏，观察过程中做好记录并对观察结果进行评价和总结。

---

[1] 参见《GB/T 35770—2022/ISO 37301:2021 合规管理体系　要求及使用指南》。

[2] 参见梁晟耀编著：《〈企业内部控制基本规范〉合规实务指南》（第2版），电子工业出版社2013年版，第227－230页。

观察属于常用的接触性控制方法，确信水平高于询问，主要可以分为现场观察、侧面观察和亲历等。

3. 检查

检查是指通过查看相关的文档记录，以了解企业合规管理体系的基本情况，并对其有效性做出判断，检查中应做好相应记录并将检查过程和结果记入工作底稿中。检查常见的方法有审阅、复制、核查等。

4. 再执行

再执行是指通过重新执行合规管理事项以确定合规管理是否有效。再执行需要严格按照合规管理体系的步骤和要求，对再执行结果应当单独进行专业判断。

二、内部审核方案的管理

企业应当策划、建立、实施和保持审核方案，包括频率、方法、职责、策划要求和报告。建立内部审核方案时，企业应当综合考虑被审核的合规管理体系的目标、相关内部和外部问题、有关利益相关方的需要和期望、信息安全和保密要求等，重点考虑相关过程的重要性和以往的审核结果，并优先考虑将资源和方法分配给合规管理体系中具有较高内在风险和较低绩效水平的事项。在规模较小或者组织架构较为简单的企业中，内部审核方案可以适当调整。

具体而言，内部审核方案应当包括审核对象、审核目标、相关风险和机遇及其解决措施、审核范围、审核时间和频率、审核准则、审核方法、审核组成员、工作底稿索引等信息。

（一）审核对象

内部审核对象主要是指在企业内部审核中所要进行的检查和评价的内容，既可以是企业合规管理体系整体、部分，也可以是企业合规管理体系与其他管理体系的融合部分。内部审核对象主要包括相关事项的合法性和合规性、相关事项的过程和结果、相关事项的制度和管理活动。

（二）审核目标

内部审核方案的目标主要用于指导内部审核的策划和实施，并确保审核方案得到有效执行。内部审核方案的目标的设定可以基于以下内容：企业内部或者外部利益相关方的需要和期望；过程、产品、服务和项目的特点、要求及变化；合规管理制度的要求；外部供应商评估的需要；绩效水平、管理体系的成熟程度，如绩效指标、不合格、事故或者利益相关方的投诉；识别企业相关的风险和机遇；以前的审核结果。

内部审核方案目标具体可以包括：符合所有相关要求，如法律法规、国际条约、行业规范、企业规章、合规承诺、认证要求等；评估企业合规管理体系目标与企业战略方向的一致性和兼容性；识别、改进合规管理体系及绩效的机会；评估企业相关风险和机遇以及应对风险和机遇的能力；确定合规管理体系运行的持续性、适应性、充分性和有效性；获得客户支持和信任的能力；与外部审核之间的协调性等。

（三）相关风险和机遇

在内部审核方案中，与企业环境相关的风险和机遇可以直接影响审核目标的实现。内部审核员应当在制定审核方案之前，明确所要考虑的风险和机遇，以便能适当地解决这些问题。

内部审核方案中可能存在以下相关的风险：（1）策划方面的风险，如未能确定相关的内部审核目标，未能确定好内部审核的范围、数量、持续时间、地点等；（2）资源方面的风险，如审核方案策划或者实施的时间、设备或者培训不足；（3）内部审核组的风险，如内部审核员的整体能力不匹配；（4）沟通方面的风险，如无效的内部和外部沟通过程、渠道；（5）实施方面的风险，如内部审核工作协调不力、未考虑信息安全和保密性；（6）对文字信息控制的风险，如对审核员和利益相关方要求的无效确定、未能充分保护内部审核记录等；（7）监督、审查和改进内部审核方案的风险，主要为对内部审核方案结果的无效监控；（8）协助和配合的风险，如企业内部的不配合、抽样检查的无效性等。

（四）审核范围

内部审核方案的审核范围主要取决于企业的结构或者其活动，应当与审核目标保持一致，审核方案可能只是面向一个小型项目，也可以面向合规管理体系整体。影响确定内部审核方案范围的因素可以包括以前内部审核的目标、范围、持续时间、报告等；合规管理体系标准、准则；内部审核活动或者事项的数量、重要性、复杂性和地点；影响合规管理体系有效性的条件；适用的审核标准、准则；语言、文化或者社会问题；客户投诉、不合法的承诺等；所处环境风险和机遇的重大变化；产品或者服务不合格、信息安全泄露、安全生产事故、犯罪行为、环境事故等内部或者外部事件；业务风险和机遇及其应对措施等。

（五）审核准则

内部审核准则可以包括一项或者多项，比如适用的方针、程序、绩效标准、法定和约定的要求、合规管理体系要求、行业规范或者其他安排。

（六）审核员能力

内部审核是企业内部一种独立、客观的监督和评价活动，它的目的是通过对企业经营活动的适当性、合法性、有效性进行审查、评价，促使企业目标的实现。由于内部审核的复杂性，一般人员难以做出有效评价，因此，对审核员专业能力的要求较高。内部审核组成员包括组长和特定内部审核所需要的技术专家。如果只有一名审核员，那么该审核员应当履行审核组长的所有职责。[1] 实习审核员可以包括在审核组中，但是应当在审核员的指导下参与审核。

审核员应当具备实现审核目标所需要的知识和技能，确保内部审核作用的发挥，具体包括严格遵守法律法规、准则；不得从事有损国家、企业和职业荣誉的活动；做到独立、客观、正直和勤勉；保持廉洁，不得获得有损任何职业道德判断的利益；保持应有的职业谨慎；保持和提高专业能力，必要时可聘请有关专家协助；诚实地为企业服务，不得违反诚实信用原则；思想开放、包容，善于倾听、思考多元的意见或者观点，积极观察周围事物；遵循保密性原则，按照规定使用履职过程中所获取的资料；在内部审核报告中客观披露所了解到的重要事项；善于交往，妥善处理好与企业内外机构和人员的关系；与时俱进，愿意从环境中学习。

三、内部审核的实施

审核员在完成内部审核准备工作后，就可以根据内部审核方案实施具体的内部审核工作。内部审核实施阶段是内部审核的中心阶段，审核员在这一过程中主要运用既定的审核方法实施审核程序，围绕内部审核目标收集审核证据并进行评价，以形成内部审核结论。

---

〔1〕 参见《GB/T 35770—2022/ISO 37301:2021 合规管理体系　要求及使用指南》。

（一）首次会议的举行

首次会议应当有企业的管理者以及内部审核组组长一起参加。首次会议应当由审核组组长主持，提供提问的机会，并保留出席记录。会议的详略节奏应当与审核组的了解程度保持一致，适时介绍内部审核参加者、审核防范、审核目的、审核范围、审核准则、沟通渠道、沟通语言、所需资源和设备、有关保密和信息安全事宜、时间安排、终止条件、可能出现的问题等。如果是小型企业组织的内部审核，首次会议可能只是简要沟通正在进行的内部审核以及解释内部审核的性质。

（二）内部审核期间的沟通

审核组应当定期召开会议，根据需要进行信息交换，评估内部审核进度，以及在审核员之间重新分配工作。内部审核期间，审核组组长应当定期传达审核进度、重要发现。审核组在内部审核期间的调查或者收集的证据表明企业合规管理体系存在直接或者重大风险，应当立即报告企业的相关管理者。对于内部审核之外的问题，审核员也应当及时向审核组组长报告，以保证沟通的及时性。审核组如果发现内部审核证据无法实现审核目标，审核组组长应当及时向企业管理者报告原因，以确保内部审核的目标、范围等进行及时调整或者终止内部审核。

（三）初步调查

进行企业合规管理体系内部审核的主要目的是确定企业的合规管理制度是否存在、健全并且有效，以便确定相应风险。这需要在内部审核过程中通过抽样适当收集与审核目标、范围和准则有关的信息，并尽可能加以验证。如果企业经营目标没有实现、经营状况的信息不真实、未能遵守相应法规规则、资源未得到合理和有效利用、资产遭到严重损失等，便需要进一步扩大调查范围。

（四）提出内部审核发现

审核组在对企业的合规管理体系进行调查、测试的过程中会得到积极或者消极的事实，针对这些事项，审核组应当提出内部审核发现。内部审核发现可以表明符合或者不符合既有准则。当符合内部审核方案时，具体审核发现应当包括符合项、相应的支持证据、改进机会和相关建议；同时，审核组应当记录不符合项及其支持的证据。[1] 不符合项可以根据企业的环境及其风险进行分级，这个分级可以是定量的（如1－5分），也可以是定性的（如较小的、重要的）。

内部审核发现一般包括以下内容：（1）所发现事实的现状、具体情况；（2）所发现事实应当遵照的法规、标准等；（3）所发现的事实与预定标准的差异；（4）所发现事实已经或者可能造成的影响；（5）所发现事实在目前状况下产生的原因。

（五）提出内部审核建议

对于审核组的内部审核发现，审核组可以提出内部审核建议。审核建议是审核组针对内部审核发现提出的方案、措施和方法。内部审核建议可以是对企业合规管理体系存在的缺陷和问题提出的改善和纠正的建议，也可以是对显著经济效益提出的奖励建议。

内部审核建议大概可以分为以下两种类型：第一种，现有合规管理体系运行良好，无须改变；第二种，现有合规管理体系需要局部或者全面改变，如改进的方案设计、方案实施的要求、方案实施效果的预估、未实施方案的后果分析。

四、内部审核报告

（一）内部审核报告的编制

审核组组长应当根据审核方案完成审核结论的报告。审核报告应当提供客观、完整、准确、简洁和明确的审核记录，并包括或者引用下列内容：审核目标、审核范围、审核对象、审核组和其他参与者、审核日期和地点、审核准则、审核过程、审核发现和相关证据、审核建议、对准则遵循程度的声明、保密性声明、尚未解决的分歧意见、审核计划或者后续审核的启示等。因为内部审核在本质上是一种抽样运作，因此，内部审核证据的风险不具有代表性。

（二）内部审核报告的编制步骤和方法

内部审核报告的编制步骤为：第一，做好相关准备工作；第二，编制内部审核报告初稿；第三，征求企业被审核部门的意见；第四，复核、修订内部审

---

〔1〕 参见《GB/T 35770—2022/ISO 37301:2021 合规管理体系　要求及使用指南》。

核报告并定稿。

内部审核报告的编制方法为:第一,考核内部审核报告使用部门的各种合理需求;第二,反映内部审核对象的相关业绩并予以适当说明;第三,反映改进的计划和行动;第四,揭示产生问题的外部不利因素及其产生的影响;第五,在不影响内部审核独立性和声誉的情况下,尽可能采用正面的、积极的语言;第六,运用恰当的图表和脚注,以增强内部审核报告的灵活性、准确性和直观性。

(三)与企业管理者沟通

内部审核报告是审核组对内部审核证据和工作底稿进行整理、分析,经过必要的取舍、删补和分类归纳之后,向企业管理者说明内部审核情况所形成最终审核建议的书面报告。

(四)内部审核报告的报送

内部审核报告应当在约定的期限内提交。如果延迟提交,应当及时将原因告知企业相关管理人员。内部审核报告的报送范围一般限制于企业内部,可以根据企业的要求和内部审核活动本身的性质确定发送对象。审核组应当根据具体情况,并经企业负责人或者相关管理层的批准程序,决定是否将内部审核报告或者内部审核报告的部门内容提交企业外部的相关部门和人员。在报送内部审核时,应当考虑采取适当的保密措施。

(五)归集整理档案

在内部审核工作完成之后,审核员应当将内部审核报告、工作底稿、证据及相关资料等,按照一定要求进行整理、归类、装订、立档。经过以上流程所形成的内部审核档案既是内部审核工作的实际记录,也是内部审核工作质量的标准。

五、内部审核后续活动

重视内部审核后续活动的实施,是内部审核工作不可缺少的重要组成部分,也是强化内部审核职能,深化内部审核内容,加快内部审核工作制度化、规范化的有效途径,且有助于维护内部审核工作的严肃性,保证企业认真执行、充分发挥内部审核的各项作用。

内部审核后续活动是为了验证企业对内部审核发现的问题是否采取了有效的纠正措施,并将纠正结果报送给企业管理者进行管理评审。因此,判断标准也就是已经采取的纠正行为和正在达到的效果,以及不采取的相应的行为时可能会产生的风险。

内部审核后续的主要步骤为:第一,认真分析企业有关部门的反馈;第二,对反馈不充分或者未反馈的问题与企业管理者进行探讨;第三,对纠正行为与重大的内部审核发现的问题实施现场根据审核;第四,对已经采取的各项措施进行评估;第五,提交后续内部审核报告。

第三节 企业合规管理评审

《中央企业合规管理办法》第 20 条规定,中央企业应当建立合规风险识别评估预警机制,定期对合规管理体系的有效性进行分析,对一些典型、普遍、可能产生严重后果的风险及时预警。在合规管理运行过程中,要对重大或反复出现的合规风险和违规问题,深入查找根源,完善相关制度,堵塞管理漏洞,强化过程管控,持续改进提升。

《企业境外经营合规管理指引》第 27 条规定,企业应定期对合规管理体系进行系统全面的评价,发现和纠正合规管理贯彻执行中存在的问题,促进合规体系的不断完善。合规管理体系评价可由企业合规管理相关部门组织开展或委托外部专业机构开展。企业在开展效果评价时,应考虑企业面临的合规要求变化情况,不断调整合规管理目标,更新合规风险管理措施,以满足内外部合规管理要求。

根据《GB/T 35770—2017/ISO 19600: 2014 合规管理体系　指南》第 8. 3 条的规定,领导机构和最高管理者应按计划的时间间隔审查组织的合规管理系统,以确保其持续的适用性、充分性和有效性。管理评审应包括先前的管理评审所采取的措施的状态,合规方针的充分性,合规目标实现的程度,资源的充分性,与合规管理系统相关的外部和内部问题的更改,有关合规绩效的信息,持续改进的机会。管理评审的结果应包括与持续改进机会以及对合规管理体系进行任何更改的需求有关的决策。管理评审还应包括以下方面的建议:需要更改合规政策及其相关的目标、系统、结构和人员,更改合规流程以确保与运营实践和系统的有效整合,未来可能发生违规情况要监控的区域,有关违规的纠正措施,当前合规体系和长期持续改进计划之间的差距或缺乏的条件，对组织内典型的合规行为的认可。上述规定既为企业建立合规管理评审提供了参考，亦确保了合规管理系统的可持续性。

本节就有关企业合规管理评审组织架构、企业合规管理评审制度、企业合规管理评审机制、企业合规管理评审文化作简要阐述。

一、企业合规管理评审组织架构

（一）最高管理者

组织架构中最高管理者是指股东会、董事会、监事会。最高管理者在合规管理评审中应分配足够和适当的资源以支持合规管理评审工作的正常进行，确保战略和运营目标与合规义务之间保持一致，建立和维护问责机制，确保将合规绩效纳入人员绩效考核。

（二）治理机构

组织架构的治理机构是指合规管理部门。治理机构在合规管理评审中应分析和评估合规管理体系的性能，以确定是否需要采取纠正措施；建立合规报告和文件记录系统；确保按计划的时间间隔审核合规管理体系。

（三）管理层

组织架构的管理层是指经理层。管理层在合规管理评审中应与合规管理部门合作并提供支持；确保在确定需采取纠纷解决措施后，建议并实施适当的纠正措施。

二、企业合规管理评审制度

（一）合规管理定期评审制度

最高管理者、治理机构应按计划的时间间隔进行合规管理评审，以确保合规管理体系设计良好、执行有效。

（二）合规管理评审会审制度

最高管理者、治理机构应对各阶段的评审结果进行定期会审，以确定合规管理体系符合合规目标，能够并始终达到预期结果，并显示管理层的领导力与承诺。

（三）合规管理评审报告制度

各层级向最高管理者（治理机构）提供在各阶段的所有要求的结果，最高管理者的管理评审结果应向治理机构报告并保留成文信息，作为持续改进和变更决策的依据。

三、企业合规管理评审机制

（一）合规信息化管理机制

加强合规信息化管理建设，通过信息化手段进行合规管理留痕，优化合规管理流程，并实时监控业务流程中的合规风险，实现信息集成与共享，以供合规评审时调用。

（二）第三方独立评审机制

聘请第三方机构进行合规管理评审，将合规管理体现的全面评审与重点细分领域的专项评审相结合，持续改进优化合规管理体系。

（三）合规考核机制

建立合规考核机制，把合规管理情况纳入各业务部门、子公司、关联公司负责人的年度绩效考核中去，细化各项合规考核指标，并不断更新。对各业务部门和员工合规职责履职情况进行考核，将相应的合规考核结果作为员工晋升、干部任用、评先评优等工作的重要依据。

四、企业合规管理评审文化

（一）最高管理者承诺

合规管理系统需要持续改进，改进的前提是管理评审。最高管理者重视、承诺定期评审、持续改进，对合规管理评审工作的持续进行至关重要。

（二）培训与沟通

最高管理者、治理机构应当对管理评审中发现的需要改进的事项持续与全体员工沟通，开展持续性培训，向全体员工灌输合规管理是持续改进、不断升级的组织要求，需要全体员工持续遵从。

（三）合规文化推广

最高管理者、治理机构应将合规管理作为企业的经营理念和企业文化的重要组成部分，不断向全体员工、合作伙伴以及利益相关方推广组织的合规文化。

第四节　企业合规举报

《中央企业合规管理办法》第25条第1款规定："中央企业应当完善违规行为追责问责机制，明确责任范围，细化问责标准，针对问题和线索及时开展调查，按照有关规定严肃追究违规人员责任。"《企业境外经营合规管理指引》第20条规定："企业应根据自身特点和实际情况建立和完善合规信息举报体系。员工、客户和第三方均有权进行举报和投诉，企业应充分保护举报人。合规管理部门或其他受理举报的监督部门应针对举报信息制定调查方案并开展调查。形成调查结论以后，企业应按照相关管理制度对违规行为进行处理。"《国务院关于加强和规范事中事后监管的指导意见》第16条规定："发挥社会监督作用。建立'吹哨人'、内部举报人等制度，对举报严重违法违规行为和重大风险隐患的有功人员予以重奖和严格保护。畅通群众监督渠道，整合优化政府投诉举报平台功能，力争做到'一号响应'。"建立"吹哨人"、内部举报人等制度，对举报严重违法违规行为和重大风险隐患的有功人员予以重奖和严格保护。

《GB/T 35770—2022/ISO 37301: 2021 合规管理体系　要求及使用指南》第8.3条对合规举报提供了标准化指导，组织应建立、实施和保持处理过程以鼓励并使相关人员能够基于合理怀疑对试图、疑似或已发生的违规行为进行报告，这个过程应注意以下几点：可供所有人员应用且易于理解的；能以保密的方式处理举报报告；允许和接受匿名举报报告；保护举报人免受报复；使人员能够接收建议；组织应确保所有人员都知晓并学会运用举报程序，保护个人权利。在适当的情况下，合规疑虑应升级到最高管理层和管理机构，由最高管理层或专门合规委员会直接处理。即使组织所在地监管部门没有特别要求，组织也应该允许任何人通过匿名或保密的方式、途径进行举报或提出疑虑，通过举报机制，举报人可以得到组织的帮助和必要指导，且不会遭到打击报复。

本节就有关企业合规举报的组织架构、合规举报制度、合规举报机制、合规举报文化作简要阐述。

一、企业合规举报组织架构

企业合规管理一般有决策层、管理层、执行层三个层级的合规组织架构，在合规举报活动中，他们负有不同的职责。根据《ISO 37002:2021 举报管理体系　指南》的要求，组织应承诺致力于防止和处理不当行为；鼓励员工及早举报不当行为；减少和防止对举报人及其他有关人员的报复；鼓励公开、透明和问责的举报文化。

因负责合规举报管理的职能特殊，在组织结构设置中应具备独立性，并在组织架构上与一般业务部门相隔离〔1〕。

（一）治理层

举报组织架构的治理层是指股东会或董事会。治理层主要负责合规举报目标的制定，指导重大违规事件的处理。治理层在合规举报管理活动中应负有以下职责：

（1）确保在组织内建立合规举报处理过程和目标；

（2）确保按照组织的合规举报流程处理违规事件；

（3）识别和配置有效和高效的合规举报处理所需的合规管理资源；

（4）确保在组织内宣传贯彻诚信举报文化；

（5）定期评审合规举报处理过程，确保有效和高效地保持并持续改进。

（二）管理层

举报组织架构的管理层一般由合规委员会、合规举报负责人（首席合规官）以及合规举报管理部门组成，主要负责合规举报管理的领导、统筹、协调和指导。管理层在合规举报管理活动中应负有以下职责：

（1）建立合规举报处理的绩效监视、评价和报告过程；

（2）报告举报处理过程相关事项，提出改进建议，报告违规事件的处理措施和决定；

（3）保持合规举报处理流程的有效和高效运行；

（4）聘用和培训处理合规举报事宜的员工；

（5）完善和制定技术要求、文件，设定和达成合规举报目标的要求及

---

〔1〕 参见宋颐阳：《企业合规计划有效性与举报人保护制度之构建——澳大利亚路径及其对中国的启示》，载《比较法研究》2019 年第 4 期。

时限；

(6)对合规举报管理过程进行评审。

(三)执行层

举报组织架构的执行层是指合规举报管理部门的具体人员、各业务部门的兼职合规人员、联络员，以及组织授权、委托的第三方处理合规举报事件的专业机构。合规举报执行人员在合规举报管理活动中应负有以下职责：

(1)确保合规举报过程得到有效实施；

(2)与合规管理层合规举报代表保持联系；

(3)确保合规举报文化的推广，落实合规举报途径和信息以便获取；

(4)确保合规举报处理过程得到监视，并予以文件化记录；

(5)确保对违规事件采取纠正措施，纠正违规问题；

(6)确保治理层、管理层评审时能够获取合规举报处理数据及过程性文件；

(7)报告对组织有重大影响的合规举报事件；

(8)与举报事项存在利害关系时应主动回避。

二、企业合规举报制度

(一)企业合规举报制度的意义及目标

企业通过严格的合规管理流程，对合规风险进行识别、评估和防范，很大程度上防止了合规风险的发生。但在巨大的利益驱动下，有违规动机和企图的企业人员也将会千方百计地把违规事件做得更为隐蔽，通过一系列的“技术处理”来达到违规事件不被发现的目的，[1]这给企业有效地落实合规管理造成巨大的障碍。

合规计划的主要目的之一是发现可能或者已经存在的违法行为，而这离不开或者说依赖于内部举报。[2] 有研究统计，80% 的违规案件基层员工

---

[1] 参见王志乐：《企业合规管理操作指南》，中国法制出版社 2017 年版，第 169 页。

[2] 参见周振杰：《从具体案例看合规计划的有效性判断》，载《河南警察学院学报》2018 年第 4 期。

是知情的。[1] 因而,建立和完善有效的合规举报制度,对于及时发现、处理合规风险,尤其是发现那些"隐蔽的"合规风险,是非常有必要的。

企业合规管理的持续改进,需要通过员工举报(提出疑虑)获取企业更深、更广、更细的合规风险信息,从而帮助企业合规管理机构对相应事件作出识别和判断,对违规人员作出相应处理,并且不断更新合规管理要求,确保企业合规管理的持续有效。

企业应建立诚信的合规举报制度,以使企业合规管理能够持续、有效地运作,具体应包括鼓励诚信举报、创新举报途径、举报人保护制度、举报奖励制度等。

(二)鼓励诚信举报

企业应当加强对合规制度的宣传和培训,将合规文化作为企业文化的重要环节进行宣传和贯彻。企业鼓励举报的文化氛围有助于企业及时发现、处理、改正违规行为。无论是企业高层,还是普通员工,均应当允许、鼓励诚信举报,企业应制定配套制度减少举报人的顾虑,为举报人的举报行为提供动力。

企业合规管理机构在收到举报材料的时候,要求只关注举报信息本身,不应考虑举报人的动机或意图。企业个别员工可能出于私利,或以"举报"之名对企业某个人、某部门进行打击报复,或者其他企业出于竞争的意图对本企业进行举报,如果该类举报的不合规事实确实存在,举报行为都应当得到鼓励和欢迎,企业应当根据合规要求进行调查,并作出处理。

但实践中也不排除恶意举报、虚假举报的情况,企业的合规管理机构对此应当加以甄别,同时也要作出妥善处理。但企业不能因此而堵塞举报的通道,而是要鼓励举报人进行诚信举报,对企业提出具有事实依据的合规疑虑。

(三)创新举报途径

企业应当注重传统举报途径和新型举报途径的结合,重视发挥信息化技术在举报活动中的优势。

传统的举报途径有拨打热线电话、设置举报信箱、发送邮件等,但传统

[1] 参见于慧琴:《我国证券公司合规风险管理存在的问题及对策》,载《企业经济》2011 年第 10 期。

的举报途径或方式存在其弊端，比如热线电话无法及时有效接听，难以做到举报信息的完整记录，且不便于跟踪、核实与反馈；若采用信箱、邮件的举报方式，可能举报人对举报信息描述不清，企业合规机构很难有效与举报人取得联系并进一步核实或补充证据线索，不便于合规调查与处理。而举报人比较关注的是，通过传统的举报途径是否会泄露隐私而遭受报复。

因此，企业在建立合规举报体系时，应当有组织高层的资源支持，确保有足够的资金用于建立合规举报途径、方式。只有通过创新举报途径，比如委托第三方机构接受和受理举报，建立"密码举报、代码举报"[1]的举报系统，让举报人可以没有顾虑地对企业违规事件进行举报，保证企业合规管理的有效执行。

（四）举报人保护制度

在一项"发现公司违规你会不会举报"的投票中，[2]"不会，饭碗要紧"的选项占据 50.4%。该研究表明，大部分员工对举报企业违规行为存有顾虑，而影响员工举报的因素是担心被打击报复。因此，建立切实保护举报人的合规制度，是保证企业合规体系有效、持续运行的重要环节。保护举报人应注意以下几个方面。

1. 对举报人身份进行保密

除非举报人本人愿意透露身份，否则接触合规举报的任何人、任何环节都应当确保举报人的身份是保密的；并且应当采取必要、合理的方法和技术，确保举报的人身份不被他人知悉，"对积极探知举报人身份的行为予以界定并设计适当的惩戒"[3]；如调查、处理完举报事件后需要对外反馈的，应当对举报人的身份进行化名、脱敏处理。

2. 尊重举报人的选择

举报人发现企业的不合规行为已是不易，能够勇敢地站出来按规定流程举报，更是难得。因此应当尊重举报人的选择，尊重其举报与否的选择、匿名或实名举报的选择，以及尊重举报人拒绝作证的权利。

---

〔1〕 吴丹红：《举报人法律保护的实证研究：从检察机关与举报人的关系切入》，载《法治论坛》2007年第2期。

〔2〕 参见庄从周：《发现公司违规，你会不会举报》，载《劳动报》2021年3月13日，第6版。

〔3〕 宋颐阳：《企业合规计划有效性与举报人保护制度之构建——澳大利亚路径及其对中国的启示》，载《比较法研究》2019年第4期。

3. 举报人豁免

举报人作为企业员工，或多或少掌握企业的秘密，而举报人对企业的违规行为进行举报，难免会透露所在部门的商业秘密，这直接与企业员工的保密义务相抵触。为了企业的合规管理能够持续而有效地落实，企业应对举报人举报违规事件而不得已暴露企业或部门的秘密的情况进行豁免，更不能以"违反保密义务"为由追究举报人的责任。再者，举报人可能就是涉事部门的成员，并且也可能直接参与和实施了违规事件，为了鼓励该人员悬崖勒马，应当对其"首举不究"[1]。

4. 严禁打击报复

根据《ISO 37002:2021 举报管理体系　指南》，打击报复形式具体指解雇、停职、降级、调职、改变职责、改变工作条件、不良表现评级、晋升机会减少、拒绝服务、列入黑名单、抵制、名誉损害、经济损失、起诉或法律行动、骚扰、隔离或任何形式的身心伤害。企业应对任何形式的打击报复保持"零容忍"的态度，任何打击报复行为都应当严令禁止，并且将企业内部的打击报复作为严重违规行为处理。举报人因举报行为遭受人身威胁、侵害或遭遇诉累等，企业可予以必要的法律帮助和心理辅导支持，如举报人因举报而遭受损失，可直接予以金钱补偿。

需要注意的是，组织也应当确保合规举报管理机构的有关人员免遭打击报复，在政策、资源方面给予支持。对合规举报管理人员的评审应当由专门的部门或机构负责，并且合规举报管理部门的绩效不能与业务部门直接挂钩，以保证合规举报管理的独立性及中立性。

（五）举报奖励制度

虽然企业对举报人采取了保护制度，但即使再完善的制度也难以保证举报人毫无风险，而"多一事不如少一事"的固有思想始终左右着员工对企业的违规行为进行报告的意愿。对于企业内部的举报行为，若是仅仅通过保护措施，难以激发举报人的积极性，因此必须有相应的奖励或激励制度，促使举报人敢冒风险对企业的违规行为进行举报。

企业根据举报事件的风险等级、对企业的正向促进作用、挽回的损失等，可对举报人实施物质奖励、评优评先、职位晋升、从优调岗、带薪假期等

〔1〕 参见王志乐主编：《企业合规管理操作指南》，中国法制出版社 2017 年版，第 171 页。

激励措施。

(六)规范流程,严惩违规行为

企业应当结合自身的业务类型、商业模式,制定相应的合规举报处理流程,进一步细化标准和要求,也可将具体的流程标准和要求融入各个业务部门的流程中,监视、检查业务流程合规。

合规举报处理流程应包括举报人的识别、举报材料的收集、违规事件的调查、违规处理、举报人保护和奖励、举报答复等。

对于合规举报所调查核实的违规问题,必须高效地查处,对涉事人员和部门给予严厉惩处。

(七)建立和完善举报系统

要建立一套便捷、可及、保密的举报系统,并且具备标准化、可视化的品质,实现违规行为线上举报登记和受理、调查管理和跟踪、反馈的闭环,同时支持系统与企业合规管理平台对接,实现合规管理的持续更新和改进。

三、企业合规举报机制

企业应当根据信任、公正、保护的原则,建立、实施和维持一个有效的、反应迅速的合规举报管理机制,鼓励员工善意、诚信报告疑似和已发生的不合规问题。

(一)接收和受理举报

1. 举报人的范围

企业合规举报人是指了解组织内不当行为(违规行为)并掌握一定线索的人员。举报人的范围有:

(1)员工。包括企业的治理层、管理层、执行层的所有人员。

(2)客户。与企业发生交易往来的顾客、承包商、供应商。

(3)第三方。为企业提供或企业客户提供服务的第三方机构和个人。

确定了举报人的范围,企业合规管理机构应当接收和受理举报人的合规举报。

2. 合规举报管理机构

本节第一部分合规举报管理组织当中已阐述了治理层、管理层和执行层在合规举报管理工作的职能和分工,原则上合规举报管理工作由负责合规举报事宜的举报中心及人员专门负责。

出于各种原因，有些组织的“投诉举报中心不够专业”[1]，导致诸多举报信息被忽略或没有得到正确的处理。因而应当加强对合规举报管理机构人员的培训，组建专业的举报中心，统一受理合规举报。

3. 举报途径

组织的治理层以及管理层应当为举报人提出疑虑提供便捷、可及、安全的举报途径，并对外公布。具体可以参考以下几种方式：

(1)设立举报箱。举报箱的设立应当保障举报人的隐私安全，让举报人能够没有顾忌地投递举报材料，允许举报人选择通过实名或匿名的方式投递。

(2)设立举报热线、传真、邮箱等。运用该途径接收举报，前提应当与运营商通过技术手段防止举报人身份暴露，比如可以采取屏蔽来电显示、邮箱地址，通话声音变声等措施。

(3)“密码举报”“代码举报”[2]。密码举报通常是使用10个自然数和26个英文字母，任意组成一组多位字符的密码，作为举报人的密码。举报人在向组织举报时，通过代码与举报中心进行秘密联系、反映情况、提供举报材料。并且举报人举报属实的，举报人可以按规定凭举报密码、代码领取举报奖励。

(4)向第三方机构举报。组织可以与律师事务所、会计师事务所、媒体等第三方机构开展委托受理举报的合作，举报人可以向组织公开的、合作的第三方机构举报组织内部的违规事项。第三方机构应当承诺不泄露举报人的身份隐私，并就有关举报事宜作出妥善处理。“开放第三方举报渠道，降低举报的困难程度，有利于激励企业自我约束从而合规经营。”[3]

4. 编码建档

举报人无论是通过何种途径、方式进行举报，举报中心都应当对举报事项进行编码，并建立专门的档案，以便后续追踪和处理。举报档案一般包含如下内容：编号、日期、举报来源、匿名与否、举报人是否愿意保持联系或作

---

〔1〕 游卫平：《华泰证券的合规管理研究》，西南交通大学2011年硕士学位论文。

〔2〕 吴丹红：《举报人法律保护的实证研究：从检察机关与举报人的关系切入》，载《法治论坛》2007年第2期。

〔3〕 何奇龙、王先甲、钟肖英：《互联网众筹平台与监管部门演化博弈稳定性分析》，载《华东经济管理》2018年第6期。

证、举报对象（部门或人员）、举报内容和分类（可要求与合规义务、合规风险清单对应）、举报材料清单、举报处理对接人及责任人员（举报中心）、处理进度和节点、结果与反馈。

5. 举报不能撤回

举报人举报后，通过各种方式要求"撤回"举报的，组织应当不予允许。如举报人能够撤回举报，那么涉事部门或人员，将想方设法去获知举报人的真实身份，或通过"利诱"，或通过暴力手段要求举报人撤回举报。举报人的安全将无法保障，并且产生更多违规事件，甚至滋生违法犯罪，这与企业合规管理的方针、目标必定是背道而驰的。无论是基于何种原因撤回举报，都不利于企业合规管理的有效执行。

（二）筛查、评估举报信息

1. 以高效的方式对举报信息进行筛查

重点关注以下信息：

（1）举报人是否实名提供相关资料，如是则给予更多资源支持和关注；

（2）举报事项是否本组织的部门或人员；

（3）举报事项是否存在，应以举报人提供的举报材料进行初步判定；

（4）举报事项是否属于本组织合规义务或合规风险，根据合规清单快速检索；

（5）举报事项对组织的影响程度（结合合规清单）。

2. 对举报事项做进一步评估分析

初步筛查举报信息后，举报中心应当根据举报事项的严重性、敏感性等方面进行分析评估，确定调查方向和行动方案。具体应关注以下信息：

（1）举报事项涉及单一部门还是多部门，涉及人员多少；

（2）是否涉及组织高层；

（3）举报事项是否关系到企业的关键或重点业务部门；

（4）是否涉及重大业务合同或合作伙伴；

（5）涉及金额是否巨大；

（6）是否在合规清单之外；

（7）是否涉及行政监管，甚至是刑事问题；

（8）举报事项是否已经被媒体、网络曝光。

（三）举报调查

如根据筛查和评估，举报中心认为不属于合规事项，或违规行为轻微，可直接作出处理，除此之外的举报事项可根据本章第五节的有关内容开展合规举报调查。合规举报调查应注意：

（1）调查主体可不局限于举报中心，可与相关业务部门共同参与成立合规举报调查组，并可聘请第三方机构（如律师事务所、会计师事务所）提供专业服务。

（2）确定调查方式，明确是否需要调取内部资料，是否对相关员工开展调查（访谈），是否对客户开展调查；调查是否应取得高层支持，并得到有关部门的协调合作。

（3）是否需要接触举报人或要求举报人作证，如是则应征得举报人同意，并做好保密和保护工作；如调查周期较长，在调查过程中还应注意减少对举报人的影响。

（四）违规处理及反馈

1. 公开、公正地处理举报事项

经调查核实，对举报事项的涉事部门、人员应当按规定作出处理。处理方式包括：警告、降薪、降职、调岗、扣除绩效、罚款、解聘等，对第三方客户或机构，有解除合同、禁止合作、列入黑名单等处理方式。经调查核实，对于涉嫌违法犯罪的，移送司法机关处理。

2. 允许涉事单位提出复审

受到举报、接到处理的有关单位，如对处理结果不服，可以向合规管理层上级提出复审，上级机构按规定进行复审，并做出答复。如上级机构认为举报不属实、不成立的，应及时作销案处理，必要时还须对举报事件进行澄清；如复审认为举报属实的，应维持合规举报管理机构的处理决定。"为提高工作效率，对于作出反馈和进行复审的时限应有明确规定。"[1]

3. 合规举报调查报告

合规举报调查结束后，调查人员要及时出具调查报告。调查报告应将合规事项的发生时间、地点（部门）、人物、事件的起因和发展过程、影响程度作详细阐述，以事实为依据作出调查结论。

---

〔1〕 李俊峰：《公平竞争自我审查的困局及其破解》，载《华东政法大学学报》2017 年第 1 期。

合规举报事项具有保密性，调查报告的发送原则是发送给那些需要知道的人员，比如与事件有关的业务部门的直接或隔层领导、人事部门、道德与合规部以及法务部等。举报人、受害人和被告不应该看到和得到调查报告，[1]但合规举报管理部门应向举报人反馈调查和处理结果。

合规举报管理机构应当通过合规举报事项所反映的问题核查合规漏洞所在，并应当及时向管理层、合规委员会报告，以便组织持续改进合规管理。

4. 反馈与奖励

合规举报事项调查完毕后，应当及时公布调查和处理结果，并向举报人反馈，必要时可由举报人对合规举报管理机构就本次举报事项的工作进行满意度评价。

如组织对合规举报设置奖励措施的，应当按规定向举报人兑付奖励，以鼓励知情人诚信举报，推进组织合规管理持续改进和有效落实。

四、企业合规举报文化

（一）企业高层应承诺构建诚信的企业合规举报文化，并积极推动

企业治理层、管理层应当对合规举报做积极、可见、一致和持续的承诺，鼓励诚信举报，对违规行为绝不容忍，严禁对举报人打击报复，并制定配套措施保障举报人的隐私和安全，对如实、有效的举报行为给予奖励。“拥有良好合规文化的企业，其员工不仅不钻企业制度的漏洞，而且还帮助企业堵漏洞，从而抵御严峻的合规风险。”[2]因此，持续不断地强化企业合规体系建设，必将使企业的文化得到重构，形成良好的合规文化。

（二）制定和发放合规举报手册

企业应制定合规举报手册，手册应载明企业合规举报的目标、制度、保护措施、举报方法（途径），以及诚信如实举报可能获得的奖励等。手册应当发放给企业所有员工，或通过内网办公系统等其他可及的方式向员工送达。

（三）签署承诺

承诺包括高层对合规举报有关事宜的承诺、举报人诚信如实举报的承诺、合规举报调查人员保护举报人隐私的承诺、合规举报调查人员公正调查

[1] 参见王志乐：《企业合规管理操作指南》，中国法制出版社2017年版，第175页。

[2] 郝幸田：《合规管理：企业高质量发展的有效途径》，载《企业文明》2019年第1期。

的承诺、员工接受调查且不对举报人打击报复的承诺等。

（四）培训与沟通

企业应当对合规举报的有关事项给全体员工进行培训，确保员工知晓举报方法和途径，并在发现企业违规行为时能够及时、有效地举报。同时，合规部门应当就员工对举报行为的顾虑加强沟通，告知员工企业欢迎、鼓励举报的态度以及各项保障措施，打消员工对举报的疑虑。

（五）合规举报文化的推广

企业应将合规文化作为企业治理理念和履行社会责任的重要内容，将企业合规举报文化向外界传递，以适当的方式向客户、合作伙伴及利益相关方告知企业合规举报的方法、途径，欢迎外界对企业合规经营进行监督。

努力建立欢迎举报的文化，以使举报者确信他们的举报行为不会影响自己的职业生涯。有了内部保护和全面接受举报的文化，举报人将在促进合规职能方面发挥更大的作用[1]。

第五节　企业合规调查程序

合规调查程序是对在合规管理中发现的疑似或已发生的不合规行为进行评估和调查的过程，是实现合规管理目标的重要手段。合规调查程序是新版标准《GB/T 35770—2022/ISO 37301:2021 合规管理体系　要求及使用指南》新增内容，规定在第八章“8.4 调查过程”一节，对企业开展合规调查提出了新的要求，但其未对调查程序作出定义。参考《ISO 37002 举报管理体系　指南》的定义，调查是一个系统、独立和记录在案的过程，通过确定并客观地评价事实，以确定是否已经发生、正在发生或可能发生不法行为，以及不法的程度。

根据启动机制和目的的不同，律师“合规调查”业务包括合规尽职调查（compliance due diligence）和合规内部调查（compliance investigation）。其中，尽职调查是指律师为企业的投资、并购等交易进行专业调查和评估，防范合规风险；而合规内部调查则是在企业出现违规事件、收到内部或外部举

[1] 参见刘恒瑞：《企业合规中的举报人保护制度》，载《经济师》2020 年第 10 期。

报、面临监管调查、刑事执法后，为查明违规行为、识别违规责任人、发现合规漏洞，区分员工责任与企业责任，完善合规体系而进行的专业性合规调查。本节所述合规调查程序（investigation processes）承接上节“合规举报”，系指合规内部调查程序。

一、企业合规调查程序组织架构

调查应由与被调查事件不存在利益冲突，且具备资质的人员独立进行，通常来自合规管理部门、内部审计部门、法务部门或第三方。企业合规调查通常由专设的合规管理部门组织执行，如果合规调查涉及跨国、跨领域、跨部门等情形，则应由高级管理部门协调合规管理部门、内部审计部门或法律部门执行。

企业合规管理部门的合规调查一般按照董事会、董事会审计委员会、监事会或者总裁的要求进行。合规管理部门可以根据合规管理工作的需要，在公司内部开展合规调查。调查结束后，合规管理部门应当制作合规调查专项报告，经合规管理部门负责人签字认可后报送给提出合规调查要求的部门。

企业分支机构合规管理部门也可以根据分支机构负责人的要求或者根据本部门合规管理工作的需要，在本分支机构范围内进行合规调查。分支机构合规管理部门也应当在调查结束后制作合规调查专项报告，报送分支机构负责人和上级合规管理部门。

根据我国法律法规，相关企业的调查程序也可能由外部机关或机构负责。《企业境外经营合规管理指引》明确规定，合规管理部门可以受理违规举报并开展调查。国资委《中央企业合规管理办法》第14条规定，中央企业合规管理牵头部门受理职责范围内的违规举报，组织或参与对违规事件的调查，并提出处理建议。此外，合规举报、调查和问责根据我国党内法规及《监察法》的规定，由纪检监察部门负责。

二、企业合规调查程序制度

（一）企业合规调查程序的要求

根据《ISO 37301:2021 合规管理体系　要求及使用指南》，合规调查程序应当满足以下五点要求：

（1）企业应当制定、建立、实施并维护整套合规调查程序，用来对疑似或实际存在的不合规行为的报告进行评估、评价、调查及结案。调查程序应当确保企业可以据此作出公平、公正的决策。

（2）合规调查过程应当由有能力且不存在利益冲突的人员独立进行。

（3）企业应当酌情参考合规调查的结果以改进合规管理体系。

（4）企业应当定期向治理机构或最高管理层报告合规调查的数量和结果。

（5）企业应当保留合规调查的文件资料。

（二）企业实施合规调查的主要步骤

针对以上要求，企业可以从以下几个方面实施合规调查，处置发现的不当行为，以消除或降低企业的整体合规风险。

1. 制定制度

企业可能从不同渠道获得关于不合规行为的报告，包括雇员向管理层或合规人员直接汇报、通过企业内部合规渠道匿名举报，或者来自竞争对手的投诉、监管机构的调查等。无论源自何种渠道，每一份关于不当行为的报告都应当得到严肃对待，并开展及时、全面和客观的调查。

制定正式的成文的制度来对所有的合规报告和调查进行管理，是确保所有合规投诉得到统一、适当处置的重要手段。该制度至少应当包含对所有合规报告的跟进情况、调查计划的制订、调查结果的报告机制以及适当的处置措施。该制度还应当要求调查程序必须在对所涉及人员和信息采取保密措施的情况下进行。

2. 形成书面文档

将合规调查的每一步骤都形成全面、准确的书面记录对企业来说至关重要。合规调查程序形成的书面记录将被潜在的外部当事人，比如政府或民事诉讼当事人严格审查。不公平公正的调查程序将受到质疑。制作全面的书面记录将辅助企业得到及时、完整、公平、公正的调查结果。

3. 定义调查范围

在合规调查开始时，根据涉嫌不当行为的广度和严重程度定义调查范围非常重要。例如，相对于对整个销售团队在高级管理人员指使下长期从事违法行为的指控，对一名入门级员工违反公司内部政策的指控的调查范围要窄得多。

4. 制订计划

初步确定调查范围后，下一个必要的步骤是制订书面的合规调查计划，以明确潜在的不当行为、进行调查所需调用的内部和外部资源、要进行调查的领域、负责调查的人员以及调查程序所需采取的具体步骤。几乎所有的合规调查计划都需要收集和审查文件资料，并对相关人员进行访谈。

(1)资料审查

大部分情况下合规调查的第一步是审查涉嫌不当行为人员的档案资料，至少包括对每个人的电子邮件、共享文件、手机短信、电脑硬盘进行有针对性的审查。根据指控的性质，可能还需要对支出报告、通话记录等其他事项进行审查。在对资料进行初步审查后，需重新评估合规调查计划，以决定是否需要收集更多资料和审查其他雇员。

(2)人员访谈

一般来说，人员访谈应在审查和分析相关文档资料后进行，这通常有助于选择访谈对象。然而，在某些时间紧迫的情况下，无法在访谈前收集、审查所有的文档材料。除了公司雇员，对第三方的访谈也可能是必要和适当的。此时，应当根据调查保密性的具体需求来决定是否对第三方进行访谈。

确定访谈的顺序和决定受访对象同样重要。通常来说，重点人员可能有隐瞒真相的动机，为了从访谈中获取有用的信息，访谈应该从最外围的人员(利益损失最小的人)开始。出于这种考虑，获得企业最高层的支持至关重要。最高管理层应当发出期待相关人员对合规调查程序完全合作的信息。保密性同样重要，要保证接受访谈的雇员不与其他雇员讨论相关的合规调查内容或他们接受访谈的内容。将泄密风险降至最低的手段之一是将关键访谈安排在一日内进行，或者至少应尽量压缩访谈周期。

与调查的范围一样，合规调查计划应当根据需要持续审视和修订。

5. 引入外部力量

无论是合规调查的开始阶段还是在整个调查期间，人员配备都是一个重要的考虑因素。调查必须以迅速、彻底和客观的方式进行。某些情况下可能需要取得外部法律顾问的协助，这取决于多种因素。

(1)内部资源的充裕度

如果合规调查的范围超出了企业内部可用资源的承受范围，此时应当引入外部律师事务所以协助提高调查速度。内部资源不均衡不能作为企业免于对任何合规投诉进行迅速、彻底和客观调查的借口。在不合规行为可能仍在持续进行的情况下,保证资源充裕尤为重要。

(2)出于展示调查独立性的需要

在内部调查可能导致调查结果受到质疑的情况下,也应当寻求外部律师事务所的帮助。例如,如果被指控的不当行为来自该企业的一位顶级销售代表,那么第三方包括政府可能会更相信由外部律师事务所,而非内部合规人员作出的调查。

(3)来自内部的抵抗

出于某些合规调查特别敏感的性质,例如涉及管理层不当行为的指控时,合规人员在试图展开调查时将面临阻力。在这种情况下,聘请外部律师进行调查可能更为可取。因为局外人不太可能屈服于内部压力。在某些情况下,外部律师可以由公司董事会聘请,以树立其权威。

(4)不当行为的严重性

轻微违反公司内部政策的大多数情况下,可以而且应该由内部合规人员进行调查。但如果被指控的不当行为特别恶劣,可能导致刑事或民事处罚,聘请外部律师可能最符合公司利益。

(5)不当行为的程度

有些调查始于对单一不当行为的指控,一经调查,可能会发现更多的违规行为,这些违规行为非常普遍以至于内部合规人员无法将之认定为不当行为,换句话说,内部合规人员无法确定不当行为是否已经得到遏制以及不当行为的边界。在这种情况下,引入外部律师是特别值得推荐的。

(6)需要专业知识

某些类型的违规可能需要内部合规人员不具备的专业知识。例如,对潜在的违反海外反腐败行为法案的调查可能需要咨询擅长该法律领域的律师事务所。同样,涉及数据完整性的问题可能需要求助于在该领域具备专业知识的律师事务所。

(7)政府介入

如果被指控的行为可能将被政府披露或发现,此时,最符合企业利益的做法可能就是从一开始就让外部律师参与进来。

6. 报告调查结果

企业的合规管理部门应当向管理层报告每个合规调查的结果。该报告应当包括整改建议。对于已确认的不当行为,应当在调查结案后尽快报告。对于得出不存在违规行为结论的调查,可以按季度提交此类报告。此外,合规调查的结果应当向整个组织报告。如此一来,企业便向雇员保证了其提出的合规问题能够得到解决。这种保证对于建立和维护合规文化至关重要。

企业应当考虑是否自动向监管机构报告不当行为,在决定是否自愿报告前,建议咨询外部律师。

7. 采取整改措施

当调查发现了不当行为,有时甚至在未发现不当行为时,合规调查程序的最后一个步骤是制定并实施整改措施。企业应当假定未来某天政府会发现所调查的不当行为,并询问企业对该不当行为采取了何种应对措施。企业如何处理不当行为将直接影响政府对相关情况的反应。调查不充分或采取的整改措施不足以纠正不当行为可能会导致政府的强制执法或更严厉的处理。整改措施一般包括纪律处分、培训、政策修订、训诫和合规文化调整。

三、企业合规调查程序机制

企业合规调查程序应当具备有效的机制,对企业、员工及相关方的不当行为进行及时、全面的调查,并根据调查结果制定应对处理措施,帮助企业识别不合规行为、合规管理的薄弱环节以及分析不合规原因,对合规管理体系进行持续改进。

企业应当建立合规调查报告机制,规定报告事项、接受汇报的部门和层级。在某些情况下,根据有关的法律法规,企业应当向监管机构报告调查结果。即使法律没有明文规定要求企业报告不合规行为,企业也可主动向监管机构披露不合规行为,以减轻法律后果。例如,根据《反海外腐败法》,企业向监管机构(包括美国证券交易委员会和美国司法部)自我披露不当行为,会成为监管机构决定是否从宽处理以及从宽处理程度的一个重要考量因素。

四、企业合规调查文化

企业应当确保调查是公正和独立的。应当由具备资质的人员在合适的范围内进行调查,并对调查进行独立、客观的记录。企业可设立独立的专门委员会,对调查过程进行监督,从而保证调查的公正性和独立性。合规管理部门应当监督并确保调查处理与管理制度保持一致性。

企业应当建立保密和防止报复的机制。一个完备的合规管理体系应当建立一个有效可靠的保密机制。通过该机制,企业人员可以通过匿名或举报的方式,向企业报告违反企业行为准则、企业政策的行为,以及疑似或实际存在的不当行为。企业在处理举报时应当采取积极主动的措施来创造一个不惧报复的工作氛围,制定适当的举报程序以及保护举报者的流程。合规调查程序应当包括将举报转交给适当的部门、及时完成彻底调查以及采取适当的后续措施及纪律规定的内容。

第五章 企业合规改进

◇ 第一节 企业合规处理违规

一、企业合规处理违规组织架构

处理违规行为的组织架构与合规管理的组织架构相对应,原则上应由董事会、监事会、最高管理层、合规管理部门、业务部门等组成多层次的违规处理组织架构。董事会为违规处理组织架构中的最高执行机关,就违规行为的处理提出指导性意见;监事会为违规处理组织架构中的监督机关,对公司违规行为的处理进行全方面监督;合规管理部门为违规处理组织架构中的执行机构,具体执行公司对违规行为的处理意见,直接向公司董事会负责,向董事会汇报工作;最高管理层依照董事会的指示,协助合规管理部门处理有关违规事项及违规人员;各业务部门依照最高管理层及合规管理部门的指示,协助合规管理部门处理有关违规事项及违规人员。在实践中,各职能部门的具体职责包括但不限于如下事项。

(一)董事会

(1)与最高管理层及(或)合规管理部门进行直接沟通,了解违规事件的详情;

(2)决定对违规事件负有主要责任或领导责任的有关人员的处置方案;

(3)听取最高管理层及(或)合规管理部门就违规事件的工作汇报,审议最高管理层及(或)合规管理部门就违规事项的处理预案并提出指导性意见,督促最高管理层及(或)合规管理部门及时落实指导意见及处理预案。

(二)监事会

对董事会、最高管理层、合规管理部门就违规事项的处理进行监督。

(三)最高管理层

(1)与合规管理部门进行直接沟通,了解违规事件的详情,督促合规管理部门对违规行为进行调查;

(2)听取合规管理部门就违规事件的工作汇报并提出意见或建议;

(3)听取合规管理部门对违规事件负有主要责任或领导责任的有关人员的处置方案并提出意见或建议;

(4)应董事会要求,与合规管理部门一起就违规事项进行工作汇报及制定处置预案;

(5)督促配合合规管理部门及时落实董事会指导意见及处理预案。

(四)合规管理部门

(1)接受公司内部及外部就违规事件的举报与投诉;

(2)协调业务部门,对违规事件进行调查核实;

(3)就违规事件进行调查核实后形成工作汇报,报最高管理层备案,并听取最高管理层的意见和建议;

(4)就违规事件负有主要责任或领导责任的有关人员提出处置方案,报最高管理层备案,并听取最高管理层的意见和建议;

(5)就违规事件调查核实的情况,违规事件的处置预案向董事会进行汇报,听取董事会的指导意见;

(6)落实董事会的指导意见,执行董事会批准的处置预案。

(五)业务部门

(1)配合合规管理部门对违规事件进行调查核实;

(2)应合规管理部门要求,对违规事件的处置方案提出意见或建议;

(3)落实合规管理部门就违规事件的处置方案。

二、企业合规处理违规制度

(一)违规调查制度

1. 违规调查的定义及构成要素

违规调查是指公司合规管理部门或聘请的外部人员依据已知的违规信

息，通过专业和合法的调查方法，收集和分析相关证据，发现违规事实的过程。具体来讲，合规调查主要由五个要素构成：

(1)已知信息。已知信息包括来自员工、客户、供应商等第三方的举报、投诉等信息，合规系统、自动化办公系统等留存的异常数据、信息、报告，初步掌握的违规行为等。

(2)调查人员。调查人员应具备较高的品德及职业操守，具备较为缜密的思维方式，并要求掌握一定的调查方法。

(3)调查方法。调查方法包括现场走访、暗访，向相关人员询问、查证，借助于第三方工具、数据进行查证，收集并分析相关信息等。

(4)证据。筛选、固定相关证据材料，并注意证据材料的合法性、真实性、关联性。

(5)事实。事实包括时间、地点、人员、原因、事件经过等。

2. 制定违规调查方案

针对发现的违规事件，公司应当制定相应的调查方案。调查方案需根据发现的违规事件的不同性质、复杂程度、影响大小等因素来制定。合规管理部门是制定调查方案的负责部门。调查方案应当包括但不限于：(1)被调查人员的个人信息、职务；(2)证人和对调查有利的人员名单；(3)负责调查的人员及工作安排；(4)调查方向及策略；(5)调查的程序及注意事项等。

3. 确定调查人员

在确定调查的人员及工作安排时，还应注意包括但不限于如下事项：(1)调查人员应当秉持客观中立的态度；(2)调查人员受过良好的调查技巧培训；(3)调查人员了解相关法律法规、内部规定、政策、条例以及相关的业务流程等。

4. 形成调查报告

在调查结束后，调查人员应当及时撰写调查报告。调查人员应当根据调查了解的情况，在获取的证据的基础上客观地陈述有关事实，不得掺杂个人的主观判断或情感，尽量详尽地描述事件的来龙去脉。最终的调查结论也应当以证据为依据，以法律法规、内部规定、政策、条例等规定为准绳。调查报告不应当对事件进行法律定性，也不应当就违规处理措施提出意见或建议。

5. 违规调查的注意事项

合规调查过程应当遵循合规原则，不得侵犯他人隐私，不得侵犯他人人格尊严，不得限制他人人身自由等；同时，还应当秉持客观、中立的原则，平等对待与保护被调查人员。合规调查的结果一般需要形成书面报告，一般包括调查的范围和方法、查明的事实、分析与建议等。

（二）违规举报奖惩制度

违规事件往往具有隐蔽性，导致公司自行获取违规信息存在一定难度。只有尽可能发动员工举报违规的积极性，才能更有效地防范违规风险，获取违规线索，增加有关人员的违规成本。因此，公司应当设置违规举报奖惩制度，通过精神及物质嘉奖，让员工踊跃举报违规行为。但对于以损害他人名誉、打击报复等为目的的诽谤、栽赃行为，公司鼓励被害人通过法律手段向加害人追责，公司也将视情况给予加害人处罚。

1. 奖惩对象

（1）参与违规活动的员工如果主动承认自己参与的违规行为，并如实举报其他共同实施违规行为的同伙，公司可以考虑奖罚互抵，全部或部分免除该员工的责任。

（2）公司员工举报公司其他人员的违规行为，查证属实的，公司给予举报人精神或物质奖励。如果举报人希望公司对其身份予以保密，公司应当尽可能满足举报人的要求。

（3）公司客户、供应商或其他外部第三方举报公司人员的违规行为，查证属实的，公司给予举报人物质奖励。如果举报人希望公司对其身份予以保密，公司应当尽可能满足举报人的要求。

（4）以损害他人名誉、打击报复等为目的的诽谤、栽赃行为，公司应进行严厉惩处。

2. 奖惩方式

（1）精神嘉奖：全公司通报表扬、授予优秀称号等。

（2）物质奖励：给予奖金、提高工资待遇、升职等。

（3）处罚措施：通报批评、降薪、扣减奖金、调岗、辞退等。

三、企业合规处理违规机制

(一)处理原则

1. 客观独立原则

违规处理机构对于违规行为及责任人的处理,应当遵循客观、独立的原则。违规处理机构应对违规行为进行独立评估,不得将责任人的职位、关系、业绩等其他因素作为违规处理的参考因素,应当保持违规处理的客观性和独立性。

2. 以事实为依据,以规则为准绳

违规处理机构对于违规行为及责任人的处理,必须依据调查核实后的客观事实,要做到事实清楚,证据确实、充分,不得对未经调查核实或者证据尚不充足的事实进行处理。同时,对于违规行为及责任人的处理,应当依据法律、法规以及企业合规管理的有关规定及程序进行,在没有相关规定的情况下,不得任意对相关行为进行处理。

3. 违规行为与处罚相适应

违规处理机构在对违规行为责任人进行处理时,要充分评估违规行为的性质、程度等,作出与违规行为程度相当的处理决定,做到违规行为与处罚相适应,避免出现行为与责任不匹配的情况。

(二)处理方式

1. 违规行为评级

违规处理机构在收到违规调查机构移交的违规行为后,应当对违规行为进行分析评估,根据违规行为违反的法规、规则以及程度对违规行为进行评级。对于未违反法律法规、行业自制规定及企业内部管理制度,仅违反职业道德、商业惯例的行为评为一级;对于仅违反企业内部管理规定的违规行为评为二级;对于仅违反行业自治规定的行为评为三级;对于仅违反行政法律规定的行为评为四级;对于违反刑事法律规定的行为评为五级。对违规行为的评级,应当作为违规处理机构作出处罚程度评估的依据之一。

2. 处罚措施

根据违规行为评级及严重程度,违规处理机构可对违规行为及责任人做出如下处罚措施:(1)警告;(2)通报批评;(3)扣除合规业绩奖金;(4)没收违法所得及索赔;(5)降级、调岗;(6)辞退;(7)通报行业自治机构处理;

(8)移送行政机关处理;(9)移送司法机关处理。

违规处理机构应根据违规行为的具体情形及企业合规管理的相关规定,决定采取上述一种或者多种方式对违规行为及责任人进行处罚。

四、企业合规处理违规文化

(一)树立违规有责、违规必究的企业文化

1. 定期开展违规管理培训,强化违规有责意识

违规处理机构应当定期在企业内部开展违规管理培训,对相关法律法规以及企业合规管理规定进行说明,并梳理企业常见的违规风险行为,阐明违规行为的危害及将面临的处罚措施,树立全员的违规有责意识。

2. 加强举报宣传,鼓励举报违规行为

违规处理机构应当在企业内部及合作伙伴之间加强举报宣传,制定针对举报行为的保护及奖励措施,鼓励企业内部及合作伙伴对企业成员违规行为的举报,大力发掘违规行为线索。

3. 严格执行违规处理规定,严惩违规行为

对于发现的违规行为,要严格依照违规处理规定进行严惩,避免出现举报不调查、发现不处罚的情况。违规机构要全面落实对违规行为的调查处罚,树立违规必究的企业文化。

(二)定期对企业违规处理情况进行通报

违规处理机构应当定期对企业违规处理的情况进行通报,对全员开展违规警示教育。通过对已发现违规行为的处理情况通报,对发生原因、危害后果的分析,向企业全员传达违规行为既害人害己又害企的信息,督促和警示企业全员依法合规参与经营活动。

第二节　企业合规持续改进

企业合规管理体系搭建完成后,并不是一成不变的,而应根据合规体系运作过程中发现的问题、企业内外部环境变化以及企业的发展需要,持续改进合规管理体系,使其能够适应企业发展,保持体系的充分性、有效性。尤其是在违规事件出现后,需视事件的性质、严重程度等,对合规体系进行再

次评价。合规体系的再评估与改进应兼顾合规管理与效率的目标。若公司内部和外部环境、业务等出现变化导致合规体系存在缺陷的，公司应当全面审视现有合规体系，并进行相应修改、调整；若违规事件系因个别员工、特殊情况出现而导致的，应重点针对该类情形重新完善、补充合规体系，落实具体人员的合规责任。同时，合规管理部门应视合规事件的影响程度，组织相关员工参加合规培训，深化合规意识，形成全员合规文化。

一、企业合规持续改进组织架构

随着时间的推移，在合规管理体系运行过程中，难免会出现合规管理体系不完善之处，如体系设计存在缺陷或者体系已经不能适应企业发展等情况。与合规管理体系的组织架构一致，合规体系持续改进由董事会、监事会、最高管理层、合规管理部门、业务部门按照既定的职责分工开展工作，各司其职。一般而言，应由合规管理部门会同业务部门分析和确定产生问题的原因，提出解决问题的方法，并报告合规负责人审核改进方法的效果，合规负责人可将改进方案报最高管理层备案，最终由合规负责人向董事会提出完善体系的相应议案，由董事会确定最终改进方案。在实践中，各职能部门的具体职责包括但不限于如下事项。

（一）董事会

评估合规管理体系的有效性，听取最高管理层及（或）合规管理部门对合规管理体系的改进意见，批准合规管理体系的改进方案，督促最高管理层及（或）合规管理部门落实改进措施。

（二）监事会

对董事会、最高管理层、合规管理部门就合规管理体系的改进进行监督。

（三）最高管理层

（1）听取合规管理部门就合规管理体系的改进意见并提出意见或建议；

（2）应董事会要求，与合规管理部门一起就合规管理体系改进意见进行汇报；

（3）督促配合合规管理部门及时落实董事会关于合规管理体系的改进方案。

(四)合规管理部门

(1)重新评估合规管理体系,就合规管理体系提出改进意见,报最高管理层备案,并听取最高管理层的意见和建议;

(2)就合规管理体系的改进方案向董事会进行汇报,听取董事会的指导意见;

(3)落实董事会的指导意见,执行董事会批准的合规管理体系改进方案。

(五)业务部门

(1)配合合规管理部门,对合规管理体系进行评估;

(2)应合规管理部门要求,对合规管理体系的改进方案提出意见或建议;

(3)落实合规管理部门就合规管理体系提出的改进方案。

综上,合规管理体系改进的环节和多层组织架构的运转是由下向上的一种传导、反馈。

二、企业合规持续改进制度

合规管理体系的持续优化和改进,不应以个人的意志为转移,也不应适用"运动式"方式,而应当制度化。首先,企业应在有关合规管理制度中明确企业合规体系持续改进的原则、措施和方法等事项,确保合规体系持续改进有章可循;其次,为使合规管理工作不再各自为政、自由发挥,保障整体合规工作的走向井然有序、有规可依、有迹可循,持续改进制度应与企业合规检查、违规处理等日常合规工作的基本管理制度相呼应;最后,合规持续改进制度还应贯穿于各部门,在各部门职责中有所体现。企业合规体系持续改进制度应包括以下几个方面的内容。

(一)组织架构各层级的权限

如本节第一部分所述,董事会、监事会、最高管理层、合规管理部门、业务部门在合规体系改进中明确各自的权限,各自在权限范围内就企业合规管理体系提出意见和建议。

(二)各部门的职责分工

由于各部门职责不同,可能发现的合规风险也不同,对合规管理体系的思考也不相同。公司应当明确各部门在合规管理体系改进中的职责,做到分工明确、权责清晰,如此才能实现合规体系的不断优化。

(三)合规传导反馈方式

从发现问题到分析问题,再到给出具体改进方案,传导方式可以是书面的也可以是口头的,可以是实名的也可以是匿名的,其目的是发现合规管理体系存在的不足或问题,并持续完善。

(四)持续改进流程

合规管理体系改进建议应集中汇总至合规管理部门,由合规管理部门针对问题提出具体改进方案,改进方案应听取业务部门的意见,并报最高管理层备案,最终由董事会审批通过。

(五)持续改进对合规管理体系的影响

只有持续改进的合规管理体系,才拥有强大的生命力,才能不断匹配公司的合规需求,实现公司拟达到的合规效果。

三、企业合规持续改进机制

当企业已产生违规行为、面临违规风险,或具有潜在违规可能时,应当有一套系统的流程予以应对处理,及时纠正错误行为,规避违规风险,防范潜在风险。同时应在企业具体业务中建立推进合规管理、整体风控运行体系的持续改善流程,保持系统整体、重点领域合规工作的可持续运行。每次违规行为的发生,对企业而言都是发现合规管理体系的弱点,并持续改进的机会。企业应当重视违规行为,查明违规行为发生的根本原因,审视、改进、重新设计以及监督合规和管控方案,以防范和及时发现类似的情况。此外,企业应当强化合规信息化建设,进一步建设企业合规管理信息系统,运用信息技术加强对经营管理行为合规情况的监控、归集、分析和指导实施。

四、企业合规持续改进文化

(一)全员参与企业合规持续改进

企业合规不是某个部门、某些人的事,而是企业全体员工共同的职责及使命。强调企业合规持续改进全员参与,自上而下营造全员发现合规管理漏洞,不断优化合规管理体系的氛围。

(二)提升企业合规持续改进理念

随着企业的发展,合规管理体系也不可能永远不变。只有全员不断提升企业合规持续改进理念,员工才能切实参与到企业合规制度的建设中,不断集思广益,建立最适宜企业发展的合规管理体系。

(三)通过培训促进企业合规持续改进

通过培训增强员工持续改进企业合规管理体系的意识,让员工及时了解企业合规持续改进的内容,形成企业合规持续改进的文化。

总之,企业合规并不是一成不变、一蹴而就的,合规人员应当持续跟进合规体系的建设和落实,对不合规行为及合规风险进行管控处理并完善企业合规。同时,随着国内外社会、经济、政治形势的不断变化,合规要求也随之变化,合规工作亦应与时俱进。合规人员要结合最新国内外的政策、法规以及管理层的最新要求,对企业进行合规管理体系的持续升级改进。

第三节　企业合规验收

一、企业合规验收的定义

企业合规验收主要指企业合规管理体系或者其某一构成要素建设完成后,对合规管理体系的有效性、适当性和充分性进行评价验收。

企业合规验收的方式可能是内部合规委员会、合规管理部门对合规管理体系或者其某一构成要素进行自我检查、修改、补充和完善后,就企业合规体系建设出具的结论性意见,也可能是外部第三方(包括公司的监事和/或外聘专家等)对合规管理体系或者其某一构成要素有效性、适当性和充分性进行评审后,就企业合规体系建设出具的结论性意见。

二、企业合规验收的目的

(一)企业内部对企业合规管理体系评估的需要

企业合规管理体系的建立并非一蹴而就,而需要根据企业的实际情况进行不断调整完善。通过企业内部合规委员会、合规管理部门集中组织企业合规验收,企业可以集中人力、物力和时间,发现和处理合规管理体系设计、执行中存在的问题以及改进后是否还存在不足,判断企业建立的合规管理体系能否适应企业需求。

通过企业合规验收并形成书面验收报告,可以让合规委员会、合规管理部门以及企业决策层、执行层更加清晰地掌握企业此前在合规方面所做的努力,查明企业在合规方面存在的问题,以及企业实现合规经营的痛点和难点,以便确定下一阶段企业合规工作的重点。

通过企业合规验收,也能发现企业各部门及各部门成员对企业合规计划的执行及遵守情况,如企业已将合规遵守、执行纳入部门及员工绩效考核范围,合规验收可为企业绩效考核提供依据。

(二)外部监管部门对企业合规管理体系评估的需要

在行政监管激励机制的企业合规管理体系建设中,行政机关依法应当对企业进行合规验收,并将合规验收的结果作为考核企业是否按照规定建立完善合规管理体系的评估依据,从而便于行政机关作出是否免除行政处罚的决定。

在刑事监管激励机制的企业合规管理体系建设中,司法机关依法应当对企业进行合规验收,并将合规验收的结果作为考察企业是否按照规定建立完善合规管理体系的评估依据,从而便于司法机关作出是否免予起诉的决定。

在国际组织制裁激励机制的企业合规管理体系建设中,有关国际组织将对企业进行合规验收,并将合规验收的结果作为考察企业是否按照规定建立、完善合规管理体系的评估依据,从而得出是否解除对被考察企业所作制裁的结论。

三、企业合规验收的内容

一般而言,内部合规委员会、合规管理部门或外部第三方可从企业合规组织架构、企业合规内部管理制度、企业合规运行机制、企业合规文化等方面,对企业合规管理体系进行验收。

(一)企业组织架构合规验收

1. 企业组织架构是否按照合规计划设置

企业合规计划的执行是个动态过程,在企业合规计划中最初设置的组织架构,既可能在执行一段时间后才完成组织架构调整,也可能企业发现此前设置的组织架构不合理,需要继续调整组织架构,还可能企业内部已经按照计划设置、执行新的组织架构,但公司内部制度、人事制度方面尚未更新等。因此,在企业合规验收过程中,应当先清楚企业最终确定的组织架构,再进一步检查企业各部门是否按照最终确定的组织架构进行设置,人员是否均到岗并知悉自身权责,相应内部制度是否与最新的组织架构相配套,需要办理工商变更登记的是否完成工商变更等。

2. 企业组织架构是否按照合规计划履行职责

企业组织架构设置完成后,需要进一步检查企业各机构是否按照企业合规计划确定的角色履行各自职责,是否按照改进意见履行各自职责。企业合规验收的机构应当从董事会、监事会到合规委员会、合规管理部门,再到企业内部其他职能部门,逐层通过访谈、发放调查问卷、抽查工作文档以及受检部门的合规验收报告等方式进行合规验收。

(二)企业内部制度合规验收

1. 企业内部制度的设置是否合理

企业内部制度是企业合规体系建设中至关重要的一环,一套好的制度能够促使企业有效运转,一套不合理的制度可能成为企业发展的障碍。因此,检查企业合规管理制度以及企业其他内部制度设计是否合理,合规管理制度是否与企业内部其他管理制度相衔接,企业各项制度是否存在持续改进的机制也是合规验收的重点。企业内部制度既要考虑到企业合规风险的防范,又要与企业各业务环节相匹配。

2. 企业内部制度是否得以严格执行

企业内部制度的设置只是企业合规体系建设的一部分,因为一套好的制度不能完全保证企业实现合规经营,只有企业全员都严格执行企业内部制度,企业内部制度才能发挥其效能,企业的合规初衷才能落到实处。因此,合规验收也应当将企业内部制度的执行纳入考量范围。

(三)企业运行机制合规验收

企业合规验收机构应当从合规风险识别预警及应对机制、合规审查机制、合规考核与问责机制、合规管理体系定期评审机制、合规咨询、举报、查处机制、合规培训机制等多角度,多维度对企业运行机制进行合规验收。检查前述机制是否有对应的制度,对应制度是否得到执行,执行过程中发现的问题是否得到处理,机制的运行能否切实防控企业合规风险等。

(四)企业文化合规验收

1. 企业是否制定合规手册或合规管理制度

合规手册、合规管理制度是企业合规的核心文件,企业合规的诸多工作都会落实在合规手册及合规管理制度之中。完善的合规手册、合规管理制度能让企业合规有章可循。一套持续改进的合规手册、合规管理制度能使企业合规建设始终与企业的发展相匹配。因此,合规手册、合规管理制度是企业合规文化验收的重点。

2. 企业高层对待企业合规的态度

只有让企业高层重视起来,企业合规文化的建立才能顺利推进。对于企业高层对待企业合规的态度,可以检查企业高管合规承诺书的签署情况、企业高层对合规承诺书的执行情况,就企业合规文化建设出具验收意见。

3. 企业合规培训机制的执行情况

企业高层仅占企业全员的极小部分,要让企业全体成员理解、重视并自愿依法依规工作,企业合规的目的才能实现。而通过对企业全体成员进行持续的、有效的企业合规培训,是建立企业合规文化的有效途径。企业合规验收机构可以通过检查企业合规培训的课件、培训照片、培训签到表等文件,核查企业合规培训的执行情况。

第二编　分　　则

第一章 反贿赂合规

◆ 第一节 反贿赂合规概述

一、反贿赂合规的起源及发展

大多数研究者认为，现代反贿赂合规体系源于美国及欧洲反贿赂的相关内容。20 世纪 70 年代水门事件爆发，美国检察官发现很多公司在 1972 年总统选举中提供非法政治献金。这一现象同时引起了美国证监会和税务署的注意，当时非法贿赂和回扣行为在公司商业实践之中非常普遍，美国的跨国公司会使用公司资金贿赂外国政府官员以获取交易机会。在此背景下，上市公司自愿披露制度制定并出台，制度规定如果公司采用自我调查的方式，并且向证券交易委员会披露不当行为，则可以减轻处罚。证券交易委员会同时要求存在不当行为的公司作出承诺，改变其业务程序，并采用外部审计的方式。

为遏制企业贿赂和恢复公众信任，美国于 1977 年颁布了《反海外腐败法》，要求上市公司在贿赂、回扣、记账等方面制定正式的合规政策，尤其是涉及财务记录和资产分配方面。美国《反海外腐败法》在企业合规发展史上具有特殊意义。一方面，该法在反腐败领域具有广泛的域外管辖效力，并以对多家知名跨国企业的执法而闻名；另一方面，该法要求企业对资金往来制定准确的会计记录，从而以法律形式介入企业内部控制体系的建设。

二、反贿赂合规中对于贿赂行为及对象的定义

（一）贿赂行为的定义

有别于《中华人民共和国刑法》（以下简称《刑法》）第389条行贿罪中将“贿赂”行为直接定义为“给予国家工作人员以财物”，反贿赂合规中对于贿赂行为及对象的定义，其外延要宽泛得多。“贿赂”的广义定义为直接或间接地向公共部门或私营企业的任何人员提议、承诺、给予、授权给予金钱或其他任何有价值物，以不当地影响收受方的正当职责或行为，获取或保持业务或商业行为中的其他不当利益。[1]

在下列情况下也可能构成贿赂：

（1）谋取的是他人的利益而非自己的利益；

（2）谋取的是与私人之间的业务而与公职领域无关；

（3）支付报酬后未能谋得任何业绩或收益；

（4）未为公司谋得竞争优势；

（5）承诺在获得业务或谋取利益之后才给予金钱报酬，无论最终是否获得该业务或利益；

（6）金钱报酬由收款方首先提出，企业人员默认或做出承诺的意思表示；

（7）收款方并非相关利益决策者。

（二）贿赂的对象

贿赂的对象通常包括公职人员及商业伙伴。

公职人员或政府官员指各国政府、立法机构、司法机构、政党、军方、皇室或其他任何行使公共职能的部门、机构或国际公共组织的任何官员、职员或候选人；或以公务职位代表任何政府或其部门、机构，代表任何国际公共组织行事的任何人；或根据当地所适用的法律被视为公职人员的任何人。一旦代表公司的员工或商业伙伴实施了贿赂行为，依据相关反贿赂法律法规，除当事人本身需要接受相应的法律处罚外，还可能给公司带来严重的后果，包括公司可能需要承担相应的刑事处罚、监管机构认定的行政罚款、政

---

〔1〕 参见《中兴通讯反贿赂合规政策》，载中兴网，https://www.zte.com.cn/china/about/trust-center/legal-and-compliance/201910081604/201910081011.html。

府或商业客户的抵制(企业投资与采购黑名单等)、商业机会的丧失、融资或回款问题以及无形的商誉损失等。

商业伙伴是指除最终客户和公司雇员外,凡与公司已建立或计划建立业务关系的所有第三方,包括但不限于供应商、分包商、顾问、代理、经销商、渠道商、分销商、联合体、居间方、学术科研机构等。

三、反贿赂合规对企业的影响及发展趋势

(一)从美国反贿赂合规发展看企业合规治理演变

在美国,20 世纪 80 年代发生了大量内幕交易。为此,美国国会于 1988 年制定了《内幕交易和证券欺诈取缔法》。该法案旨在促使证券公司更深入地参与行业监管,对证券行业的员工监管提出了新要求;同时还要求证券公司和投资顾问制定和执行书面流程,防止重要的内幕信息被滥用。随后,证券交易委员会强制要求投资银行制定书面行为准则,以遏制代理商的欺诈行为。同时,企业在借贷交易中的违规操作导致大型金融机构破产,令美国联邦存款保险公司捉襟见肘,于是美国国会于 1991 年通过了《联邦存款保险公司法案》,以加强被保险主体的监管。

从 20 世纪 90 年代开始,企业合规领域逐步走向合规管理体系。1991 年,美国量刑委员会制定相关规则时,在 1987 年首次发布的《联邦量刑指南》的基础上,专门增加了一章,即第八章——《针对机构实体联邦量刑指南》。量刑委员会一开始希望沿用法经济学的思想,大幅加重对机构实体的刑事处罚,且不加入刑事责任减免条款,希望机构实体在违法获利和违法责任之间进行经济考量,最终作出合规经营的理性选择。但一些美国公司和行业协会先后进行游说,主张将机构实体是否具备完善的合规体系作为减轻刑事责任的重要考量,最终得到量刑委员会的采纳。量刑委员会制定了新的指南,明确了合规体系可以作为量刑处罚的考虑因素——如果存在有效的系统来阻止和发现违法行为时仍然存在违规,则可以在量刑打分上获得奖励,从而降低罚金。

2004 年修订的《针对机构实体联邦量刑指南》要求合规应推动组织文化,鼓励伦理行为,并明确规定了衡量机构实体合规体系是否完善的七项标准。这七项标准包括合规标准和程序、监管、与有效道德和合规计划一致的组织机构、教育与培训、审查与监控、激励与纪律处分机制、违规应对和预防

等。这些合规管理要点对全球合规管理领域的发展有着重要影响。此后的许多关于合规的国际文件中,无论是金融领域的内部合规高级文件,还是由OECD制定的合规最佳实践指南,抑或亚太经合组织提出的有效合规基本要素,其内容与美国《联邦组织量刑指南》中提到的有效合规体系标准非常一致。《针对机构实体联邦量刑指南》的出现和不断改进,标志着现代合规管理理念的成型,在全球现代合规发展史上具有里程碑式的价值。

21世纪前五年是美国违规丑闻频发的黑暗时期,同时也是合规发展的黄金时期。2001年到2002年,安然和世界通信等企业发生财务造假丑闻,暴露出美国上市公司在治理和财务审计方面存在严重问题。为加强公司监管,重振投资者信心,美国国会于2002年通过《萨班斯—奥克斯利法案》,对美国上市公司财务监管中相关主体的责任进行了规定。该法案不仅对上市公司必须强化内部控制提出了严格的要求,而且基于其采纳了美国COSO的内部控制整合框架作为判断内控建设有效性的标准,对于企业合规管理也产生深远影响。因为COSO企业《内部控制整合框架》存在三个控制目标,第一个目标便是法律法规的遵循性。而对法律法规的遵守,正是企业合规的核心要义。

2007年,次贷危机席卷全美,贝尔斯登公司和雷曼兄弟公司等多家投行破产,引发美国自大萧条时代以来最严重的股灾。为遏制金融违规,挽回公众信任,美国国会于2010年通过了《多德—弗兰克华尔街改革和消费者保护法案》(以下简称《多德—弗兰克法案》)。该法案的规则和指南多达数千页,内容非常广泛,是美国金融行业多年以来最为深远的一次改革。该法案强化了企业合规体系建设中很重要的一个具体制度,即"吹哨人"制度。《多德—弗兰克法案》第922条规定,如果执法回收金额超过一百万美元,那么美国证券交易委员会必须向提供证券违规举报原始信息的举报人发放10% - 30%的奖励金。此类鼓励举报的规定,促使企业进一步加强合规体系建设。

2008年在美国上市的西门子公司因为违反《海外反腐败法》被美国司法部和证监会罚款8亿美元。以该案为代表,美国有关司法部门和政府部门对大量跨国公司进行了反腐败调查和执法。与此同时,美国司法部检察官反复公开强调合规体系的重要性。受《反海外腐败法》项下巨额罚款的警示以及会计条款的要求,众多企业不断加强自身的反腐败合规体系建设。

至此,重视合规已经成为美国企业界的共识。越来越多的大型企业开始设立首席合规官一职，将合规职能提高到公司最高管理层职能的地位。合规管理成为跨国公司企业治理和内部管理最重要的工作内容之一。

（二）国际组织中反贿赂合规的发展与变化

1997 年，OECD 的成员国，主要是发达国家，率先通过了全球反腐败合作的国际公约——《OECD 反对国际商业活动中向海外政府官员行贿行为公约》。在此基础上 OECD 颁布了“内控，道德与合规，最佳实践指南”，成为发达国家的大型跨国企业在商务活动中共同遵守的合规管理标准。

2010 年，世界银行制定和公布了《诚信合规指南》，以指导被制裁企业建立满足世界银行要求的合规体系，从而争取解除、免予或提前终止制裁。《诚信合规指南》首先要求企业通过行为准则或类似文件，明确被禁止行为的种类和范围，尤其要关注企业高风险业务板块。按世界银行的要求，被禁止的行为包括“腐败、欺诈、串通、胁迫、妨碍”五大“可制裁行为”。《诚信合规指南》将合规管理建设分为十一个模块，即禁止不当行为、责任、诚信合规计划的启动/风险评估和审查、内部政策、关于商业伙伴的政策、内部控制、培训与沟通、激励机制、报告制度、不当行为的补救措施、集体行动。

2016 年 10 月，国际标准化组织还颁布了《ISO37001:2016 反贿赂管理体系　要求及使用指南》，对于企业运营当中可能存在的不正当利益往来行为，提出了预防、发现和应对等措施。

（三）中国的反贿赂合规发展

国内真正的反贿赂合规，首先是在商业贿赂治理领域中出现的。在我国的法律框架内，关于商业贿赂的规定分散在多部法律规范中，1993 年颁布的《反不正当竞争法》（后经 2017 年、2019 年两次修正）首次在法律层面明确了禁止商业贿赂。《反不正当竞争法》第 8 条规定：“经营者不得采用财物或者其他手段进行贿赂以销售或者购买商品。”第 22 条规定：“经营者采用财物或者其他手段进行贿赂以销售或者购买商品，构成犯罪的，依法追究刑事责任；不构成犯罪的，监督检查部门可以根据情节处以一万元以上二十万元以下的罚款，有违法所得的，予以没收。”

1996 年，原国家工商行政管理总局（以下简称工商总局）[1]颁布了《关于禁止商业贿赂行为的暂行规定》，其中第 2 条第 2 款、第 3 款、第 4 款规定：

---

〔1〕 现由国家市场监督管理总局行使相关职权。

"本规定所称商业贿赂,是指经营者为销售或者购买商品而采用财物或者其他手段贿赂对方单位或者个人的行为。前款所称财物,是指现金和实物,包括经营者为销售或者购买商品,假借促销费、宣传费、赞助费、科研费、劳务费、咨询费、佣金等名义,或者以报销各种费用等方式,给付对方单位或者个人的财物。第2款所称其他手段,是指提供国内各种名义的旅游、考察等给付财物以外的其他利益的手段。"以上规定将商业贿赂的概念、手段、财物等都作了比较详细的界定。

2017年,修正后的《反不正当竞争法》第7条还专门增加了一款规定:"经营者的工作人员进行贿赂的,应当认定为经营者的行为;但是,经营者有证据证明该工作人员的行为与为经营者谋取交易机会或者竞争优势无关的除外。"该款可谓目前中国有关符合合规激励原理的唯一一款具有高级别法律效力的规定。该规定再次验证了合规管理的多面性,也符合合规源于反贿赂合规的规律。

2008年11月,最高人民法院、最高人民检察院印发《关于办理商业贿赂刑事案件适用法律问题若干问题的意见》,该司法解释对办理商业贿赂刑事案件适用法律问题作出了具体的规定,指出了商业贿赂涉及刑法的八项罪名(非国家工作人员受贿罪、对非国家工作人员行贿罪、受贿罪、单位受贿罪、行贿罪、对单位行贿罪、介绍贿赂罪、单位行贿罪),之后《刑法修正案(七)》增加"利用影响力受贿罪";《刑法修正案(八)》增加了"对外国公职人员、国际公共组织官员行贿罪",将海外反腐败纳入国内刑法范畴。

(四)反贿赂合规对企业发展的影响及意义

基于商业贿赂的严重危害,各国法律均将其作为不正当竞争行为加以规制和约束。从当前的国际背景来看,中国的企业对外会更加开放,走出国门也必然呈繁荣之势。未来将有更多的技术和资本进入中国市场,中国的企业也必然在境外遍地开花,但企业的反贿赂合规风险也是中国企业在实现走出去、引进来的过程中需要高度警觉的。对于企业而言,建立完善的反商业贿赂合规管理体系也具有重要意义。

1. 反商业贿赂合规是构建企业全面合规体系的重要环节

反贿赂合规是判断一个企业是否合规的重要标准,同时也是衡量一个企业治理结构是否完善的重要标杆。要建立全面完善的企业合规管理体系,反商业贿赂合规是绕不开的环节,这点可以从《中央企业合规管理指引

(试行)》以及各地国资管理部门出台的合规指引中,不约而同地都将企业反商业贿赂合规工作作为全面合规工作的组成部分得到印证。

2. 反商业贿赂合规对企业避免损失有重要意义

反贿赂合规不到位,企业将面临巨大的经济风险。以国内著名创新科技公司大疆所涉及的采购腐败案为例,根据大疆公司公布的一份《反腐败公告》,因供应链腐败造成的损失保守估计有10亿元人民币,涉及员工达45人以上。该事件发生后,大疆公司迅速成立了专门的反腐小组以进行深入的调查,同时开展员工的诚信文化建设。[1] 可见企业若不能及时有效地制定并遵守企业反贿赂合规制度,将给企业带来巨大的经济损失。反观国外,反贿赂合规落实不当不仅会让企业遭受损失,也会给企业带来巨额的罚款。2020年,空客集团针对其贿赂和腐败丑闻的调查达成和解,同意支付创纪录的36亿欧元(约40亿美元)的罚款。

3. 在"合规不起诉"时代,反商业贿赂合规建设可以为涉嫌犯罪的企业争取刑事责任豁免

2020年3月,最高人民检察院在上海浦东、金山,江苏张家港,山东郯城,广东深圳南山、宝安等六家基层检察院开展了企业合规改革第一期试点工作。2021年4月,最高人民检察院发布《关于开展企业合规改革试点工作方案》,开启第二期合规改革试点工作。2021年6月,最高人民检察院、司法部、财政部、生态环境部、国资委、国家税务总局、国家市场监督管理总局、中华全国工商业联合会、中国国际贸易促进委员会联合发布了《关于建立涉案企业合规第三方监督评估机制的指导意见(试行)》,推进在企业合规建设工作中建立涉案企业合规第三方监督评估机制。

企业合规改革试点的主要内容为检察机关对于办理的涉企刑事案件在依法作出不批准逮捕、不起诉决定或者根据认罪认罚从宽制度提出轻缓量刑建议等的同时,针对企业涉嫌的具体犯罪,结合办案实际,督促涉案企业作出合规承诺并积极整改落实,以促进企业合规守法经营,减少和预防企业犯罪。涉案企业"合规不起诉"检察建议模式的实质就是检察机关通过对涉案企业的社会调查、涉案企业提供书面合规承诺,针对合规管理漏洞制发检

---

[1] 参见温丹阳:《企业合规典型案例:以大疆采购腐败案为例谈企业反腐败合规》,载腾讯网,https://view.inews.qq.com/k/20200714A0O81Z00?web_channel=wap&openApp=false。

察建议,进行刑事合规指引,确定考察期限,进行考察评估,进而形成相对不起诉的适用机制。

在商业贿赂犯罪案件中,企业是否建立有较为完善的反商业贿赂合规体系是检察机关考察评估的重要内容。

4. 反贿赂合规有助于企业“走出去”

随着全球化深化发展,在国际经济层面建立反商业贿赂合规体系越来越成为国际金融、国际贸易、国际工程行业合规的重要参考指标,包括国际标准化组织发布的《ISO 37001 反贿赂标准体系》在内的合规标准均将反商业贿赂作为重要内容。我国企业要响应“一带一路”倡议和“走出去”战略,不可避免地要面临适应海外反商业贿赂准则的挑战。2019 年 4 月,习近平总书记在第二届“一带一路”国际合作高峰论坛上指出,要“坚持一切合作都在阳光下合作,以零容忍的态度打击腐败”。

(五)反贿赂合规的发展趋势

随着国家层面对企业合规的重视,相关法律法规、政策的出台和完善,目前反贿赂合规呈现以下特点和发展趋势:

1. “行贿受贿一起查”

2021 年 9 月,中央纪委国家监委与中央组织部、中央统战部、中央政法委、最高人民法院、最高人民检察院联合印发了《关于进一步推进受贿行贿一起查的意见》,对进一步推进“行贿受贿一起查”作出部署。该意见为企业反商业贿赂合规制度的建立和完善提出了新指向。企业除了关注自身商业贿赂行贿责任的同时,需要警惕受贿行为所带来的风险,建立行之有效的反腐败合规体系。

2. 强调行业组织、监督检查部门对相关主体建立健全反商业贿赂管理制度的指导义务

反贿赂合规不仅是企业内部自查的机制,也是监管部门、行业组织的重要职能。2020 年 10 月 27 日,《上海市反不正当竞争条例》已由上海市第十五届人民代表大会常务委员会第二十六次会议修订通过,并于 2021 年 1 月 1 日起施行。该条例新增了第四章“反不正当环境建设”,强调反商业贿赂管理制度的建设不仅依赖于企业自身,而且还要加强企业与行业组织、监督检查部门的联系。

◇ 第二节 反贿赂合规发展现状及监管环境

一、典型案例及启示

(一)基本案情

巴西石油公司(以下简称巴油)是一家由巴西政府控制,总部位于巴西里约热内卢市的大型油气公司。该公司的部分股份同时在纽约证券交易所和圣保罗证券交易所交易。巴油属于美国证券法下的“发行人”(Issuer),因此受到《反海外腐败法》的管辖。

2018年9月,美国证监会公布禁止令(cease and desist order)[1]称,巴油以提交不实财务报表的形式,刻意掩盖公司长期大规模的贿赂和操纵行为,意图在投标活动中误导广大投资者。同时,美国司法部也公布了其与巴油之间的不起诉协议。巴油因此与美国证监会、美国司法部达成和解,支付了约计17.87亿美元的和解金。此案为《反海外腐败法》要求支付和解金案件中最大数额的案件。

美国证监会认为,自2003年开始,巴西政府官员以滥用职权的方式在巴油内部任命五名董事,以此为渠道向这些董事行贿。而这五名董事以巴油中标等方式作为交换进行内外勾结,以此获得回扣,金额高达数十亿美元。同时,这些金额中的大部分又用于支付政府官员的频繁索贿要求。巴油为了掩盖非法行为,将这些款项在会计账簿中记录为“购买和改善公司资产”,其对美国证监会的报告文件中存在25亿美元的资产虚增。

(二)处理结果

为寻求降低对企业和涉案人员的司法处罚,巴油与美国证监会、美国司法部达成和解,巴油做出如下承诺:

(1)停止涉嫌的违法行为;

(2)向证监会上缴相关所得及利息933,473,797美元;

(3)向证监会支付罚款85,320,000美元;

---

[1] 该禁止令指美国证券交易委员会通过行政诉讼,请求行政法官判决被告人停止未来违法行为的一种行政命令。

(4)向司法部支付罚款 85,320,000 美元;

(5)向巴西当局支付罚款 682,560,000 美元;

(6)审视现有的合规政策,在高管意识、政策及程序、定期风险审查、适当监督、培训及指引、内部报告及调查、执行及违纪处理、第三方关系、合并与收购等方面,全面改善公司的合规缺陷。

(三)启示

巴西是一个发生贿赂腐败风险较高的国家。巴油公司明知此事实却没有针对反腐败、反欺诈和合规问题给予高度的重视和采取相应的预防措施,而是听之任之,该公司仍然实施非法行为谋取私利。

在 2014 年 11 月之前,巴油未设置合规部门或是任命首席合规官,对于公司内部合同、政策、高管人员的任命等,也未设立相应的审批程序以及任何尽职调查程序,更未对规定的审查程序的执行加以监督,也未采取任何跟进措施。

就本案而言,合规体系的建立存在三个维度:从外部国际环境来讲,巴油应当建立以及执行国际监管机构(如美国《反海外腐败法》)所要求的内部会计控制政策,同时依照行业标准不断规范自身的商业行为;从国内法律法规的角度,其应当遵循巴西境内法规要求,不断根据该国法律法规变化而调整,更新强化公司合规建制策略及方案;从公司内部来讲,公司高层人员应当加强合规性管理,通过有效地落地实施制度、监督机制来确保政策的落实。

特别应予强调的是,贿赂行为往往需要"媒介",故此产生了借助与公司高管利益捆绑的第三方向政府官员支付佣金回扣的形式,此法容易掩人耳目,撇清关系。因此针对高管人员和第三方机构的聘用更应当严格把关,特别在与第三方机构合作时避免相关协议的订立权和审批权混同。与第三方交易时应审查其商业目的的正当性,嵌入反贿赂合规措施,如要求签署《反贿赂合规承诺书》或在合同中的反贿赂合规条款等。此外,高层人员选任应当以尽职调查为基础,着重廉政审查。增强整体企业的合规认知是实现廉洁的重要保证,故应当加强对全体员工在反贿赂、反欺诈等合规问题领域的培训工作,奖惩分明,不姑息任何可能的不合规行为。

二、反贿赂合规法律体系及标准

(一)国际反贿赂合规法律体系和标准

从国际上看,随着加强反海外腐败已经成为各个国家和地区的共识,很多国家和地区在相关法律制度中阐述或列明了与海外腐败相关的法条,其中美国的《反海外腐败法》、《英国反贿赂法》、《德国反腐败法》、《新加坡预防腐败法》具有一定的参考价值。

1. 美国的《反海外腐败法》

美国的《反海外腐败法》制定于1977年,先后经过三次修订,目前在法律框架和内容条款方面已经趋于稳定。该法的主要目的是用来制约和惩治美国本土企业以及该法所指的外国企业的腐败行为。该法主要包括反贿赂条款和会计条款两部分,其中反贿赂条款规定行贿人只要有行贿意愿,即使没有实际实施或者行贿目的未实现,也可以被判定触犯法律,同时还指出行贿载体的含义不仅指现金,还包括礼品、旅游、餐饮招待、娱乐、回扣、慈善性捐赠、为外国官员亲属提供工作机会等。

美国《反海外腐败法》的重要特点之一还在于其建立的"长臂管辖"原则。该法规定美国公司及其员工、美国公民、在美国证券交易所上市的外国公司或以其他方式要求向美国证监会提交报告的其他公司,只要向外国官员、政党官员或者任何外国政府职位候选人实施了商业贿赂行为,无论行为发生地在美国境内或境外,都要受到该法管辖。

2.《英国反贿赂法》

英国是世界上第一个制定反腐败专门法律的国家,经过漫长的探索过程,在反腐败立法方面积累了丰富经验。2010年,英国制定出台了《英国反贿赂法》,这部法律融合了英国其他法律中关于腐败的条款,遵循了英国加入的各类国际性反腐败公约的要求,在一定程度上推动了反腐败立法的创新发展。

该法第6条规定了"行贿外国公职人员罪",指出这不仅包括外国公职人员本身,还包括其要求、同意或默许的其他人,即向外国非公职人员行贿的,仍可触犯本法,这无疑进一步加大了打击海外腐败的力度。同时,该法增加了"商业组织预防贿赂失职罪",指出如果与组织相关的个人为使该组织获取(保留)业务或商业利益而行贿他人,则相关的商业组织即构成犯罪,这一法条在促进预防海外腐败方面发挥了积极作用。

英国 Sweett 公司是第一家因为预防腐败不力而被处罚的公司，其阿联酋子公司为了获得合同而行贿，最终被判罚款 140 万英镑，没收利润 85.1 万英镑，并支付了 9.5 万英镑的起诉费。

3.《德国反腐败法》

1997 年出台的《德国反腐败法》与《德国刑法典》《德国行政犯罪法》等法律规定一并发挥了规制海外腐败的作用。《德国反腐败法》规定，无论企业或员工主动还是被动行贿，无论其行贿行为是否扭曲了市场竞争，均会被认定为腐败犯罪。

另外，《德国行政犯罪法》规定，公司应对代表该公司实施的腐败犯罪承担民事责任，企业管理人员应采取必要的监督措施以防止腐败犯罪，公司如触犯此类法律则可能需要支付最高达 1000 万欧元的罚款。在现行的德国法律环境中，只要腐败行为发生在德国，或者行为人是德国公民，就被认为适用于德国法律。

4.《新加坡预防腐败法》

新加坡是亚洲地区清廉程度较高的国家，其反腐败法律制度建设也比较完善。《新加坡预防腐败法》是规制腐败犯罪的专门法律，其中对跨境腐败犯罪行为也进行了规定。

该法第 5 条、第 6 条将跨国行贿和受贿定义为刑事犯罪，不区分公共部门和私营部门腐败，"任何人"的腐败行为都可以认定为腐败，并且涵盖了间接腐败行为，即"任何以个人身份，或通过他人，或与他人一同"参与贿赂的人员都将受到惩罚。

该法第 2 条还将腐败的"报酬"定义为包括任何形式的"任何类型服务、优待或好处"，这无疑扩大了行贿之物的定义范畴。此外，新加坡还专门制定了《腐败、贩毒和其他严重犯罪问题(没收所得)法》，以强化对腐败等犯罪行为的惩罚。值得一提的是，新加坡举报腐败犯罪没有时效限制。

5. 国际标准——《ISO 37001:2021 反贿赂管理体系　要求及使用指南》

2016 年 10 月 15 日，国际标准化组织项目委员会在 BS 10500 的基础上，正式制定发布《ISO 37001:2021 反贿赂管理体系　要求及使用指南》。该标准借鉴了国际上反贿赂的最佳实践，为各类组织反贿赂管理提供了系统化的方法，旨在帮助组织预防、发现和应对贿赂风险，遵守反贿赂法律和满足合规义务的要求。《ISO 37001:2021 反贿赂管理体系　要求及使用指南》是第一个国际反贿赂管理体系标准,旨在帮助各组织在其自身业务及其整个全球价值链中打击贿赂风险。其中,该标准阐述了一系列措施,用于帮助各大组织预防、监控以及处理贿赂问题,无论贿赂是组织行为,还是其员工或业务伙伴代表组织行贿。

各个国家的各大组织均适用《ISO 37001:2021 反贿赂管理体系　要求及使用指南》,无论其是否为上市公司、私营公司或非营利组织。这是一个非常灵活的工具,只要其存在潜在的腐败贿赂风险,无论何种规模、何种性质,均可适用。

全球公司可采用统一的反贿赂标准。《ISO 37001:2021 反贿赂管理体系　要求及使用指南》由来自 28 个国家的反贿赂专家起草,此外还有 16 个观察员国家和 7 个国家参与。这是一部建立在美国联邦量刑指南和英国量刑适用程序上的全球化标准。《ISO 37001:2021 反贿赂管理体系　要求及使用指南》可从统一标准的角度来帮助全世界范围内的企业遵循其所适用的法律,而且让企业可以更便捷地被来自美国和英国的合作伙伴所认可。

《ISO 37001:2021 反贿赂管理体系　要求及使用指南》中关于贿赂的标准及其应用是合规管理中最为突出的议题。《ISO 37001:2021 反贿赂管理体系　要求及使用指南》为组织和建立系统的反贿赂管理体系提供要求和应用指南。

拥有《ISO 37001:2021 反贿赂管理体系　要求及使用指南》的认证有利于供应商和第三方开展尽职调查,这对公司的业务开展是一个极大的具有竞争力的商业优势。此认证从公司外部第三方的角度,认可公司已经有了一个良好的合规体系,尤其是在采购领域。这一认证有力证明了企业自身的合规性建制的水平与能力。

按照标准在组织内部建立并实施反贿赂管理体系,将帮助组织有效识别与其业务运作有关的贿赂风险,并制定与风险等级相匹配的措施,以进行有效管理控制。标准会帮助组织建立前置性的风险防范体系,将风险管理的重点前移,改变以往应对性的风险管理思路。同时,该标准加大对外部商业伙伴的风险管理力度,通过采取管理手段,把对代表组织进行活动的商业伙伴风险也纳入体系范围内,降低了不可预期贿赂风险的发生可能性。

作为反贿赂合规管理工具,标准旨在帮助组织以自己的力量对抗贿赂风险,可以指导组织搭建一个管理潜在贿赂风险的商业系统和框架,用于预防、检测、发现和处理贿赂风险。这是通过在组织内灌输反贿赂文化以及采取适当控制措施实现的。

(二)国内反贿赂合规法律体系和标准

在国际上,我国一直被以美国为首的西方国家诟病,他们认为我们国家没有追究商业贿赂犯罪的法律依据。而事实是,我国目前对于反商业贿赂的立法相对比较分散,并无统一的一部法律形成系统的法律细则。我国对于反商业贿赂的法律法规大部分体现于《反不正当竞争法》、《中华人民共和国行政处罚法》(以下简称《行政处罚法》)及《刑法》中。

另外,《中华人民共和国保险法》《中华人民共和国商业银行法》《中华人民共和国建筑法》《价格法》《中华人民共和国政府采购法》《中华人民共和国税收征收管理法》《国务院关于在对外公务活动中赠送和接受礼品的规定》《治理产权交易中商业贿赂工作实施方案》《中国保险业监督管理委员会关于明确保险机构不正当竞争行为执法主体的复函》《中国银行业监督管理委员会办公厅关于银行业金融机构不正当竞争有关问题的批复》中均有涉及反贿赂的内容和国家规范标准的规定。

中国香港一直以来都被认为是成功实现廉洁转型的典范,《防止贿赂条例》《选举(舞弊及非法行为)条例》《廉政公署条例》被认为是香港地区廉政建设的三个重要制度支撑。

其中《防止贿赂条例》是与治理跨境腐败关系最为紧密的法律制度。该条例详细列举了公共部门和私人部门触犯法律而构成贿赂犯罪情景,明确规定行贿者与受贿者即使没有达到目的仍属有罪,并且将腐败“利益”定义为包括金钱、馈赠、佣金、职位、合约、服务、优待以及全部或部分免除责任在内的多种形式。该条例中所列的腐败罪行只要与香港地区产生关系,即使行为人是外国公职人员,或者接受利益的地点在香港地区以外,也都同样受到该条例管辖。

1. 与行政法项有关的规范

(1)《反不正当竞争法》

1993 年 12 月 1 日生效的《反不正当竞争法》是一部旨在规范社会主义市场经济秩序,倡导公平有序竞争的法律。《反不正当竞争法》(2019 年修正)第 7 条规定:“经营者不得采用财物或者其他手段贿赂下列单位或者个人,以谋取交易机会或者竞争优势:(一)交易相对方的工作人员;(二)受交易相对方委托办理相关事务的单位或者个人;(三)利用职权或者影响力影响交易的单位或者个人。经营者在交易活动中,可以以明示方式向交易相对方支付折扣,或者向中间人支付佣金。经营者向交易相对方支付折扣、向中间人支付佣金的,应当如实入账。接受折扣、佣金的经营者也应当如实入账。经营者的工作人员进行贿赂的,应当认定为经营者的行为;但是,经营者有证据证明该工作人员的行为与为经营者谋取交易机会或者竞争优势无关的除外。"

该法第 17 条第 1 – 3 款也规定:"经营者违反本法规定,给他人造成损害的,应当依法承担民事责任。经营者的合法权益受到不正当竞争行为损害的,可以向人民法院提起诉讼。因不正当竞争行为受到损害的经营者的赔偿数额,按照其因被侵权所受到的实际损失确定;实际损失难以计算的,按照侵权人因侵权所获得的利益确定。经营者恶意实施侵犯商业秘密行为,情节严重的,可以在按照上述方法确定数额的一倍以上五倍以下确定赔偿数额。赔偿数额还应当包括经营者为制止侵权行为所支付的合理开支。"

该法第 19 条规定:"经营者违反本法第七条规定贿赂他人的,由监督检查部门没收违法所得,处十万元以上三百万元以下的罚款。情节严重的,吊销营业执照。"

上述条文明确界定了商业贿赂行为的范围以及对应的行政处罚内容。

(2)《关于禁止商业贿赂行为的暂行规定》

原工商总局于 1996 年 11 月 15 日公布并实行《关于禁止商业贿赂行为的暂行规定》,此规定中将很多关于商业贿赂的名词进行了明确定义,使得商业贿赂行为的界定更具有可操作性。

例如,该规定第 2 条明确定义了商业贿赂,即"经营者为销售或者购买商品而采用财物或者其他手段贿赂对方单位或者个人的行为"。前款所称财物,是指现金和实物,包括经营者为销售或者购买商品,假借促销费、宣传费、赞助费、科研费、劳务费、咨询费、佣金等名义,或者以报销各种费用等方式,给付对方单位或者个人的财物。其他手段指提供国内外各种名义的旅游、考虑等给付财物以外的其他利益的手段。

第 5 条规定:"在帐外暗中给予对方单位或者个人回扣的,以行贿论处;对方单位或者个人在帐外暗中收受回扣的,以受贿论处。本规定所称回扣,是指经营者销售商品时在帐外暗中以现金、实行或者其他方式退给对方单位或者个人的一定比例的商品价款。本规定所称帐外暗中，是指未在依法设立的反映其生产经营活动或者行政事业经费收支的财务帐上按照财务会计制度规定明确如实记载，包括不记入财务帐、转入其他财务帐或者做假帐等。”

第 6 条第 2 款和第 3 款规定：“本规定所称折扣，即商品购销中的让利，是指经营者在销售商品时，以明示并如实入帐的方式给予对方的价格优惠，包括支付价款时对价款总额按一定比例即时予以扣除和支付价款总额后再按一定比例予以退还两种形式。本规定所称明示和入帐，是指根据合同约定的金额和支付方式，在依法设立的反映其生产经营活动或者行政事业经费收支的财务帐上按照财务会计制度规定明确如实记载。”

第 7 条规定：“本规定所称佣金，是指经营者在市场交易中给予为其提供服务的具有合法经营资格的中间人的劳务报酬。”

除开上述定义的明确释义，同时也根据第 9 条具体的处罚方式，使得对于商业贿赂的惩处有了具体实施依据。该规定第 9 条载明，“经营者违反本规定以行贿手段销售或者购买商品的，由工商行政管理机关依照《反不正当竞争法》第二十二条的规定，根据情节处以一万元以上二十万元以下的罚款，有违法所得的，应当予以没收；构成犯罪的，移交司法机关依法追究刑事责任。有关单位或者个人购买或者销售商品时收受贿赂的，由工商行政管理机关按照前款的规定处罚；构成犯罪的，移交司法机关依法追究刑事责任”。

2. 与刑法有关的规范

在追究刑事责任的法律法规中，以《刑法》为主要参照依据，辅以各司法解释，如《最高人民法院、最高人民检察院关于办理商业贿赂刑事案件适用法律若干问题的意见》。

在《刑法》中，第 164 条规定了对非国家工作人员行贿罪，对外国公职人员、国际公共组织官员行贿罪，行贿罪的犯罪构成要件；第 163 条、第 184 条定义了非国家工作人员受贿罪的定义与罚则。

第 387 条、第 391 条、第 392 条、第 393 条分别规定了单位受贿罪、对单位行贿罪、介绍贿赂罪、单位行贿罪的定义及犯罪构成要件。

第 388 条之一与第 390 条之一分别载明利用影响力受贿罪和对有影响

力的人行贿罪的犯罪构成要件和刑罚标准。

第389条和第390条是对行贿罪的定义和具体处罚内容的具体释义。

三、反贿赂合规监管部门及监管动态

（一）国际反贿赂合规监管部门和动态

1. 美国《海外反腐败法》规定的两个执法主体

由于《海外反腐败法》同时涉及对证券交易法案和刑事法律规则的修订，因此，美国的证券交易委员会和司法部均享有《海外反腐败法》所涉及的执法权。具体而言，证券交易委员会对“发行人”及以其名义行事的管理人员、董事、雇员、代理人或者股东行使民事执法权，证券交易委员会的执法部负有调查、起诉违反《海外反腐败法》行为的职责；司法部对“发行人”及以其名义行事的管理人员、董事、雇员、代理人或者股东行使刑事执法权。此外，值得注意的是，违反《海外反腐败法》也可能同时产生刑事和民事责任，两者互为补充，承担其中一种责任并不当然免除其他责任。

2. 2010年《英国反贿赂法》的执法主体

《英国反贿赂法》于2010年4月8日获得英国女王御准并于2011年4月生效。该法取代了英国原有的关于反贿赂的条文法和普通法规则，并且由刑事检控专员（Director of Public Prosecutions）、英国严重欺诈办公室（Serious Fraud Office，SFO）和英国税收海关监察办公室（Revenue and Customs Prosecutions Office，RCPO）三方联合执法，与美国《反海外腐败法》相比，其主要特点在于覆盖面更广、惩治力更强，因此其被称为目前全世界最严厉的反腐败法律。

（二）国内反贿赂合规监管部和动态

1. 中央企业反商业贿赂合规动向

国资委在中国移动等五家企业开展合规管理体系建设试点的基础上，于2018年印发《中央企业合规管理指引（试行）》，陆续编发反垄断、出口管制、反商业贿赂等一系列重点领域合规指南，全面推进合规管理工作，推动将合规要求覆盖各业务领域、各职能部门、各级子企业和全体员工，贯穿业务开展全过程。中央企业全部成立合规委员会，出台管理制度，完善工作机制，建立合规管理“三道防线”。

2. 地方性反商业贿赂实施趋势

深圳市市场监督管理局于2017年6月12日发布《SZDB/Z 245—2017反贿赂管理体系》,自2017年7月1日起实施。该文件由中共深圳市纪律检查委员会(深圳市监察局、深圳市预防腐败局)、深圳市标准技术研究院、中国国际海运集装箱(集团)股份有限公司、万科企业股份有限公司作为起草单位进行技术文件指导。该文件旨在帮助组织有效建立和实施反贿赂管理体系,以预防和处置潜在的贿赂风险。其内容参考了国内反腐败、反贿赂法律法规要求和国际上公认的良好实践,并规定了组织应根据其面临的贿赂风险实施合理、恰当的政策、流程和管控措施。

上海市第十五届人民代表大会常务委员会于2020年10月27日召开的第二十六次会议修订通过了《上海市反不正当竞争条例》,并自2021年1月1日起施行。上海市作为全国首个通过反不正当竞争地方性法规的地方性区域,自1995年9月28日首次颁布条例以来,对于商业贿赂的行政执法力度一直处于全国前列。近四年来,上海、浙江、江苏是商业贿赂执法的重点区域,其中又以上海市最为领先。随着"有法可依"的发展,可以预见长三角领域的执法将进一步增强,随之此地区的执法能力与合规建设也将逐步提高。

3. 重点领域的强监管模式

重点行业强监管领域将会加大反贿赂合规的调查力度和执法力度,从《反不正当竞争法》修订实施以来的执法情况看,医药购销、建筑工程、家装设计、餐饮食品等与人民密不可分的民生领域将是重点的执法领域,尤其食品安全、医药健康等都属于强监管领域。随着执法机关对《行政处罚法》《反不正当竞争法》以及相关刑事法律法规修订以后的适应,行刑衔接、执法机关、司法机关、监察机关的互动衔接和相互影响也逐步明显增强,这类强监管领域的反贿赂合规也将面临更加严格的监管,对企业的合规建设也提出了更高的要求。

比如,在医疗行业方面,从上海市处理的近四年的商业贿赂案件来看,商业贿赂行为重点发生在医药行业和批发零售行业,其次为通信服务、餐饮娱乐、信息技术、建筑工程等行业。2021年4月,中国化学制药工业协会(China Pharmaceutical Industry Association,CPIA)发布最新制定的《医药行业合规管理规范》。整部规范共77页,从反商业贿赂、反垄断、财务与税务、产品推广、集中采购、环境、健康和安全、不良反应报告、数据合规及网络安全等方面对医药行业企业进行全面规范，帮助医药企业发现行业及法律监管方面的漏洞，理顺监管和报告体系，制定并落实有效的预防措施。该规范是以“大合规”的概念对医药企业在生产、经营、管理等全过程多领域的全面规范。其中在反商业贿赂、反垄断、产品推广三个关注程度最高、企业风险最为集中的方面，后续我们还将继续推动财务与税务、数据安全、集中采购等领域的合规标准编制工作，计划用四年左右的时间覆盖全部领域。

在业界看来，该规范的诞生与不断完善，将填补国内医药行业合规标准空白，克服直接引用国外体系“水土不服”等问题，为搭建企业合规系统、提升合规管理能力提供了参照，也为中国企业出海提供了合规背书，帮助企业完成应对新型监管机制的转型。合规是医药企业生存发展的必经之路。

第三节　企业反贿赂合规管理体系

一、反贿赂合规策划(目标与计划制定)

(一)合规承诺

合规承诺是指企业的高级管理者对企业建立合规的态度，是企业合规的决心，是企业建立合规的前提。缺乏高层的承诺就缺乏了支持和信心。

在企业反贿赂合规体系中，华为企业的首席合规官做了如下承诺：华为认为商业腐败行为影响市场公平竞争，对社会、经济以及企业自身的发展都有着十分恶劣的影响。华为坚持诚信经营，恪守商业道德，遵守业务所在地和所有适用的法律法规，对腐败行为持“零容忍”态度。

中兴通讯总裁徐子阳在《来自总裁的一封信》中向中兴的股东、员工、合作伙伴表示：贿赂行为有悖公众信任，严重损害客户、员工、股东和商业伙伴的信赖，危及交易安全和商业可持续。因此公司对任何形式的贿赂行为秉持“零容忍”的态度；在全球所有的业务活动中，中兴通讯坚决遵守所适用的反贿赂法律法规，杜绝任何不正当竞争的行为或活动。

以上是企业高层作出承诺的一种形式，以对外公开的方式表示对贿赂行为的“零容忍”。企业高层在做合规承诺时，也可以单独签署《合规合法诚信承诺书》作为对合规的重视和支持。

（二）反贿赂的目标设定

合规是公司成长的实际需要，也是公司经营的前提和底线。以中兴通讯为例，中兴通讯的全体员工和商业伙伴在日常的业务开展过程中应始终坚持公平、诚信和透明地在全球开展业务的合规义务。当合规要求与商业利益发生冲突时，应一如既往地坚守合法合规的底线。中兴通讯始终相信，选择合规，必将赢得长远可持续的商业利益回报，有助力于企业基业长青。在反贿赂合规领域，中兴通讯相关人员和商业伙伴必须做到：

（1）坚决遵守业务所在国或地区所适用的反贿赂法律法规；

（2）避免不正当竞争的行为；

（3）遵循高标准的商业行为准则；

（4）尊重当地的风俗习惯与商业惯例。

以华为为例，华为公司在各国有关公平竞争、反贿赂和反腐败的法律框架下开展业务，将公司的反贿赂和反腐败义务置于公司的商业利益之上，确保公司业务建立在公平、公正、透明的基础上。华为长期致力于通过资源的持续投入建立符合业界最佳实践的合规管理体系，并坚持将合规管理“端到端”地落实到业务活动及流程中。华为重视并持续营造诚信文化，要求每一位员工遵守商业行为准则，每位员工以及与华为进行商业行为的实体和个人都应遵守和维护华为在反贿赂和反腐败方面的政策。

企业在确定反贿赂合规目标时，应结合企业使命、愿景、战略，对企业追究的合规价值、与企业的战略的关系、企业合规目标结构、承诺、合规治理原则、要遵循的合规义务、内部举报、不合规的问责与惩罚等方面作出明确的顶层设计，使反贿赂合规目标在公司业务经营开展中具有可执行性，既要有公司层面的反贿赂合规总体目标，也要围绕公司整体合规要求，针对不同业务板块的战略制定具体的反贿赂合规目标。

（三）反贿赂的组织架构

根据《GB/T 35770—2022/ISO 37301:2021 合规管理体系　要求及使用指南》规定，组织所处的环境构成了组织赖以生存的基础，这些环境可能是外部的，也可能是内部的，存在需要组织遵守的法律法规、监管要求、行业准则、良好实践、道德标准，还可能包括组织自愿选择或公开声明遵守的各类规则。因此，建立合规管理体系首先要对组织所处的环境予以认知和分析，进而确定合规的组织机构。以下将通过几个公司的反贿赂合规组织架构进行介绍。

1. 华为公司

商务稽查部作为面向全公司的反贿赂合规 RCO，负责反贿赂合规体系建设与合规管理。华为在集团各 BG、BU、FU 等均指定了关键角色，并在子公司设立反贿赂合规组织，有效承接反贿赂合规职能，支撑反贿赂合规体系运作。

2. 招商局集团

合规管理组织体系是指各单位从治理层、管理层到执行层所涉及的关于开展合规管理工作的责任主体及其职责安排，包括合规管理的决策机构、领导机构、监督机构、合规负责人、合规工作机构、合规工作人员等设置及其合规管理职责，集团职能部门和各单位业务部门的合规管理职责以及监察、审计、法律、内控、风险管理、安全生产、质量环保等相关部门的合规管理职责及工作协同和衔接。

3. 西门子公司

合规组织由首席合规官担任负责人，向西门子公司总法律顾问报告工作，并可以直接向西门子公司管理委员会和监事会提交报告。总法律顾问直接向公司总裁兼首席执行官汇报工作。由首席合规官负责任命各个业务集团或者区域合规官，这些合规官负责各个区域内的合规体系执行事宜，并且向首席合规官报告工作。公司向各个职能部门、业务部门、分公司、医疗领域分配或者任命合规人员。西门子公司的合规组织体系见图 2－1。

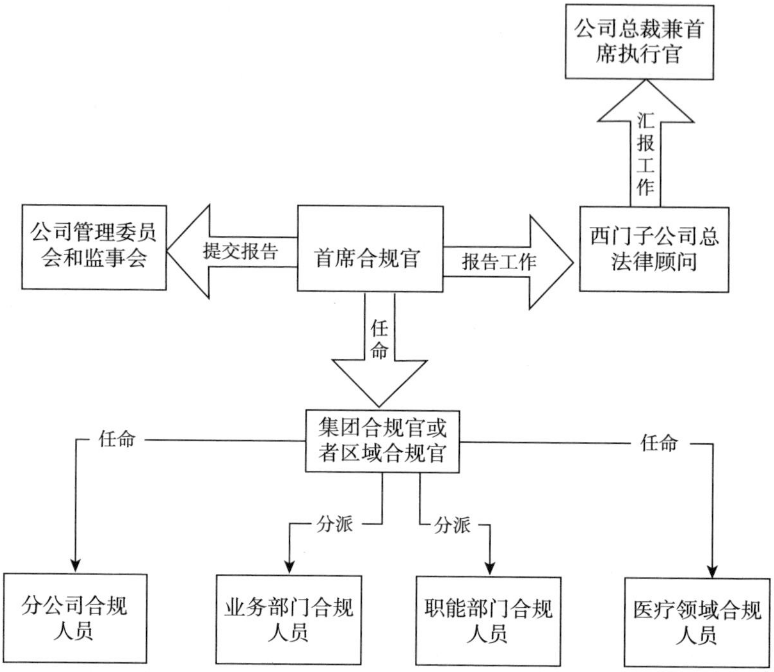

图 2-1　西门子公司的合规组织体系

4. 中兴通讯

中兴通讯的反贿赂组织体系见图 2-2。

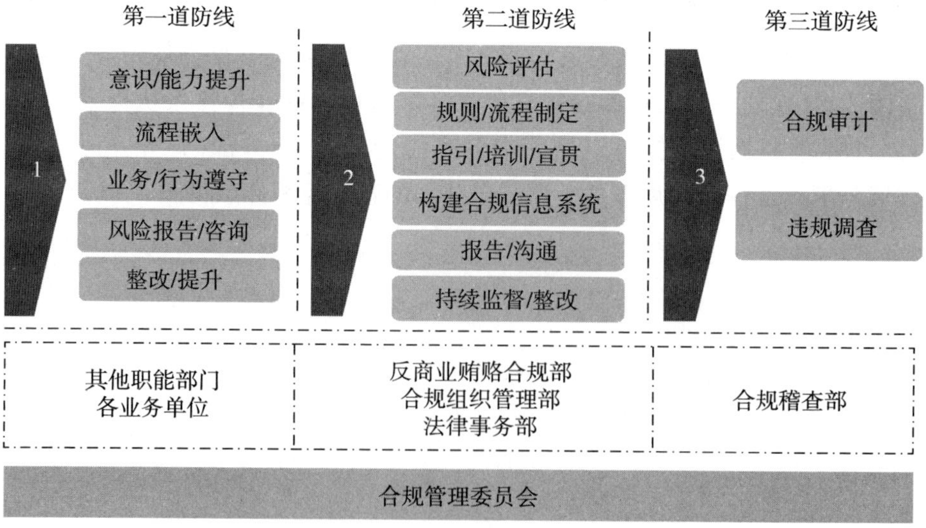

图 2-2　中兴通讯反贿赂组织体系

从上述各个公司的合规组织架构来看，完善的合规组织体系须包括权责协调的组织架构、配置相应的人员安排、厘清职责和设计规范的合规业务流程、配套反贿赂合规的惩戒制度、举报制度和处理机制。

二、反贿赂合规执行

（一）分类分级

为了更有效地分配企业资源，高效识别贿赂风险，企业应对贿赂发生的可能性及对应可能发生的影响进行分析和评价。风险分析与评价是指对识别出的风险及其特征进行明确的定义和描述，分析和描述风险发生可能性的高低、风险发生的条件，并按照风险发生的可能性及其影响程度等，对识别的风险进行分析和排序，确定关注重点和优先控制的风险。

企业进行风险分析及评价，应当充分吸收专业人员，组成风险分析团队，按照严格规范的程序开展工作，确保风险分析结果的准确性。同时，公司应当合理分析、准确掌握董事、经理及其他高级管理人员、关键岗位员工的风险偏好，采取适当的控制措施，避免因个人风险偏好给企业经营带来重大损失。

企业应当采用定性与定量相结合的方法进行贿赂风险分析与评价。定性方法如问卷调查、集体讨论、专家咨询、情景分析、政策分析、行业标杆比较、管理层访谈、由专人主持的工作访谈和调查研究等。定量方法如统计推论、计算机模拟、失效模式与影响分析、事件树分析等。

企业定级设计可以采用几级划分方式和颜色警示制度，不同的颜色代表不同的风险等级。风险等级的定级标准以损失来判断，想象竞合择一重原则。企业系统梳理和全面评估企业过去发生过的、目前存在的及未来可能发生的法律风险等，归类、确定、细化法律风险，列明每一法律风险行为及法律风险适用的法律法规、可能发生的法律责任、法律风险等级、涉及的系统内外部法律主体等，通过基础信息区、法律信息区、管理信息区全面进行法律风险防控。

（二）风险识别

商业贿赂行为通常具有隐蔽性，企业应在风险发生前制定重大贿赂风险预控方案，第一时间对反贿赂风险进行风险预警。企业应当根据反贿赂制度体系，将一线业务部门作为第一道关，在业务所在地收集、调研驻在地反贿赂法律规定，识别、评估贿赂风险，反贿赂部门对贿赂风险进行审核把控，再由一线业务部门在接受完反贿赂部门的指导后，及时应对相关风险。如发生特定贿赂风险，应由反贿赂部门和业务部门成立特定小组，对相关风险进行风险评估和应对。必要时，应聘请外部律师或咨询顾问对相应的贿赂风险进行识别和评估。

风险识别应着重查找各业务单元、各项重要经营活动及其重要业务流程中有无风险，有哪些风险。实现有效防范和打击贿赂的目的要求企业对可能面临的贿赂风险有清晰的认识，这也是制定和执行反贿赂制度的基础。企业应当准确识别反贿赂相关的内部风险和外部风险。

识别内部风险应当关注以下事项：董事、监事、经理、其他高级管理人员及员工的职业操守等人力资源因素，重点关注与政府官员或第三方之间的往来情况；公司组织机构、经营方式、资产管理、业务流程等管理因素；财务状况、现金流量、资金使用等财务因素等。识别外部风险应当关注以下事项：在哪一国家或地区进行商业活动更容易产生贿赂行为等廉洁性因素；拟投资国别或地区的经济形势、产业形势、融资环境、市场竞争等经济因素；法律法规、监管要求等法律因素等。

识别风险的方式包括但不限于以下几种：针对合规风险的内部审计、过去不合规行为的梳理、外部机构对公司所处行业及开展业务国家的调查及报告；了解与政府雇员直接或间接的互动往来；对公司法律、风控、审计、采购等部门相关人员以及公司管理层进行访谈；对交易对象进行尽职调查等。

（三）合规整改

按照 PDCA 管理方法，以半年度为间隔或者通过专项任务开展反贿赂合规整改，建立反贿赂合规管理的“计划（P）—执行（D）—检查（C）—处理（A）”的闭环管理。

首先，应从公司制度缺陷着手，构建反商业贿赂的规章制度体系，完善举报人保护制度，严惩侵害举报人权益的违法犯罪行为，改进举报人奖励制度等。

其次，应侧重公司业务重点领域的反贿赂合规调查。企业在经营活动中常常发生各种各样的业务往来，在重点岗位、重点业务领域上，如供应商、经营商、技术方、合作品牌方等，往往也可能以外包服务商或者以其他形式出现，这些业务伙伴常常伴随商业贿赂行为，这可能会给企业正常经营和声誉带来持续性的不利影响,企业有必要对上述重点业务伙伴进行合规管理,包括设置黑名单制度、在合作协议中设置反贿赂条款、对相关开展反贿赂合规调查等。

最后,公司可以通过对业务合作伙伴执行反商业贿赂合规的情况、公司内部合规管理体系的运行情况等进行合规审计,如发现相关风险隐患,应分层级、分风险等级设置相应整改措施,报告整改结果。

(四)组织合规培训

从事反贿赂的人员应接受专业的反贿赂培训。企业应根据外部环境及自身管理体系制定具体的反贿赂培训专题课程。从事境外经营活动的企业中的所有境外管理人员均应接受反贿赂专题培训。每年应定期开展反贿赂培训,所有反贿赂培训均应做好记录留存。根据企业自身情况,培训的内容包括但不限于如下内容。

1. 反贿赂文化的营造

企业应将反贿赂文化建设作为企业文化建设的组成部分。企业董事会和高层应重视反贿赂文化建设,从上到下推动反贿赂文化建设,企业全员应认知到反贿赂的重要性,不断树立反贿赂的文化氛围。

2. 员工合规行为准则

员工合规行为准则是最重要、最基本的合规管理制度,企业应在员工行为准则中加入反贿赂条款,同时适用于企业所有管理人员及从事境外经营活动的第三方。

三、反贿赂合规检查

定期的反贿赂合规检查措施是确保反贿赂合规管理体系有效运行的重要一环。在检验反贿赂合规管理体系时,企业应结合内部和外部力量共同进行。

开展反贿赂合规管理评估,牵头部门应定期对反贿赂合规管理体系的有效性进行分析及评价,对重大或反复出现的合规风险和违规问题,深入查找根源,完善相关制度,堵塞管理漏洞,强化过程管控,持续改进提升。

内部审计部门应结合年度或者专项审计对企业反贿赂合规管理体系的有效性、适当性和充分性进行合规审计,并及时将合规审计结果以及合规审计中发现的反贿赂合规管理问题通报合规管理牵头部门。合规审计项目的开展可以通过专项审计的方式，也可以通过融合的方式，将合规审计的内容纳入其他审计项目的范围，统筹协调审计资源，实现“一审多项”“一审多果”“一果多用”。

除内部自评估和内部审计外，企业还可聘请外部律师，对企业合规进行客观独立的全面评估；聘请专业会计师事务所会计师，对企业合规部门和企业相关账簿还有交易进行合规审查。

四、反贿赂合规完善

在反贿赂合规检查的过程中，企业已经找到反复出现的合规风险和违规问题，对反贿赂合规管理体系的有效性也已作出分析和评价，那么针对分析出来的相关问题，只有及时制定反贿赂合规持续改进对策，才能有效避免再犯类似的违规问题。建议可以从以下三方面建立持续改进对策。

（一）法律政策变化

企业的合规管理部门可在企业微信公众号创建“法律政策变化”专栏，并下设“反贿赂政策”一栏，对于各国各地反贿赂的法律法规及时更新，并且在更新之日即推送至企业员工内部群，设置群待办，务必让每个员工都进行打卡学习确认。同时针对重点业务人群，专门组织线下解读和法规政策学习，可相对应地设置简单的考试问卷或者设置学习签到表，保留问卷和签到表，将学习培训的照片留底。如企业无微信公众号，也可通过内部邮箱或微信群等将最新政策及解读及时发送至每位员工，条件允许的情况下，亦可直接让所有员工签收最新政策及解读的法律法规。企业无论通过何种方式方法，都要确保已让工作人员的重点人群收悉最新的法律法规政策，使其做到心中有分寸，行动有分寸，如此才能切实把控风险。

（二）产品业务更新

企业的产品业务进行的战略性调整，必须时时进行更新，让企业员工掌握最新动态，并且及时进行业务培训。同样可以参照上面关于法律政策的宣传方式和处理方法，及时上传下达，同步更新和学习相关业务。

（三）合规体系优化

针对“计划（P）—执行（D）—检查（C）—处理（A）”循环所暴露出来的主动合规意识不足、合规机构管理不到位、管理混乱、合规动力不足、激励机制较弱、合规重点偏差、合规机制模糊、问责处罚机制不够完善、合规管理评估机制不健全等问题,应重新自上而下地进行合规体系优化,重新落实合规管理组织责任,梳理合规义务来源,分析合规管理要点,创新合规工作方法,探索新型合规管理机制,加大合规监管力度,切实落地问责机制,同时加强对合规氛围的营造,塑造企业合规文化。

第二章 反垄断合规

第一节 反垄断概述

一、反垄断合规的定义

垄断(Monopoly)又名独占,在市场结构方面,体现为在特定行业只有一家厂商或者几家厂商提供或接受产品或者服务。在市场行为方面,表现为一家厂商单独或者几家厂商通过协议或联合对特定行业的产品和服务的生产、销售和价格进行操控。19 世纪末,美国完成工业化,工业生产总值超越英国,成为世界第一的工业强国。随着规模经济理论的广泛应用,企业规模不断扩大,卡特尔(Cartel)、辛迪加(Syndicate)、康采恩(Konzern)等垄断组织也随着出现。19 世纪末,很多行业都出现了垄断企业,如美孚石油公司垄断了全美 90% 的精炼油供应。垄断是自由竞争的天敌,由于缺少竞争对手,交易价格并非由供需曲线决定,而是由居于垄断地位的厂商单独或联合决定。厂商单独定价权打破了供需关系平衡,引发了消费者和下游中小厂商的不满和抗议。垄断厂商为获取垄断利润,不断进行企业并购,签订卡特尔协议和实施其他排除、限制竞争的行为,从而导致社会矛盾上升。

鉴于垄断造成的一系列社会、经济问题,限制垄断行为的反垄断法应运而生。美国的反垄断法是以《谢尔曼法》《克莱顿法》《联邦贸易委员会法》为核心,由众多的补充性法律、规则和司法判例所组成的系统性反垄断法体系。美国不仅是全球第一个颁布反垄断法的国家,也是第一个确立反垄断法域外适用的国家。

二、我国《反垄断法》与反垄断合规

我国2007年颁布《反垄断法》之后,反垄断法律制度规则体系日益健全,反垄断执法力度不断增强,但随着各行业头部企业的出现,中小企业很难与头部企业竞争,垄断行为不断发生,严重影响了自由竞争的市场环境,损害了消费者利益。因此,为恢复正常的市场秩序,打破市场垄断,企业进行反垄断合规显得尤其重要。2022年6月24日,第十三届全国人民代表大会常务委员会第三十五次会议对《反垄断法》作出了修正。

党的十九届四中全会强调,要完善公平竞争制度,强化竞争政策基础地位,落实公平竞争审查制度,加强和改进反垄断和反不正当竞争执法,对反垄断工作提出明确要求,反垄断合规倡导是促进《反垄断法》深入有效实施的重要方式和手段。2020年9月11日,国务院反垄断委员会印发了《经营者反垄断合规指南》(国反垄发〔2020〕1号),《经营者反垄断合规指南》是完善反垄断规则体系的重要内容,对于反垄断合规等概念进行了定义:反垄断合规是指经营者及其员工的经营管理行为符合《反垄断法》等法律、法规、规章及其他规范性文件的要求。此外,该反垄断指南也明确了如反垄断合规风险、反垄断合规管理等的定义及具体内容,其中,在管理体系方面充分参考《ISO 19600:2014 合规管理体系 指南》国际标准,并借鉴了域外反垄断合规指南或指引的成熟经验和做法。同时在不同部门也相继制定相关的指南,包括《企业境外反垄断合规指引》(国市监反垄发〔2021〕72号,2021年11月15日发布并实施)、《国务院反垄断委员会关于原料药领域的反垄断指南》(国反垄发〔2021〕3号,2021年11月15日发布并实施)等,同时,中华全国律师协会也于2015年10月汇编了《律师办理反垄断调查业务操作指引》。

三、垄断的三种形式及其应对

(一)垄断的三种表现形式

根据《反垄断法》第3条的规定,垄断情形分为如下三种:其一,经营者达成垄断协议;其二,经营者滥用市场支配地位;其三,具有或者可能具有排除、限制竞争效果的经营者集中。因此,本书对垄断情形的阐述,以及对反垄断合规的阐述,主要针对以上三个方面展开。

1. 垄断协议

一般认为,垄断协议应被视为两个或两个以上经营者通过协议、解决方案或控制成本、地域、数量等的其他手段限制竞争的共同目标。[1] 在目前的市场经济国家,排他性协议可以采取部门协议或限制性协议、工会决议和涵盖所有阶段和经济状况的跨部门伙伴关系的形式。垄断协议涉及范围广、覆盖率高,对市场的快速影响以及竞争优势的消除是常见且可持续的。我国《反垄断法》第 16 条规定:"本法所称垄断协议,是指排除、限制竞争的协议、决定或者其他协同行为。"

垄断协议有横向垄断协议与纵向垄断协议之分。所谓横向垄断协议,也被称为横向垄断,指合资企业经营者之间签订的联合行动、出口、技术、产品、设备、货物和交易的成本,以及生产和销售之间的竞争等,或者,即使没有达成协议,实现平等的计划也属于横向垄断协议。根据限制性协议的内容,可分为价格限制合同、供应链协议、技术等价协议、市场限制或分销协议、联合合同、抵制协议等。独立私人合同是指不同经济部门的经营者之间签订的通过不直接竞争以限制竞争的协议。根据价格是否为协议中心条款,竞争合同实质上包括价格合同和非竞争合同。

垄断协议之所以分为横向垄断协议和纵向垄断协议,是因为它们的竞争劣势不同,法律对它们的处理也不同。横向垄断协议在平等条件下共同作用,对竞争造成直接和严重的损害,这一直是反垄断立法规制的重点。由于纵向垄断协议受制于不同的业务阶段,因此没有直接的竞争联系,与横向垄断协议相比,它们的共同行为对竞争的影响是间接的,也很小,法律规定的严格程度远低于对横向垄断的限制,其灵活性也更大。[2]

2. 滥用市场支配地位

我国《反垄断法》第 22 条第 3 款规定,本法所称市场支配地位,是指经营者在相关市场内具有能够控制商品价格、数量或者其他交易条件,或者能够阻碍、影响其他经营者进入相关市场能力的市场地位。它描述了一个公司或一组行业已经取得或拥有市场的状态,表明该公司或合作伙伴有能力

---

〔1〕 参见刘继峰:《反垄断法》,中国政法大学出版社 2012 年版,第 127 页。

〔2〕 参见兰磊:《论我国垄断协议规制的双层平衡模式》,载《清华法学》2017 年第 5 期。

确定相关产品市场、区域市场和实时市场的产量、价格和销售额管理能力等。市场所有权本身不受道德价值约束,除非主导市场的公司利用其商业力量损害竞争,损害公共和私营部门的利益,那么将被反腐败法禁止或制裁。

我国《反垄断法》第23条在总结世界各国相关立法经验的基础上,指出在认定经营者市场支配地位时的相关因素:(1)竞争市场中的活跃经营市场和竞争市场中的竞争;(2)经营者管理市场的能力;(3)经营者的财务和技术状况;(4)经营者在交易中对其他经营者的依赖程度;(5)其他经营者进入相关市场的困难程度;(6)其他决定活跃市场影响的相关因素。这一规定也反映了确定市场支配地位标准的普遍性。

为了便于开展执法和司法工作,我国《反垄断法》第24条规定了市场支配地位的推定规则。即有下列情形之一的,可以假定经营者具有市场支配地位:该经营者在市场中的市场份额达到一半;两个经营者在相关市场的市场份额合计达到2/3;三个经营者在相关市场份额合计达到3/4。但其中经营者市场份额不足1/10的,该经营者不具有市场支配地位。同时《反垄断法》第24条第3款也明确规定,"被推定具有市场支配地位的经营者,有证据证明不具有市场支配地位的,不应当认定其具有市场支配地位"。

3. 经营者集中

"经营者集中"是反垄断立法中的一个独特概念,包括通过合同获得对其他经营者的控制权或对其他经营者具有决定性影响的情况。我国的反垄断法中的经营者集中是指反垄断法下企业合并,不同于企业法(公司法)中关于合并的含义中的合并。[1]

经营者集中分为横向经营者集中、纵向经营者集中和混合经营者集中。横向经营者集中,又简称为横向集中或水平合并,是指在同一相关市场、同一生产经营环节的经营者之间的集中。横向集中发生在同一相关地域市场上,生产具有替代性产品的企业之间。就像两个葡萄酒批发商在同一地理区域内的集中。纵向经营者集中,又称纵向集中或纵向合并,是指代表同一行业的经营者在不同市场条件下的集中,即同一行业不同阶段的经营者之间的集中,经营者之间实际上存在贸易关系。例如,制造商与产品销售者或

---

〔1〕 参见喻玲:《企业反垄断合规制度的建立路径》,载《社会科学》2015年第5期。

用户之间的集中。混合经营者集中,也简称“混合集中”或“混合合并”,是指同一市场上的非竞争者或非交易人之间的集中。

由于横向集中危险性最大,因此有关经营者集中的控制标准主要围绕横向集中展开。但是纵向经营者集中和混合经营者集中依然有可能对市场的竞争秩序造成损害,所以从保护市场公平有效竞争的角度,二者也会成为反垄断执法机关的关注对象。

(二)反垄断的三个方面

1. 对垄断协议的规制

对并非以限制竞争为目的或者为某种公共利益而达成的合意或者一致行动,我国法律予以允许。经营者若能指出达成的协议不会阻止相关市场的激烈竞争,并允许用户分享所赚取的利润,即可免除法律责任。除此之外,针对横向垄断协议,我国《反垄断法》第 17 条规定,禁止竞争关系经营者达成下列垄断协议:(1)固定或改变商品价格;(2)限制商品的生产或销售数量;(3)分割销售市场或原材料采购市场;(4)限制新技术和设备的购买或新技术和产品的开发;(5)联合抵制交易;(6)国务院反垄断执法机构认定的其他反垄断协议。针对纵向垄断协议,我国《反垄断法》第 18 条规定,禁止经营者与交易相对人达成下列垄断协议:(1)固定出售给第三方的商品价格;(2)限定向第三方出售商品的最低价格;(3)国务院反垄断执法机构认定的其他反垄断协议。同时,中国行业协会在竞争法方面的反垄断立法义务要求工会加强行业自律,指导行业经营者依法竞争,维护市场竞争秩序。

2. 对滥用市场支配地位的规制

我国《反垄断法》对常见的滥用市场支配地位的行为采取列举方式加以规范,其第 22 条第 1 款明确规定:“(一)以不公平的高价销售商品或者以不公平的低价购买商品;(二)没有正当理由,以低于成本的价格销售商品;(三)没有正当理由,拒绝与交易相对人进行交易;(四)没有正当理由,限定交易相对人只能与其进行交易或者只能与其指定的经营者进行交易;(五)没有正当理由搭售商品,或者在交易时附加其他不合理的交易条件;(六)没有正当理由,对条件相同的交易相对人在交易价格等交易条件上实行差别待遇;(七)国务院反垄断执法机构认定的其他滥用市场支配地位的行为。”

关于垄断价格,即在市场缺乏竞争的情况下,拥有市场支配地位的经营者通过价格策略获取垄断利润的盘剥行为。

关于亏本销售,指上述第 2 项“卖低于价格的物品”的情形,因企业是营利性组织,若无正当理由设定低于成本的定价,其实质是打击竞争对手,争夺市场和顾客,一旦达到目的,就会抬高价格。因此,这类行为又称作掠夺性定价,是反垄断法规制的对象。

关于拒绝交易,拒绝交易又称瓶颈垄断,指限制交易的数量与范围等的行为。反垄断法关注的拒绝交易主要是指由具有市场支配地位的公用企业(如供水、供电等企业)实施的拒绝交易行为。

关于强制交易,指经营者违背他人意愿强制其进行某种交易活动。《反垄断法》第 22 条规定了两种情况:具有市场支配地位的经营者限定他人与自己交易;具有市场支配地位的经营者限定他人与自己指定的第三者进行交易。

关于搭售或附加不合理的条件,该行为是指经营者在提供用户所需的产品或者服务时,额外附加其他产品或者服务,若对方不接受附加的产品或者服务,则所需产品或者服务亦无法获得,所以该行为又被称为“捆绑式”销售。

关于差别待遇,经营者针对不同的客户采取不同的业务方式,是其选择交易对象的一种权利,也是一种常见的营销策略。但是当交易对象“条件相同”时对之实行差别待遇,因为缺乏合理性而被反垄断法所禁止。

根据《反垄断法》第 60 条的规定,经营者实施垄断行为,给他人造成损失的,依法承担民事责任。至于责任方式,理论上应包括我国民法所规定的所有责任形式,但实践中基于滥用市场支配地位行为的经济性特点,承担责任的方式主要是给予损害赔偿。除此之外,对违反本法规定滥用市场支配地位的工作人员,反垄断委员会可责令其停止违法活动,并没收其违法所得,并处上一年度销售额 1% －10% 的罚款。

3. 依法实施经营者集中

经营者实施《反垄断法》规定的经营者集中行为,达到《国务院关于经营者集中申报标准的规定》第 3 条规定的条件,将按照法律规定提前向执法机关申报,未申报的不得实施集中。[1] 经营者集中未达到《国务院关于经营者集中申报标准的规定》第3条规定的申报标准,参与集中的经营者可以自愿提出申报。按照我国《反垄断法》第33条的规定,审查经营者集中,应当综合考虑下列因素:(1)参与集中的经营者在相关市场的市场份额及其对市场的控制力;(2)相关市场的市场集中度;(3)经营者集中对市场进入、技术进步的影响;(4)经营者集中对消费者和其他有关经营者的影响;(5)经营者集中对国民经济发展的影响;(6)国务院反垄断执法机构认为应当考虑的影响市场竞争的其他因素。

对申报的经营者集中经过初步审查和进一步审查后,反垄断机构应当作出最后决定,决定结论有以下几种:

(1)如果经营者集中对排除或限制竞争具有或可能具有影响,则国家垄断委员会的执法机构应决定禁止经营者集中。

(2)如果贸易商能够证明集中对竞争的积极影响远远大于消极影响或符合公共利益,则国务院反垄断执法机构应决定授权经营者集中。

(3)对于具有或者可能具有排除、限制竞争效果的,如果参与集中的经营者作出相关承诺消除具有排除、限制竞争效果的要素的,反垄断执法机构可以附条件地允许经营者集中。

由于经营者集中存在积极和消极两方面作用,即使经营者集中被认定为对竞争有损害,只要其对经济的积极促进作用大于消极作用,也有可能获得批准。这些积极作用主要表现为:优化资源配置、提高经济效益、增强企业的国际竞争力、促进产业发展与转型、贯彻国家产业政策、促进就业等整体经济利益及社会公共利益等。

(三)垄断的法律责任

在此基础上,我国《反垄断法》明文规定垄断的法律责任包括民事责任、

---

[1] 《国务院关于经营者集中申报标准的规定》(2018年修订)第3条规定:"经营者集中达到下列标准之一的,经营者应当事先向国务院反垄断执法机构申报,未申报的不得实施集中:(一)参与集中的所有经营者上一会计年度在全球范围内的营业额合计超过100亿元人民币,并且其中至少两个经营者上一会计年度在中国境内的营业额均超过4亿元人民币;(二)参与集中的所有经营者上一会计年度在中国境内的营业额合计超过20亿元人民币,并且其中至少两个经营者上一会计年度在中国境内的营业额均超过4亿元人民币。营业额的计算,应当考虑银行、保险、证券、期货等特殊行业、领域的实际情况,具体办法由国务院反垄断执法机构会同国务院有关部门制定。"

行政责任和刑事责任三种。

1. 垄断的民事责任

经营者实施垄断行为，必须依法承担相应的法律后果。我国《反垄断法》第60条规定："经营者实施垄断行为，给他人造成损失的，依法承担民事责任。经营者实施垄断行为，损害社会公共利益的，设区的市级以上人民检察院可以依法向人民法院提起民事公益诉讼。"垄断协议作为垄断行为的表现形式之一，其制定者自然应该依相关规定承担民事责任，同时修改后的《反垄断法》也增加了民事公益诉讼制度。

2. 垄断的行政责任

根据《反垄断法》第56－59条的规定，行政责任主要有以下几种形式：第一，责令停止违法行为。反垄断执法机关发现经营者达成的协议属于垄断协议的，有权责令经营者终止垄断协议。第二，没收非法所得。没收经营者因实施垄断协议、滥用市场支配地位而获得的非法收入。第三，罚款。根据不同情况予以罚款。第四，行业协会实施垄断行为的，责令整改，处以罚款；情节严重的，社会团体登记管理机关可以依法撤销登记。

3. 垄断的刑事责任

根据《反垄断法》第67条明确规定，"违反本法规定，构成犯罪的，依法追究刑事责任"。反垄断法中没有关于调查垄断活动刑事责任的规定，也没有关于调查垄断刑事责任的规定。然而，这并不意味着我国的垄断行为不承担刑事责任，而是根据其实施的行为是否符合《刑法》进行判断，构成犯罪的，依法追究刑事责任。例如，投标合作属于我国反垄断立法规定的垄断的范围，若涉及相应投标犯罪，则承担相应的刑事责任。

四、反垄断合规对企业的影响及发展趋势

承前所述，企业天然具有寻求生长、获取利润的属性，在形成一定的市场地位后，可能采取使自身获益更多的行为而致使限制贸易或者约束可能的竞争，但这有害于市场的健康发展，因此才有了规制该类行为的反垄断法律，或是"禁止任何限制贸易的合同、联合或共谋""禁止任何垄断、企图垄断或共谋或联合垄断"，或是禁止"不公平的竞争方法"，以"维护自由和不受约束的竞争"。

早期的反垄断立法及反垄断合规之所以发生在美国，而且由美国推进

到全球，主要由于美国全球霸主的经济地位。早期应用反垄断法惩罚企业的案件也多发生在美国，其中比较有影响力的是新泽西州诉美国标准石油公司案（Standard Oil Co. of New Jersey v. United States，1911），美国最高法院直接裁定将美国标准石油公司分解为三十四家独立的公司，对企业经营有着直接的影响。虽然对美国标准石油公司作出了于现在看来具有标志性意义的决定，但在当时，美国国会对该案更多的是担心而非支持，并在之后的立法中缩减了司法自由裁量权的范围以限制反垄断的执法实施。1929 年华尔街股灾即大萧条之后，美国倾向于采取更强有力的措施来协调商业活动，也反向推动企业开始留意企业经营中在反垄断层面的合规问题。之后，受益于当时的学术研究，反垄断执法进入活跃阶段，现在美国司法部公开可查的反垄断案件，最早可追溯至 1941 年。当时的案件也多是发生在美国本土的案件，例如美国诉美国铝业案（United States v. Aluminum Co. of America, 1945）。可以看出，反垄断合规还未形成一个专业的方向，更多的是企业在发展中存在违反反垄断法的行为，参与诉讼后所进行的应对。

第二次世界大战之后，生产和资本加速集中，资本主义从自由竞争阶段发展至垄断阶段，发达国家的大型企业通过在海外设立分支机构或子公司的方式进行对外直接投资，开展跨国经营，企业获得迅速发展。但在当时，其实并未有足够多的反垄断立法及执法关注跨国公司的反垄断领域。20 世纪 50 年代中期，只有不到 10 个国家/地区对反垄断作出了规制。但是这些飞速发展的商业利益集团引起了联合国的关注，1974 年经 G77 倡议，联合国于次年设立了跨国公司委员会（United Nations Centre on Transnational Corporations, UNCTC）以起草一项对跨国公司进行国际管制的公约。这是联合国为解决国家主权的管辖问题以及跨国公司，甚至仅限于公司自身责任的全球治理问题而作出的早期努力。跨国公司委员会在 1992 年解散，原定的公约议定日程也随之被废弃。自此以后，这些问题随着经济全球化而成倍地加深。跨国公司的扩张引起了各国对于反垄断立法、执法的重视，通过国内的立法及国际组织合作文件的签署，各国不仅通过具体案件惩处企业违反反垄断法的行为，而且进一步从企业经营层面对企业提出要求，推进了企业反垄断合规的发展。

在这个时候，反垄断案件更多聚焦于大型的跨国企业，例如美国政府诉 AT&T 电话公司案（United States v. AT&T, 1982）是美国 20 世纪 80 年代最著名的反垄断案，抑或美国政府诉微软公司（United States v. Microsoft Corp.，2001）案，为20世纪美国最大的反垄断诉讼。从1989年美国联邦贸易委员会开始对微软展开调查，到2002年美国哥伦比亚特区联邦地区法院批准美国司法部与微软之间的和解协议，整个案件历时长达13年。可以作为反垄断合规对于企业影响的一个例子的是，在本案中，微软所承担的不仅仅是2002年付出的18亿美元的和解费用、禁止参与可能损及竞争对手的排他性交易以及开放部分源码的代价。微软其后陆续被多国以反垄断为由而开展调查，包括2004年欧盟开出4.97亿欧元的罚单，2005年韩国公平贸易委员会开出3200万美元罚款，2013年欧盟再次开出5.61亿欧元的罚单，甚至2014年在我国也接受了反垄断调查。这些调查及罚单给微软带来的影响，可能只有微软自己才能说清楚了。

但是需要注意的是，反垄断案件的经济或者政治因素同时也可能会被执法机构纳入考虑范畴，如在波音公司（Boeing）与麦克唐纳—道格拉斯公司（McDonnell Douglas）在1997年的合并案中，波音公司与麦克唐纳—道格拉斯公司当时分别是美国排名第一与第三的飞机制造商，其合并显而易见应受到反垄断的监管，但是美国对此合并案采取了赞成态度。现在有很多意见均认为美国此举是为了支持波音公司与法国空客公司（Airbus）的竞争——这是一个国际问题而非局限在美国国内的问题。

20世纪末，已有逐渐明朗的倾向。反垄断合规有自己的国际化趋势，这个趋势不仅体现在现在超过110个国家和地区对于反垄断均有了各种形式的立法，且每个主权国家均有权对于发生在其主权管辖范围内的反垄断行为予以规制（如微软陆续收到全世界各国的反垄断罚单）。在对反垄断的认定上，有时需要从经济或者政治更多层面予以考量，这对企业进行反垄断合规提出了更高的要求。同时，每个国家和地区对于反垄断的认定还各有其倾向，按照国际竞争网络（International Competition Network，ICN）的说法，现在能被认可的是，所有国家，无论是发展中国家还是发达国家，均是根据本国的历史和当时的情况制定反垄断立法以及开展反垄断执法的，其自身的特殊问题决定了执法的方式。也就是说，在考虑到企业合规时，企业可以依据其所在国家的当时情况及其自身的情况来制定合规方案。当然，如果涉及跨国经营，也应考虑经营当地国家的具体政策及法规。

可见的一个趋势是，全球范围内各国加大对于企业反垄断合规的立法、执法力度,对于企业进行反垄断合规管理的要求呈稳定增长,也给企业把握日常业务界线带来更多的挑战。从全球范围来看,在反垄断领域对企业经营合规明确作出要求的法律激增的态势是前所未有的。随着全球经济的发展,现在企业反垄断合规不再仅仅与跨国企业有关,也逐渐进入中小企业的视野中。现在大多数国家的反垄断法立法适用于所有行业和所有企业各个级别的市场参与者,其中包含中小企业甚至个体经营者,虽然大部分关联案例的处罚对象仍是大企业,而且企业反垄断合规对中小企业面临的刑事责任可能具有豁免作用。但是可以很容易观察到的是,对于中小企业来说资金相对比较紧张,资金可能被优先用于投入再产出,而非企业反垄断合规这种可能短时无法产生效益的领域;对于企业,早期可能并不会将资金或资源优先投入企业合规所需要的人力物力上去;相关的市场氛围的形成也是一个较长的过程,企业需要相关的市场参与者、利益相关的合作伙伴或者上下游供应商认同并愿意配合的合规理念,否则执行起来较为困难。与此同时,反垄断合规的出发点不是政府对于企业的要求,也不是消费者以更公平的价格买到商品或者服务,对于企业来说,反垄断合规是确保企业在公平竞争环境中良性竞争、最大限度地减少市场扭曲的关键,是延长企业生命力,营造良好市场氛围的要素。在现在的环境下,无论企业是有意还是无意不遵守反垄断合规,风险都是巨大的,对违反反垄断法的制裁通常是实质性的,且公司的声誉可能面临巨大损失。

我国《反垄断法》于 2007 年通过,自 2008 年 8 月 1 日起实施,2020 年国家市场监督管理总局公布了《〈反垄断法〉修订草案(公开征求意见稿)》,2022 年 6 月 24 日第十三届全国人民代表大会常务委员会第三十五次会议审议通过《关于修改〈中华人民共和国反垄断法〉的决定》,足以体现对反垄断的重视。党的十九届五中全会将公平竞争制度更加健全作为“十四五”经济社会发展的重要目标,要求打破行业垄断和地方保护,形成国民经济良性循环;建设高标准市场体系,健全公平竞争审查机制,加强反垄断执法,提升市场综合监管能力。我国的反垄断体现的是坚持治“果”和治“因”并重。对垄断之“果”,依法加大监管执法力度,同时,更加注重源头治“因”、过程治“因”,努力构建有效有序竞争的市场格局。执法机构更关注互联网行业、公用事业行业、医药行业、半导体行业、汽车行业、建筑材料行业、交通运输行业、石油化工行业、钢铁行业的重点行业。在这些重点行业领域均存在案例、指引或地方标准,对于企业审核自身的合规体系有重要的参考价值。企业应根据自身的发展情况,识别和防范反垄断法律风险,构建合规框架,建立反垄断合规体系。

◇ 第二节 反垄断合规发展现状及监管环境

一、典型案例及启示

(一)经营者滥用市场支配地位的案例——阿里巴巴集团控股有限公司滥用市场支配地位案[1]

1. 基本案情

本案当事人为阿里巴巴集团控股有限公司(以下简称阿里巴巴)。2020年12月起,国家市场监督管理总局对阿里巴巴涉嫌实施滥用市场支配地位行为开展了调查。2021年4月6日,国家市场监督管理总局向阿里巴巴送达了国市监处〔2021〕28号《行政处罚决定书》(以下简称本案《行政处罚决定书》)。阿里巴巴放弃陈述、申辩和要求举行听证的权利。

2. 本案相关市场

根据《反垄断法》和《国务院反垄断委员会关于相关市场界定的指南》规定,同时考虑平台经济的特点,结合具体情况,本案《行政处罚告知书》将本案相关市场界定为中国境内网络零售平台服务市场。具体如下:

(1)本案《行政处罚决定书》从经营者和消费者两个角度分别进行需求替代分析和供给替代分析,将本案相关商品市场界定为网络零售平台服务市场。

(2)本案《行政处罚决定书》通过经营者需求替代分析、消费者需求替代分析、供给替代分析三方面分析路径,再加上平台与地域的关系分析,确定本案相关市场地域为中国境内。

因此,本案相关市场为中国境内网络零售平台服务市场。

---

〔1〕 参见国家市场监督管理总局《行政处罚决定书》(国市监处〔2021〕28号)。

3. 阿里巴巴在相关市场具有支配地位

阿里巴巴长期占有较高市场份额，且具有很高的市场认可度和消费者黏性，平台内经营者迁移成本较高，具体包括：(1)阿里巴巴的市场份额超过50%。(2)相关市场高度集中。近五年来，阿里巴巴市场份额较为稳定，长期保持较强竞争优势，其他竞争性平台对阿里巴巴的竞争约束有限。(3)阿里巴巴具有很强的市场控制能力。(4)阿里巴巴具有雄厚的财力和先进的技术条件。(5)其他经营者在交易上高度依赖阿里巴巴。(6)相关市场进入难度大。目前中国境内网络零售平台获客成本逐年提高，潜在进入者达到临界规模的难度不断增大。(7)阿里巴巴在物流、支付、云计算等关联市场具有显著优势。

因此，本案《行政处罚决定书》认定阿里巴巴在相关市场具有支配地位。

4. 阿里巴巴实施了滥用市场支配地位行为

2015 年以来，阿里巴巴为限制其他竞争性平台发展，维持、巩固自身市场地位，滥用其在中国境内网络零售平台服务市场的支配地位，实施“二选一”行为，通过禁止平台内经营者在其他竞争性平台开店和参加其他竞争性平台促销活动等方式，限定平台内经营者只能与阿里巴巴进行交易，并以多种奖惩措施保障行为实施，违反《反垄断法》(2007 年公布)第 17 条第 1 款第 4 项关于“没有正当理由，限定交易相对人只能与其进行交易”的规定，构成滥用市场支配地位行为。[1]

5. 阿里巴巴实施了排除、限制市场竞争的行为

阿里巴巴限定平台内经营者只能与其进行交易，不能进驻其他竞争性平台或者在其他竞争性平台开展促销活动，直接削弱了其他竞争性平台与当事人进行公平竞争的能力和相关市场竞争程度，不当提高了潜在竞争者的市场进入壁垒，破坏了公平、有序的市场竞争秩序。阿里巴巴的行为既排除、限制了相关市场经营者之间的公平竞争，也排除、限制了相关市场潜在竞争。同时，阿里巴巴的上述行为损害了平台内经营者的利益，阻碍资源优化配置，限制了平台经济创新发展，损害了消费者利益。

---

〔1〕 该案在处理时适用 2008 年 8 月 1 日施行的《反垄断法》，现可参考 2022 年修正的《反垄断法》第 22 条第 1 款第 4 项。

6. 处理结果

结合上述情形,国家市场监督管理总局发布的本案《行政处罚决定书》认定阿里巴巴构成《反垄断法》(2007 年公布)第 17 条第 1 款第 4 项禁止"没有正当理由,限定交易相对人只能与其进行交易"的滥用市场支配地位行为。同时,根据《反垄断法》(2007 年公布)第 47 条、第 49 条的规定,综合考虑阿里巴巴违法行为的性质、程度和持续的时间,同时考虑阿里巴巴能够按照要求深入自查,停止违法行为并积极整改等因素,国家市场监督管理总局对阿里巴巴作出如下处理决定:

(1)责令停止违法行为。不得限制平台内经营者在其他竞争性平台开展经营;不得限制平台内经营者在其他竞争性平台的促销活动。阿里巴巴应当自收到本行政处罚决定书之日起 15 日内,向国家市场监督管理总局提交改正违法行为情况的报告。国家市场监督管理总局制作《行政指导书》,要求阿里巴巴从严格落实平台企业主体责任、加强内控合规管理、保护消费者权益等方面进行全面整改,依法合规经营。

(2)对阿里巴巴处以其 2019 年度中国境内销售额 4557.12 亿元的 4% 的罚款,共计 182.28 亿元。

7. 启示

在本案中,阿里巴巴收到了 182.28 亿元人民币的天价罚单,其罚款数字创下中国反垄断史上的最高罚金纪录,三倍于此前的最高纪录(2015 年,高通公司曾因垄断行为被处以 60.88 亿元人民币罚款)。而在全球范围内,这个数字也可以进入反垄断罚款全球前五位之列。大型平台经济主体在财力、技术实力、市场影响力等方面具有突出的优势,能够让消费者与经营者对平台产生较大的依赖性,从而使平台具备了一定的市场支配优势。然而,这种优势也是一把"双刃剑",容易导致平台滥用市场支配地位。这次国家市场监督管理总局对阿里巴巴的处罚,无疑传递了更为明确的信号:监管的落实力度正在加大。因此,其他平台经济主体应从中吸取教训,及时进行自我约束,加快完善其反垄断合规体系,避免滥用市场支配地位。

(二)违法实施经营者集中的案例——腾讯控股有限公司违法实施经营者集中案〔1〕

1. 基本案情

当事人为腾讯控股有限公司(以下简称腾讯)。国家市场监督管理总局于2021年1月25日对腾讯收购中国音乐集团股权涉嫌违法实施经营者集中进行立案调查。经查,认定腾讯构成违法实施的经营者集中,具有或者可能具有排除、限制竞争的效果。国家市场监督管理总局遂向腾讯送达《行政处罚决定书》。

涉案交易行为的概况为:收购方是腾讯;被收购方是中国音乐集团。2016年7月12日,腾讯以QQ音乐业务为主的有关业务投入中国音乐集团,获得中国音乐集团61.64%股权,取得对中国音乐集团的单独控制权。2016年12月,整合后的中国音乐集团更名为腾讯音乐娱乐集团。2017年12月6日完成股权变更登记手续。

2. 本案构成违法实施的经营者集中

在本案的集中前,中国音乐集团由若干自然人共同控制。在本案的集中后,腾讯获得中国音乐集团61.64%股权,取得对中国音乐集团的单独控制权,属于《反垄断法》第20条规定的经营者集中。

2015年腾讯全球营业额为1028.63亿元,中国境内营业额为962.51亿元,2015年中国音乐集团全球及中国境内营业额达到《国务院关于经营者集中申报标准的规定》第3条规定的申报标准,属于应当申报的情形。

《反垄断法》(2007年公布)第21条规定,"经营者集中达到国务院规定的申报标准的,经营者应当事先向国务院反垄断执法机构申报,未申报的不得实施集中"。〔2〕2017年12月6日,腾讯完成股权变更登记,在此之前未向国家市场监督管理总局申报,违反《反垄断法》(2007年公布)第21条规定,构成违法实施的经营者集中。

3. 本案具有或者可能具有排除、限制竞争的效果

由于音乐版权的授权受各国著作权法规定的限制,具有明显的地域差

---

〔1〕 参见国家市场监督管理总局《行政处罚决定书》(国市监处〔2021〕67号)。

〔2〕 本案处理时适用2007年公布的《反垄断法》,相关规定可参见2022年修正的《反垄断法》第26条第1款。

异,中国的网络音乐播放平台获得授权的音乐版权传播范围一般为中国境内,且主要面向中国境内用户,因此,国家市场监督管理总局将本案相关地域市场界定为中国境内。

国家市场监督管理总局认为,本项集中对中国境内网络音乐播放平台市场具有或者可能具有排除、限制竞争效果,理由包括:

(1)集中后的实体在相关市场具有较高市场份额。

(2)集中减少了相关市场的主要竞争对手。调查显示,交易前集中双方居市场前两位,竞争实力相当,双方互为较为紧密竞争者。本项集中减少了相关市场的主要竞争对手,进一步削弱市场竞争。

(3)集中可能进一步提高相关市场进入壁垒。一是可能提高版权资源壁垒,二是可能增加用户转换成本,三是集中后市场进入活跃度不高。

综上,通过本案的集中,腾讯在中国境内网络音乐播放平台市场具有较高市场份额,可能使其有能力促使上游版权方对其进行独家版权授权,或者向其提供优于竞争对手的条件,也可能使腾讯有能力通过支付高额预付金等方式提高市场进入壁垒,对相关市场具有或者可能具有排除、限制竞争的效果。

4. 处理结果

(1)责令腾讯及其关联公司采取以下措施恢复相关市场竞争状态。

其一,不得与上游版权方达成或变相达成独家版权协议(版权范围包括所有音乐作品及录音制品的信息网络传播权)或其他排他性协议,已经达成的,须在本决定发布之日起30日内解除,与独立音乐人(指音乐作品或录音制品的原始权利人,以个人名义与音乐平台进行版权授权,且从未与任何唱片公司或经纪公司签订协议的自然人)或新歌首发的独家合作除外。与独立音乐人的独家合作期限不得超过3年,与新歌首发的独家合作期限不得超过30日。

其二,没有正当理由,不得要求或变相要求上游版权方给予当事人优于其他竞争对手的条件,包括但不限于授权范围、授权金额、授权期限等,或与之相关的任何协议或协议条款。已经达成协议的,须在本决定发布之日起30日内解除。

其三,依据版权实际使用情况、用户付费情况、歌曲单价、应用场景、签约期限等因素向上游版权方报价,不得通过高额预付金等方式变相提高竞争对手成本，排除、限制竞争。

（2）处以50万元罚款。

（3）依法申报经营者集中。

其一，经营者集中达到国务院规定的申报标准的，应当事先向市场监督管理总局申报，未申报的不得实施集中。

其二，经营者集中未达到申报标准，但该经营者集中具有或者可能具有排除、限制竞争效果的，应当事先向市场监督管理总局申报，未申报的不得实施集中。

其三，交易未构成经营者集中的，除法律规定的保护小股东权益事项外，不得参与相关企业经营决策，并在每年的年度报告中向市场监督管理总局报告交易基本情况等内容。

（4）依法合规经营，建立健全公平参与市场竞争的长效机制。

其一，全面规范自身竞争行为，对照《反垄断法》开展全面深入自查，检视并规范自身经营行为。

其二，严格落实平台企业主体责任，不断完善平台内部治理规则，按照公平、合理、无歧视原则与其他经营者开展合作。

其三，完善企业内部合规控制制度，建立并有效执行反垄断合规制度，自觉维护公平竞争。

其四，保护消费者合法权益。充分保障消费者各项权利，合理制定收费价格，保护消费者隐私。

其五，积极维护公平竞争，推动行业创新发展。

以上措施期限自《行政处罚决定书》下发之日起算，腾讯及其关联公司须在10日内对照上述措施制定整改方案，并报市场监督管理总局审核。市场监督管理总局3年内有权通过监督受托人或自行监督检查腾讯及其关联公司履行上述义务的情况，腾讯三年内每年向市场监督管理总局报告履行义务情况，3年到期后不再报告。

5. 启示

经营者集中是互联网平台企业“做大做强”的重要手段。经营者集中具有两方面的社会后果：一方面，通过经营者集中，有利于发挥规模经济的作用，提高市场主体的竞争力；另一方面，过度的集中将形成垄断，从而限制竞争、损害效率。2021年以来，国家强化了对互联网平台企业的反垄断调查，中央经济工作会议更是将强化反垄断和防止资本无序扩张作为2021年经济工作中的八项重点任务之一。在实践中，垄断协议和滥用市场支配地位案件较少，而违法实施经营者集中的案件则较多。腾讯收购中国音乐集团案件更是我国《反垄断法》实施以来，对违法实施经营者集中案件中，首例除了罚款以外，还要求"采取其他必要措施恢复到集中前的状态"的案件，具有极强的惩戒与指引作用。因此，企业在实施经营者集中的过程中，应注重反垄断合规，避免构成违法实施经营者集中。

（三）经营者达成垄断协议案例——扬子江药业集团有限公司涉嫌达成并实施垄断协议行为案[1]

1. 基本案情

当事人为扬子江药业集团有限公司（以下简称扬子江集团）。

根据举报，2019年11月起，国家市场监督管理总局对扬子江集团涉嫌与交易相对人达成并实施固定转售价格、限定最低转售价格（以下简称固定和限定价格）的垄断行为开展了调查。2020年6月10日、9月25日，扬子江集团先后向国家市场监督管理总局提交《中止调查申请书》。根据《禁止垄断协议暂行规定》第21条第3款规定，国家市场监督管理总局认为扬子江集团相关行为构成垄断协议，依法不再接受其中止调查申请。

2020年12月22日，国家市场监督管理总局依法向扬子江集团送达了《行政处罚告知书》。扬子江集团于12月24日向国家市场监督管理总局提出了听证申请。2021年1月8日，国家市场监督管理总局依法举行听证会，听证会上扬子江集团进行了申辩和陈述，办案机构与扬子江集团进行了质证。

2. 违法事实及相关证据

经查，扬子江集团自2015年至2019年在全国范围内（不含我国港澳台地区，下同）在药品零售渠道方面与交易相对人达成并实施固定和限定价格的垄断协议，排除、限制了市场竞争，损害了消费者利益。

（1）涉案商品情况

经查，扬子江集团生产、销售的药品种类达300余种，其根据每种药品的销售渠道差异、利润率差异、市场需求差异等，相应调整重点管控药品种类

---

〔1〕 参见国家市场监督管理总局《行政处罚决定书》（国市监处〔2021〕29号）。

和范围，集中管控重点药品转售价格。扬子江集团的药品通过医院渠道和零售渠道销售，不同药品在医院渠道和零售渠道的销售比例有所不同。

（2）案件涉及地域范围

经查，扬子江集团固定和限定价格的垄断行为涉及的地域范围为全国。扬子江集团固定和限定价格的行为通过覆盖全国销售网络进行，并内设定价委员会以制定全国统一价格政策。

（3）扬子江集团与交易相对人达成了固定和限定价格的垄断协议

扬子江集团生产的药品在零售渠道经过一级经销商、二级经销商、连锁型药店及其他零售药店等多个环节销售至终端消费者，扬子江集团与上述各级经销商之间存在纵向上下游关系。本案中扬子江集团为经营者，一级经销商、二级经销商、连锁型药店及其他零售药店均为交易相对人。

（4）扬子江集团实施了固定和限定价格的垄断协议

经查，扬子江集团固定和限定价格垄断协议在零售渠道各环节均得到有效实施，当事人还通过制定规则、强化考核监督、惩罚乱价经销商、委托中介机构维价等措施强化固定和限定价格协议的实施，约 92% 的被调查对象承认协议存在并予以执行。

针对上述事实和证据，扬子江集团提出其未实施垄断协议，理由是扬子江集团对经销商和连锁药店设置的固定和限定价格条款不具有惩罚性，其没有采取惩罚措施，没有收取过保证金，没有进行口头警告，没有进行过任何处罚，更没有停止供货。

国家市场监督管理总局经研究认为，扬子江集团提出的上述意见不能成立，主要有三个方面的理由：

第一，扬子江集团在药品销售各环节针对交易相对人均设置了不实施固定和限定价格政策的各类惩罚措施，如扣发奖金、停止报销费用、断货等。

第二，扬子江集团曾对某些不遵守其价格管控的经销商实施了惩罚。调查表明，当事人曾对某些不遵守固定和限定价格要求的经销商实施惩罚措施，如口头警告和威胁，甚至停止供货等。

第三，调查显示扬子江集团的垄断协议已得到有效实施，说明惩罚措施的设置本身已有足够威慑力，无须通过实际执行的方式来保障实施。

扬子江集团的上述行为排除、限制了竞争，损害了消费者利益和社会公共利益，具体包括：

其一,扬子江集团具有强烈的固定和限定价格目的。为此,扬子江集团在其公司文件中显示了上述动机。并且,经济分析亦表明扬子江集团通过锁定零售渠道(价格敏感度高的市场)价格,保持甚至提高医院渠道的售价。

其二,固定和限定价格行为严重排除、限制了竞争。扬子江集团是国内医药生产龙头企业,在国内医药界占有举足轻重的地位。鉴于扬子江集团及其产品的市场优势地位,经销商对扬子江集团的重点产品具有一定依赖性,对扬子江集团固定和限定价格行为的议价能力不足。同时,扬子江集团通过限制销售区域、严禁不同销售区域窜货、实施违约惩罚等措施进一步加强了其协议条款的强制性和惩罚性,使经销商只能遵守其产品价格要求,严重排除、限制了竞争。

其三,固定和限定价格行为显著提高了产品价格,严重损害了消费者合法权益和社会公共利益。

对此,扬子江集团主要提出了两方面意见:第一,扬子江集团认为"排除、限制竞争"是纵向价格垄断协议的构成要件,扬子江集团产品市场份额较低,相关行为不会产生排除、限制竞争的影响。第二,扬子江集团产品的出厂价(开票价)整体呈下降趋势,说明市场竞争充分,消费者福利上升。

国家市场监督管理总局经研究认为,扬子江集团提出的上述意见不能成立,主要有三个方面的理由:

其一,根据《反垄断法》(2007 年公布)第 14 条规定,固定转售价格和限定最低转售价格的纵向价格垄断协议应依法予以禁止。[1] 经营者与交易相对人达成固定和限定价格协议的目的就是消除竞争,具有排除、限制竞争的影响,对此类协议的适用依法为原则禁止加例外豁免。

其二,出厂价更多关系到生产厂家和经销商之间的利益划分,零售价才是决定消费者利益的关键所在。根据国家市场监督管理总局对扬子江集团重点固定和限定价格产品价格的统计分析,2015 年至 2019 年蓝芩口服液的零售渠道出厂价以及 2018 年至 2020 年终端零售平均价格均呈逐年上升趋势。

其三,扬子江集团的垄断行为不仅限制了市场竞争,而且直接或间接提

---

〔1〕 处理本案时适用 2007 年公布的《反垄断法》,相关规定可参见 2022 年修正的《反垄断法》第 18 条。

高了相关产品价格，导致零售价格以及医院销售价格没有降到其应降到的竞争水平价格，损害了消费者的利益。

3. 扬子江集团提出的豁免申请情况

扬子江集团于2020年9月25日提出豁免申请，认为其行为符合《反垄断法》（2007年公布）第15条第1款第1项和第4项规定情形，申请予以豁免。[1] 主要有两个方面的理由：

其一，短期的转售价格限制符合《反垄断法》（2007年公布）第15条第1款第1项“为改进技术、研究开发新产品的”情形。扬子江集团的行为是为了促进新药品成功上市并给予消费者更多选择。

其二，扬子江集团认为固定和限定价格行为是为了防止经销商和药店低价竞争，从而鼓励经销商和零售药店加强经销环节的投入，保证药品产品质量，从而实现维护社会公共利益的目的。因此扬子江集团的行为符合《反垄断法》（2007年公布）第15条第1款第4项“为实现节约能源、保护环境、救灾救助等社会公共利益的”情形。

国家市场监督管理总局依据《禁止垄断协议暂行规定》（2019年公布）第27条规定，[2]认定扬子江集团豁免申请理由不能成立，对扬子江集团豁免申请依法不予接受，理由在于：其一，扬子江集团固定和限定价格行为长期持续与新产品无关。其二，保证药品产品质量是药品生产企业及经销商的基本行为要求，不应以限定产品价格为前提。其三，扬子江集团未能证明相应行为不会严重限制相关市场的竞争并且能够使消费者分享由此产生的利益。

4. 处理结果

国家市场监督管理总局作出国市监处〔2021〕29号《行政处罚决定书》，认定扬子江集团的行为违反了《反垄断法》（2007年公布）第14条“禁止经营者与交易相对人达成下列垄断协议：（一）固定向第三人转售商品的价格；

---

〔1〕 处理本案时适用2007年公布的《反垄断法》，相关规定可参见2022年修正的《反垄断法》第20条第1款第4项。

〔2〕 该案处理时适用2019年公布的《禁止垄断协议暂行规定》，相关规定可参见2022年修改后的《禁止垄断协议暂行规定》第27条。

(二)限定向第三人转售商品的最低价格”的规定,[1]遂对扬子江集团作出如下处理:

其一,责令扬子江集团停止违法行为。扬子江集团应立即全面修订经销协议,废除固定和限定价格条款,加强企业内控合规管理,不得干涉下游企业自主定价权。

其二,对扬子江集团处以 2018 年度销售额 3% 的罚款,共计人民币 764,007,948 元(大写:人民币柒亿陆仟肆佰万柒仟玖佰肆拾捌元)。

5. 启示

《反垄断法》第 3 条所规定的“经营者达成垄断协议”,在医药行业较为多见。药品价格关系国计民生,涉及减轻群众就医负担、增进民生福祉等重大问题。近年来,国家市场监督管理总局在本案及相关案件的反垄断执法中,显示出了政府对医药行业反垄断的重视,引起了医药行业经营主体的广泛高度关注。为了避免构成《反垄断法》第 3 条所规定的“经营者达成垄断协议”,处于市场优势地位的经营主体应完善其反垄断合规体系,避免出现排除、限制竞争的协议、决定或者其他协同行为。

二、反垄断合规法律体系及标准

反垄断法律体系对于维护市场经济秩序具有举足轻重的作用,无论是域外经验还是国内实践都印证了这一点。反垄断法律体系的发展也与国家经济体制的转变息息相关,相辅相成。党的十八大作出了全面深化经济体制改革和加快完善社会主义市场经济体制的战略部署,我国新一轮经济体制改革启动,为竞争的生成和反垄断法律体系的构建提供了现实可能性。反垄断法律体系在我国经历了从无到有、从立法到实施的诞生与成长历程,“以人民为中心”的法治理念贯穿始终。

随着中国社会与经济发展的格局与思路步入新阶段,反垄断已成为国家治理议程中的核心议题之一,中国的反垄断实施与执法俨然进入一个全新的阶段。自 2020 年年底以来,中央多次明确提出“强化反垄断”的工作目标。2021 年 8 月 30 日召开的中央全面深化改革委员会第二十一次会议审

〔1〕 该案处理时适用 2007 年公布的《反垄断法》,相关规定可参见 2022 年修正的《反垄断法》第 18 条。

议通过了《关于强化反垄断深入推进公平竞争政策实施的意见》，习近平总书记在主持会议时强调，强化反垄断、深入推进公平竞争政策实施，是完善社会主义市场经济体制的内在要求。2021 年堪称中国的反垄断大年。风口浪尖处是前些年高歌猛进的互联网行业，但这并不意味着互联网行业以外的企业就能从反垄断监管地图中排除，整个市场监管的逻辑正在重塑，这种现状必将给企业的商业运营带来全方位的挑战。企业经营者只有全面和深入理解反垄断法律体系及其适用，才能厘清企业所处的监管环境和反垄断领域的合规要求，才能最大限度地确保合规，继而管理潜在法律风险，保障企业顺利运行和发展。

（一）我国反垄断合规法律体系概览

那么，现阶段我国反垄断合规法律体系及其标准是怎样的？本书作了简要总结与梳理，具体见表 2－1。

表 2－1　我国反垄断合规法律体系概览

类别	序号	名称	发布主体	发布时间
全国人民代表大会常务委员会发布的法律	1	《中华人民共和国反垄断法》	全国人民代表大会常务委员会	2022 年 6 月 24 日
国务院反垄断委员会指南	2	《国务院反垄断委员会关于平台经济领域的反垄断指南》	国务院反垄断委员会	2021 年 2 月 7 日
	3	《经营者反垄断合规指南》	国务院反垄断委员会	2020 年 9 月 11 日
	4	《国务院反垄断委员会关于汽车业的反垄断指南》	国务院反垄断委员会	2019 年 1 月 4 日
	5	《国务院反垄断委员会关于知识产权领域的反垄断指南》	国务院反垄断委员会	2019 年 1 月 4 日
	6	《国务院反垄断委员会垄断案件经营者承诺指南》	国务院反垄断委员会	2019 年 1 月 4 日
	7	《国务院反垄断委员会横向垄断协议案件宽大制度适用指南》	国务院反垄断委员会	2019 年 1 月 4 日
	8	《国务院反垄断委员会关于相关市场界定的指南》	国务院反垄断委员会	2009 年 5 月 24 日

续表

类别	序号	名称	发布主体	发布时间
国家市场监督管理总局规章及规范性文件	9	《禁止网络不正当竞争行为规定（公开征求意见稿）》	国家市场监督管理总局	2021 年 8 月 17 日
	10	《公平竞争审查制度实施细则》	国家市场监督管理总局、国家发展和改革委员会、财政部、商务部、司法部	2021 年 6 月 29 日
	11	《经营者集中审查暂行规定》	国家市场监督管理总局	2022 年 3 月 24 日
	12	《关于原料药领域的反垄断指南（征求意见稿）》	国家市场监督管理总局	2020 年 10 月 13 日
司法解释	13	《最高人民法院关于审理因垄断行为引发的民事纠纷案件应用法律若干问题的规定》	最高人民法院	2020 年 12 月 29 日
	14	《最高人民法院关于审理侵犯专利权纠纷案件应用法律若干问题的解释（二）》	最高人民法院	2020 年 12 月 29 日
	15	《最高人民法院关于北京、上海、广州知识产权法院案件管辖的规定》	最高人民法院	2020 年 12 月 29 日
地方性合规指引	16	《江苏省经营者反垄断合规指引》	江苏省市场监督管理局	2021 年 9 月 22 日
	17	《浙江省平台企业竞争合规指引》	浙江省市场监督管理局	2021 年 8 月 24 日
	18	《天津市经营者反垄断合规指引》	天津市市场监督管理委员会	2021 年 8 月 10 日
	19	《湖南省经营者反垄断合规指引》	湖南省市场监督管理局	2021 年 5 月 27 日
	20	《四川省经营者反垄断合规指南》	四川省市场监督管理局	2021 年 2 月 24 日
	21	《河北省经营者反垄断合规指引》	河北省市场监督管理局	2020 年 8 月 31 日

续表

类别	序号	名称	发布主体	发布时间
	22	《河南省经营者反垄断合规指引》《河南省行业协会反垄断合规指引》	河南省市场监督管理局	2020 年 4 月 27 日
	23	《山东省经营者反垄断合规指引》《山东省行业协会反垄断合规指引》	山东省市场监督管理局	2020 年 4 月 2 日
	24	《中国(上海)自由贸易试验区经营者集中反垄断审查工作办法》	上海市商务委员会	2014 年 9 月 15 日
	25	《中国(上海)自由贸易试验区反垄断工作联席会议制度方案》	上海市商务委员会,上海市发展和改革委员会,上海市工商行政管理局(已撤销),中国(上海)自由贸易试验区管理委员会	2014 年 9 月 15 日
	26	《海南自由贸易港公平竞争条例》	海南省人民代表大会常务委员会	2021 年 9 月 30 日
相关程序性法律文件	27	《中华人民共和国行政处罚法》	全国人民代表大会常务委员会	2021 年 1 月 22 日
	28	《市场监督管理行政处罚程序规定》	国家市场监督管理总局	2022 年 9 月 29 日
	29	《市场监督管理行政处罚听证办法》	国家市场监督管理总局	2021 年 7 月 2 日
	30	《市场监督管理行政处罚信息公示规定》	国家市场监督管理总局	2021 年 7 月 30 日
	31	《市场监督管理行政处罚文书格式范本》	国家市场监督管理总局	2021 年 7 月 21 日
即将出台的相关法律文件	32	《价格违法行为行政处罚规定(修订版)》	国家市场监督管理总局	—
	33	《市场监督管理行政处罚案件违法所得认定办法》	国家市场监督管理总局	—

（二）我国反垄断合规法律体系简评

1. 反垄断法律体系的基本法——《反垄断法》

2022 年 8 月 1 日是我国《反垄断法》生效 14 周年纪念日，且在历经全国人大常委会两年的讨论和修改之后，《反垄断法修正案》已于 2022 年 6 月 24 日经第十三届全国人大常委会第三十五次会议审议通过，修正后的新《反垄断法》自 2022 年 8 月 1 日起施行。这部法律实施的 14 年中，在保护市场公平竞争、提高经济运行效率、维护消费者利益和社会公共利益方面发挥了积极作用，并入选“中国共产党一百年大事记”。

《反垄断法》奠定了我国反垄断监管的基石，明确了垄断行为包括经营者达成垄断协议、经营者滥用市场支配地位和具有或者可能具有排除、限制竞争效果的经营者集中三种表现形式，确定了国务院反垄断委员会作为反垄断组织协调机构。而本次修正的亮点也包括大幅度提高罚款标准，首次引入垄断行为的个人罚金责任，提高拒绝或阻碍调查的罚款上限，引入信用记录制度并为垄断行为正式入刑设置了接口；增加了禁止组织、帮助达成垄断协议行为，加强对重点领域经营者集中的审查，引入对经营者集中审查的停钟制度，对纵向垄断行为增加了国际通行的“安全港”规则；建立公益诉讼制度等内容。

《反垄断法》的此次修订充分体现了党中央对于强化反垄断和防止资本无序扩张，建立统一开放、竞争有序的全国大市场的意志和决心，对于全面深化改革、构建高水平社会主义市场经济体制具有重要推动作用。

2. 国务院反垄断委员会指南与国家市场监督管理总局规章及规范性文件

随着经济的不断发展，反垄断法律体系也需要不断自我完善。国务院反垄断委员会在深入总结《反垄断法》实施多年来的经验，研究借鉴国际经验并充分听取专家建议和广泛征求各方意见后出台了《经营者反垄断合规指南》。在此前后，国务院反垄断委员会还出台了《国务院反垄断委员会关于汽车业的反垄断指南》《国务院反垄断委员会关于知识产权领域的反垄断指南》《国务院反垄断委员会关于平台经济领域的反垄断指南》等特定行业的反垄断合规指南和《国务院反垄断委员会垄断案件经营者承诺指南》《国务院反垄断委员会横向垄断协议案件宽大制度适用指南》等特定反垄断行为合规指南。

2018 年 3 月 21 日，国务院依据《国务院机构改革方案》进行机构改革，将国家发展改革委、商务部、原工商总局的反垄断职能统一整合到国家市场监督管理总局，实现反垄断统一执法，监管体制随之变得更加具有适应性。从全球发达国家和新兴发展中国家的经验来看，反垄断统一执法有利于保证反垄断实施机构的独立性、专业性、权威性。作为反垄断统一执法机构，国家市场监督管理总局也出台了《禁止网络不正当竞争行为规定（公开征求意见稿）》《公平竞争审查制度实施细则》《经营者集中审查暂行规定》《关于原料药领域的反垄断指南（征求意见稿）》等规章及规范性文件。这些指南和规范性文件对反垄断领域的合规和执法都提出了更为具体明确的要求。

下面以《经营者反垄断合规指南》和《国务院反垄断委员会关于平台经济领域的反垄断指南》为例作简要解读。

《经营者反垄断合规指南》分为总则、合规管理制度、合规风险重点、合规风险管理、合规管理保障和附则共六章，30 条。主要包括以下内容：

（1）总则。总则明确了制定《经营者反垄断合规指南》的目的和依据，阐释了指南的适用范围和基本概念，并突出倡导反垄断合规文化的重要性。

（2）合规管理制度。该章明确合规管理制度的主要内容包括合规承诺、合规报告、合规管理架构等；明确了合规管理负责人的具体职责，并特别强调了合规管理部门及其负责人的独立性和权威性。

（3）合规风险重点。该章主要阐释经营者在反垄断合规管理过程中涉及的重点风险，例如：明确禁止经营者达成垄断协议、禁止滥用市场支配地位、禁止实施经营者集中等；阐明经营者的法律责任和配合调查的义务，以及经营者应当避免拒绝或阻碍调查的具体行为；与《国务院反垄断委员会垄断案件经营者承诺指南》《国务院反垄断委员会横向垄断协议案件宽大制度适用指南》进行有效衔接，对《反垄断法》中规定的承诺制度和宽大制度作出规定；提醒经营者应当有效应对可能面临的境外反垄断法律风险。

（4）合规风险管理。该指南鼓励经营者根据自身实际情况建立相关机制，识别和评估自身经营过程中可能存在的风险，并提醒员工可能面临的法律风险；鼓励经营者在识别评估风险的基础上，建立健全风险处置机制，对有关风险进行控制和应对。该指南尤其鼓励经营者在发现合规风险后尽快与反垄断执法机构沟通。

（5）合规管理保障。为了提高经营者反垄断合规管理的有效性，该指南鼓励经营者实施与反垄断合规管理相配套的保障措施:在内部管理方面,建立健全奖惩机制,明确反垄断合规举报政策;在能力建设方面,鼓励经营者组建专业化、高素质的合规管理队伍,并通过加强教育培训等方式,帮助和督促员工了解并遵守反垄断法相关规定;在配套措施方面,鼓励经营者加强信息化建设,依法运用大数据等工具,加强对经营管理行为合规情况的监控和分析。

(6)附则。强调该指南仅对经营者反垄断合规作出一般性指引,不具有强制性。

该指南为经营者开展反垄断合规工作提供了明确指引和具体要求,有助于各类市场主体深化对《反垄断法》相关规定的理解和认识,有效预防和降低反垄断法律风险。

《国务院反垄断委员会关于平台经济领域的反垄断指南》共 24 条,包括总则、垄断协议、滥用市场支配地位、经营者集中、滥用行政权力排除和限制竞争和附则等内容,对处于风口浪尖的大数据杀熟、二选一、算法共谋等实践中互联网平台的相关热点问题进行了回应。

3. 地方反垄断合规指引

在前述国家层面出台的高位阶和特定行业的反垄断指南之下,地方层面也积极响应和配合,促进反垄断合规指引落地,包括浙江、上海、山东、湖南、湖北、四川、天津等省市都相继编制了各地方的反垄断合规指引。

《天津市经营者反垄断合规指引》共 35 条,分为七章,从合规的基本认知、日常合规管理、反垄断调查的配合及以平台为代表的重点行业的反垄断合规出发,为经营者提供了合规指引。

《湖南省经营者反垄断合规指引》共 22 条,分为六章,从反垄断基本概念、风险识别与防范、法律责任风险、风险处置与应对、合规管理等角度进行了指导,旨在宣传反垄断法律法规,营造公平竞争的市场环境,增强经营者反垄断合规意识,促使经营者依法合规经营。此外,该指南还包括两个附件,即“反垄断法相关法规参考目录”“反垄断典型案例”。

《四川省经营者反垄断合规指南》共 38 条,分为六章,对经营者违法风险防控要点、防控机制、处置机制及合规保护进行了指导。该指南旨在帮助公众了解反垄断合规,指导经营者自主建立有效的反垄断合规机制,及时、高效地识别、防范及应对反垄断违法风险。

除上述反垄断地方性规范外，黑龙江省、河北省、湖北省、陕西省等地方性规范指引纷纷落地，使反垄断法律体系执法范围持续下沉，《反垄断法》更具可操作性，更具法律威慑力。

总体来看，无论是国家层面还是地方层面，对反垄断立法的重视程度都有极大提升，反垄断立法数量越来越多，立法层级越来越高，立法内容也越来越精细化、行业化，这些都揭示出我国反垄断立法与执法进入了一个迅速发展的黄金时期。

4. 司法解释

最高人民法院针对反垄断领域的司法审判问题共出台了三部司法解释，分别是《最高人民法院关于审理因垄断行为引发的民事纠纷案件应用法律若干问题的规定》(2020 年修正)、《最高人民法院关于审理侵犯专利权纠纷案件应用法律若干问题的解释(二)》(2020 年修正)以及《最高人民法院关于北京、上海、广州知识产权法院案件管辖的规定》(2020 年修正)。

《最高人民法院关于审理因垄断行为引发的民事纠纷案件应用法律若干问题的规定》自 2012 年 6 月 1 日起施行，并于 2020 年 12 月 29 日进行修正。该规定共 16 条，涉及垄断行为引发的民事纠纷案件的起诉、案件受理、管辖、举证责任分配、诉讼证据、民事责任及诉讼时效等问题，明确了我国反垄断民事诉讼的基本框架。修正的部分调整涉及管辖、诉讼时效及具体行为的效力认定等方面。

《最高人民法院关于审理侵犯专利权纠纷案件应用法律若干问题的解释(二)》(2020 年修正)共 31 条，主要涉及权利要求解释、间接侵权、标准实施抗辩、合法来源抗辩、停止侵权行为、赔偿额计算、专利无效对侵权诉讼的影响等专利审判实践中的重点难点问题，其中对标准必要专利领域的禁令救济等作出了特别规定。

《最高人民法院关于北京、上海、广州知识产权法院案件管辖的规定》(2020 年修正)共 8 条，主要涉及知识产权法院的案件管辖及审级关系，包括一审管辖、跨区域管辖、专属管辖、二审管辖、上诉管辖及未结案件处理等。

最高人民法院也持续发布人民法院反垄断和反不正当竞争典型案例，相关司法实践也为我国反垄断提供现实借鉴。

5. 相关程序性法律文件

(1)《行政处罚法》经 2021 年修订之后共 86 条，分为八章。2021 年的修订是《行政处罚法》实施 25 年以来的第一次“大改”，新法对行政处罚的概念、处罚种类、过罚相当、执法程序等方面均进行了修改完善，对反垄断执法机关的行政执法工作产生了一定影响。

(2)《市场监督管理行政处罚程序规定》经 2022 年修正后为 87 条，分为七章，通过规范市场监督管理行政处罚程序，保障了市场监督管理部门依法实施行政处罚，保护了自然人、法人和其他组织的合法权益。

(3)《市场监督管理行政处罚听证办法》(2021 年修正)共 35 条，分为六章，主要规范了市场监督管理做出行政处罚时的听证程序。

(4)《市场监督管理行政处罚信息公示规定》共 19 条，主要涉及调整信息公示期限、规定信息公示救济路径、建立提前停止公示制度等内容，为强化反垄断执法的透明度做出了贡献。

(5)2021 年国家市场监督管理总局对 2019 年制定的《市场监督管理行政处罚文书格式范本》进行了修订，在保留原有 44 种文书的基础上，新增加 12 种文书，作为市场监督管理部门行政处罚文书基本格式。

6. 即将出台的相关法律文件

(1)《价格违法行为行政处罚规定(修订版)》

2021 年 7 月 2 日，国家市场监督管理总局公布了《价格违法行为行政处罚规定(修订征求意见稿)》，该法规被列入国家市场监督管理总局 2021 年立法工作计划(2021 年立法项目表)之中——国市监法发〔2021〕14 号，预计送审后不久国务院会正式出台。新修订的规定补充了大数据杀熟、为排挤竞争对手低价倾销等相关行为的规制条款，对反垄断执法或将起到补充作用。

(2)《明码标价和禁止价格欺诈规定》

2019 年 5 月 30 日，国家市场监督管理总局公布了《明码标价和禁止价格欺诈规定(征求意见稿)》并向社会征求意见，该规定被列入国家市场监督管理总局 2021 年立法工作计划(2021 年立法项目表)之中——国市监法发〔2021〕14 号，2022 年 4 月 14 日国家市场监督管理总局令第 56 号公布了该规定，自 2022 年 7 月 1 日起施行。

(3)《海南自由贸易港公平竞争条例》

2020 年 7 月 24 日，海南省市场监督管理总局公布了《海南自由贸易港公平竞争条例(征求意见稿)》并向社会征求意见。2021 年 9 月 29 日该条例通过,并于2021年9月30日公布,自2022年1月1日起施行。

三、反垄断合规监管部门及监管动态

(一)我国的反垄断合规监管部门

2007年8月30日,中华人民共和国第十届全国人民代表大会常务委员会第二十九次会议通过了《反垄断法》,并于2008年8月1日正式实施。随着《反垄断法》的通过及实施,我国关于反垄断合规监管的机构体系也随之建立。

1. 初代反垄断合规监管部门

(1)国务院反垄断委员会

根据《反垄断法》(2007年公布)第9条的规定,国务院设立反垄断委员会,负责组织、协调、指导反垄断工作,并规定了其具体职责。2008年7月28日,国务院办公厅发布了《国务院反垄断委员会主要职责和组成人员的通知》(国办发〔2008〕104号),再次确定反垄断委员会履行下列职责:研究拟订有关竞争政策;组织调查、评估市场总体竞争状况,发布评估报告;制定、发布反垄断指南;协调反垄断行政执法工作;国务院规定的其他职责。

(2)反垄断合规监管中央级职能部门

根据《反垄断法》(2007年公布)第10条第1款的规定,国务院规定的承担反垄断执法职责的机构,依照该法规定负责反垄断执法工作。具体来讲,中央级的反垄断职能部门及执法机构包括:发改委、商务部和国家市场监督管理总局。三方在反垄断监管及执法的职责分工是:发改委负责对价格违法和价格垄断行为进行依法查处;商务部负责对经营者集中情形进行反垄断审查,以及承担国务院反垄断委员会相关的具体工作;国家市场监督管理总局负责对除价格垄断行为外,其他垄断协议,滥用市场支配地位,滥用行政权力排除、限制竞争等方面的反垄断执法工作。

(3)反垄断合规监管地方职能部门及其他行业监管部门

根据《反垄断法》(2007年公布)第10条第2款的规定,国务院反垄断执法机构根据工作需要,可以授权省、自治区、直辖市人民政府相应的机构,依照本法规定负责有关反垄断执法工作。具体来说,包括省、自治区、直辖市的价格主管部门、市场监督管理局。同时,基于重点行业的反垄断监管的需求,还赋予了证监会、银保监会等众多行业监管部门的反垄断监管职权。

初代的“1+3+X”的反垄断监管机构体系符合《反垄断法》实施之初的境况，亦符合当时国务院关于各职能部门的划分与定位，极大推动了《反垄断法》的实施与执法监管工作。但这一监管机构体系在实际反垄断执法工作中出现了诸多问题，比如国家市场监督管理总局负责的反垄断执法工作内容是不包括价格垄断行为的，但是往往同一垄断行为是复杂、多元的，既包括价格因素又有非价格因素，从而造成同一反垄断案件的监管部门难以划分，即便两个部门分开查处价格、非价格因素，也可能会造成执法标准不统一，从而影响反垄断监管与执法的统一性和权威性。

2. 反垄断合规监管改革合并

(1)国务院反垄断委员会

依据《反垄断法》而设立的国务院反垄断委员会至今存续，并一直承担反垄断的组织、协调、指导工作。

(2)国家市场监督管理总局

2018年3月13日，国务院向第十三届全国人民代表大会提请审议《国务院机构改革方案》，最终通过了《关于〈国务院机构改革方案〉的决定》。依照此次《国务院机构改革方案》，国务院组建了国家市场监督管理总局，作为其直属机构，并将原来发改委、商务部、工商总局三家反垄断执法机构的职能合并至国家市场监督管理总局，统一了反垄断执法机构的职能。同时，此次改革保留了反垄断委员会，但其具体工作由国家市场监督管理总局承担。

(3)国家市场监督管理总局的反垄断职能部门

反垄断局。根据国家市场监督管理总局官方网站上公示的反垄断局职责，其负责的工作主要包括：拟订反垄断制度措施和指南；组织指导公平竞争审查工作；组织实施反垄断执法工作；承担指导企业在国外的反垄断应诉工作；承担反垄断执法国际合作与交流工作，以及承办国务院反垄断委员会日常工作。

价格监督检查和反不正当竞争局(规范直销与打击传销办公室)。根据国家市场监督管理总局官方网站上公示的价格监督检查和反不正当竞争局(规范直销与打击传销办公室)职责，其负责的工作主要包括：拟订有关价格收费监督检查、反不正当竞争的制度措施、规则指南；组织实施商品价格、服务价格以及国家机关、事业性收费的监督检查工作；组织指导查处价格收费违法违规行为和不正当竞争行为；承担监督管理直销企业、直销员及其直销活动和打击传销工作。

(4)反垄断合规监管地方职能部门及其他行业监管部门

根据上述反垄断监管机构的合并情况,直接影响地方的反垄断合规监管的职能部门的设置,即统一整合为由地方的市场监督管理局负责。

根据《市场监管总局关于反垄断执法授权的通知》(国市监反垄断〔2018〕265号),国家市场监督管理总局负责反垄断统一执法,直接管辖或者授权有关省级市场监管部门管辖下列案件:跨省、自治区、直辖市的垄断协议、滥用市场支配地位和滥用行政权力排除限制竞争案件;省级人民政府实施的滥用行政权力排除限制竞争行为;案情较为复杂或者在全国有重大影响的垄断协议、滥用市场支配地位和滥用行政权力排除限制竞争案件;国家市场监督管理总局认为有必要直接管辖的垄断协议、滥用市场支配地位和滥用行政权力排除限制竞争案件。省级市场监督管理部门负责本行政区域内垄断协议、滥用市场支配地位、滥用行政权力排除限制竞争案件的反垄断执法工作。

同时,基于重点行业的反垄断监管的需求,依然保留了证监会、银保监会等众多行业监管部门的反垄断监管职权。支持各行业协会加强行业自律,通过积极引导本行业的经营者依法竞争,使有序市场竞争得到维护。

上述反垄断机构"三合一"改革后,形成了统一、独立、权威、高效的反垄断监管机构,有利于全面整合反垄断监管与执法的法律法规、政策指引、监管标准、队伍人员,将进一步提升国内反垄断监管与执法工作,更大程度上适应国际上日益更新、变化的反垄断形势与挑战。

(二)反垄断合规监管动态

从《反垄断法》实施之后,至2021年开启"反垄断元年",2008年至2021年5月,反垄断执法机构(包括国家级、各省级的执法机构)公布了共计439起反垄断行政执法案件(不包括"无条件批准经营者集中案件")。通过这些案件,可以整理出反垄断合规监管的执法动态。

1. 高发的反垄断案件类型

在上述439起反垄断行政执法案件中,根据垄断行为类型划分,包括经营者集中案件136起、行政垄断案件111起、横向垄断协议案件110起、滥用市场支配地位 60 起、纵向垄断协议案件 22 起。[1]

可见,未依法申报经营者集中是反垄断行政执法案件的高发案件类型。根据《反垄断法》《国务院关于经营者集中申报标准的规定》的规定,经营者应当事先向国务院反垄断执法机构申报,未申报的不得实施集中。而且为了强化经营者集中申报的意识,进一步增强申报的可操作性及指引性,反垄断监管部门已经出台了一系列文件,主要包括《国务院关于经营者集中申报标准的规定》、《经营者集中申报办法》(已失效)、《关于规范经营者集中案件申报名称的指导意见》、《关于经营者集中申报文件资料的指导意见》、《关于经营者集中简易案件申报的指导意见》、《经营者集中反垄断审查办事指南》、《关于经营者集中申报的指导意见》和《关于经营者集中简易案件适用标准的暂行规定》(已失效)。因此,在对经营中集中申报强监管的环境下,企业需高度重视反垄断合规,须申报的必须依法申报,避免经营者集中的垄断风险。

2. 重点监管的垄断行业

在 439 起反垄断行政执法案件中,重点监管行业主要包括:医药医疗产业(46 起)、汽车产业(42 起)、建材建筑(41 起)、供气燃气(25 起)、互联网平台企业(23 起)、保险(21 起)。特别是医药医疗产业系发生反垄断执法案件数量最多的行业,涉及的垄断案件类型涵盖了五种垄断行为。[2]

3. 反垄断监管的执法机构

从查处案件的反垄断执法机构上看,由省级机构查处的案件有 255 起,占比 58%;由国家级机构查处的案件有 176 起,占比 40%;另外有 8 起案件(均为行政垄断案件)是由国家级机构会同省级机构查处或属于其他情况。[3]

---

[1] 参见刘延喜、陈麒羽:《最高罚没 180 亿元!　中国反垄断行政执法案例报告(2008 – 2021)》,载微信公众号"智合"2021 年 6 月 29 日,https://mp.weixin.qq.com/s/7q9jnpYl5JuJ8_Fmw-psXBg。

[2] 参见刘延喜、陈麒羽:《最高罚没 180 亿元!　中国反垄断行政执法案例报告(2008 – 2021)》,载微信公众号"智合"2021 年 6 月 29 日,https://mp.weixin.qq.com/s/7q9jnpYl5JuJ8_Fmw-psXBg。

[3] 参见刘延喜、陈麒羽:《最高罚没 180 亿元!　中国反垄断行政执法案例报告(2008 – 2021)》,载微信公众号"智合"2021 年 6 月 29 日,https://mp.weixin.qq.com/s/7q9jnpYl5JuJ8_Fmw-psXBg。

特别需要提及的是，各省级反垄断执法机构从制定反垄断合规指引文件、加强执法力度、创新执法行为等方面，进一步提升反垄断监管水平，比较典型的有以下几例。

（1）2021 年 5 月 27 日，湖南省市场监督管理局关于发布《湖南省经营者反垄断合规指引》；2021 年 8 月 10 日，天津市市场监督管理委员会印发《天津市经营者反垄断合规指引》；2021 年 9 月 22 日，江苏省市场监督管理局发布《江苏省经营者反垄断合规指引》等。

（2）北京市市场监督管理局组织 200 余家经营者开展反垄断合规培训，培训对象范围广泛，涵盖各类市场主体，涉及多个行业。

（3）吉林省市场监管厅会同吉林省委网信办联合召开规范平台经济秩序行政指导会，会议贯彻落实中央经济工作会议和省委省政府关于推动平台经济健康发展的一系列工作部署，持续加强反垄断合规经营宣传教育，加大平台经济领域执法监管力度。

（4）南京市公平竞争审查监测评估系统正式上线运行，系统通过人工智能和大数据分析等技术手段，对南京市各级政策制定机关政府信息网站公开的政策措施文件实行建库管理和监测评估。

（5）山东省围绕强化反垄断和防止资本无序扩张等重点任务，着力实施全方位反垄断执法，依法对三硅酸镁原料药垄断案作出行政处罚，组织开展原料药反垄断执法宣传，保护原料药市场公平有序竞争，大力查处公用事业等民生领域垄断案件。

除此之外，各省级反垄断监管部门都还组织了专项的反垄断合规培训班、座谈会、专项执法行动，反垄断监管与执法工作均取得了新效果。

4. 反垄断监管的行政责任

对于查处的垄断行为，反垄断执法机构通常是视垄断行为等情况，对垄断行为人处以以下一种或者多种责任：约谈告诫；制止违法行为；没收违法所得和行政罚款；拆分经营者、剥离业务或者恢复原状；责令暂停营业或者撤销登记；吊销营业执照；行政处分；其他行政措施，如反垄断执法机构可以在有关媒体上公布对垄断行为人的行政处罚决定，并监督其切实履行行政裁决决定。

在以上责任种类中，行政罚款这一责任最为社会公众关注，也最为触动垄断行为人的痛点。最为典型的高额罚款案件主要有“高通公司滥用市场支配地位案”中高通公司被处罚 60.88 亿元、“扬子江药业集团有限公司纵向垄断协议案”中扬子江集团被处罚 7.64 亿元、“阿里巴巴滥用市场支配地位案”中阿里巴巴被处罚 182 亿元。

(三)反垄断合规监管的未来

国家市场监督管理总局于 2021 年 9 月发布了《中国反垄断执法年度报告(2020)》,专章阐述了“十四五”反垄断领域的计划和展望,可据此窥见未来数年反垄断监管趋势。

(1)进一步完善反垄断法律体系。加快推进《反垄断法》修订,丰富反垄断指南体系,出台《关于原料药领域的反垄断指南》之后抓紧出台《企业境外反垄断合规指南》,研究制定《垄断协议豁免适用指南》,完善平台企业垄断认定、数据收集使用管理、消费者权益保护等方面的法律规范。

(2)健全反垄断执法程序,完善相关工作规则,形成具有中国特色的反垄断执法手册,统一执法标准,开展纵向非价格垄断协议问题研究,改革经营者集中申报标准,提高违法实施集中案件处罚力度。

(3)强化平台经济领域反垄断执法,将推动发展、支持创新和保障民生作为执法重点领域,推进重大典型案件查办,充分发挥重大典型案件的示范效应和对反垄断工作的整体推动作用。

(4)进一步改进经营者集中审查工作,完善案件申报标准,探索网上申报、委托地方审理等,便利企业申报;依法查处民生、互联网等重点领域违法实施经营者集中案件。

(5)持续加大滥用行政权力排除、限制竞争行为的查处力度,及时纠正政府部门不当或者过度干预市场竞争的行为,破除地方保护主义。

(6)公平公正执法,强化反垄断监管,促进反垄断执法常态化。

(四)结语

自 2008 年《反垄断法》实施以来,至今已十逾年,其间取得了丰硕成果,确立了反垄断监管的基础法律,建立了反垄断监管部门及监管制度。随着国内反垄断领域相关制度和实践的发展,反垄断监管部门与时俱进,整合成为统一的反垄断监管部门,同时,与日俱增的垄断行为、垄断案件也逐步被纳入强监管之中。“反垄断和防止资本无序扩张”成为监管新常态,互联网平台、医药购销、医疗服务、汽车销售、通信技术、能源等诸多领域成为反垄断监管的重点领域。面对日益复杂、新型的垄断行为,反垄断监管与执法力度不断增强，中国的反垄断监管与执法会进一步走向法治化、科学化和常态化。

第三节　反垄断合规管理体系

一、反垄断合规目标与计划制定

（一）反垄断合规管理的目标

综观全球，世界五百强企业基本都建立了自己的反垄断合规体系，很多企业还设有专门的反垄断法律和反垄断政策研究组，时刻关注和防范本企业在生产、经营以及交易方面可能存在的法律风险。这些跨国公司不仅仅关注本国的反垄断法律法规，还关注投资国的反垄断法律法规，以防范他国的法律风险。

反垄断合规制度主要由反垄断合规政策、反垄断合规项目、反垄断合规手册组成，可以在企业内部形成有效的预警机制，发挥着预防、警示和监督作用。其中，最为重要的一个环节即企业为自己量身定制一套行之有效的反垄断合规管理体系。该管理体系虽能起到很好的预防作用，但高管层和其他员工并不一定会严格遵守企业的合规规则，还是会铤而走险，从事反垄断行为，企业仍有遭遇反垄断调查及处罚的风险。在企业被反垄断执法机构调查时，反垄断合规制度还是可以发挥重要作用，帮助企业寻求更好的救济方式，这主要体现对公和对私两个方面。

1. 对公方面

就对公的角度而言，反垄断合规管理制度的目标在于当企业不可避免地遭遇反垄断执法调查时，能第一时间为企业提供快速有效的应对之策，显著降低损失。

（1）反垄断合规管理制度能够作为企业减轻处罚的依据

具体体现为，当企业因垄断行为遭受处罚时，如能举证证明自身的反垄断合规管理制度完备、真实、有效，在大多数建立了反垄断合规制度的国家和地区，往往可以得到反垄断执法机构减轻处罚的优待。例如，在美国，理论上有效的反垄断合规项目能够减免95%的罚款。英国公平交易委员会也将企业的反垄断合规制度作为减免处罚的依据，虽然企业并不会因建立反垄断合规制度而被自动减免处罚，但有效的合规制度可作为减免处罚的考量，英国公平交易委员会将根据个案具体情况，最高减免企业10%的处罚。这就提醒企业要适时更新、积极实施合规计划，定期提供反垄断合规培训，高管层率先垂范，形成自上而下的合规文化。[1]

（2）反垄断合规管理制度能够帮助企业申请适用宽恕政策

所谓宽恕政策（Leniency Program、Leniency Policy），是指参与卡特尔的经营者主动向执法机关报告其卡特尔行为的具体内容，从而获得减轻或者免除处罚的法律制度。[2] 企业如建立了有效的反垄断合规制度，能够及早识别出卡特尔行为，及时停止违法行为，并且向反垄断执法机构申请宽大处理。宽恕政策最早起源于美国，经过实践发展至今，已形成相当完善的宽恕体系，包括公司宽恕制度、个人宽恕制度和附加赦免制度。欧盟委员会于1996年出台了《关于卡特尔案件中减少罚款的通告》，并于2002年和2006年两次对该通告进行了修改，目前形成了相对完善的体系，将企业宽恕分为全免罚款和部分减免罚款两种情形。我国《反垄断法》第56条第3款亦规定了宽恕政策："经营者主动向反垄断执法机构报告达成垄断协议的有关情况并提供重要证据的，反垄断执法机构可以酌情减轻或者免除对该经营者的处罚。"《工商行政管理机关禁止垄断协议行为的规定》（已失效）第11条、发改委颁布的《禁止垄断协议暂行规定》第33条的规定均对宽恕政策作出了规定。

2. 对私方面

（1）反垄断合规管理制度的目标之一是有效降低企业的私人诉讼成本

私人诉讼是与公力执行相对应的概念，指一方私主体受害者因为另一方私主体进行了违反反垄断法规则的行为而受到损害时提起的民事诉讼。[3] 私人诉讼对公力执行起到了很好的补充作用，提高了一国的反垄断执法水平，对违法者或潜在违法者起到很好的威慑作用。从国际经验来看，私人诉讼会明显增加企业的违法成本，主要体现为诉讼主体的广泛性和损

---

〔1〕 参见李剑：《中国反垄断法实施中的体系冲突与化解》，载《中国法学》2014年第6期。
〔2〕 参见喻玲：《企业反垄断合规制度的建立路径》，载《社会科学》2015年第5期。
〔3〕 王健：《垄断协议认定与排除、限制竞争的关系研究》，载《法学》2014年第3期。

害赔偿制度的设立。在诉讼主体上,《最高人民法院关于审理因垄断行为引发的民事纠纷案件应用法律若干问题的规定》明确了“因垄断行为受到损失以及因合同内容、行业协会的章程等违反反垄断法而发生争议的自然人、法人或者非法人组织”。在损害赔偿数额的规定上,《最高人民法院关于审理因垄断行为引发的民事纠纷案件应用法律若干问题的规定》第14条第2款规定,“根据原告的请求,人民法院可以将原告因调查、制止垄断行为所支付的合理开支计入损失赔偿范围”。企业可能会逃过反垄断执法机构的调查和制裁,但难免私人执行的法律责任。对企业而言,尽快建立完备的反垄断合规制度大有裨益。

(2)通过反垄断合规管理可以加强公司治理

公司治理(Corporate Governance)是指在现代公司资本的法律上的所有权和资本的经济上的所有权(出资者所有权与法人财产权)、出资者与经营者分离和整合的基础上,以委托代理人的契约关系为连接,并规范股东、董事会、经理人员、职工相互之间的责、权、利关系的制度安排。其实质价值在于解决因所有权和控制权分离产生的代理问题,完善公司管理运营与监督控制的权力配置。关注本国及域外的反垄断法律制度,对公司,尤其是跨国企业非常重要,反垄断合规应当成为企业加强公司治理的一项重要任务。

实现经营活动的合规性是公司治理的一项重要内容。通常情况下,公司治理的内容包括内部公司治理和外部公司治理两个部分。内部公司治理指企业的所有内部人员通过合理的职权分工形成一定的制衡关系来约束经营管理者行为的制度安排。公司的外部治理则是公司外部各种市场力量对企业管理层形成激励与约束的机制,包括资本市场、产品市场、并购市场等。反垄断法是一种重要的外部因素,它关注的是企业之间的行为和结构,对企业的联合行为、滥用市场支配地位的行为、不适当的经营者集中等行为予以规制。反垄断执法机构虽发布了反垄断合规指南,但并未强制企业遵从,企业是基于自愿遵守竞争法而构建了反垄断合规制度。公司在考虑是否采取自主性治理时,会衡量进行这些活动的成本,如果预期收益大于付出的成本,企业便会愿意进行自主性治理。就反垄断合规管理制度本身而言,企业采取自主性治理的目的是避免在可能预期的将来出现更为昂贵的强制性改制。[1]

(二)反垄断合规管理的计划制订

1. 反垄断合规管理的内部承诺

在反垄断合规承诺方面,由于企业内部人员具有不同职责权限,所触及的合规领域、合规风险也不尽相同,有必要对不同群体有针对性地开展合规承诺。通常需要对企业内部人员的职位、风险进行评估,分为高、中、低三个级别,以应对不同层次的承诺事项。以卡特尔为例,如企业已从事卡特尔活动,以下人员则被定位为"高"风险:高级管理人员;市场部门的销售人员;采购部门的人员;参加行业协会会议的人员;与反垄断对手交易的人员;负责定价的人员;从反垄断对手企业离职,新加入本企业的人员,且属于以上情形之一的。如果相关人员是以下人员,则为"中"等风险:不同反垄断对手或交易对手进行定期沟通的管理人员;其他部门的人员(财务、通信、运营部门人员),可能从事卡特尔活动的辅助性工作;从反垄断对手企业离职,新加入本企业的人员,未被定义为"高"风险的。"低"风险程度的人员主要包括:体力劳动者;后勤部门员工;与其他企业的同行没有联系的人力资源部门的员工;文员或行政职务的人员;一线零售销售人员。

反垄断合规承诺书中将明确哪些是反垄断法上可为的行为,哪些不可为,并且明确惩罚性后果。合规承诺书将行为分为三类:第一类是禁止的行为,例如,固定价格、串通招投标、市场划分等;第二类是允许的行为;第三类是需向公司法务报批的行为。大多数行为都属于第三类。在提醒高管和员工遵守相关反垄断法律法规之外,合规承诺书的真正意义更多是令上述人员明确哪些行为可能产生反垄断问题,需要得到公司内部法务部门的批准。除此之外,合规承诺书也可以仅仅提供一个框架,具体的内容可以通过针对某一具体问题制定培训材料或合规手册等来补充。

具体而言,反垄断合规承诺书至少应包含以下几个方面的内容。

(1)禁止达成垄断协议。不得参与或者组织其他经营者达成排除、限制反垄断的协议、决定或其他协同行为;不得参与或支持行业协会组织的垄断协议。

---

[1] 参见刘继峰:《反垄断法益分析方法的建构及其运用》,载《中国法学》2013年第6期。

(2)禁止滥用市场支配地位。若经营者在其领域具有市场支配地位,不得违反反垄断法实施反垄断法相关规定所禁止的滥用市场支配地位行为。

(3)依法实施经营者集中。实施《反垄断法》中规定的集中行为时,若达到法律法规规章所规定的申报标准,应当依法事先向反垄断执法机构申报,未申报的不得实施集中。

(4)配合调查义务。各部门及员工应当配合反垄断执法机构依法对涉嫌垄断的行为进行调查,不得实施以下拒绝或阻碍调查的行为:其一,拒绝、阻碍执法人员进入经营场所;其二,拒绝提供或超出规定时限提供相关文件资料、信息或限定获取文件资料、信息的权限;其三,拒绝回答问题;其四,隐匿、销毁、转移证据;其五,提供误导性信息或虚假信息;其六,其他阻碍反垄断调查的行为。

(5)在境外开展业务时,应当了解并遵守业务所在国家或地区相关的反垄断法律规定,必要时应咨询反垄断专业律师的意见。被采取反垄断调查时,应予以配合并向反垄断执法机构报告有关情况。

除此之外,鉴于许多企业设立了举报和投诉机制,或称告密者制度,鼓励员工举报违法行为,可以帮助企业提前预知一些潜在的风险、不合规的行为,能够让员工和管理者提高警惕,迅速采取补救措施。因告密者制度是企业倡导反垄断合规文化的重要制度之一,也有必要在反垄断合规承诺书中加入“主动合规”的承诺条款,要求企业内部人员对他人的违法行为采取“零容忍”的态度,既确保自己行为的合规性,又监督企业其他人员业务活动的合规。[1]

2. 反垄断合规管理的组织架构

在《经营者反垄断合规指南》、《浙江省企业竞争合规指引》和《上海市经营者反垄断合规指引》中均有关于倡导企业建立完善竞争合规管理机构的条款,都鼓励企业根据自身条件建立反垄断合规组织架构,有条件的企业可以设置专门的反垄断法领域合规部门,对于规模较小的企业可以由法务、风险防控等部门负责反垄断合规事宜。机构化是反垄断合规在公司内部落地的重要基础。无论竞争合规职能被分配到法务、审计或风控部门,还是由专门人员甚至部门负责反垄断合规,都将有效地推动公司内部反垄断合规工

---

〔1〕 参见刘继峰:《反垄断法》,中国政法大学出版社 2012 年版,第 127 页。

作,这是衡量一个公司是否认真落实反垄断合规的重要指标。

一般情况下,无论是国有企业、民营企业、外资企业还是合资企业,公司内部设立反垄断合规管理机构都应遵循以下三个原则。

第一,需要原则。根据公司经营的业务特性、业务覆盖的地域、当地当时的监管要求等设置相应的反垄断合规管理机构,反垄断合规管理机构的设置要与合规管理任务相互匹配。规模较小的公司可以不设立专门的反垄断合规管理机构,在牵头部门进行培训后,由其他业务部门履行反垄断合规管理职责。例如,在一些公司中,法律部门、内控部门、审计部门或者财务部门可以单独或联合承担一部分反垄断合规管理职责。

第二,指挥一致原则。在纵向(上下级)合规管理业务线上,不同级别的反垄断合规管理机构要明确上下隶属关系,一个下级机构只能接受一个上级机构的命令和指挥;在横向部门间的关系上,同一级别的反垄断合规管理机构要与相关部门,如审计、内控、纪检监察(国企或合资企业)建立顺畅的联系和协调机制,以实现配合一致,并且在不同层级之间,反垄断合规管理机构与相关部门之间的联系和协调机制应该相同。

第三,独立性原则。反垄断合规管理机构的独立性主要体现在取得最高领导指示与支持后,获得适当的权力,同时也要有直达决策层的报告渠道,保证充足的资源。反垄断合规管理机构的报告不能受到其他职能部门或业务部门的影响,必须如实地、不夸张也不打折扣地呈现在决策层面前,经决策层讨论后作出决定。反垄断合规管理机构应具备适当的权力,使其能顺利参与公司内部的各项管理工作、完成各项调查任务、有效推进各项整改措施。同时,还应分配给反垄断合规管理机构充足的资源,使其能够拥有或调动足够多的、满足工作要求的人员、设备,不能因为资源问题而无法及时完成工作,或者被迫降低工作质量,而且缺少资源也容易受制于公司内部部门而丧失独立性。

通常情况下,公司的反垄断合规管理组织架构分为三个层级:〔1〕

第一个层级,在决策层,即董事会中设立反垄断合规委员会,作为公司反垄断合规管理体系的最高负责机构,制定反垄断合规管理的目标、方针和政策,审阅报告和决议,统领全公司的反垄断合规管理工作。

---

〔1〕 参见王志乐主编:《企业合规管理操作指南》,中国法制出版社2017年版,第136页。

第二个层级，在反垄断合规委员会之下，设立反垄断合规管理协调委员会。该委员会主要由与反垄断合规管理相关的职能管理部门组成，如人力资源、法律、审计、财务等协调委员会主要负责职能部门之间的工作分工和协调，保证公司内部各种风险管理和监督资源的有效协同。

第三个层级，在反垄断合规管理协调委员会之下，设立反垄断合规管理部门，负责反垄断合规管理的日常工作。根据公司规模和实际工作量，反垄断合规管理部门的规模可大可小，岗位人员数量并不固定。绝大多数公司都任命最高管理层中的一员为反垄断合规管理部门的总负责人，全面负责反垄断合规管理工作，同时任命一系列专职的反垄断合规官来负责日常合规工作。对于一些规模较小的公司，也可以考虑把反垄断合规管理任务外包给合规专家。

反垄断合规部门的职责根据企业性质、规模等的不同会有所不同，通常主要包括以下职责。

第一，对于公司总部所在地（国）、分支机构、子公司所在地的法律法规、行业监管要求能够正确理解，同时要时刻更新国际准则对公司的影响，及时为经营决策层提供合规建议。

第二，利用资源和技术，识别反垄断合规职责，并将其提炼为可行的方针、行程和可以执行的程序和流程，并将合规职责融入现有方针、程序和流程中。

第三，制订及执行严格风险控制的反垄断合规管理计划及反馈机制，例如对于反垄断的政策和程序，除实施与评价之外，还要进行风险评估、合规性测试、合规培训宣传、考试等。

第四，审查评价公司各项政策、程序和实施细则的合规性，严格监督各业务条线和内控部门，对各项政策、程序和实施细则进行梳理和修订，确保公司各项政策、程序和实施细则符合法律法规、行业监管要求和国际准则的要求。

第五，配合公司人事或培训部门，为各个部门及员工提供持续的反垄断合规培训，包括新员工入职合规培训，各级管理人员、各类业务员工的定期合规培训，确保全部相关员工按规定接受培训，为员工提供与合规程序和参考资料相关的资源，向组织提供关于合规相关事项的客观建议，并使反垄断合规部门成为员工咨询有关反垄断合规问题的内部联络部门。

第六,主动识别和评估与公司生产经营活动相关的反垄断合规风险,并管理与供应商、代理商、经销商、咨询顾问和承包商等商业相关的反垄断合规风险。同时,为新产品和新业务的开发提供必要的反垄断合规性审查和测试,对于新业务方式的拓展、新客户关系的建立以及客户关系的性质发生重大变化的风险要有识别的能力。

第七,推动将反垄断合规责任纳入人员绩效考核标准,与公司的绩效指标结合起来,并随时监控和衡量合规绩效,以便应对需要的改变和适应新的形势。

第八,建立反垄断合规报告和记录系统,如投诉反馈热线、举报系统和其他机制。

第九,制定按照计划周期来评估现有的反垄断合规管理体系的制度,将合规管理体系的完善常态化。

第十,建立并保持与监管机构日常的工作联系,确保在建立、实施和维护反垄断合规管理体系流程中能够获得适当的专业建议,同时跟踪、评估监管意见和监管要求的落实情况。

3. 反垄断合规管理的人员安排

(1)反垄断合规委员会的人员安排

公司可在董事会中设立反垄断合规委员会,由具备法律、财务、人事管理背景的董事组成。在不设董事会的公司中,反垄断合规委员会应由执行董事牵头,领导法律、财务、人事管理方面的最高管理层成员。在不设董事会也没有执行董事的公司中,反垄断合规委员会可由公司总经理、党委书记、其他党组成员、最高管理层成员组成。

(2)反垄断合规负责人的人员安排

反垄断合规负责人是公司反垄断合规管理工作具体实施的负责人、决策者和日常监督者,对公司反垄断合规管理工作负具体管理责任。根据公司性质和规模、反垄断合规管理工作的业务量,反垄断合规负责人可以由专人担任、兼职或外包等五种安排。

公司可以任命专职的“首席合规官”或由总法律顾问担任反垄断合规负责人,首席合规官或总法律顾问可以进入董事会;公司可以由首席财务官兼职担任反垄断合规负责人,统一负责内部风险管理、审计和反垄断合规工作;公司还可以由外部专家担任反垄断合规负责人,领导外部团队进行反垄断合规管理工作。

一般情况下,反垄断合规负责人应履行的主要职责包括:

第一,贯彻执行公司董事会、监事会和最高管理层对反垄断合规管理作出的各项要求,全面开展并具体实施反垄断合规管理的各项工作。

第二,协调反垄断合规业务与公司各项业务之间的关系,监督各个业务部门、公司所属各个机构执行公司反垄断合规管理要求的情况,及时解决反垄断合规管理中出现的重大问题。

第三,领导反垄断合规管理部门,完善组织队伍建设,做好人员选聘培养,监督各级反垄断合规管理部门认真有效地完成工作任务。

(3)反垄断合规专员的人员安排

反垄断合规专员是公司反垄断合规部门之外的其他职能管理部门或业务部门中负责相关业务反垄断合规管理的专门人员。公司一般可以根据实际业务情况和管理要求设立反垄断合规专员岗位,反垄断合规专员履行的主要职责是:

第一,持续关注公司总部所在地(国)和经营所在地(国)法律法规、行业监管要求和国际准则中关于所属部门各项业务的最新监管要求,建立所属部门各项业务的反垄断合规管理制度规定,或根据监管要求完善各项业务流程。

第二,与公司反垄断合规管理部门沟通,按计划完成各项反垄断合规管理任务,包括但不限于合规风险评估、合规培训宣传、合规登记报告等。

第三,为所属部门员工提供工作方面的合规管理建议,解答其他部门员工提出的与本部门工作相关的合规问题。

(4)反垄断合规管理的业务流程

有效的反垄断合规管理制度是以良好的业务流程为前提的,能够让企业产生认同感、设计合理的业务流程是反垄断合规管理制度有效运行的必备要件。总体而言,企业反垄断合规管理制度的业务流程主要包含四个方面。

首先,制定反垄断合规指南和承诺。

每一个企业都有其独特性,且其市场规模、员工数量、业务领域的地位等不同,所以产生反垄断法律风险的概率是不同的。所以依据企业现有状况制定适合自己的反垄断合规指南是关键。具体表现为以下几种情况:

第一,企业要确保员工能随时随地了解到企业的反垄断合规文件并且获得咨询。企业应该将反垄断合规指南公布在员工可查找的地方,法律法规政策或者产业政策(如解除管制)发生改变后,企业能及时更新反垄断合规指南,及时通知其员工并进行解释。同时,员工收悉并且了解相应制度后,应该签署一份相应的表单,证明其已经阅读并且知悉相关规定。第二,反垄断合规指南应该简单、通俗易懂,将法律语言转化为日常语言。企业甚至可以提供适当的案例,帮助没有法律专业背景的员工明晰自己的职责及相应的法律后果。第三,反垄断合规指南的适用范围和对象须明确具体。适用范围的问题主要涉及反垄断合规指南是适用于整个企业还是仅适用于集团内的部分企业,适用对象的问题主要涉及反垄断合规指南须为企业的所有员工和高管共同遵守,还是仅为部分员工和高管遵守。第四,尽量以列举方式来说明企业及员工可为与不可为的事项,该列举要尽量详尽明确。列举是有助于员工简单直接理解指南的最有效的方式。

其次,任命反垄断合规官,通过内部培训识别法律风险。

是否能控制风险,要先学会识别风险,识别法律风险是企业风险管理的起点。企业潜在的反垄断法律风险隐藏在业务中,是一个综合性质的表现,例如在发生兼并等商业行为,企业进入新的产品市场或者地域市场后,企业如何辨别其中蕴含的法律风险,特别是垄断法律风险,这显得尤为重要。而识别风险是企业的合规官的任务,合规官识别风险后普及给全公司,这是常见的流程。第一,任命反垄断合规官。反垄断合规官是制定并且执行反垄断合规的灵魂人物,合规官需要运用自己的知识、经验、技能,准确识别、评估、控制反垄断法律风险,同时也要培育企业的合规文化特别是反垄断合规文化,因此,对于合规官的要求是需要专业、严谨、全面,具有良好的沟通能力。同时,合规官还要保持自己的独立性,因此,其在公司的职位应该放置在比较高级的位置,并且直接对首席执行官负责,或者能直接向董事会报告。第二,开展内部培训。企业员工反垄断合规知识的获取途径从来不是单一的,一般来源有执法机构的培训、国际组织的培训、行业协会的培训以及企业内部培训等。进行企业管理,要努力做好企业培训:一方面,要开展宣传并且让员工了解反垄断法的基本常识,包括垄断的行为、种类、法律责任、减免情况;另一方面,根据企业的特点和现阶段的市场状况,提炼出企业的合规要点,告知员工应重点关注的地方。但是企业的培训内容也不是一成不变的，需要定期与不定期对培训效果进行评估，对其内容、形式进行变化，以便达到最好的效果。

再次，聘请反垄断合规顾问，评估法律风险。

反垄断合规顾问往往是兼具行业知识（行业特点、市场结构、商业习惯等）和法律知识的专家。他们可以帮助评估企业存在的反垄断风险；帮助企业建立合规文化；识别企业业务中的重点监控对象和职业；在企业违反反垄断的有关法律后能准确识别其后果，并且付诸有效的手段，以防止严重后果的产生。

最后，开展内部审计，控制法律风险。

审计一直是监督内部行为的有效手段，反垄断合规也可以通过审计来控制风险。内部反垄断合规审计是通过企业的行为与商业惯例来揭示企业违反反垄断法或者可能违反反垄断法的潜在风险的检查，它是判断企业是否遵守反垄断法律规定的行之有效的技术。[1]

企业可以通过定期的审计来控制法律风险，一般规定一段时间之后进行内部审计，但是若发生了企业有理由怀疑存在某种竞争违法的行为，那么企业应该立即开展高效的内部临时审计。例如，企业近期可能会被起诉或者受到被起诉威胁；企业的商业模式、竞争行为、人事等发生了重要变化；企业的市场地位发生了重大变化等。

若在审计中发现存在垄断行为，但该类行为尚不严重，不足以引发刑事法律风险，此时，合规管理部门必须向高层汇报，由高层决定企业的战略调整；并且要求企业及时停止该行为，对相关人员进行教育。

必须着重提及的是，反垄断从来都没有所谓的模板式管理，它必须根据企业的商业模式、行业特点等因素量身定制。各国的反垄断标准是不一样的，因此当我国企业走出海外时，要进行“本地化”的思考，事先进行防范。为了更加严密地防范风险，甚至可以在对比本国法律和外国法律之后，采用最严格的制度作为依据来制定本公司的反垄断合规制度。

二、反垄断合规实施执行

反垄断合规的首要任务是风险识别。根据《反垄断法》，垄断行为包括

---

〔1〕 参见叶卫平：《反垄断法分析模式的中国选择》，载《中国社会科学》2017 年第 3 期。

三种:经营者达成垄断协议;经营者滥用市场支配地位;具有或者可能具有排除、限制竞争效果的经营者集中。垄断风险识别需要围绕这三点展开。

1. 垄断协议

垄断协议是多方的协同行为,是经营者之间订立的排除、限制竞争的协议、决定或者其他协同行为。垄断协议的风险识别应当分类进行。

(1)根据垄断协议的主体进行分类

第一,竞争者之间订立的协议,即横向垄断。竞争者之间订立协议时,应关注是否存在以下情形,该等情形可能涉嫌垄断:达成固定或者变更商品价格;限制商品的生产数量或者销售数量;分割销售市场或者原材料采购市场;限制购买新技术、新设备或者限制开发新技术、新产品;联合抵制交易。

其中,企业应特别注意避免参与行业协会组织的垄断协议。经营者作为会员在参加行业协会活动时,不要参与协商商品价格、分配产销数量、划分业务区域、抵制或限制交易对象,以及共同应对竞争对手等涉嫌垄断的行为。在协会的章程、决议、通知以及制定的标准中,避免出现固定商品价格或变更商品价格,划分市场范围或市场份额,抵制或限制交易对象等排除、限制竞争的内容。《禁止垄断协议暂行规定》第 14 条明确规定,行业协会是指由同行业经济组织和个人组成,行使行业服务和自律管理职能的各种协会、学会、商会、联合会、促进会等社会团体法人。

例如,湖北省原工商行政管理局于 2016 年 5 月 6 日对湖北省保险行业协会组织本行业经营者从事垄断协议的行为作出行政处罚。经查,从 2003 年 5 月开始,湖北省保险行业协会陆续组织 27 家具有新车保险资格的保险公司达成垄断协议,对市场份额进行划分,在《反垄断法》实施后直至 2013 年 11 月才对其成立以来组织各公司达成的自律协议进行清理,废止了部分不符合法律法规的文件,其行为违反了《反垄断法》(2007 年公布)第 16 条禁止达成垄断协议的规定。[1]

再如,2021 年 9 月 27 日最高人民法院发布十起人民法院反垄断和反不正当竞争典型案例中的第九例“砖瓦协会”垄断纠纷案。张某某主张其系在

---

〔1〕 本案在处理时适用 2007 年公布的《反垄断法》,相关规定可参见 2022 年修正的《反垄断法》第 21 条。

宜宾市砖瓦协会的发起人四川省宜宾市吴桥建材工业有限责任公司(以下简称吴桥公司)、宜宾县四和建材有限责任公司(以下简称四和公司)、曹某某等的胁迫下,加入该砖瓦协会,签订《停产整改合同》,并因该合同被迫停止生产。宜宾市砖瓦协会及其发起人通过广泛签订上述合同,迫使宜宾市部分砖瓦企业停产,通过减少砖瓦供应量,提高砖瓦价格,赢取不当利益。上述行为明显具有排除、限制竞争的目的,且在特定时间内实现了排除、限制竞争的效果,构成反垄断法规定的横向垄断协议。但宜宾市砖瓦协会和仍维持生产的砖瓦企业支付了少量停产扶持费后不再依照约定付款,其行为排除了张某某参与竞争,违反了反垄断法,故诉至法院。一审法院认为,被诉行为违反了反垄断法,侵害了张某某的权益,故判决吴桥公司、四和公司、曹某某、宜宾市砖瓦协会连带赔偿经济损失 33.6 万元、合理开支 5000 元。吴桥公司、曹某某、宜宾市砖瓦协会不服,向最高人民法院提起上诉。最高人民法院二审认为,该案核心问题是,张某某作为该案横向垄断协议的实施者之一,是否有权要求该垄断协议的其他实施者赔偿其所谓的经济损失。鉴于横向垄断协议实施者主张损害赔偿,实质上是要求瓜分垄断利益,故判决撤销一审判决,驳回张某某的全部诉讼请求。[1]

第二,竞争者与交易相对人之间订立的协议,即纵向垄断。纵向垄断协议指经营者与交易相对人达成的,固定向第三人转售商品的价格或者限定向第三人转售商品的最低价格的协议。生产类经营者对批发类经营者,或者批发类经营者对零售类经营者的商业协议中,应特别注意规避上述行为,防止垄断违法行为发生。

目前的司法实践中,分析评价限制最低转售价格行为的经济效果,一般从相关市场竞争是否充分、实施企业在相关市场是否具有很强的市场地位、实施企业是否具有限制竞争的行为动机、限制竞争的效果四个方面进行综合判断。例如,在北京锐邦公司诉强生公司纵向垄断协议纠纷案中,上海市高级人民法院二审认为强生公司限制最低转售价格协议构成垄断协议。本案应从前述四个方面进行分析,就限制竞争的效果而言,本案限制最低转售价格协议,促进竞争的效果不明显或者说非常有限,远远抵不上其排除、限

---

〔1〕 参见《人民法院反垄断和反不正当竞争典型案例》,载《人民法院报》2021 年 9 月 28 日,第 3 版。

制竞争的效果。因此,本案《经销合同》中限制最低转售价格条款属于反垄断法所禁止的垄断协议。

虽有前述案例,但是值得注意的是,在《反垄断法》法律规定和行政执法中,对于转售价格维持的构成要素,均不要求协议方具有一定的市场份额或市场力量。即使生产商和经销商双方的市场份额均比较低,其对转售价格的限制,也仍然会被认定为纵向垄断协议。因此,企业在其制订经销合同、销售政策、考评标准时,应注意避免出现以经销商转售价格、折扣或者定价方式进行限制。

(2)根据垄断协议排除、限制竞争的对象进行分类

垄断协议排除、限制竞争的对象包括:商品价格、商品的生产数量或者销售数量、销售市场或者原材料采购市场、新技术/新设备或者限制开发新技术/新产品、联合抵制交易的行为。

价格垄断包括多种形式,企业在订立协议过程中应注意对下列约定内容进行合规性审查:固定或者变更价格水平;约定价格变动幅度;约定利润水平或者折扣;约定手续费等其他费用;约定采用据以计算价格的标准公式;限制参与协议的经营者的自主定价权;通过其他方式固定或者变更价格。

商品的生产数量或者销售数量、销售市场或者原材料采购市场、新技术/新设备或者限制开发新技术/新产品、联合抵制交易的行为比较容易判断,这里不再列举具体的风险点。

(3)以协同行为方式达成垄断协议

《工商行政管理机关禁止垄断协议行为的规定》(已失效)第2条第4款规定:"其他协同行为是指经营者虽未明确订立书面或者口头形式的协议或者决定,但实质上存在协调一致的行为。"第3条规定:"认定其他协同行为,应当考虑下列因素:(一)经营者的市场行为是否具有一致性;(二)经营者之间是否进行过意思联络或者信息交流;(三)经营者能否对一致行为作出合理的解释。认定其他协同行为,还应当考虑相关市场的结构情况、竞争状况、市场变化情况、行业情况等。"以协同行为方式达成垄断协议的认定标准和考虑因素主要有以下五点:

协同主体是彼此之间具有横向竞争关系的经营者;客观上经营者之间是否存在一致性市场行为,包括行为的同时性和行为的相同性;协同主体之

间进行过意思联络或者信息交流；经营者能否对一致性行为作出合理解释；相关市场的结构情况、竞争状况、市场变化情况、行业情况等因素。

例如，在上海海基业高科技有限公司与安徽省工商局、国家市场监督管理总局行政处罚及复议案中，法院通过对前述五个要素的分析最终判决认定海基业公司的涉案行为构成协同垄断行为。

因此，企业在开展垄断合规排查时，不仅要审查是否具有书面垄断协议，还应对是否存在以协同行为方式达成垄断的情形进行排查，并根据前述几个因素进行分析。

2. 禁止滥用市场支配地位

具有市场支配地位的经营者的下列行为涉嫌滥用市场支配地位：

（1）以不公平的高价销售商品或者低价购买商品；

（2）没有正当理由，以低于成本的价格销售商品；

（3）没有正当理由，拒绝与交易相对人进行交易；

（4）没有正当理由，限定交易相对人只能与其进行交易或者只能与其指定的经营者进行交易；

（5）没有正当理由，搭售商品或者在交易时附加其他不合理的交易条件；

（6）对条件相同的交易相对人在交易价格等交易条件上实行差别待遇；

（7）国务院反垄断执法机构认定的其他滥用市场支配地位的行为。

该情形适用于具有市场支配地位的经营者，界定经营者是否具有市场支配地位应首先界定相关市场。相关市场的界定可参考《国务院反垄断委员会关于相关市场界定的指南》，这里不再赘述。如果企业对其是否具有支配地位不清楚，可请专业人员（律师或相关机构）进行分析和评估。可以阿里巴巴滥用市场支配地位行政处罚案为例（详细可于本部分前章节所查询）来说明行政主管部门是如何认定企业具有市场支配地位的。从《行政处罚决定书》来看，国家市场监督管理总局从以下七个方面认定阿里巴巴在相关市场具有支配地位：

第一，市场份额超过50%。数据显示，近五年阿里巴巴的网络零售平台商品交易额在中国境内网络零售商品交易总额中，份额分别为76.21%、69.96%、63.58%、61.70%、61.83%，市场份额已超50%，处于市场支配地位。需要注意的是，市场份额可以作为认定具有支配地位的重要依据，但并非唯一的依据。

第二,相关市场高度集中。2015－2019年,中国境内网络零售平台服务市场的HHI指数(赫芬达尔—赫希曼指数)分别为7408、6008、6375、5925、5350,CR4指数(市场集中度指数)分别为99.68、99.46、98.92、98.66、98.45,以上数据显示相关市场高度集中,竞争者数量较少。[1]

第三,具有很强的市场控制能力。该点主要从控制服务价格的能力、控制平台内经营者获得流量的能力、控制平台内经营者销售渠道的能力三个方面来认定阿里巴巴对市场的控制力。

第四,具有雄厚的财力和先进的技术条件。

第五,其他经营者在交易上高度依赖当事人。从经营者的角度而言,阿里巴巴对平台内经营者具有很强的网络效应和锁定效应,平台是经营者品牌形象展示的重要渠道,经营者转换到其他平台的成本很高。

第六,相关市场进入难度大。这主要是对其他网络零售平台而言。正如行政处罚决定书所述,进入网络零售平台服务市场不仅需要投入大量资金建设平台,建立物流体系、支付系统、数据系统等设施,还需要在品牌信用、营销推广等方面持续投入,进入相关市场成本较高。同时,网络零售平台须在平台获得足够多的用户,才能实现有效的市场进入。目前中国境内网络零售平台获客成本逐年提高,潜在进入者达到临界规模的难度不断增大。

第七,当事人在关联市场具有显著优势。这方面主要是从阿里巴巴零售服务中的配套服务具有的优势地位来界定。例如在物流、支付、云计算等领域的综合服务能力,上述配套服务能进一步巩固阿里巴巴在网络零售平台服务的能力。

2021年2月7日国务院反垄断委员会印发的《国务院反垄断委员会关于平台经济领域的反垄断指南》。该指南规定,结合平台经济的特点,认定或者推定经营者具有市场支配地位可以具体考虑以下因素:(1)经营者的市场份额以及相关市场竞争状况。(2)经营者控制市场的能力。(3)经营者的财力和技术条件。(4)其他经营者对该经营者在交易上的依赖程度。(5)其他经营者进入相关市场的难易程度。(6)其他因素。

---

〔1〕 参见《国家市场监督管理总局行政处罚决定书》,载《中国工商报》2021年4月13日,第3版。

此外,该指南还对不公平价格行为、低于成本销售、拒绝交易、限定交易、搭售或者附加不合理交易条件、差别待遇等方面进行了规定。这说明企业在实施垄断合规计划时,要时刻关注国家行政监管机关、司法机关层面对于相关政策、认定标准和司法实践观点的变化,及时调整相关政策。

3. 经营者集中

经营者实施《反垄断法》规定的经营者集中行为,达到《国务院关于经营者集中申报标准的规定》第3条所规定的申报标准的,应当依法事先向国家市场监督管理总局申报,未申报的不得实施集中。对符合《关于经营者集中简易案件适用标准的暂行规定》(已失效)的经营者集中,经营者可以申请作为简易案件申报。经营者应当遵守反垄断执法机构依法作出的经营者集中审查决定。

根据《反垄断法》第20条,经营者集中包括以下三种情形:

(1)经营者合并;

(2)经营者通过取得股权或者资产的方式取得对其他经营者的控制权;

(3)经营者通过合同等方式取得对其他经营者的控制权或者能够对其他经营者施加决定性影响。

因此,经营者集中合规审查主要包括两个层面的风险审查。第一,行为审查,即公司从事《反垄断法》第25条规定的行为。第二,标准审查,即公司行为是否达到《国务院关于经营者集中申报标准的规定》第3条所规定的申报标准。

具体申报标准的规定有:(1)参与集中的所有经营者上一会计年度在全球范围内的营业额合计超过100亿元人民币,并且其中至少两个经营者上一会计年度在中国境内的营业额均超过4亿元人民币;(2)参与集中的所有经营者上一会计年度在中国境内的营业额合计超过20亿元人民币,并且其中至少两个经营者上一会计年度在中国境内的营业额均超过4亿元人民币。

《国务院关于经营者集中申报标准的规定》第4条还规定了例外情形,值得关注。第4条规定,经营者集中未达到本规定第3条规定的申报标准,但按照规定程序收集的事实和证据表明该经营者集中具有或者可能具有排除、限制竞争效果的,国务院反垄断执法机构应当依法进行调查。《经营者集中审查暂行规定》第4条规定,经营者集中具有或者可能具有排除、限制竞争效果的考虑因素包括:(1)交易的目的和未来的计划;(2)交易前后其他经营者的股权结构及其变化；(3)其他经营者股东大会的表决事项及其表决机制，以及其历史出席率和表决情况；(4)其他经营者董事会或者监事会的组成及其表决机制；(5)其他经营者高级管理人员的任免等；(6)其他经营者股东、董事之间的关系，是否存在委托行使投票权、一致行动人等；(7)该经营者与其他经营者是否存在重大商业关系、合作协议等；(8)其他应当考虑的因素。

4. 合规整改

当企业出现垄断合规问题时，应及时整改。整改包括两个层次，一个是基于内在的合规需求进行的整改，另一个是在开展垄断调查时进行的整改。

(1)企业基于内在的合规需求进行的整改

这种整改是内在的主动的整改，具体包括：

第一，完善合规制度。经营者可依据自身特性制定专门的反垄断合规制度，也可以将反垄断合规纳入现有的合规管理制度。

第二，加强合规体系建设，包括但不限于：设置专门的合规岗，加强对反垄断风险的识别、应对和处置；组织合规承诺，要求主要负责人进行合规承诺，承诺不实施垄断行为；加强合规培训，通过外部法律咨询和关注反垄断立法、执法的最新进展等方式提高反垄断法律风险识别能力，可建立反垄断风险监控处置机制，对识别、提示和评估的各类反垄断法律风险采取恰当的控制和应对措施；建立合规审核，在业务流程中嵌入合同审核；聘请专业人士，针对涉嫌垄断的业务模式、交易、并购等聘请专业人士进行预先审核。

第三，树立合规文化。针对同行业已经发生的反垄断处罚、诉讼进行学习，反思企业自身经营管理是否存在类似行为，并倡导企业人员主动合规，对不合规行为进行举报。

第四，参与社会监督。经营者在日常经营过程中应对垄断违法行为保持警惕，对于市场中正在发生的涉嫌垄断行为，可以通过多种形式的存储介质将违法事实予以记录和留存，并及时向反垄断执法机构举报。对行政机关和法律、法规授权的具有管理公共事务职能的组织涉嫌滥用行政权力排除限制竞争行为的也可以进行举报。前述行为包括但不限于限定单位或者个人经营、购买、使用其指定的经营者提供的商品和服务；违规设置前置条件或以其他方式妨碍商品在地区之间的自由流通；本地招标投标活动排斥或者限制外地经营者公平参与；排斥或者限制外地经营者到本地设立分支机构;强制经营者从事法律禁止的垄断行为等。

(2)在开展垄断调查时的整改

这种整改也是被动的,但是也应积极应对。一方面,积极整改可以获得宽大处理的机会;另一方面,通过对违法行为的整改,可以完善企业合规管理。这种整改主要包括以下内容。

第一,积极开展反垄断风险监控识别处置。当企业发生反垄断法律风险时,应当积极承担法律义务,当在未接收到预先通知而受到反垄断执法机构的突击调查时,应依法配合反垄断执法机构开展调查。

第二,充分运用承诺制度和宽大制度。企业可以在发现合规风险已经发生或反垄断执法机构已经立案并启动调查程序时,立即停止实施相关行为,积极运用反垄断法中的承诺制度和宽大制度,主动向反垄断执法机构报告并与反垄断执法机构合作,降低风险和损失。

第三,及时承诺。当因涉嫌垄断行为被调查时,被调查的经营者应积极与调查机构进行沟通,承诺在合理的期限内采取具体措施消除涉嫌垄断行为的后果,争取反垄断执法机构中止/终止调查或为后续争取宽大处理的机会。

第四,主动报告达成垄断协议的有关情况,并配合提供相关重要证据。涉嫌垄断的经营者主动报告达成垄断协议有关情况并提供相关重要证据的,可以申请依法减轻或者免除处罚,反垄断执法机构可以根据经营者主动报告的时间顺序,提供证据的重要程度以及有利于查处达成、实施垄断协议情况等,决定是否减轻或者免除处罚。能够对启动反垄断调查或者对认定垄断行为起到关键作用的具体证据包括证明参与垄断协议的经营者、涉及的商品范围、达成协议的内容和方式、协议的具体实施等相关证据。

第五,制定整改措施并有效落实。企业应根据涉嫌垄断的事实、过错程度、造成的后果制定合理的整改措施,整改措施包括但不限于立即停止垄断行为、采取补救措施、完善合规管理、及时做出承诺等。

第六,提交整改报告。涉嫌垄断事项整改完毕后,企业应及时制作、提交整改报告。上市公司、金融机构还应及时根据信息披露管理制度进行公告。

5. 合规培训

(1)合规培训的目标

合规培训是企业合规体系的一部分,也是企业合规计划得以有效落实的重要保障。合规培训的最终目标是保障企业合规计划的有效落实。合规培训的直接目标有两个,一个是使员工了解合规目标,自觉遵守合规制度,另一个是使员工具备合规所需的必要知识和技能,具备履行合规职责的能力。

(2)合规培训的原则

合规培训包括至少四大原则。

全面覆盖原则,合规培训内容包括合规文化、合规制度、合规目标、奖惩方案、合规知识、合规技能等。

有针对性原则,每次培训应根据相应的培训目标开展培训,针对特定的人、特定的事、特定的行业、特定的目的有针对性地开展培训。

制度化原则,合规培训属于企业合规体系的一部分,应该是制度化、常规化开展。从时间上区分,合规培训包括定期培训和不定期培训;从培训的内容区分,合规培训包括日常培训和专项培训、知识培训和技能培训;从培训的对象区分,合规培训包括管理层和一般员工培训,在职人员培训和新入职培训。

持续化原则,企业合规环境处于不断变化之中,企业培训的内容也应随之调整和完善。

(3)合规培训的主要内容(针对反垄断而言)

对于反垄断合规,合规培训的主要内容包括但不限于下列内容:

第一,反垄断合规的相关法律法规。

自《反垄断法》实施以来,我国反垄断的法律法规制度不断完善,现已经形成了一定的体系,主要法律法规和规范性文件包括《反垄断法》等。

第二,特殊行业的反垄断规定和行政管理制度。

由于业务性质或经营方式的特殊性,某些行业属于反垄断高风险行业,如早期的特许经营和专营专卖的行业经营者,又如目前的互联网平台等。针对这类行业应及时了解国家的监管政策,反垄断的前沿问题和最新的行政、司法案例。

为了预防和制止平台经济领域的垄断行为,保护市场公平竞争,2021 年 2 月 7 日国务院反垄断委员会印发了《国务院反垄断委员会关于平台经济领域的反垄断指南》(国反垄发〔2021〕1 号)。

2019 年 1 月 4 日,国务院反垄断委员会印发了《国务院反垄断委员会关于汽车业的反垄断指南》。

其他行业应注意的情形具体包括以下内容：

供水、供电、供热、供气、邮政、电信、交通运输等公用事业或行业的经营者，依法实行特许经营和专营专卖的行业经营者，以及医药和原料药等市场经营者，在相关市场易被推定为具有市场支配地位，应特别注意不得滥用市场支配地位限定交易相对人只能与其进行交易或者只能与其指定的经营者进行交易、搭售商品或服务，或者在交易时附加其他不合理的交易条件，对条件相同的交易相对人在交易价格等交易条件上实行差别待遇。

水泥、砂石、混凝土企业作为重要的工程建设上游企业，由于商品自身的特点，无法运送到较远地方的销售，本地化销售特征明显，各相关市场经营主体应当根据市场情况，独立作出定价、销售决策，严禁达成垄断协议。

此外，经营者在境外开展业务时，应当了解并遵守业务所在国家或地区的反垄断相关法律规定，可以咨询反垄断专业律师的意见。经营者在境外遇到反垄断调查或诉讼时，可以向反垄断执法机构报告有关情况。

第三，同行业反垄断相关的行政处罚、民事纠纷案例。

企业合规部门或邀请的外部专业人士对反垄断相关案例进行分析、培训，从而使企业认识到相关反垄断合规的前沿问题、最新司法观点，从而指导企业完善合规计划，有效识别、应对合规风险。

第四，涉嫌垄断的风险识别和处置方案。

第五，反垄断调查的合理应对措施。

（4）合规培训的配套制度

合规培训还应建立相应的配套制度。

第一，考核制度，针对培训情况进行考核，及时了解培训的效果。培训考核既包括被培训者的考核，也包括企业内部合规培训部门以及相关专业人员的考核。

第二，留档制度，企业合规培训应保留培训记录。合规培训记录是企业开展合规管理、履行合规培训义务的重要证明，在企业人员涉嫌违规时，记录可以用于证明企业已向行为人开展了合规管理培训，抗辩境外的司法机关、监管机构对企业提出的“违规”指控，如合规培训记录证明有效，企业只需承担较轻的处罚，有关高管人员被证明已履行合规管理义务的，则可以达到免除处罚的效果。

三、反垄断合规检查

合规检查通常是指相关部门或企业本身为掌握企业及其内部的各职能部门、分支机构等对法律、法规、准则、单位内部各项规章制度及行业道德等规则的遵循情况，合规管理体系运行和有效性等情况，由监管部门或企业自身的风险合规管理部门对单位及其下属的职能部门、分支机构的经营管理行为的合规性进行检查。合规检查是相关单位评估合规管理有效性的重要方式，而检查结果则是考核合规工作的重要依据，其通过纠错查弊、评价指导和警示威慑等方式促进企业的合规可持续发展，提高企业的经营管理水平，保证相关法律、法规及各项规章制度的贯彻落实。《关于开展 P2P 网络借贷机构合规检查工作的通知》（网贷整治办函〔2018〕63 号）曾将合规检查分为三个步骤：机构自查、自律检查和行政检查，三者交叉推进，交叉核验，其中机构自查是基础，协会自律检查是强化和补充，行政检查则是对自查及自律检查情况的真实性进行行政核查，如发现内容存在不真实或者存在故意漏报、瞒报等现象，则可以实行“一票否决制”，即行政检查具有一定程度的强制性和终局性。

反垄断合规检查，顾名思义，是指国家市场监督管理总局反垄断局等监管机构及经营者自身对其在经营管理过程中是否遵守《反垄断法》及其框架下的《国务院关于经营者集中申报标准的规定》《禁止垄断协议暂行规定》《禁止滥用市场支配地位行为暂行规定》等相关法律法规进行检查，对在经营过程中不符合上述法律、规定的行为要求企业自查自纠或在监管机关的指导下进行整改，推动企业反垄断合规经营。

根据《反垄断法》第 3 条的规定，垄断行为包括经营者达成垄断协议，经营者滥用市场支配地位，具有或者可能具有排除、限制竞争效果的经营者集中三种情形。与之相对应，基于上述垄断行为的不同，反垄断合规检查的侧重点自然也有所不同，具体合规检查的内容包括以下几个方面。

（一）对垄断协议的合规检查

垄断协议是指排除、限制竞争的协议、决定或者其他协同行为，其中协议是指经营者通过明确的协议来表达限制竞争的意愿并决定付诸行动，这种共同意愿可以通过书面的形式固定，也可以通过口头合同的形式表达；决定是指经营者通过团体的形式形成的集体意思表示，并在团体成员中执行，其在性质和后果上相当于成员之间的协议；协同行为则是指经营者虽未明确订立书面或者口头形式的协议或者决定，但却通过默示的协调一致的行为来达到共同限制竞争的目的，包括具有一致性且不能作出合理解释的市场行为以及进行过意思联络或者信息交流的市场行为，即在实质上存在协调一致的行为。

通常而言，经营者从事垄断协议的行为具体来说主要表现为与具有竞争关系的经营者达成或者实施垄断协议（横向垄断协议）和与交易相对人达成或者实施垄断协议（纵向垄断协议）。横向垄断协议也就是通常所说的合谋或者串谋，被称为“核心卡特尔”，被视为严重排除、限制竞争的行为，为世界各国严格禁止并会被处以最严厉的处罚，是经营者面临的最主要的合规风险，也是合规管理的重点。纵向垄断协议则是指经营者与交易相对人缔结协议或者决定时，对交易相对人的自主经营权形成约束或者限制，尤其是对产品或者服务的定价权形成约束或者限制。

1. 对横向垄断协议的合规检查

根据《反垄断法》《禁止垄断协议暂行规定》及相关地方合规指引等文件可知，经营者与其他经营者存在以下八种情形之一时，则有被认定为存在横向垄断协议的风险。

（1）固定或者变更商品、服务（以下统称商品）的价格水平、价格变动幅度和区间、利润水平、约定折扣、手续费等其他价格因素，以及约定采用据以计算价格的标准公式或者限制参与协议的经营者的自主定价权的行为。

（2）以限制产量、固定产量、停止生产等方式限制商品的生产数量，或者限制特定品种、型号商品的生产数量，又或者是以限制商品投放量等方式限制商品的销售数量，以及限制特定品种、型号商品的销售数量的行为。

（3）划分商品销售地域、市场份额、销售对象、销售收入、销售利润或者销售商品的种类、数量、时间，以及划分原料、半成品、零部件、相关设备等原材料的采购区域、种类、数量、时间或者供应商。

（4）限制购买、使用新技术、新工艺，限制购买、租赁、使用新设备、新产品，或者是限制投资、研发新技术、新工艺、新产品，拒绝使用新技术、新工艺、新设备、新产品。

（5）联合拒绝向特定经营者供应或者销售商品，联合拒绝采购或者销售特定经营者的商品，以及联合限定特定经营者不得与其具有竞争关系的经营者进行交易。

(6)约定中标人,通过放弃招标、撤回标书、提交高价或者包含不合理条款的标书来支持预设的中标人。

(7)经营者及其竞争对手之间交换可能导致竞争者之间协调彼此生产经营行为的信息,但已公开披露或者通过公开渠道可获得的信息除外。通常来说,具有反垄断风险的敏感信息包括价格、折扣和折扣政策、招投标方案或者策略、客户、市场区域、供应商、销售条款或者条件、与客户谈判的政策或者策略、收益、利润或者利润率、市场份额、销售、营销、广告和促销的策略或者成本、市场、供求、价格趋势等数据或者观点、业务扩张/收缩计划、研发项目、策略或者成本、生产能力、产量或者成本以及生产和销售的数量、库存等任何可被用于降低有效竞争的信息。

(8)国务院反垄断执法机构认定的其他横向垄断协议。

为避免经营者达成或者实施横向垄断协议,经营者在经营过程中应当充分对以下几个方面的行为做好合规检查:

(1)检查是否与具有竞争关系的经营者存在以书面或者口头等任何形式的达成任何垄断协议或者上述垄断性条款或者条件的协议、决定,或者存在实施横向垄断协同行为。

(2)检查是否在与具有竞争关系的经营者达成协议前,或者参加行业会议、竞争者发起的会议前,有无要求主办方提供相关的议程和内容,是否事先咨询反垄断合规专业机构或者人员,以了解有无涉嫌垄断协议的风险。

(3)应避免以业务整合等理由,通过全权业务委托、借助第三方经营者的协调和组织等形式,实施固定商品价格、限制商品数量或分割市场等行为。

(4)检查是否存在对商品价格、成本、数量、库存量、交易条件、交易对象、销售市场、限制新技术、新产品等与竞争有关的敏感信息进行交换的情形,杜绝以书信、电子邮件、电话、短信、即时通信平台或会议等方式,与具有竞争关系的经营者交换上述敏感信息的行为。

(5)检查从竞争者处获取竞争者价格信息的渠道是否属于公开的信息渠道,同时也应注意经营者自身对外公开的信息是否属于商品调价、成本、数量等敏感信息。

(6)检查是否存在以公告、发布新闻的形式或者以行业协会名义召开会议等方式，意图让竞争者协同配合调整价格、产量，是否存在创造竞争者交换敏感信息机会的情形。

(7)检查是否存在与其他经营者一起对其他特定经营者进行联合抵制，如拒绝供货、拒绝购买等情形。

(8)检查是否存在其他可能达成或者实施横向垄断协议的行为。

2. 对纵向垄断协议的合规检查

纵向垄断协议一般分为纵向价格垄断协议和纵向非价格垄断协议，其中价格垄断协议主要包括固定向第三人转售和限定向第三人转售商品的最低价格两种情形，这里所说的价格包括且不限于价格变动幅度和区间、利润水平、计算公式或者折扣、手续费、返佣、信贷条款等诸多价格因素。非价格垄断协议通常包括排他性销售（独家销售）、排他性购买（独家购买）及限制经销商实施被动销售与交叉供货的地域限制或者客户限制三种情形。具体而言，排他性销售是指供货商向销售商承诺，出于转售某种商品的目的，它在某个市场或者该市场区域只向对方提供商品，这种模式可发生于生产商和批发商、生产商和零售商、批发商和零售商之间；排他性购买即销售商向供货商承诺，除供货商或者由其指定的第三方外，该销售商不得从其他任何供货商手中购买协议产品；限制经销商实施被动销售与交叉供货的地域限制或者客户限制则是指经营者限制经销商应客户的主动要求销售商品及限制经营者下游的经销商之间互相销售商品，或者要求经销商只能或者不能在特定区域销售商品，或者要求经销商只能或者不得向特定客户销售商品。

针对纵向价格垄断协议的合规检查通常围绕以下几个方面展开：

(1)检查是否存在通过协议、商务政策、通知等形式，限制交易相对人的转售价格或者设定最低销售价格的行为。

(2)检查是否存在以"建议价"或者"指导价"等形式为名，实质上以折让、回馈、固定利润率等方式，或者以减少供货数量、调整供货品种、延迟或者取消供货等方式，间接迫使经销商维持转售价格。

(3)在对交易相对人的经营活动进行管理和监测时，应充分注意检查要求交易相对人提前报备的经销价格、活动价格等是否在合理边界范围内，审慎收集交易相对人的转售价格信息及在交易相对人之间共享的价格信息。

(4)注意加强对员工职务行为的监督与管理，检查是否存在将禁止交易相对人遵守转售价格的情况作为员工的绩效考核的情况，检查员工是否存在对交易相对人的转售价格进行限制等不正当履职行为。

（5）检查是否存在其他可能达成或者实施纵向价格垄断协议的行为。

而对于非价格的纵向限制，经营者在经营过程中也应当注意检查以下两部分内容：

（1）是否存在控制交易相对人的销售渠道的情形，尤其是划分经销商销售区域或者销售对象的行为；

（2）是否存在签订长期排他性条款的协议、包含排他性条款的知识产权许可协议以及涉及标准的协议的情况。

需要注意的是，经营者还应当尽量注意避免参与或者支持行业协会组织的经营者之间达成或者实施垄断协议，包括且不限于以行业自律、章程等方式制定的排除、限制竞争的规则、规定、建议，以决议的形式统一定价、限制数量、划分市场，共同抵制、拒绝交易等情况。与此同时，经营者还应当对市场上出现的涉嫌垄断协议的新问题予以密切关注和高度重视，如平台通过合谋，即具有竞争关系的企业通过与居间平台的沟通或意思联络而最终达成横向垄断目的。由此，需要特别指出的是，网络平台的经营者不得组织或者协调平台内的经营者达成垄断协议。

最后，经营者在被要求参与垄断行为或者不可避免地与竞争对手发生接触而谈及涉嫌垄断的敏感话题时，应当立即明示拒绝并及时回避，以及做好拒绝与回避的相关证据记录并予以妥善保管，以备将来可能作为帮助经营者证明自身未参与垄断行为的证据。

如在前述的“扬子江药业集团有限公司纵向垄断协议案”（国市监处〔2021〕29 号）中，扬子江集团内设的定价委员会在全国范围内制定了统一的价格政策，分别与公司的一级经销商签署年度《购销协议》、与二级经销商及其上游的一级经销商签署年度《二级分销商三方协议》、与连锁药店及其他零售药店签订《战略服务协议》等各类协议，并以发调价函、调价通知或直接由销售人员口头通知的方式与交易相对人达成了价格垄断协议。此外，扬子江集团还分别通过制定规则以精细化控制药品价格、强化考核监督、制定惩罚措施、聘请中介监督线上零售价格等手段落实价格垄断协议的执行。最终，扬子江集团因实施的固定和限定药品价格的行为严重排除、限制了竞争，严重损害了消费者合法权益和社会公共利益，被国家市场监督管理总局责令停止违法行为并处以 7.64 亿余元的罚款。

（二）对滥用市场支配地位的合规检查

市场支配地位是经营者市场能力的一种表现，通常是指经营者在相关市场内具有能够控制商品价格、数量、品种、品质、付款条件、交易方式、售后服务、技术约束等交易条件及能够阻碍、影响其他经营者进入相关市场的能力，具体而言，包括且不限于排除其他经营者进入相关市场、延缓其他经营者在合理时间内进入相关市场或者导致其他经营者虽然能够进入该相关市场，但进入成本大幅度提高，无法与现有经营者有效竞争等情形。

当然，经营者通过公平竞争、特许经营、专营专卖等方式形成的市场支配地位本身并不违法，《反垄断法》也不反对经营者通过合法经营获得市场支配地位，更不会阻止拥有市场支配地位的经营者凭借更好的技术和更高的效率在商业竞争中取得更大的优势或成功。但是，拥有市场支配地位的经营者从事排除、限制竞争的滥用市场支配地位的行为，则存在违反垄断法的风险。

经营者检查自己的经营行为是否存在滥用市场支配地位的违法风险，首先需要检视经营者本身在相关市场内是否已经具备了市场支配地位，为此，经营者应当定期自行评估自身所经营的各项产品和服务所处相关市场的竞争情况和自身的市场份额情况，如果经营者具有一定的份额或具备相当的市场影响力，则应当根据《反垄断法》第 23 条及《国务院反垄断委员会关于相关市场界定的指南》综合、准确评估是否具有了市场支配地位，具体需要考虑的因素包括：经营者在相关市场的市场份额以及相关市场的竞争状况；经营者控制销售市场或者原材料采购市场的能力；经营者的财力和技术条件；其他经营者对该经营者在交易上的依赖程度；其他经营者进入相关市场的难易程度；其他与认定经营者市场支配地位有关的因素。

具体而言，如果经营者在相关市场内能够控制商品价格、数量或者其他的交易条件，或者能够阻碍、影响其他经营者进入相关市场，则可能就具有了市场支配地位。

如果经营者在相关的市场中的市场份额达到 1/2，或者两个经营者市场份额合计达到 2/3 且均不低于 1/10，或者三个经营者市场份额合计达到 3/4 且均不低于 1/10 时，通常会被推定为具有市场支配地位。

此外，关系到国民经济命脉和国家安全的企业（包括供水、供电、供气、电信、有线电视等公用企业）以及依法实行专营专卖的行业，在相关市场极易被推定为具有市场支配地位。

当然,被推定为具有市场支配地位的经营者,有证据证明不具有市场支配地位的,则不应认定其具有市场支配地位。对此,需要着重检查经营者是否在对外宣传以及发布内部文件、报告中关于自身市场地位等信息时存在夸大性陈述或者误导性宣传,进而可能会引起反垄断举报或者存在诉讼风险的情况。

在经营者具有市场支配地位的情况下,应注意检查在经营过程是否在交易价格、交易条件、交易对象等方面设置条件,产生排除、限制竞争的后果,进而被认定为滥用市场支配地位,需着重具体检查的事项包括以下七方面内容:

(1)是否存在因具有市场支配地位而任意制定过高的商品销售价格或者过低的商品购买价格的情形,尤其是避免出现短时期内大幅提高价格或者压低价格的行为。

(2)是否存在掠夺性定价的情形,即无正当理由以低于成本的价格销售商品,从而排挤竞争者的情形。

(3)是否存在无正当理由拒绝交易的情形,尤其是拒绝其他经营者使用已经构成生产经营活动的必需设施。具有市场支配地位的原材料经营者是否存在销售原材料时以包销或者独家销售的形式以经营者生产的成品为条件变相拒绝交易的情形。

(4)是否存在无正当理由限制交易相对人只能在特定区域内或者只能与特定经营者进行交易,或者限定交易相对人不能与特定经营者进行交易的情形。

(5)是否存在无正当理由搭售商品或者服务的情形,如因正当理由需要搭售,应允许交易相对人可以分别购买单项商品,且不得在交易时附加任何其他不合理的交易条件。

(6)是否存在无正当理由对条件相同的交易相对人提供不同的产品价格或者其他差别待遇的情形。

(7)是否存在无正当理由向交易相对人提供折扣或奖励其特定形式的购买行为。

显然,从上述一系列的着重检查事项可以看出,具有市场支配地位的经营者在经营活动中实施上述行为并不必然会导致被认定为垄断行为,在不会造成排除、限制竞争的后果或者有益于市场优化资源配置、有利于消费者的情况下，通常也很难得出违法性认定的结论。因此，经营者在经营过程中应当充分注意检视相关经营活动的合理性和正当性，并注意充分保存好证明其合理性和正当性的证据材料及对该合理性和正当性进行过有效论证的证据材料，以防范垄断风险。

在前述的阿里巴巴滥用市场支配地位案（国市监处〔2021〕28 号）中，阿里巴巴在中国境内因相关市场高度集中、进入难度大，其市场份额超过50%，具有雄厚的财力和先进的技术条件，有很强的市场控制能力，在关联市场上也具有显著的优势，其他经营者在交易上高度依赖当事人等情况而被认定为在网络零售平台服务市场上具有支配地位。阿里巴巴在经营过程中在没有正当理由的情况下，或通过在协议中以直接规定、口头提出的方式禁止平台内的经营者在其他竞争性平台开店，或在协议中以直接规定、口头提出的方式要求经营者不得参加其他竞争性平台促销，或通过减少促销活动资源支持，取消促销活动参加资格，实施搜索降权及取消平台内经营者在当事人平台上的其他重大权益等手段落实、推动和维护“二选一”行为，以上行为严重背离了平台经济开放、包容、共享的发展理念，排除、限制了相关市场竞争，损害了平台内经营者和消费者的利益，削弱了平台经营者的创新动力和发展活力，阻碍了平台经济规范有序、创新、健康发展，构成了滥用市场支配地位，最终被国家市场监督管理总局责令停止违法行为并被处以 182.28 亿元的罚款。

（三）对经营者集中行为的合规检查

经营者集中是指经营者合并，或者是经营者通过取得股权或者资产等方式取得对其他经营者的控制权，抑或经营者通过合同等方式取得对其他经营者的控制权或者能够对其他经营者施加决定性影响的情形。

经营者的集中行为，通常会使得相关市场中出现经济力量过于集中的情况，从而对市场竞争造成损害。当然，并非所有的经营者集中都会受到《反垄断法》的约束和限制，而只有达到具有或者可能具有排除、限制竞争效果的集中行为才会为《反垄断法》所禁止。与垄断协议、滥用市场支配地位的合规检查不同，经营者集中的合规检查主要是以其集中行为是否会触发需向监管部门申报的义务为核心展开，避免因未及时有效申报而导致经营者集中违法，进而遭受经济处罚，乃至于被要求撤销集中，恢复到集中前的状态。

根据《反垄断法》《经营者集中审查暂行规定》，负责对经营者集中进行反垄断审查并对违法实施的经营者集中进行调查处理的系国家市场监督管理总局，经营者向国家市场监督管理总局依法申报集中时，应当提交申报书、集中对相关市场竞争状况影响的说明、集中协议、参与集中的经营者经会计师事务所审计的上一会计年度财务会计报告等相关文件资料。当然，当参与集中的一个经营者拥有其他每个经营者50%以上有表决权的股份或者资产，或参与集中的每个经营者50%以上有表决权的股份或者资产被同一个未参与集中的经营者拥有的，则可以不向国家市场监督管理总局进行申报。

因此，在经营者进行集中的过程中应当对是否会触发经营者集中申报义务进行合规检查，根据《国务院关于经营者集中申报标准的规定》，经营者在进行集中活动前，应检查其是否存在下列情形：

（1）参与集中的所有经营者上一会计年度在全球范围内的营业额合计超过100亿元人民币，并且其中至少两个经营者上一会计年度在中国境内的营业额均超过4亿元人民币；

（2）参与集中的所有经营者上一会计年度在中国境内的营业额合计超过20亿元人民币，并且其中至少两个经营者上一会计年度在中国境内的营业额均超过4亿元人民币。

此外，经营者集中虽未达到上述标准，但经检查认为集中具有或者可能具有排除、限制竞争的效果时，亦应主动向国家市场监督管理总局申报。

最后，当国家市场监督管理总局对经营者集中作出审查决定的，经营者也应主动检查对相关决定的遵守情况。

在腾讯违法实施经营者集中案（国市监处〔2021〕67号）中，因腾讯未检查实施集中的经营者是否达到需要向国家市场监督管理总局申报的标准，而腾讯及其关联公司最终被国家市场监督管理总局责令采取相关措施恢复和保证相关市场的竞争状态、处以50万元的罚款、依法进行经营者集中申报并依法合规经营，建立健全公平参与市场竞争的长效机制。具体而言，在此次经营者集中活动中，参与集中的腾讯和中国音乐集团居市场前两位，合计市场份额超过80%，曲库和独家资源的市场占有率均超过80%，二者原本为紧密竞争者，双方集中将减少相关市场的主要竞争对手，进一步削弱市场竞争，同时也可能极大提高相关市场的进入壁垒。因此，此次经营者集中完全达到了向国家市场监督管理总局主动申报的标准。

四、反垄断合规风险评估和合规体系评价

在反垄断法律规制领域，美国始终走在世界前列。2019 年 7 月 11 日，美国司法部正式宣布对企业的反垄断合规施行新的激励政策，具体包括在刑事起诉阶段可对企业合规体系予以认可；增加关于在起诉和量刑阶段对企业合规体系进行评估以及有关程序的内容，有的企业可以签署《推迟起诉协议》；在企业有有效的合规体系前提下，可以减轻罚金或适用缓刑等。同时，美国修改了司法部和反垄断局的有关指引手册，并且反垄断局首次发布《反垄断刑事调查中的企业合规体系评估》，对反垄断执法和企业合规提供指引。鉴于美国司法体制对反垄断执法十分严厉，美国司法和执法部门具有“长臂管辖权”，我国跨国经营企业必须对涉及美国的反垄断合规予以充分重视。实际上，在 2018 年 12 月发改委等部门联合发布的《企业境外经营合规管理指引》中，已经对反垄断合规体系评估进行了规定。该指引指导的对象不仅包括国有企业，也包括民营和外资等企业，指引本身就显示了我国政府对企业的境外合规的高度重视。

《企业境外经营合规管理指引》第 24 条明确规定了关于合规风险评估的内容：“企业可通过分析违规或可能造成违规的原因、来源、发生的可能性、后果的严重性等进行合规风险评估。企业可根据企业的规模、目标、市场环境及风险状况确定合规风险评估的标准和合规风险管理的优先级。企业进行合规风险评估后应形成评估报告，供决策层、高级管理层和业务部门等使用。评估报告内容包括风险评估实施概况、合规风险基本评价、原因机制、可能的损失、处置建议、应对措施等。”此条款中将合规评估包括的内容、企业进行合规风险评估标准确定的因素、合规评估报告的使用主体、评估报告包含的内容等进行了清晰的规定，企业完全可根据指引的第 24 条内容，结合企业在实际经营中遇到的反垄断突出风险和所处的发展阶段，制定企业反垄断合规风险评估的标准和内容，作出企业反垄断合规风险评估报告，供决策层、高级管理层和业务部门等使用。这对于涉嫌违反反垄断相关法律规制的企业十分重要。

《企业境外经营合规管理指引》中除对合规风险评估作出了详细规定

外,还对合规风险评估过程中发现的合规风险规定了详细的处置方法。第25条就详细规定了合规风险的处置方法。该指引第25条规定:"企业应建立健全合规风险应对机制,对识别评估的各类合规风险采取恰当的控制和处置措施。发生重大合规风险时,企业合规管理机构和其他相关部门应协同配合,依法及时采取补救措施,最大程度降低损失。必要时,应及时报告有关监管机构。"企业反垄断的合规风险是动态变化的,《反垄断法》修正之后,国家各省市的反垄断合规指引也会陆续推出。涉嫌违反反垄断法律规制的企业,即存在签署垄断协议、滥用市场支配地位、经营者集中等行为的各行业头部企业,应该在企业反垄断合规的具体实施中注意合规风险的动态评估,以适应反垄断监管的变化,应对不断变化的合规风险和新的挑战。

《企业境外经营合规管理指引》第27条规定:"企业应定期对合规管理体系进行系统全面的评价,发现和纠正合规管理贯彻执行中存在的问题,促进合规体系的不断完善。合规管理体系评价可由企业合规管理相关部门组织开展或委托外部专业机构开展。企业在开展效果评价时,应考虑企业面临的合规要求变化情况,不断调整合规管理目标,更新合规风险管理措施,以满足内外部合规管理要求。"〔1〕

在合规风险评估和合规体系评价的具体实施过程中,鉴于我国目前没有相应的细致指引,我国企业与美国企业间的贸易交易往来又十分密切,结合美国在世界反垄断执法方面的重要影响力,美国《反垄断刑事调查中的企业合规体系评估》中的内容值得我国企业在反垄断合规风险评估和合规体系评价中认真借鉴。《反垄断刑事调查中的企业合规体系评估》分为合规体系的设计与全面性、合规文化、合规责任度、风险评估、培训与沟通、定期回顾、监测与审计、举报、激励与惩罚、补救与合规体系在发现违法中的作用十个方面。《反垄断刑事调查中的企业合规体系评估》十分重视企业反垄断合规制度在预防和发现反垄断刑事犯罪方面的实效,尤其规定了我国企业目前可能重视不足的一些事项,如需要告知员工销毁文件和妨碍司法的后果、合规人员需要有足够的独立性和职权、合规需要足够的资源保障、需对入职员工和参加同行会议前的员工进行反垄断合规培训、使用筛查或统计检验等方法发现潜在违法等。由于我国《反垄断法》也会在今后修订过程中增加

---

〔1〕《如何开展企业合规管理评估》,载《江苏经济报》2021年9月15日,第3版。

刑事犯罪的相关规定，因此我国企业需要对这些事项高度重视。

五、反垄断合规文化建设

1. 加强反垄断合规文化的培育

随着我国社会主义市场经济的不断深化和发展，越来越多的公司不断做大做强。2021年《财富》世界企业500强排行榜显示，上榜的中国企业数量达143家，较上年增加10家，中国上榜企业数量再次超过美国（122家），蝉联榜首。随着中国企业不断走出海外，经营所面临的风险类型越来越复杂，积累的风险越来越大。反垄断合规越来越成为企业壮大过程中面临的突出问题，既是市场监管部门对公司经营活动的基本要求，也是让企业免于遭受更大风险损失的重要前提，是企业稳定与发展的重要保障。反垄断违法成本高昂，处罚金额通常是上一年度销售额的1% –10%，罚款总额较高。为此，企业应当高度重视反垄断合规问题，把反垄断合规作为企业做大做强合规建设的必修课之一。

首先，企业应该树立自上而下高度重视反垄断合规的企业合规文化。垄断的形成与高层指定的公司战略和政策密不可分，而企业战略和政策通常由企业高层决定。因此，反垄断合规文化的培育应该首先取得高层的支持和重视。

其次，企业应定期开展反垄断相关法律法规培训，强化合规意识。企业合规机构应当定期在企业内部组织开展反垄断的合规培训，目前垄断作为市场监管部门监管的重点违法行为，热度较高，各省政府、各行业协会也陆续发布地方和行业的反垄断指引。企业应该加强学习，不断完善反垄断领域的法律法规知识，对反垄断的常见违法行为进行不断宣传培训提升，对相关的违法案例进行宣传引导，提升企业反垄断的自我警觉。

最后，企业应加强反垄断线索举报的奖励机制。企业合规机构应加强对反垄断违规行为的举报宣传，形成反垄断的文化氛围。同时，企业应该加强对反垄断的惩处力度，树立违规必究的反垄断企业文化。

2. 定期对企业反垄断违规处理情况进行通报

企业受到反垄断行政处罚或企业内部合规部门进行反垄断自查自纠时，应当定期对企业的反垄断违规处理情况进行对内对外通报，对全员开展反垄断警示教育。2021年10月8日，国家市场监督管理总局根据《反垄断法》(2007 年公布)第 47 条、第 49 条规定,[1]综合考虑美团公司(北京三快在线科技有限公司)反垄断违法行为的性质、程度和持续时间等因素,认定美团公司自 2018 年以来,滥用其在中国境内网络餐饮外卖平台服务市场的支配地位,阻碍平台内经营者在其他竞争性平台开展经营,排除、限制了相关市场竞争,损害了平台内经营者的合法权益和消费者利益,妨碍了平台经济创新发展,且滥用市场支配地位的行为不具有正当理由,构成《反垄断法》(2007 年公布)第 17 条第 1 款第 4 项禁止的"没有正当理由,限定交易相对人只能与其进行交易"的滥用市场支配地位行为。[2] 最终决定对美团公司依法作出行政处罚,责令美团公司停止违法行为,全额退还独家合作保证金 12.89 亿元,并处以其 2020 年中国境内销售额 1147.48 亿元 3% 的罚款,共计 34.42 亿元。美团公司事后回应表示诚恳接受,坚决落实,按照《行政处罚决定书》和《行政指导书》全面深入自查整改,杜绝"二选一"。在此案例中,美团公司对行政处罚进行了及时的对外回应,在进行合规整改时,也应该及时将反垄断合规整改的情况定期进行对内对外通报,才可以将反垄断违规影响降到最低。[3]

3. 积极推广反垄断合规文化

《企业境外经营合规管理指引》第 30 条规定:"企业应将合规作为企业经营理念和社会责任的重要内容,并将合规文化传递至利益相关方。企业应树立积极正面的合规形象,促进行业合规文化发展,营造和谐健康的境外经营环境。"反垄断违规处罚对于企业来讲是一次经历危机的过程,对企业的品牌形象和商业价值是一次重创,但是企业如果能够借此机会加强反垄断合规体系建设,增强企业合规意识,积极深入整改,同时加强反垄断合规文化建设和合规宣传,也是一次化危为机的机会。[4]

---

〔1〕 本案处理时适用 2007 年公布的《反垄断法》,相关规定可参见 2022 年修正的《反垄断法》第 57 条、第 59 条。

〔2〕 本案处理时适用 2007 年公布的《反垄断法》,相关规定可参见 2022 年修正的《反垄断法》第 22 条第 1 款第 4 项。

〔3〕 参见《如何开展企业合规管理评估》,载《江苏经济报》2021 年 9 月 15 日,第 3 版。

〔4〕 参见孟可心:《合规管理助推企业走出去"行稳致远"——国家发展改革委有关负责人就〈企业境外经营合规管理指引〉答记者问》,载《中国经贸导刊》2019 年第 2 期。

第三章 企业出口管制合规

第一节　出口管制合规概述

一、出口管制合规的定义

出口管制指国家根据本国法律和对外政策对出口行为进行管理和限制。[1] 出口管制一般包含特定的经济或者政治目的，是各国维护国家安全、实现外交政策、保护国内资源的重要手段。

出口管制包括管制主体、管制对象、管制措施以及管制依据。一般而言，管制主体是指一国的对外贸易主管机构。管制对象通常包括两类，一类为军用物品，另一类为军民两用物品。管制措施是指对特定物项采取的限制或者禁止出口措施，通常包括出口许可、出口禁令、出口配额等。管制依据通常是一国的出口管制相关法律法规、政策，加入的出口管制相关国际条约，以及联合国相关决议等。[2]

---

〔1〕 参见彭爽：《出口管制研究》，武汉大学2012年博士学位论文，第27页。

〔2〕 关于“出口管制”的构成和依据，参见彭爽：《出口管制研究》，武汉大学2012年博士学位论文，第26－29页。

二、主要国家出口管制的立法情况

1. 中国

我国出口管制法律体系包括以下三个层次：

(1)法律

我国出口管制相关法律主要有《中华人民共和国对外贸易法》、《中华人民共和国出口管制法》(以下简称《出口管制法》)、《中华人民共和国海关法》、《中华人民共和国进出口商品检验法》、《中华人民共和国进出境动植物检疫法》等。其中,《出口管制法》是专门针对我国出口管制而出台的法律,并且伴随《出口管制法》的出台,我国现有出口管制法规、规章制定相对松散的局面被正式宣告终结。《出口管制法》当中包含了诸如管制的具体措施、管制清单以及法律责任等细节内容。同时,该法对于出口管制范围也进行了较为详细的规定,譬如,通过出口管制清单明确管理范畴,通过许可制度来进行相关技术出口的管理以及明确了出口的最终用户及用途等。

(2)行政法规

从20世纪90年代起,我国陆续出台了《中华人民共和国军品出口管理条例》《中华人民共和国核出口管制条例》等,从行政法规层面对管制物项作出明确规定,主要涵盖范围包括军品、核产品、导弹、两用品及相关设备和技术、化学等物项的出口经营审批、出口经营登记、出口许可等。

(3)部门规章

2009年,我国商务部颁布《两用物项和技术出口通用许可管理办法》,规定经营者需要向商务部申请两用物项和技术出口的通用许可批复。此外,该规章还对两用物项和技术出口的通用许可分类标准、通用许可申请条件、通用许可经营者义务等内容进行了明确。《出口商品配额管理办法》《货物出口许可证管理办法》等制度则针对出口商品配额管理、确定方式、许可证申请等问题作出了解释,为我国出口管制工作的开展提供了制度依据。

根据《出口管制法》的规定,我们国家的出口管制管理部门包括中央军委、国务院等,其中两用物项的出口许可申请以及许可证的颁发由商务部负责。涉及维护国家安全与利益、履行防止扩散等国际义务相关的物项,以及前述物项相关的技术都属于出口管制的范围,主要可分为两用物项、军品、核等类别。我国针对前述物项制定了统一的出口管制体系,具体通过事前制定管制清单、必要时采取临时管制、实行出口许可等相关的措施进行管控。此外,负责出口管理的部门还通过建立物项的使用和用户管理风险制度对最终用途和最终用户进行核查,以强化管理纳入出口管制清单的物项。

2. 美国

美国的出口管制体系主要包括两大部分,一部分是军事出口控制体系,另一部分则是针对"军民两用物项"的管制机制。军事出口控制体系主要以《武器出口管制法》作为对军事物项实施出口管制的权力基础,在此基础上制定下位法《武器国际运输条例》和《军需物品清单》作为具体实施规则。"军商两用物项"出口管制体系主要包括《出口管制改革法案》(Export Control Reform Act,ECRA)、《出口管理法》(Export Administration Act,EAA)和《出口管制条例》(Export Administration Regulations,EAR),执行的机构主要是美国商务部工业与安全局(Bureau of Industry and Security,BIS)。

美国针对"军民两用物项"的出口管制机制由几大核心要素构成:受管控物项、地域政策、出口许可证制度、重点控制实体清单和相关执法行为。(1)出口管制的受管控物项。EAR 主要针对两类商品的出口进行管制,包括军商两用物项和不太敏感的未列入《国际武器贸易条例》(International Traffic in Arms Regulations,ITAR)管辖的军事物品。在 2018 年 ECRA 获得通过后,出口管制的一个关键点是针对新兴技术的出口管制。(2)地域政策。为了控制敏感物品和关键技术的扩散,以及有效执行出口管制措施,美国与主要贸易伙伴及战略重要性国家加强国际合作,构建出口管制多边条约。除国际合作外,EAR 根据国家风险将出口目的地的国家分为 A、B、D、E 四组,施以不同程度的出口管制措施。(3)出口许可证制度。为了实现对敏感商品和技术出口的管理,美国商务部采用出口许可证制度。(4)重点控制实体清单。为了禁止某些个人和组织获得源自美国的敏感产品或技术,或要求其仅在获得许可的情况下才可以获得货物,美国国务院和商务部制定了实体清单、未验证清单、被拒绝人员名单和军事最终用户清单,对重点关注方进行清单式管理,其中实体清单的应用范围最广。(5)出口管制的执法部门。出口管制的执法职能由出口执法办公室(Overall Equipment Effeciencg,OEE)负责,包括预防和发现违法出口行为、调查和起诉违反 EAR 的个人和公司。

3. 欧盟

欧盟的出口管制体系围绕军民两用物项和军事物品形成了四种出口许可方式，具体包括单项出口许可、全球出口许可、欧盟通用出口许可、国家通用出口许可。在欧盟范围内，各成员国的出口管制机构掌握着本国的出口管制执行权与决策权，因此欧盟的出口管制机构体系除了欧盟理事会、欧盟委员会、欧洲议会、欧洲法院之外，还包括各成员国的出口管制主管部门。

目前欧盟和各成员国已经制定了出口管制的法律法规。在军民两用物项管制领域，欧盟制定了《建立欧盟控制两用物项的出口、中介、技术援助、过境和转让的管制制度》，成员国在进行出口管制时可根据欧盟相关法律的授权制定国内法；在军品管制领域，欧盟出台了《管理军事技术和设备出口控制的共同条例》《欧盟内部国防相关产品转让指令》，各成员国在此领域同样拥有一定程度的自主权。

具体而言，欧盟对于军民两用物项的出口管制措施包括：(1)制定成员国共同的出口管制规则，各个成员国之间共用统一的评估标准和许可证类型；(2)确立共同的《欧盟两用物项清单》及控制非清单物项最终用途的共同规则，除特别敏感的物项之外，清单内的其他物项在境内交易和转移无须许可证。对于清单外的物项，欧盟对两类物项实施"全面控制"，一类是涉及大规模杀伤性武器或作为军事最终用途的物项，另一类是可能被用于侵犯人权的网络监控物项，这两类物项即使未被纳入清单，出口也需要许可。在清单外，各个成员国还可以根据需要制定国内的两用物项清单。例如，德国把不在《欧盟两用物项清单》内的 ECCN 6A908 纳入了对伊朗管控的清单。[1]

4. 日本[2]

日本出口管制制度由"法令—政令—省令"三级法律法规构成上层法律设计；通过"名单管制"及"全面管制"规则，对特定项目的出口进行管制；借助区分管制对象国及列出"外国用户名单"来管制特定货物及技术转移。

---

〔1〕 参见任清、彭汉英：《欧盟两用物项出口管制制度解析》，载微信公众号"环球律师事务所"2021年9月9日，https://mp.weixin.qq.com/s/iL_61Y1UT8_SokJNLE8tPQ。

〔2〕 参见陈友骏、赵磊、王星澳：《日本出口管制政策及其对华影响》，载《现代国际关系》2021年第6期。

(1)“法令—政令—省令”三级出口管制法律体系

日本出口管制制度主要由与出口管制相关的立法、内阁政令、部门条令组成,同时受到国际多边出口管制协定与组织的制约。该制度由经济产业省主导与落实,由海关、警察厅及经济团体等部门团体发挥协助作用,对涉及军民两用和敏感物资的货物与技术进行有效的监督管理与出口限制。《外汇和对外贸易法》、《出口贸易管理令》及《外汇令》是日本出口管制制度的三部核心法令和政令。经济产业省等部门负责颁布的省令(部门条令)则在已有法令和内阁政令的前提下,规定相关的限制对象(货物或技术)的具体功能和规格,并依据法律、政令变动和形势环境变迁,不断完善和修订相关的出口管制政策。

(2)“名单管制”与“全面管制”并行的出口项目管制方式

“名单管制”是一种列出管制武器及敏感技术相关货物名单的出口管理机制,并受相关国际出口管制协定影响。“全面管制”则是对非名单管制的相关敏感技术与产品进行补充管制的一种机制。两种管制方式互为补充、相互联系。“名单管制”的重点是禁止常规武器、核材料、尖端材料、敏感物品等十五项相关货物、技术的出口与提供。“全面管制”是指对那些可能被用于大规模杀伤性武器或常规武器开发的货物和技术,即使不包含在“名单管制”范围内,出口也需要获取经济产业大臣的许可。其管制对象更为宽泛,几乎包含了绝大部分的军民两用产品与重要工业产品。

(3)区分管制对象国与“外国用户名单”并行的出口对象管制方式

日本政府通过区分管制对象国、罗列“外国用户名单”的方式,对货物及技术出口的对象国家、企业及机构等进行管制。从日本出口管制政策针对的具体国别来看,日本将出口管制对象国分为三类:第一,“白名单”国家。“白名单”国家是自身参与多个国际出口管制制度并严格执行出口管制的国家,与日本并无实质利害关系,属于“友邦”范围,日本实行较为宽松的管制政策。第二,联合国和安理会决议实行武器禁运的国家与地区。日本对这类国家和地区实行较为严苛的出口管制政策,禁止出口武器及相关物品、技术。第三,一般出口管制对象国。这类指处于上述两类国家之外的所有国家,对这类国家日本依据其自身的相关法令法规与具体案例进行出口管制的判定与选择。

第二节　出口管制合规的现状

一、近年来中国企业被列入"实体清单"的情况

为限制我国科技企业发展，早在2017年美国商务部就先后将上百家中国公司列入"实体清单"，中兴、华为、中科曙光、科大讯飞、海康威视等知名公司均曾受到制裁。[1] 我国科技领域优秀且具备潜力的公司更是被一直紧盯，打断、延缓了它们发展的步伐。截至2019年5月17日，中国内地（大陆）被纳入实体清单的实体143家，中国香港91家，中国台湾1家，其他国家的华为子公司26家，中国企业总计261家，占总数的21.9%，仅次于俄罗斯，为美国实体清单涉及企业数第二大国家。[2]

一旦被美国列入"实体清单"，即意味着美国政府可根据《出口管理条例》限制对这些机构出口、进口或转口。对这些企业而言，很多供应链都在美国或与美国有关，一旦关键零部件无法得到供应，影响可想而知，将严重影响企业产品供应链和产品出口。

华为限制出口一案即为典型案例。美国商务部声明，把华为及70个附属公司列入出口管制的"实体清单"，美国企业必须要经过美国政府批准才可以和华为交易。被列入美国实体清单后一年，华为大概增加了30%的研发投入，重新设计了超过6000万行的代码，开发了1000多块新的单板，对供应物料进行了重新选择，因此导致没有实现业务计划，与业绩目标差了120亿美元。[3]

---

〔1〕 参见《美国再将24家中国公司列入"实体清单"，已先后制裁上百家》，载网易网2020年5月23日，https://c.m.163.com/-news/a/FDB0S8NA0511VM7V.html。

〔2〕 参见黄伦宽：《中国建立"不可靠实体清单"制度背景及意义》，载《合作经济与科技》2020年第2期。

〔3〕 参见张莉：《国际贸易结构变化　合规成为进入国际市场的入场券》，载《中国对外贸易》2020年第6期。

二、"中兴""华为"事件的影响

(一)"中兴事件"

2018 年 4 月,美国政府认为,中兴通讯并没有按照其要求完整履行 2016 年的惩罚条款,故启动了出口管制禁令,禁止美国上游厂商为中兴通讯提供货物。中兴通讯自 4 月 18 日起对外公告宣布港股暂时停牌,于 5 月 9 日继续对外公告宣布由于美国禁令导致中兴通讯已经无法进行主要的经营活动。可见,美国出口管制禁令在短短二十天内给中兴通讯带来极其严重的后果。最终,中兴通讯和美国商务部达成了新的和解协议,中兴通讯不仅需要向美方支付高达 10 亿美元的罚金外加 4 亿美元保证金,还需要调整董事会和管理层,并接受美方提出的各项条件,其中即包括严格监管。7 月 14 日,中兴通讯才向外宣布"解禁",情况得以好转。据估计,中兴通讯因此次制裁至少损失了 200 亿元人民币。[1]

(二)"华为事件"

在 2018 年 1 月初,美国政府反对华为和 AT&T 签约合作,禁止华为手机进入美国市场;2018 年 8 月特朗普签署了"国防授权法",禁止美国政府机构和承包商使用华为和其他中国公司的某些技术;2018 年 11 月美国政府要求德国、意大利和日本等国家的电信公司不得使用华为的设备;2018 年 12 月,应美国要求,华为副董事长、首席财务官孟晚舟在加拿大温哥华被捕。2019 年 5 月 16 日,华为被列入实体清单,美国企业只有获得美国商务部许可,才可以向华为供应产品。

实体清单事件对华为打击巨大,比如,华为手机无法使用高通芯片,谷歌停止与华为合作,华为因此失去对安卓系统更新的访问权,只有在开源版更新后才可以"安卓开放源代码项目"(Android Open Source Project,AOSP)继续开发新的安卓系统,尽管对于国内业务影响不大,但国际业务大受影响,仅 2019 年华为的损失就超过 100 亿美元。

2020 年 5 月 15 日,美国对华为的制裁再度升格,要求任何使用美国芯片技术和设备的外国公司,在向华为和其关联企业供应芯片之前,必须事先获得美国的许可。

---

〔1〕 参见李灵:《中兴事件分析及提高核心竞争力》,载《现代企业》2020 年第 7 期。

2019年5月16日，美国将华为及68家附属关联公司列入实体清单，三个月后又增加了46家华为关联公司，再加上2020年8月的38家，总数已达152家，未来很可能还会继续增加，这种全面封杀一家企业的态势在美国历史上闻所未闻。封杀的主要原因是华为近几年在高科技领域，特别是5G领域有突出的表现。正如美国总统特朗普所说："5G竞赛是一场美国必须要赢的比赛，我们不允许其他国家在这个未来强大的产业中超越美国，我们是有敌人的，必须确保5G不被敌人掌握。"[1]

三、各国出口管制的发展趋势及对中国企业的影响

冷战结束之后，美国的国家安全威胁骤减，美国为适应新的国家安全形势实行新的安全战略，美国政府对维护国家安全的出口管制政策也进行了相应调整。特别自2001年的"9·11"事件，国际恐怖势力肆虐，美国严格限制对伊朗、朝鲜、利比亚等国的出口，严禁将敏感商品和技术通过美国或者其他国家转运到伊朗等国家。到了20世纪之后，中国的经济高速追赶美国，与美国之间的实力逐渐缩小，2011年，中国国内生产总值首次超过日本，仅次于美国位居世界第二，此后，中国一直紧随美国，美国将中国列入威胁美国发展的重要对手，对中国实行严格的出口管制政策，禁止向中国输送高科技产品、技术和军用物资。

近年来，美国对中国的出口管制从高科技产品、军用产品向新兴技术、基础研究演变，加强对基础研究的控制，不仅仅是管控技术产品，还包括限制生产设备出口、限制外国学生赴美学习、扩大外国投资审查、管控情报活动与加强知识产权执法。

出于遏制中国的目的，美国在国际上炒作"中国威胁论"，拿"人权"做文章，拉拢盟友在各个领域对中国进行出口管制。美国及其盟友对华技术出口的管制领域延伸到新兴和基础技术，并进一步加强了上述领域技术转让和企业兼并收购的限制，这严重制约了中国企业今后在国际市场上获取高新技术的途径，将导致中国企业核心竞争力的发展受到威胁，同时存在供应

---

〔1〕 *Remarks by President Trump on United States 5G Deployment*, (April. 12, 2019), https://trump-white - house. archives. gov/briefings - statements/remarks - president - trump - united - states - 5g - deployment/.

链断裂风险。

在美国的高压监管下，被管制的企业通常会遭受巨额的经济损失。例如，美国指控华为、中兴两家企业违反美国政府出口管控禁令与伊朗进行贸易，这一举措使中兴不仅要支付高额罚金和保证金，还需要调整董事会和管理层，并接受美方提出的各项条件，而华为高管孟晚舟本人还承受着刑事责任风险。两家企业因为制裁所受到的损失高达百亿元。

由此可见，企业对各国的出口管制必须高度重视，稍有不慎就会面临巨大的经济损失乃至刑事处罚。

第三节 企业出口管制合规体系的建设

一、确定管控物项

企业建立出口管制合规体系首先需要做的就是确定管控物项，即明确企业出口的产品、技术或者服务是否受到相关国家/地区管制，而不同国家在不同时期出于国家安全和利益的考虑，管控物项也有所不同。根据我国《出口管制法》，国家实施出口管制的管制物项范围包括两用物项、军品、核以及其他与维护国家安全和利益、履行防扩散等国际义务相关的货物、技术、服务等物项。美国则在法律、法规和规则三个层面，建立了完善的出口管制制度体系，而近年来随着我国高新技术产业的快速发展，美国技术出口管制的范围不断扩大，美国商务部工业和安全局近年的执法倾向也开始更多地关注科学、技术研发和制造领域。

鉴于此，企业建立出口管制合规体系时，要非常了解自己的产品、技术等出口物项，熟悉产品的技术指标，明确产品是否为军民两用产品，相关技术是否可能被应用于军事用途，出口的国家或地区是否为受限制地区。在出口产品、技术或提供服务之前，通过尽职调查确认该物项的正确出口分类编码，同时要了解企业所在行业领域内上下游产品的分类和应用，明确出口物项是否在相关国家的出口管制目录中。尤其是在高新技术领域，由于包括美国在内的主要国家近年来在高新技术出口管制领域不断进行调整和改革，我国企业特别是高新技术领域的企业需要做足功课，及时关注各国出口管制目录的更新。

实际上,各国政府对出口管制物项都制定了相对清晰的管制目录,如我国《两用物项和技术进出口许可证管理目录》、英国《战略管制目录》、美国《商品管制清单》、澳大利亚《国防和战略物资目录》、加拿大《出口管制目录》、日本《经产省管制目录》、韩国《战略贸易管制目录》,等等。企业如果想要了解出口物项是否在管制目录内,可通过各国主管部门提供的网络数据库自主查询,如澳大利亚国防部网站上的 DSGL(Data Structure & Algorithm Library)工具、英国政府提供的"商品检验工具"网站、韩国 YesTrade 自主分类查询工具,等等。[1] 然而,由于各国出口管制清单高频率地颁布和更新,仅靠企业的自身力量尚不足以管理和检索出口管制清单[2],因此需要委托第三方专业机构帮助企业建立管控物项识别机制并定期更新,必要时通过尽职调查的方式确认相关物项是否属于出口管制清单所列的管制物项。

二、合规风险评估

合规风险评估是企业出口管制合规体系的重要组成部分,也是企业建立或完善合规计划的基础。如果企业出现了出口管制违规行为或风险,可能会严重影响企业的正常经营。因此,企业应当对自身可能存在的出口管制风险定期实施全面的风险评估工作,划分不同的合规风险等级,并建立相应的管控机制以消除、防范或降低此类风险。根据《商务部关于两用物项出口经营者建立出口管制内部合规机制的指导意见》(商务部公告 2021 年第 10 号),企业实施全面的合规风险评估工作,应当从经营物项情况、客户情况、技术与研发情况、出口国家和地区情况、内部运作情况、第三方合作伙伴情况、风险防范措施等方面进行。

具体而言,企业对出口物项的风险评估,在前文确定管控物项相关用途及是否被列入管制清单的基础上,还要对出口物项进行梳理和科学分类,分析该出口物项是否因过境、转运、通运、再出口等行为受到相关国家进出口管制法律法规的管辖。

---

〔1〕 参见韩爽:《中国企业出口管制合规建设与要点分析》,载《企业经济》2020 年第 7 期。

〔2〕 参见刘俊霞:《"中兴事件"视角下美国贸易出口管制及风险防范》,载《对外经贸实务》2018 年第 11 期。

企业对客户的风险评估则需要评估客户的主要业务范围是否涉及军事等敏感业务领域，客户类型是生产商、经销商还是最终用户，有无被列入我国管控名单或联合国制裁清单。如果企业经营行为涉及的出口物项受到美国《出口管制条例》的管辖，还要查询客户是否被列入被拒人员清单（Denied Person List）、未经证实清单（Unverified List）和实体清单（Entity List）。最后，还要识别客户所在国家或地区的风险等级，确认客户所在国家或地区是否在相关国家的“负面清单”中，比如，美国《商业国家列表》对不同国家采取了不同的管制措施，即根据“亲疏远近”的标准，将不同国家分为“A、B、C、D、E”五个组别〔1〕。

企业对技术与研发的风险评估的内容包括企业的日常经营是否涉及属于管制物项的技术，在经营过程中的技术交流、传输，如电子邮件、社交软件、电话、传真、“云存储”等是否存在技术出口的风险和隐患，从事受控技术相关工作的员工是否为外籍员工，有无在未申请许可证的情况下，向外国组织及个人提供受控技术的行为及相应的风险和隐患等，对企业的设计和研发计划要及时跟踪。

企业对内部运作情况的风险评估要对企业出口管制供应链各重要部门可能存在风险的环节进行梳理，包括但不限于研发、采购、销售、财务、物流、报关等，同时要排查企业的合规制度是否明晰，有无设置专门的合规组织或人员来负责出口管制合规工作，相关资源的投入是否充足，监管是否到位，部门间的工作衔接是否顺畅，相关 IT 筛查系统是否有效，等等。

企业对第三方合作伙伴的合规风险评估需要定期调查、更新其相关资质证照、业务许可、董事会成员、股东、实控人等事项。第三方合作伙伴包括货物承运人、报关代理商、销售代理、研发合作伙伴、金融服务提供商、第三方电子商务交易平台等。

全面的企业合规风险评估是一项系统而又复杂的工作，涉及企业经营的各个层面、业务领域的各个部门，因此企业在实施合规风险评估工作前需要先确定重点业务领域，筛选出不同优先等级的部门，再有针对性地全面、定期评估相关合规风险，进行分级管理，并制定相应的应对措施。

---

〔1〕 参见王宇辰：《美国〈出口管制条例〉域外适用新动向》，载《对外经贸》2019 年第 9 期。

三、高层承诺

从合规义务的来源来看，合规义务可源于合规要求，也可源于合规承诺。典型的合规要求包括法律法规、行政命令等静态、一般性的内容，合规承诺更多体现为协议、承诺等更为动态、特殊性的内容，对于合规工作而言具有特殊的意义。宏观意义上的高层承诺主要包含公司高层向公司或第三方（含监管机构、交易对手、社会团体等）所作出的承诺、签订的协议以及公司规章制度。鉴于合规工作需要自上而下开展，声明或承诺势必需要由高层主导。

从承诺是否公开来看，由高层与企业共同作出合规承诺，向企业全体成员公示并向社会公开，系一种有助于企业更快形成合规文化的模式。高层作为企业的领导者，主动作出合规承诺对于企业的意义不言自明。承诺公开的形式可有多种，通过公开讲话宣传贯彻、向全体员工发送邮件、网站发布声明、组织录制相关视频等方式均可。当然，公开承诺通常并不会也不适宜具体约定违反承诺的后果，而仅是概括式、列举式地说明。以《两用物项出口管制内部合规指南》中示例的《出口管制合规政策声明》为例，这两部文件就没有采取直接明确具体的处罚模式。尽管如此，公开的承诺应明确对投诉、举报、报告的奖励，同时消除企业人员对前述行为的疑虑，让企业人员了解实施前述行为并不会遭受不利影响，且将获得高层的直接支持。

而对于非公开的承诺，宜划定处罚的种类并与特定行为或结果相对应，这一方面是为了确保具体的责任可切实地与职责相挂钩，另一方面也是为了更为清晰及透明地传递合规文化，使企业人员得以更快地接受各项与合规有关的要求。同时，个性化的激励措施应在非公开的承诺中予以体现，从而发挥正向的引导作用。

四、设置出口管制合规部门

1. 概述

企业应设置出口管制合规部门，以确保企业合规管理体系得以有效实施。根据《ISO 37301:2021 合规管理体系　要求及使用指南》《GB/T 35770—2022/ISO 37301:2021 合规管理体系　要求及使用指南》的有关要求，企业将出口管制合规的职能分配给特定的部门、职位，以及设置出口管制合规部门是必要的。尽管如此，是否建立独立的出口管制合规部门取决于企业的客观条件及需要，建立独立的部门或将出口管制合规的职能分配给现有部门或职位均是可取的。

2. 出口管制合规部门的职责

根据《出口管制法》第 2 条第 3 款的规定，出口管制系国家对从中华人民共和国境内向境外转移管制物项，以及向外国组织和个人提供管制物项所采取的禁止或限制性措施，而物项又包括与物项相关的技术资料等数据。考虑到企业不仅需要确保对中华人民共和国境内的法律法规予以遵守，还需要确保不违反与第三方的协议或违反其他国家、地区（中国内地、中国香港特别行政区、欧盟、美国和其他国家、地区〔1〕）的出口管制法律法规。基于此，就宏观层面而言，出口管制部门的职责在于确保企业理解并完全遵守其开展业务所处国家、地区的可适用的法律法规，包括经济制裁和出口管制法律法规的各项规定。〔2〕

具体而言，鉴于企业需要对管制物项进行动态识别，在针对出口管制清单所列管制物项或者临时管制物项进行出口时，应向国家出口管制部门申请许可。出口管制合规部门负有及时传递法律法规及管制清单所提出的要求、制定并管理出口程序、对交易对手进行尽职调查、确保交易伙伴并非受限实体清单或制裁清单上的实体、落实出口管制方面的人员管理及培训、进行交易对手管理等义务〔3〕。为兼顾效率及效果，出口管制部门应与相关业务部门及技术部门紧密联系，将出口管制相关合规义务落实在具体业务流程中。

3. 出口管制合规部门设置

如前所述，出口管制合规部门可独立设置，亦可以将出口管制合规的职能分配给现有部门、职位。尽管如此，合规部门的设置应确保至少可以满足两个要求：(1) 出口管制合规部门与被监督的成员、岗位、业务无利益冲突，以确保出口管制合规部门信守合规义务和具有坚定的立场；(2) 出口管制合

〔1〕 For example, Commerce Department's Bureau of Industry and Security (BIS) and Import and Export (Strategic Commodities) Regulations (Hongkong).

〔2〕 参见《2020 年出口管制合规政策》，载中兴网，https://www.zte.com.cn/china/about/trust-center/Legal-and-Compliance/Export-Control-Compliance/202010091028。

〔3〕 参见韩爽：《中国企业出口管制合规建设与要点分析》，载《公共管理》2020 年第 7 期。

规部门应享有足够开展合规工作的权限、级别及资源(人力、财务及技术支持),以确保出口管制合规部门具备有效沟通和影响的技能,有能力推动其建议和指导被接受,具有理解和落实合规义务的能力[1]。

考虑到出口管制合规部门的特殊性,无论是否设置独立的出口管制合规部门,都应分配足够的人员直接与具体业务部门对接联系并定期监督考察,以确保响应及时与高效。并且,出口管制合规部门的审批应当在流程上置于物项出口之前,以保障所有物项在出口之前均已经审查。同时,在出口管制合规部门之上,应在决策层直接领导下设置出口管制合规委员会,尚不具备条件的企业可只任命熟悉该领域的合规官以履行该职责,促使相关合规工作可直接向最高管理者报告并可获得其他部门的认可及支持,领导合规部门按照计划开展合规工作,确保出口管制合规管理融入各项业务领域和日常工作。[2] 同时,考虑到可能存在维护下属单位独立性的需求,具有独立法人资格的下属单位可以建立独立的合规部门。

五、企业内控制度建设

企业内控制度建设,即内部的合规制度建设。该制度建设要求全面覆盖基于相关法律法规、高层承诺、协议等文件所形成的出口管制合规义务,促使企业采取有效的控制措施管理合规义务和对应的合规风险。

从《两用物项出口管制内部合规指南》第 9 条及《ISO 37301: 2021 合规管理体系　要求及使用指南》《GB/T 35770—2022/ISO 37301: 2021 合规管理体系　要求及使用指南》的规定来看,至少可以将制度分为三个层次:顶层政策——纲领性文件、承诺、声明等;中层制度——制度、职责划分、流程指引、审查流程及重点等;底层文件——模板性文件、报告和处理程序、投诉/联系方式等。顶层政策主要便于企业人员形成合规意识,理解合规文化;中层制度解决具体实施、流程及标准的问题;底层文件主要是提供各个环节的基础性文件,以及特殊事件的记录及反馈渠道。

制度建设的目的不在于满足企业形式上备案的需要,也并非用以应对

[1] 参见《GB/T 35770—2022/ISO 37301:2021 合规管理体系　要求及使用指南》。

[2] 参见《两用物项出口管制内部合规指南》(商务部公告 2021 年第 10 号,2021 年 4 月 28 日发布)。

监管机构监管。出口管制合规义务的履行和合规风险的控制有赖于一套可有效指导企业人员执行并落实合规义务的制度。这就要求制度可覆盖合规义务及合规风险,可被理解和有效执行,即体现为充分汇总并及时更新、易于获得、便于执行。

具体而言,“充分汇总并及时更新”要求出口管制合规部门应积极维护制度,根据制度在实施过程中反映出来的问题、需求不断优化。同时应根据出口管制法律法规、管制物项清单、外部形势和企业面临的出口管制合规要求的变化及时进行更新。

就“易于获得”而言,管理制度应使所有人员容易获得,且可被负有相应职责的企业人员所理解。制度不应仅仅以文字形式体现,还应将具体要求通过列举式、表格式等具体化、可视化形式体现,使业务人员可以及时、准确地对是否违反合规义务进行判断。必要时,企业应通过技术手段实现前述目的。譬如,就经营物项及管制物项不明这一问题,企业可建立易于内部访问的数据库,便于企业人员识别经营物项及管制物项。

“便于执行”,即一个良好制度的出台有赖于各相关部门派员共同参与编写,制度的展现形式、表达也应尽量贴近相关岗位人员的习惯,从而便于业务人员理解,达到增强制度可用性的效果。

六、外部法律(清单)跟踪及嵌入制度与流程

外部法律清单指的是国际社会、国家、地方等公权力组织以法律、法规等形式对企业的一种相对静态、一般性的要求。然而,随着社会环境的变化,公权力组织的管理焦点转移,外部法律清单作为企业合规义务中最重要的来源亦应被及时调整。企业同时应根据公司的业务类型对公司合规制度、运作流程做相应调整,使其适应最新的外部法律清单要求。

外部法律清单的更新需要做到及时并准确,鉴于此,建议出口企业在条件允许的情况下,在全球各个国家与地区均配备专业的合规团队,包括但不限于专业的法务人员及外聘法律顾问,以求精准掌握外部法律法规的变化。企业总部合规人员应及时将最新的法律法规嵌入企业的制度与业务流程中去,以求对公司的合规体系做进一步的更新,确保海外投资经营合规制度得以有效运行。

七、员工培训

企业合规是一个自上而下的管理过程，最终合规的效果如何主要依靠企业员工行为来体现。要想企业员工按照公司内控制度行事，企业首先需要对员工开展合规培训。具体而言，企业合规培训应做到以下几个方面。

(1)由合规管理队伍发起

合规管理队伍应精准把握企业合规要求，合规管理队伍应由企业管理人员、法务部门、合规部门、业务部门的管理人员组成，并由其负责向员工灌输合规理念。

(2)培训全面覆盖

要求企业从管理层到一线员工均应进行系统化的合规培训，通过现场培训、网上培训课、发放培训手册等手段确保企业所有人员均完成接受培训的任务，对涉及风险岗位的人员、海外人员等需要重点关注的工作人员的培训需要不断增强。

(3)有区别的培训(在本章中仅就企业出口合规的培训展开论述)

除了全部人员均通用的制度培训外，企业还需要对员工进行有区别的培训，即企业应做到对员工分地域、分部门、分职务有针对性地开展合规培训，以便适应员工个体理解能力、业务熟悉程度、地域文化背景等多种因素的差异。因此有区别的培训更能让员工高效地理解合规管理制度的内涵。

(4)定期并频繁地开展日常培训

企业合规是一项持续性的管理工作，企业应根据生产经营节奏定期、频繁地安排员工培训，使接受合规制度培训成为员工日常工作中必不可少的一环。

(5)及时开展专项培训

顺应外部法律(清单)的更新及企业制度与流程的变化的要求，企业对合规制度变更的专项培训亦应做到及时、高效。

(6)培训过程可互动

要让员工真正理解合规制度的内涵，不应仅停留于“你听我说”的层面，在培训中，应设置提问环节，鼓励员工参与互动，确保每一位参与培训的员工均得到了充分培训。

(7)培训记录要完整

培训记录中应涵盖当次培训项目、培训目标、培训对象、培训内容、培训人员(应当接受培训的人员及实际参与的人员)等内容。

在目前全球企业大合规的环境下,仅对员工培训已经略显不足,后续企业对供应商、客户、代理商等主体的培训是大势所趋,因此企业的培训机制应当普及至前述相关主体,以免被列入美国黑名单。

八、出口管制合规体系检查与完善

1. 概述

出口管制合规体系检查,即在出口企业建立合规体系之后,企业应做到根据法律风险清单中的重点控制点回溯审视合规管理体系的运行状况,对照初期合规要求与计划,审视合规管理的全过程与结果,完成各项指标自检,得出检查结果,并做出最终合规报告的过程。然而对出口管制合规体系进行检查,目的都是为了对其更进一步地完善,通过发现问题、解决问题,同时减少合规风险。

2. 出口管制合规体系的检查方式

(1)企业应定期(如季度末、年中、年末等)对合规体系的运行状况进行检查。该种审视不仅包括企业内部的调查,还应包括企业外部的第三方审计,以确保合规报告客观全面。在企业完成了合规体系检查后,应依据检查结果改正不合规问题,进一步优化合规管理体系。

(2)除了定期检查外,当突发的合规事件发生时,企业也需要及时采取补救措施,并做好事后管理,以便企业了解问题所处形势,找出事件的根本原因,同时企业应识别出潜在的类似问题并填补合规体系中的漏洞。

(3)另外,企业应建立企业合规的举报机制(亦被称为“吹哨人制度”,在英美文化中,吹哨人是勇于揭露弊端、大义凛然的代表,他们敢冒个人风险举报弊端,为组织的进步带来正面影响),使合规事件发生之虞,即通过内部举报的方式加以防范并解决。企业应保障举报热线畅通,确保举报人安全,防止其被报复,并应及时兑现承诺的奖励。另外,应确保合规部门可以直接向公司董事会、首席法律顾问和首席执行官报告。

3. 出口管制合规体系检查与完善的优势

企业只有针对现有的合规体系问题制定清晰的升级流程,优化现有体系，才能做到从根本上解决该次合规事件所揭露的相关及类似问题。在出口企业被调查时，合规管理体系的建立并得以有效运行可作为企业及涉案个人量刑的重要考量依据（如《美国联邦组织犯罪量刑指南》），因此合规体系的检查及完善记录等文件化信息均应妥善保存。

九、违规行为处置

出口企业的违规行为可能对该企业的生存发展产生致命性的打击，尤其是在美国长臂管辖的大环境之下，美国以其国内法对华为公司、中兴公司的打击不可谓不厉害，而公司行为最终会落实至个人，所涉案件的企业高管亦难以免责。为保障企业合规制度的顺利施行，针对企业合规管理中的违规行为，企业应设立健全的问责机制并严格适用。

首先，企业应将合规责任纳入员工岗位职责和绩效管理流程中去，建立合规绩效指标，分级设置违规行为处罚方式。其次，企业应当定期对员工是否切实遵守合规制度做出考评，并对员工的违规行为展开调查。调查的过程应根据既定调查程序，严谨审慎地开展调查，并在调查过程中予以保密。再次，企业在处罚违规员工时，应依规而行，做到刚正不阿、一视同仁。最后，企业应将最终的处置结果形成案例，持续监控和衡量员工的合规绩效，并展开细致分析，以求更进一步完善企业的合规体系。

由于违规处置制度与举报奖励制度涉及企业员工的切身利益，在实施过程中，容易受到各方面的阻力，尤其是在东方传统文化背景下，“人情社会”及“告密者形象”等都是合规制度施行的障碍。这对企业合规文化的渗透提出了更高的要求，只有让员工充分理解对违规行为的处置或是举报都是维护企业合规体系有效运行并使其得以更进一步提升的路径，从而确保企业不受违规行为的牵连，保障员工生存发展，并不存在企业针对个人或部门的情况，最终才有可能使合规制度得以实行。

第四章 数据合规

第一节 数据合规概述

一、数据合规的定义

数据指任何以电子或者其他方式对信息的记录[1]。具体而言,数据是对客观事物的性质、数量、状态、位置、关系等进行记录的结果,是未经过加工的原始记录。数据有很多种表现形式,包括但不限于数字、文字、字母、图形、图片、视频、音频等。[2] 根据《数据安全法》相关规定,数据指任何以电子或者其他方式对信息的记录;与之不同的是,在《网络安全法》里将“网络数据”定义为“通过网络收集、存储、传输、处理和产生的各种电子数据”。也就是说,《数据安全法》认为受到法律保护的数据范围并不局限于电子数据,还包含了以非电子形式记录的信息,如纸质档案等,相较而言,《数据安全法》比《网络安全法》保护的数据范围更为广泛。通常认为,数据处理活动主要包括数据的收集、存储、使用、加工、传输、提供、公开等。

数据与信息存在密切关系。数据是信息的表现形式和载体,信息是数据的内涵,信息依赖数据来表达,数据经过加工后对实体行为产生影响就成

〔1〕 参见《数据安全法》第 3 条。

〔2〕 参见王珊、萨师煊编著:《数据库系统概论》(第 5 版),高等教育出版社 2014 年版。

为信息,两者属于形与质的关系。[1]

(一)个人信息与隐私

1. 个人信息

个人信息指以电子或者其他方式记录的与已识别或者可识别的自然人有关的各种信息,不包括匿名化处理后的信息。[2] 个人信息是与自然人有关的,可以辨认、联系到特定自然人的数据的总和,经过处理后无法识别特定自然人且不能复原的除外。个人信息包括但不限于自然人的姓名、身份证信息、个人生物信息、居住地址、通信地址(如电话号码、电子邮箱)、健康信息、账号密码、财产状况、行踪轨迹等。

特别需要注意的是,个人信息中的私密信息属于隐私。对个人信息中的私密信息的保护应首先适用《中华人民共和国民法典》(以下简称《民法典》)第四编第六章关于隐私权的规定,没有规定的,才适用《民法典》第四编第六章关于个人信息保护及《个人信息保护法》中个人信息保护的规定。[3]

2. 隐私

隐私是自然人的私人生活安宁和不愿为他人知晓的私密空间、私密活动、私密信息,任何组织或者个人均不得非法刺探、侵扰、泄露、公开。[4]

隐私的范围包括"私人生活安宁""私密空间""私密活动""私密信息"。私密信息仅是隐私的一部分,也区别于个人信息。隐私中的私密信息虽与自然人有关,但并不要求具备可识别自然人的特性,任何私人不愿意公开的信息都可成为私密信息。

(二)数据、个人信息与隐私的关系

不管是个人信息还是隐私,都是通过数据的形式来表达信息。个人信息与隐私之间均因与自然人有关并涉及私密信息而存在复杂的交叉重叠关系。

(三)数据合规的定义

从管辖的范围来看,我国现行法律所规制的数据处理活动不仅包括在中国境内开展数据处理活动,还包括在中国境外开展的损害国家安全、公共

---

〔1〕 参见周屹、李艳娟主编:《数据库原理及开发应用》(第2版),清华大学出版社2013年版。

〔2〕 参见《个人信息保护法》第4条。

〔3〕 参见《民法典》第1034条第3款。

〔4〕 参见《民法典》第1032条。

利益或者公民、组织合法权益的数据处理活动。

结合“合规”“合规风险”等基本概念,笔者认为“数据合规”指的是企业及其员工在中国境内外或跨境收集、存储、使用、加工、传输、提供、公开数据的行为需符合国内法律法规规章、其他规范性法律文件、行业准则、商业惯例、监管规定、相应的国际条约以及企业内部规章制度、章程的要求。

二、数据合规的国际法律渊源

(一)欧盟

与物权保护立法相比,数据保护领域的相关规定起步较晚。通常认为,1970 年德国黑森州制定的《黑森州数据法》是世界上第一部专门性的个人数据保护法,开启了通过立法保护数据的新时代;1973 年的《瑞典数据法》是世界上第一部全国性的个人数据保护法;1977 年德国也制定了全国性的《联邦数据保护法》;1978 年法国通过了《信息、档案与自由法》;1984 年英国在争议中通过了《英国数据保护法》。[1] 这些国家的个人数据保护立法对后来整个欧洲的数据保护产生了广泛而深远的影响。

欧盟制定的 2018 年 5 月 25 日生效的《通用数据保护条例》(General Data Protection Regulation,GDPR)被称为史上最严数据保护立法。GDPR 标志着欧盟数据隐私领域的立法前沿,这一条例也被视为隐私保护领域最为权威和细致的立法,不仅为其他国家的立法活动提供了参考,也为欧盟形成统一的数据市场提供了法律保障。GDPR 将个人数据的保护力度提至前所未有的高度,亦对数据处理企业等主体施加了甚为严苛的保护义务和法律责任。其中,GDPR 提到,控制者在确定处理方式和处理过程时,应当采取适当的技术和组织措施,诸如假名化(pseudonymisation)处理,将额外数据与个人数据分别保存,除非使用额外数据,否则个人数据无法指向特定数据主体。GDPR 白纸黑字地将个人数据的保护上升到法律层面,这已经将此前数据使用过程中涉及的大部分暧昧地带清晰化。

(二)美国

2018 年 6 月 28 日,加利福尼亚州州长签署公布了《加州消费者隐私法

---

[1] 参见王泽鉴:《人格权的具体化及其保护范围 · 隐私权篇(中)》,载《比较法研究》2009 年第 1 期。

案》(The California Consumer Privacy Act,CCPA),并于2020年1月1日起正式施行。CCPA回应了近年来美国公众对于各类数据泄露事件的忧虑,成为美国最严隐私保护先驱。CCPA主要内容涉及四项要素,也即法案出台的背景、消费者的权利、企业的义务以及法案术语界定等。此法案通过要求企业提供更高的透明度、授予消费者对其个人信息更多控制权,以及对处理个人信息的企业施加额外要求来加强对个人信息安全的保护。CCPA的颁布与实施已经为美国其他州的立法提供了十分有价值的参照标准。

2020年11月3日,《加州隐私权法案(2020)》(The California Privacy Right Act,CPRA)通过,该法案补充并扩展了CCPA,为加州居民确立了新的数据隐私权,该法案于2023年1月1日生效。同时,《儿童在线隐私保护法》(Children's Online Privacy Protection Act,COPPA)作为美国第一部对儿童网络隐私进行保护的联邦层级法律,也是企业应关注的重点之一。

在经济全球化的背景下,CCPA、CPRA和COPPA的实施将对众多跨国企业的合规经营产生重要且深远的影响,及时完成CCPA、CPRA和COPPA的合规工作对相关企业的发展尤为关键。

三、我国数据合规的立法进程

(一)法律层面

2009年2月28日实施的《刑法修正案(七)》首次将窃取或以其他方式非法获取公民个人信息、出售或非法提供公民个人信息的行为,情节严重的,定性为犯罪行为。

2017年6月1日实施的《网络安全法》从关键信息基础设施相关的数据、重要数据、个人信息三个类别对网络运营者进行规制。

2019年1月1日实施的《电子商务法》侧重于对互联网等信息网络销售商品或者提供服务的经营活动中涉及用户个人信息的保护。

2021年1月1日实施的《民法典》在第四编人格权编中细化了对个人信息的分类和保护规则。

2021年3月1日实施的《刑法修正案(十一)》从刑事方面对侵犯公民个人信息的行为进行规制。

2021年9月1日实施的《数据安全法》是我国第一部针对数据安全的专项法案。

2021 年 11 月 1 日实施《个人信息保护法》侧重对个人信息进行保护。

（二）法规层面

目前，法规层面仅有 2011 年 1 月 8 日实施的《中华人民共和国计算机信息系统安全保护条例》，该保护条例规定了计算机信息系统实行安全等级保护。安全等级的划分标准和安全等级保护的具体办法，由公安部会同有关部门制定。

（三）行业标准层面

在行业标准中，《计算机信息系统安全保护等级划分准则》（GB 17859—1999）作为总体标准，还包括《信息安全技术网络安全等级保护实施指南》（GB/T25058—2019）、《信息安全技术网络安全等级保护定级指南》（GB/T22240—2020）、《信息安全技术网络安全等级保护基本要求》（GB/T22239—2019）、《信息安全技术网络安全等级保护安全设计技术要求》（GB/T25070—2019）、《信息安全技术网络安全等级保护测评要求》（GB/T28448—2019）、《信息安全技术网络安全等级保护测评过程指南》（GB/T28449—2018）等超过三十项具体标准性文件。

四、数据合规应遵循的原则

数据安全离不开信息技术和互联网，同时又关系到个人隐私、公共秩序、国家安全等重大利益，因此相关的法律法规相对庞杂和技术化，貌似难以理解和操作。其实，揭开表象看本质，只要掌握了数据合规应遵循的基本原则，就抓住了数据合规的精髓。经梳理国内外数据合规基本原则的演变历程，大致可归纳出数据合规应遵循的原则。

（一）最小必要原则

在数据的采集和使用环节，要求采集、使用的目的要特定、明确、合法正当，收集的数据应当限于实现处理目的的最小范围，不得过度收集。

（二）保证数据安全原则

数据控制者本应采取必要措施保障数据的安全，防止数据的泄露、丢失或者其他安全事故。

（三）公开透明原则

数据的收集、使用、加工和开发，数据控制者身份，采集或处理信息的目的及其他的必要信息应公开透明。

（四）限制处理原则

数据控制者在数据的采集、使用和加工等环节都应受到一定的限制，例如，收集的信息要合法、正当、必要，信息的访问和使用必须与信息采集的目的一致，未经授权不可改变信息的使用目的。

（五）信息质量原则

数据控制者本应保证数据仅用于与收集目的相关的领域，保证数据的准确性、完整性和及时性。

（六）权利保护原则

数据控制者应赋予数据主体相应的权利，如访问权、修改权、删除权、可携带权、异议权等。

（七）救济原则

如果数据信息存在泄露情况，应设置完善的救济措施，如申诉、诉讼、赔偿等机制。

五、数据合规的实践难点

随着数据相关立法和监管日渐活跃，以及数字化转型在各行各业的推进，大型企业中数据合规的优先级也不断提高。和传统的合规领域相比，数据合规自带很多“新意”，主要来自新技术和新的商业模式。在为大型企业提供数据合规服务的过程中，将面临很多难点与挑战。

（一）信息不同步

数据合规面对的首要难点，是企业内部多个业务部门之间信息的不同步。对于大多数大型企业来说，涉及数据收集和使用的部门往往有多个，至少包括市场、采购、IT、人力资源、客服、合规部门，如果是医疗、教育等行业，还可能涉及对接医生、教师的单独部门，一部分企业在数字化转型的过程中还会成立跨部门的机构负责领导数据的收集和使用。对于数据合规来说，在提出“怎么做”之前必须要搞清楚“是什么”及“为什么”。但数据处理活动技术性很强，不易描述，而且数量如此之多的部门均参与到处理数据的过程中，各自的目的和场景也不相同，每个部门对数据活动的认知都是有限的。比如，使用数据的部门并不清楚数据的来源，而负责数据收集的部门也不清楚是否会用于其他目的。如何准确、全面地描述大型企业对数据的处理情况，并确定其中哪些处理行为可以根据合规要求进行调整，哪些是商业模式的基础难以做出改变,就成为推进各项数据合规工作的前提。

(二)合规义务的分解和嵌入

数据合规在大型企业遇到的第二大难点,是合规义务的分解和嵌入管理流程。中国目前关于数据的规则非常复杂,法律、法规、部门规章、规范性文件、国家标准均有大量规则,而且在一些情况下,某些规则的法律层级虽然不高,却是监管机构执法的主要依据。此外,大量的司法案例和舆情事件也会实际形成一些规则,在合规中需要关注。对于大型企业来说,如何对繁多的规则进行分解,而后嵌入到企业内部的政策、标准作业程序或其他管理文件中,就变成了一项艰难的任务。尤其还要考虑到法律法规会随着风险事件不断变化,如人脸识别、开发者工具套件都因为社会关注度较高,进而成为监管的重要关注点,亦有细化的相关规则陆续推出。相对来说,法律法规案例的梳理工作虽然需要耗费人力,但难度不大,如何把这些规则和企业内部的管理流程进行对位,才是真正的难点。尤其是很多跨国企业的组织架构非常复杂,牵一发而动全身,不可能因为数据保护的细化规则就进行较大调整。

(三)制度优先级选择

数据合规的第三个难点,是各项制度优先级的选择。个人信息和数据安全的相关法律法规都对企业提出了许多具体的制度要求,例如,数据安全风险评估制度、个人信息保护负责人制度、个人信息泄露通知制度。如果再结合行业或场景的特点,制度还要进行拼接或细化,比如,员工个人信息保护制度、生物识别信息保护制度、数字营销数据保护制度。在企业资源有限的情况下,各项制度建设的优先级排序决定着合规工作的效果。次序如果选择有误,将可能导致合规工作急刹车,各个部门会无所适从,或者对于新建立的合规制度产生抵触情绪。

(四)其他难点

除了上述难点以外,大型企业的数据合规工作还可能涉及境内外规则的要求不同甚至互相冲突、中央和地方不同监管机构执法要求不同、供应商众多而数据安全水平参差不齐等其他困难。

六、数据合规的发展趋势

随着互联网的发展,互联网对数据的收集与使用已经渗入生活的方方面面，如购物、理财、投资、餐饮、游戏、健身，等等，个人照片、电话号码、银行账户等大量个人信息也在随时被各类企业收集、处理，数据作为一种新型的生产要素，其重要性已不亚于财产，对于数据保护的重要性，用户、行业、国家、全球也已达成了共识。

所以中国数据合规工作将越来越受到重视。

首先，中国关于数据保护的法规不断升级，由最初的行业规范、行政规章，逐渐升级为国家法律。《网络安全法》于2017年6月1日生效，《数据安全法》于2021年9月1日生效，《个人信息保护法》于2021年11月1日生效。

其次，由于法规的明确化，数据合规的边界也日益清晰，进而国内监管部门的执法也会呈现专项治理与日常常态化监管并重的态势。

2020年，全国公安机关巡查发现并清理处置各类违法有害信息237万余条，发现并下架处置违法违规App共计6万余个，封停违法直播平台账号4.6万个，关闭违法直播间3.6万个；2018年至2020年，全国公安机关共侦办侵犯公民个人信息案件1.7万余起，抓获犯罪嫌疑人4万余名。[1]

2019年9月，天津市公安局河东分局接网安总队转递线索，某网络企业涉嫌利用贷款类手机App非法超限采集公民个人信息，具体表现为通过手机贷款App，在用户注册时不明确告知而非法采集用户通信录、通话记录、短信等个人信息。经侦查，该企业服务器内查获被非法采集的用户短信息246万余条。2021年9月，该企业主要人员葛某、朱某因侵犯公民个人信息罪均被天津市河东区人民法院依法判处有期徒刑三年并处罚金10万元。这是全国首例利用手机App非法超限采集公民个人信息案。[2]

再次，多个高校纷纷设立数据合规相关专业学科，为企业、政府、社会持续输送数据合规方面的专业人才。如江西财经大学于2019年9月招收全国首届数据法学专业本科生，中国政法大学于2022年起新增招收“数据法学”硕士研究生，重庆邮电大学设立了网络空间安全与信息法学院，设置了信息安全与网络空间安全专业。

---

〔1〕 参见《公安部：2018年以来查处P2P网贷平台1066个》，载新浪网2021年9月17日，https://k.sina.com.cn/article_3164957712_bca56c1002001pyc9.html。

〔2〕 参见《全国首例手机App非法超限采集个人信息案宣判！》，载百度网2021年9月29日，https://baijiahao.baidu.com/s?id=1712198764947918475&wfr=spider&for=pc。

最后，对于企业而言，企业合规是企业做大做强的保障，而数据合规已然成为企业合规的重要组成部分，尤其是针对互联网行业、金融行业、快递行业、医疗行业等收集个人信息较多的行业。个人信息野蛮使用、处置的时代已经过去，只管发展、不顾合规的模式已经不再符合时代要求。

七、数据合规对企业的影响

随着法律制度的完善，强监管的时代来临，数据合规可以说成为独立的综合学科，高校开设数据合规相关知识课程，大型企业纷纷为数据合规设立专门的岗位，数据合规将发挥越来越重要的作用。

在此背景下，企业必须重视数据合规，为数据合规投入足够多的经营管理人才、管理成本。

在强监管的大背景下，数据不合规将成为企业的重要风险，数据合规是企业防范风险的重要选择。根据相关法律规定，如监管机关发现企业存在数据不合规的情形，如违法收集、使用、存储个人数据的，企业轻则将被处以责令整改、警告、罚款的处罚，重则将被责令暂停相关业务、停业整顿、吊销相关业务许可证或者吊销营业执照，甚至受到刑事处罚。与此同时，企业数据合规直接负责的主管人员和其他直接责任人员也存在被行政罚款，甚至被刑事处罚的风险。

企业建立数据合规管理体系，可以有效降低企业数据违规的概率及违规的严重程度，甚至可以帮助企业减轻违规的责任。根据《行政处罚法》第33条的规定，当事人有证据足以证明没有主观过错的，不予行政处罚。有效的数据合规管理体系可以作为“没有主观过错”的证据，因此，有效的数据合规管理体系可以帮助企业争取不处罚或减轻处罚，并通过建立良好的信息记录为企业创造价值，为企业的长久发展保驾护航。

八、典型案例及启示

（一）滴滴出行被实施网络安全审查

1. 基本案情

2021年6月30日，“滴滴出行”（以下简称滴滴）在美国纽约证券交易所上市，股票代码为“DIDI”，首次公开募股（Initional Public Offering，IPO）发行定价为每股14美元，上市首日股价高开27%，市值峰点达到800亿美元，折合人民币超过5000亿元。

2021年7月2日，中国网信网发布《网络安全审查办公室关于对“滴滴出行”启动网络安全审查的公告》。该公告称：“为防范国家数据安全风险，维护国家安全，保障公共利益，依据《国家安全法》《网络安全法》，网络安全审查办公室按照《网络安全审查办法》，对‘滴滴出行’实施网络安全审查。为配合网络安全审查工作，防范风险扩大，审查期间‘滴滴出行’停止新用户注册。”

2021年7月4日，网信办通报滴滴下架。原因是“根据举报，经检测核实，滴滴出行App存在严重违法违规收集使用个人信息问题”，依据《网络安全法》相关规定，网信办要求其整改。同时，滴滴从6月30日美股上市至今，价格大跌20%以上，股价从15.53美元/股跌至如今不足12美元/股（美东时间7月16日盘中价格），市值从750亿美元跌至570亿美元，蒸发了180亿美元，约合1160亿元人民币。根据美国商业电报（Business Wire）和雅虎财经7月4日的报道称，美国股东权益律师事务所（Labaton Sucharow LLP）以及罗森律师事务所（Rosen Law Firm）日前宣布，其正在代表滴滴全球股份有限公司的股东准备集体诉讼、调查潜在的证券索赔。

2021年7月5日，国家网信办将审查范围扩大至货车帮、BOSS直聘等企业，并禁止被审查企业接受新用户注册。

2021年7月9日，网信办发布通告，要求各大网站平台下架滴滴发布的25款关联App。

2021年7月16日，国家互联网信息办公室网显示，“按照网络安全审查工作安排，国家网信办会同公安部、国家安全部、自然资源部、交通运输部、税务总局、市场监督总局等中央七部门联合进驻滴滴出行科技有限公司，开展网络安全审查”。

2. 处理结果

滴滴企业版25款App全部被下架，且相关部门对滴滴进行网络安全审查。网络安全审查期间，暂停新用户注册。

被网络安全审查的依据包括《国家安全法》第59条、《网络安全法》第35条、《网络安全审查办法》第15条。

需要注意的是，滴滴事件发生时《数据安全法》尚未生效，但从《数据安全法》第24条规定可知，安全审查决定为最终决定，没有救济途径，不能进行政复议或行政诉讼。

3. 可能面临的责任

(1)民事责任

根据《民法典》第1034条第1款、第2款规定可知，自然人的个人信息受法律保护。除自然人的姓名、身份证件号码、住址、电话号码等信息外，健康信息、行踪信息等也属于个人信息的范围。《民法典》第1035条第1款明确规定："处理个人信息的，应当遵循合法、正当、必要原则。"同时，《民法典》第1038条第1款、第2款规定，信息处理者不得泄露或者篡改其收集、存储的个人信息；未经自然人同意，不得向他人非法提供其个人信息，但是经过加工无法识别特定个人且不能复原的除外。信息处理者应当采取技术措施和其他必要措施，确保其收集、存储的个人信息安全，防止信息泄露、篡改、丢失。因此，对于违法违规收集个人信息或非法向他人提供个人信息的，可能会面临相应的民事侵权责任。

(2)行政责任

《网络安全法》第64条第1款规定："网络运营者、网络产品或者服务的提供者违反本法第二十二条第三款、第四十一条至第四十三条规定，侵害个人信息依法得到保护的权利的，由有关主管部门责令改正，可以根据情节单处或者并处警告、没收违法所得、处违法所得一倍以上十倍以下罚款，没有违法所得的，处一百万元以下罚款，对直接负责的主管人员和其他直接责任人员处一万元以上十万元以下罚款；情节严重的，并可以责令暂停相关业务、停业整顿、关闭网站、吊销相关业务许可证或者吊销营业执照。"

2021年9月1日《数据安全法》生效后，数据违规处理的，可能面临一千万元的顶格处罚，构成犯罪的，依法追究刑事责任。

(3)刑事责任

《刑法》第253条之一侵犯公民个人信息罪规定："违反国家有关规定，向他人出售或者提供公民个人信息，情节严重的，处三年以下有期徒刑或者拘役，并处或者单处罚金；情节特别严重的，处三年以上七年以下有期徒刑，并处罚金。违反国家有关规定，将在履行职责或者提供服务过程中获得的公民个人信息，出售或者提供给他人的，依照前款的规定从重处罚。窃取或者以其他方法非法获取公民个人信息的，依照第一款的规定处罚。单位犯前三款罪的，对单位判处罚金，并对其直接负责的主管人员和其他直接责任人员,依照各该款的规定处罚。”同时,《刑法》第 286 条之一拒不履行信息网络安全管理义务罪规定了网络服务提供者不履行法律、行政法规规定的信息网络安全管理义务,经监管部门责令采取改正措施而拒不改正,具有相关严重情形的处三年以下有期徒刑、拘役或者管制,并处或者单处罚金。由于目前暂未披露滴滴具体违法违规行为,还不能认定其是否构成刑事犯罪,但是《刑法》第 286 条作为侵犯公民个人信息的兜底犯罪条款,一旦企业被认定向他人提供了用户的个人信息,以滴滴的企业规模,构成“特别严重”情形的可能性较大。

4. 启示

国内互联网企业因为违规收集用户个人信息的行为被查处的情形并不罕见,后果大多是罚款几万元到几十万元,整改到位就结束了。滴滴事件引起舆论广泛关注的原因,是因为滴滴在美国上市次日就被网信办宣布查处,而且查处公告直接引用了《网络安全审查办法》,这就意味着监管机关可能认为滴滴在美国上市存在违规处理用户个人信息以及数据的情况,该情况可能涉及国家安全问题。而且网信办接着宣布对“运满满”“货车帮”“BOSS直聘”几家在美国上市的企业进行网络安全审查,并在短时间内发布《网络安全审查办法(修订草案征求意见稿)》,该征求意见稿增加了对境内企业赴国外上市的监管规定。从上述情况可知,国家希望加强对中概股在美国上市的网络安全审查和监管的态度已经十分明了。

滴滴被纳入网络安全审查是一个值得关注的重大事件,预示着在复杂的网络安全态势下,国家相关执法部门可能会进一步加强网络安全审查。企业在构建自身的网络与数据安全体系过程中,合规将会是一个无法回避的重大问题。因此企业应重视数据合规,并采取以下措施:首先,互联网企业应尽快对自身数据合规进行合法性评估,包括但不限于网络安全管理、数据处理以及用户个人信息保护等方面。其次,企业应提升自己以及员工的数据合规意识,尤其是决策层和重要管理层的网络安全、数据安全意识。最后,企业还应建立数据合规相关制度和框架,将网络安全与数据合规上升到企业的宏观策略层面,以安全策略统领合规制度,明确合规部门、法务部门和信息安全部门的具体职责范围,在组织架构上提供履行职责的保障,并更加深度地介入业务、战略决策,这才是防范风险的根本。要建立网络安全与数据安全风险评估长效机制。

(二)墨迹天气因数据合规问题,IPO首发申请被否

1. 基本案情

北京墨迹风云科技股份有限公司(以下简称墨迹科技)于2010年成立,主营业务为基于移动互联网平台的气象信息服务和广告信息服务,主要产品为查询气象信息的移动工具应用——墨迹天气App。墨迹科技历经7年已拥有5.56亿的累计装机量,占据天气类软件的龙头位置。墨迹科技于2016年正式提交申请IPO,拟在深交所创业板发行不超过1000万股,发行后总股本不超过4000万股,IPO拟募集资金3.39亿元,其募投项目有三个:墨迹天气App系统升级项目,拟投资2.22亿元;墨迹科技研发中心项目,拟投资0.67亿元;补充流动资金,拟投入0.5亿元。

2. 发审委会议提出询问的主要问题[1]

(1)发行人运营的网站、"墨迹天气App"存在未经其许可违规发布互联网新闻信息,被责令限期整改的情形;发行人存在于取得《互联网药品信息服务资格证书》之前,发布药品广告的情形。发行人现有的App有视频节目与游戏节目,以及发布了医院广告。

(2)发行人通过自主收集及第三方途径获取用户数据及标签,并利用数据进行商业化变现。发行人于2019年7月16日收到App专项治理组发出的《关于App收集使用个人信息相关问题的通知》,App专项治理工作组要求发行人就收集使用个人信息中存在的问题进行整改。(事件背景:2019年7月16日墨迹科技收到App专项治理组发出的《关于App收集使用个人信息相关问题的通知》;2019年9月,在公安部网络安全保卫局等多个部门联合主办的"2019年网络安全专题发布会"上,墨迹科技再次因涉嫌超范围采集公民个人隐私信息被点名。)

(3)报告期内发行人的互联网广告信息服务收入占比超过95%。

(4)报告期内与发行人存在直接或间接股权关系的客户(阿里、苏宁、腾讯,以下简称股权相关方)直接或间接贡献收入金额及占比较大。

3. 整改情况

(1)"2020全国移动应用程序(App)生态促进大会"在北京召开。大会为首批通过"移动应用(App)服务器端大数据平台"安全测评的21家企业

---

[1] 参见刘慎良:《墨迹天气上市为何如此"磨叽"》,载《北京青年报》2019年10月15日,第9版。

颁发了证书，墨迹科技是本次通过安全测评并获得“卓信大数据”证书的企业之一。

（2）2021年2月5日，工信部通报2021年第二批（总第十一批）侵害用户权益行为App名单，墨迹科技因“超范围收集个人信息”被点名。

4. 启示

企业存在违规收集使用用户数据等数据合规问题会严重影响企业上市融资，拟上市企业建立科学有效的数据合规体系势在必行、刻不容缓。拟上市企业，特别是拟在科创板上市的企业均为高科技行业的排头兵，它们的业务模式具备创新性，数据的利用具有领先性。墨迹科技IPO因数据合规等问题被证监会否决的事件只是露出了问题的冰山一角，如何消灭这只IPO漫漫征程上的“拦路虎”，我们提出以下建议：

（1）企业应当具有数据战略

所谓数据战略，指企业应当制定长期的数据指导方针，以持续的资源投入来保证数据资产聚集和应用的竞争优势。概括来讲，企业应当有一个包括最高管理层参与的数据委员会，以形成有效的企业数据战略、执行准则、资源投入和内部协同。在数据委员会中应当包括具有决策权的法律人员，并赋予其说不的权利。

（2）根据拟上市企业的商业模式定制数据合规方案

合规追求的目标是企业效率和风险管控的平衡。不同的企业在不同的发展阶段，基于数据层面所面临的监管压力不同，如果进行“一刀切”式的合规，必然影响企业的阶段性发展，甚至是企业经营的成败。相反，如果过分突出企业的发展效率而漠视法律风险的管控，则会带来存亡之虞。因此，只有以现有法律和监管为基础，划定企业的业务红线，契合企业的商业模式，找到问题的最佳解决路径，才是拟上市企业数据合规的必由之路。

（3）在拟上市企业经营中做好全方位合规管理

制定个人信息保护全周期、全流程的制度，采取完善的技术保护措施，并将数据合规管理工作应渗透在数据收集、存储、使用、传输、跨境提供等各项数据操作行为中，以保证整体数据收集处理行为的合法合规；做好合规培训，让数据合规意识成为企业的合规文化之一；同时对数据处理记录进行有针对性的管理和留存，以应对监管机构的审查。

(4)上市前做好风险细致排查

对照《网络安全法》及其配套法规、网络安全及个人信息保护相关政策要求及最新监管趋势,全面盘点整体数据处理工作,排查可能存在的数据合规风险并形成有效的应对措施和方案。

(5)上市后的持续跟踪、合规落实及清晰披露

企业上市逐步由"审核制"向"备案制"过渡,对上市企业的监管也慢慢倾向于上市后的严监管。而数据合规工作亦是一项长期工程,监管环境和法律体系尚在成熟完善之中,对于已经上市的企业,为应对国内个人信息保护不断变动的立法执法环境,应做到及时更新完善内部管理制度及技术措施、外部个人信息收集处理规则及相关协议条款,以紧跟合规要求及业务发展实践;对影响业务开展的个人信息处理行为、重大风险等要及时进行评估,甚至在符合规范的条件下予以披露。综上所述,墨迹科技 IPO 被否事件仅仅是拉开了资本市场关注数据合规问题的序幕。显然,对于拟上市企业,数据合规问题已经是企业在 IPO 过程中不可回避的重要问题,而数据合规本身涉及法律、互联网技术、商业模式等方方面面,数据本身的无形性、技术性和复合性的特点更是给拟上市企业的 IPO 之路带来了前所未见的困难和阻碍。传统的合规体系已经不足以满足企业尤其是科技型企业的需要,根据监管方向制定新的科学有效的数据合规体系势在必行。不仅仅是科技企业,凡是涉及数据收集、使用的企业都需要引起对企业合规重视。只有尽早布局、开展数据合规性核查,完善数据合规内部控制工作,专业地处理数据合规问题,建立科学有效的数据合规体系,才能让企业的 IPO 之路更为顺畅。

(三)全国"人脸识别第一案"

1. 基本案情

原告郭某针对被告杭州野生动物世界要求进行"人脸识别"否则拒绝游客正常入园的行为提起诉讼,要求确认被告店堂告示、短信通知中相关内容无效,并要求其赔偿年卡卡费、交通费并删除个人信息等。

2019 年 4 月 27 日,郭某与妻子向杭州野生动物世界购买双人年卡,并留存相关个人身份信息,拍摄照片并录入指纹。后野生动物世界未经客户同意将年卡客户入园方式由指纹识别调整为人脸识别,并更换了店堂告示。随后,野生动物世界向郭某发送了两次短信,通知年卡入园识别系统更换事

宜,要求激活人脸识别系统,否则将无法正常入园。[1] 郭某在与野生动物世界协商未果的情况下提起诉讼引发本案纠纷。2021 年 4 月 9 日,杭州市中级人民法院对本案进行了二审宣判。

案件结果:一审法院判决被告赔偿原告合同利益损失及交通费共计 1038 元,删除原告郭某办理指纹年卡时提交的包括照片在内的面部特征信息;二审法院增判被告删除原告郭某提交的指纹识别信息。

2. 启示

人脸信息属于个人独有的生物识别信息,具有独特性、直接识别性、不可更改性、易采集性等特点,目前已经成为很多用户的支付密码、账号密码等,由于用户无法更改自己的人脸信息,一旦泄露,将严重威胁用户的财产安全、隐私安全。[2] 依据《网络安全法》的相关规定,个人生物识别信息属于个人信息。而《信息安全技术　个人信息安全规范》(GB/T 35273—2020)明确规定,面部识别特征与个人基因、指纹、声纹、掌纹、耳廓、虹膜等一并构成个人敏感信息下的"个人生物识别信息",保护程度和相关的合规要求均较一般个人信息更高,进一步明确个人生物识别信息属于个人敏感信息。生物识别信息作为敏感的个人信息,深度体现自然人的生理和行为特征,具备较强的人格属性,一旦被泄露或者非法使用,可能导致个人受到歧视或者人身、财产安全受到不测危害,更应谨慎处理和严格保护。[3] 如果经营者未经充分的数据安全评估,贸然引入人脸识别技术而不提供替代方案,可能会导致需要收集原约定范围之外的个人信息或数据,由此导致数据来源缺乏合法性,因此经营者引入人脸识别这样的新技术,有必要开展个人信息安全影响评估。此外使用人脸识别技术对原有服务进行升级,可能导致突破原协议的范围,让原本不必收集的面部识别特征成为必不可少的数据,而经营者仅以告知用户其不注册人脸识别就无法继续履行合同的,可能会构成对合同义务的违反进而需承担违约责任。因此,经营者在服务技术升级的同时,需要考虑如果个人不同意提供新的数据,能否继续使用已有服务,或者提供替代性方案。

---

〔1〕 参见卢越:《如何拒绝"丢脸""偷脸"仍待解》,载《山西法制报》2021 年 4 月 19 日,第 8 版。

〔2〕 参见《3·15 曝光人脸信息滥用触目惊心,商用逐利边界何在?》,载澎湃网 2021 年 3 月 17 日,https://m.thepaper.cn/baijiahao_11734033。

〔3〕 参见《"人脸识别第一案"终审宣判》,载《四川法治报》2021 年 4 月 13 日,第 3 版。

人脸信息属于生物识别信息，也属于个人敏感信息，收集个人信息时应获得个人信息主体的授权同意。对于非法采集个人信息的行为，《个人信息保护法》对如何进行处罚作出了严格的规定，例如，违法行为情节严重的，由省级以上履行个人信息保护职责的部门责令改正，没收违法所得，并处五千万元以下或者上一年度营业额5%以下罚款，并可以责令暂停相关业务或者停业整顿、通报有关主管部门吊销相关业务许可或者吊销营业执照；对直接负责的主管人员和其他直接责任人员处十万元以上一百万元以下罚款，并可以决定禁止其在一定期限内担任相关企业的董事、监事、高级管理人员和个人信息保护负责人。尽管当时该《个人信息保护法》尚未正式颁布，但立法机构对个人信息的严监管态度已经日渐明朗。

2021年7月27日，最高人民法院公布《最高人民法院关于审理使用人脸识别技术处理个人信息相关民事案件适用法律若干问题的规定》，对企业使用人脸识别技术进行了严格限制。另外，《侵害消费者权益行为处罚办法》（2020年修订）第11条第1款第1项规定，“经营者收集、使用消费者个人信息，应当遵循合法、正当、必要的原则，明示收集、使用信息的目的、方式和范围，并经消费者同意”。因此，企业在收集消费者人脸信息之前，应事先自行评估是否具备完善的数据保护体系，并注重保持数据存储、处理过程中的合规性，防止个人敏感信息外泄。

第二节　数据合规法律体系及标准

2021年8月20日，《个人信息保护法》审议通过，至此，《网络安全法》《数据安全法》《个人信息保护法》三部法律构筑起我国信息及数据安全领域的基础法律框架，我国数据合规法律体系基本搭建完成。《网络安全法》从关键信息基础设施相关的数据、重要数据、个人信息三个类别对网络运营者进行规制；《个人信息保护法》侧重对个人信息进行保护；《数据安全法》则将一切数据（电子与非电子数据）与一切可能处理数据的政府、组织和个人都纳入规范之内，从数据安全与发展、数据安全管理制度、数据安全保护义务、政务数据安全与开放等多个方面对数据安全保护的义务及相关法律责任进行规定。

在这三部基本法律外，对数据合规从不同维度分别进行规制的法律规范数量众多，散见于各类法律、司法解释、行政法规、部门规章、地方性法规及规范性文件之中，共同构成了我国数据合规法律体系。此外，国家及行业标准等软法也是数据合规的重要依据。

我国目前涉及数据合规的主要规范性文件及标准指南具体见表2－2。

表2－2　数据合规规范性文件及标准指南

类别	序号	名称	发布主体	发布时间
法律	1	《中华人民共和国网络安全法》	全国人民代表大会常务委员会	2016年11月7日
	2	《中华人民共和国个人信息保护法》	全国人民代表大会常务委员会	2021年8月20日
	3	《中华人民共和国数据安全法》	全国人民代表大会常务委员会	2021年6月10日
	4	《中华人民共和国刑法》	全国人民代表大会常务委员会	2020年12月26日
	5	《中华人民共和国居民身份证法》	全国人民代表大会常务委员会	2011年10月29日
	6	《中华人民共和国民法典》	全国人民代表大会常务委员会	2020年5月28日
	7	《中华人民共和国电子商务法》	全国人民代表大会常务委员会	2018年8月31日
	8	《中华人民共和国传染病防治法》	全国人民代表大会常务委员会	2013年6月29日
	9	《中华人民共和国统计法》	全国人民代表大会常务委员会	2009年6月27日
	10	《中华人民共和国社会保险法》	全国人民代表大会常务委员会	2018年12月29日
	11	《中华人民共和国证券投资基金法》	全国人民代表大会常务委员会	2015年4月24日
	12	《中华人民共和国证券法》	全国人民代表大会常务委员会	2019年12月28日

续表

类别	序号	名称	发布主体	发布时间
	13	《中华人民共和国电子签名法》	全国人民代表大会常务委员会	2019年4月23日
	14	《中华人民共和国反恐怖主义法》	全国人民代表大会常务委员会	2018年4月27日
	15	《中华人民共和国未成年人保护法》	全国人民代表大会常务委员会	2020年10月17日
	16	《中华人民共和国密码法》	全国人民代表大会常务委员会	2019年10月26日
	17	《中华人民共和国消费者权益保护法》	全国人民代表大会常务委员会	2013年10月25日
	18	《中华人民共和国国家情报法》	全国人民代表大会常务委员会	2018年4月27日
	19	《中华人民共和国旅游法》	全国人民代表大会常务委员会	2018年10月26日
	20	《中华人民共和国护照法》	全国人民代表大会常务委员会	2006年4月29日
	21	《中华人民共和国治安管理处罚法》	全国人民代表大会常务委员会	2012年10月26日
	22	《中华人民共和国测绘法》	全国人民代表大会常务委员会	2017年4月27日
司法解释	1	《关于办理侵犯公民个人信息刑事案件适用法律若干问题的解释》	最高人民法院、最高人民检察院	2017年5月8日
	2	《关于审理利用信息网络侵害人身权益民事纠纷案件适用法律若干问题的规定》	最高人民法院	2020年12月29日
	3	《关于审理旅游纠纷案件适用法律若干问题的规定》	最高人民法院	2020年12月29日
	4	《关于办理非法利用信息网络、帮助信息网络犯罪活动等刑事案件适用法律若干问题的解释》	最高人民法院、最高人民检察院	2019年10月21日

续表

类别	序号	名称	发布主体	发布时间
司法解释性质文件	1	《关于依法惩处侵害公民个人信息犯罪活动的通知》	最高人民法院、最高人民检察院、公安部	2013年4月23日
	2	《关于办理“套路贷”刑事案件若干问题的意见》	最高人民法院、最高人民检察院、公安部、司法部	2019年2月28日
	3	《关于办理电信网络诈骗等刑事案件适用法律若干问题的意见》	最高人民法院、最高人民检察院、公安部	2016年12月19日
	4	《关于办理电信网络诈骗等刑事案件适用法律若干问题的意见(二)》	最高人民法院、最高人民检察院、公安部	2021年6月17日
	5	《关于办理利用信息网络实施黑恶势力犯罪刑事案件若干问题的意见》	最高人民法院、最高人民检察院、公安部、司法部	2019年7月23日
检察综合规定	1	《检察机关办理侵犯公民个人信息案件指引》	最高人民检察院	2018年11月9日
行政法规	1	《中华人民共和国计算机信息网络国际联网管理暂行规定》	国务院	1997年5月20日
	2	《关于在线政务服务的若干规定》	国务院	2019年4月26日
	3	《中华人民共和国人力资源市场暂行条例》	国务院	2018年6月29日
	4	《中华人民共和国征信业管理条例》	国务院	2013年1月21日
	5	《中华人民共和国娱乐场所管理条例》	国务院	2020年11月29日
	6	《中华人民共和国缺陷汽车产品召回管理条例》	国务院	2019年3月2日
	7	《中华人民共和国地图管理条例》	国务院	2015年11月26日

续表

类别	序号	名称	发布主体	发布时间
	8	《中华人民共和国档案法实施办法》	国务院	2017 年 3 月 1 日
	9	《中华人民共和国电信条例》	国务院	2016 年 2 月 6 日
	10	《中华人民共和国废弃电器电子产品回收处理管理条例》	国务院	2019 年 3 月 2 日
	11	《中华人民共和国快递暂行条例》	国务院	2019 年 3 月 2 日
	12	《互联网信息服务管理办法》	国务院	2011 年 1 月 8 日
	13	《中华人民共和国计算机信息系统安全保护条例》	国务院	2011 年 1 月 8 日
国务院规范性文件	1	《国务院办公厅关于印发〈科学数据管理办法〉的通知》	国务院	2018 年 3 月 17 日
	2	《国务院办公厅转发科学技术部卫生部〈人类遗传资源管理暂行办法〉的通知》	国务院	1998 年 6 月 10 日
	3	《国务院办公厅转发科学技术部卫生部〈人类遗传资源管理暂行办法〉的通知》	国务院	1998 年 6 月 10 日
部门规章	1	《儿童个人信息网络保护规定》	国家互联网信息办公室	2019 年 8 月 22 日
	2	《电信和互联网用户个人信息保护规定》	工业和信息化部	2013 年 7 月 16 日
	3	《网络出版服务管理规定》	国家新闻出版广电总局（已撤销）、工业和信息化部	2016 年 2 月 4 日
	4	《未成年人节目管理规定》	国家广播电视总局	2021 年 10 月 8 日
	5	《电子银行业务管理办法》	中国银行业监督管理委员会（已撤销）	2006 年 1 月 26 日
	6	《邮件快件实名收寄管理办法》	交通运输部	2018 年 10 月 22 日

续表

类别	序号	名称	发布主体	发布时间
	7	《会计档案管理办法》	财政部、国家档案局	2015 年 12 月 11 日
	8	《公安机关互联网安全监督检查规定》	公安部	2018 年 9 月 15 日
	9	《新闻出版统计管理办法》	国家新闻出版广电总局(已撤销)	2016 年 5 月 5 日
	10	《侵害消费者权益行为处罚办法》	国家市场监督管理总局	2020 年 10 月 23 日
	11	《网络预约出租汽车经营服务管理暂行办法》	交通运输部、工业和信息化部、公安部、商务部、国家市场监督管理总局、国家互联网信息办公室	2022 年 11 月 30 日
	12	《邮政行业统计管理办法》	交通运输部	2013 年 4 月 12 日
	13	《通信网络安全防护管理办法》	工业和信息化部	2010 年 1 月 21 日
	14	《通信短信息服务管理规定》	工业和信息化部	2015 年 5 月 19 日
	15	《电信服务规范》	信息产业部(已撤销)	2005 年 3 月 13 日
	16	《互联网安全保护技术措施规定》	公安部	2005 年 12 月 13 日
	17	《网络安全审查办法》	国家互联网信息办公室、国家发展和改革委员会等	2021 年 12 月 28 日
	18	《在线旅游经营服务管理暂行规定》	文化和旅游部	2020 年 8 月 20 日
	19	《电信服务质量监督管理暂行办法》	工业和信息化部	2014 年 9 月 23 日

续表

类别	序号	名称	发布主体	发布时间
部门规范性文件	1	《App违法违规收集使用个人信息行为认定方法》	国家互联网信息办公室、工业和信息化部、公安部、国家市场监督管理总局	2019年11月28日
	2	《网络音视频信息服务管理规定》	国家互联网信息办公室、文化和旅游部、国家广播电视总局	2019年11月18日
	3	《移动互联网应用程序(App)安全认证实施规则》	国家认证认可监督管理委员会	2019年3月13日
省级地方性法规	1	《浙江省数字经济促进条例》	浙江省人民代表大会常务委员会	2020年12月24日
标准指南	1	《信息安全技术　移动智能终端个人信息保护技术要求》	国家质量监督检验检疫总局、中国国家标准化管理委员会	2017年11月1日
	2	《信息安全技术　个人信息去标识化指南》	国家市场监督管理总局、中国国家标准化管理委员会	2019年8月30日
	3	《信息安全技术　个人信息安全影响评估指南》	国家市场监督管理总局、中国国家标准化管理委员会	2020年11月19日
	4	《信息安全技术　公共及商用服务信息系统个人信息保护指南》	国家质量监督检验检疫总局、中国国家标准化管理委员会	2012年11月5日
	5	《信息安全技术　移动终端安全保护技术要求》	国家质量监督检验检疫总局、中国国家标准化管理委员会	2017年12月29日

续表

类别	序号	名称	发布主体	发布时间
	6	《信息安全技术　信息安全漏洞管理规范》	国家市场监督管理总局、中国国家标准化管理委员会	2020年11月19日
	7	《移动金融客户端应用软件安全管理规范》	中国人民银行	2019年9月27日
	8	《信息安全技术　网络安全等级保护安全设计技术要求》	国家市场监督管理总局、中国国家标准化管理委员会	2019年5月10日
	9	《信息安全技术　网络安全等级保护测评要求》	国家市场监督管理总局、中国国家标准化管理委员会	2019年5月10日
	10	《个人金融信息保护技术规范》	中国人民银行	2020年2月13日
	11	《信息安全技术　个人信息安全规范(2020版)》	国家标准化管理委员会	2020年3月6日
	12	《App收集使用个人信息最小必要保证规范人脸信息》	电信终端产业协会	2020年11月26日
	13	《网络关键设备安全通用要求》	国家市场监督管理总局、中国国家标准化管理委员会	2021年2月20日
	14	《〈个人健康信息码〉系列国家标准》	国家市场监督管理总局、中国国家标准化管理委员会	2020年4月29日

一、数据合规监管部门

《数据安全法》第8条第2－4款规定:“工业、电信、交通、金融、自然资源、卫生健康、教育、科技等主管部门承担本行业、本领域数据安全监管职责。公安机关、国家安全机关等依照本法和有关法律、行政法规的规定,在各自职责范围内承担数据安全监管职责。国家网信部门依照本法和有关法律、行政法规的规定,负责统筹协调网络数据安全和相关监管工作。”

实践中,网络安全与数据合规领域目前为多部门监管模式。基于网络数据的传播速度快，覆盖范围广泛，牵涉的地域、行业、群体、法益存在多样性的特点，国家的网信、工业、电信、公安、市场等监管部门，通过横向的部门协作与纵向上下级监管，对网络安全与数据合规实现全面管理。

（一）国家互联网信息办公室

国家互联网信息办公室（以下简称网信办）统筹协调网络安全工作和监督管理工作，于2011年5月设立，与中央网络安全和信息化委员会办公室"一个机构，两块牌子"，列入中共中央直属机构序列[1]。2014年国务院发文授权网信办负责全国互联网信息内容管理工作，并负责监督管理执法[2]。

近年来，网信办统筹协调作用呈逐渐加强趋势，根据《国务院关于授权国家互联网信息办公室负责互联网信息内容管理工作的通知》《网络安全法》《数据安全法》《个人信息保护法》等规定，网信办的统筹监管范围包括信息内容、网络安全、网络数据、个人信息保护、关键信息基础设施、算法治理等方面。其主要职责包括：落实方针政策和推动法治建设，指导、协调、督促有关部门加强管理，指导有关部门做好网络文化领域的业务布局规划和实施工作，组织、协调网上宣传工作，包括重点新闻网站的规划建设和违法违规网站的查处，在职责范围内指导各地互联网有关部门开展工作[3]。

网信办设有行政执法人员，可以实施监督检查、立案调查、听证、约谈、行政处罚等监管措施。

（二）工业和信息化部

工业和信息化部（以下简称工信部）属于国务院部委，内设25个机关司局，其中网络安全管理局（以下简称网安局）和信息通信管理局（以下简称信管局）主要负责网络安全及数据安全相关工作。

网安局内设综合处、网络安全处、数据安全处和重要通信处，主要职责

---

〔1〕 参见《国务院关于机构设置的通知》（国发〔2018〕6号，2018年3月22日公布）。

〔2〕 参见《国务院关于授权国家互联网信息办公室负责互联网信息内容管理工作的通知》（国发〔2014〕33号，2014年8月26日公布）。

〔3〕 参见《贯彻"积极利用、科学发展、依法管理、确保安全"的方针　推动我国互联网持续繁荣发展——国家互联网信息办公室负责人就国家互联网信息办公室设立及其职责答记者问》，载中华人民共和国中央人民政府网，http://www.gov.cn/jrzg/2011-05/05/content_1858131.htm。

为组织拟订电信网、互联网及其相关网络与信息安全规划、政策和标准；负责承担技术平台的建设和使用管理、网络安全审查，制定安全评估制度；指导督促企业落实行业责任，组织开展网络环境和信息整治活动；负责监测预警、威胁治理、信息通报和应急管理与处置、保护管理工作等[1]。日常工作包括督促落实防范治理电信网络诈骗工作，负责大型活动的网络安全保障工作，制定和发布网络安全相关的部门规章及行业政策指引，建设和推行网络安全威胁和漏洞信息共享平台，组织行业网络安全调研及检测评估等。

信管局内设综合处、业务资源处、市场处、互联网处、应急通信与互联互通处、服务监督处、设备处，其主要职责为依法对电信和互联网等信息通信服务实行监管，承担互联网（含移动互联网）行业管理职能。与网安局相比，信管局侧重基础信息通信行业的监管工作。日常工作包括核发和注销电信和互联网行业的各类许可证、App 技术检测和专项整治活动、各类活动的通信保障、指导和规范应用软件的各项问题、监督电信业务经营行为等。

工信部主要采取检测检查、下发整改通知书、违规通报以及组织下架的监管举措实施电信与互联网领域的网络信息安全保护与监管。

（三）公安机关

公安机关依照法律、行政法规及部门规章的规定，在职责范围内承担数据安全监管职责，下设网络安全保卫局，主要通过对各类危害网络安全案件的行政执法和刑事侦查工作监督和管理全国互联网安全，维护互联网公共秩序和公共安全，防范和惩治违法犯罪活动。

（四）国家市场监督管理总局

《网络安全法》将网络安全的责任主体定义为网络运营者，包括网络的所有者、管理者和网络服务提供者。企业是最重要的网络运营者，也是网络安全和数据合规管理的主要监管对象。市场监督管理部门作为企业设立、运营、管理各项活动的监管机构，亦为数据合规的监管部门之一。《网络安全法》中关于违反网络安全义务的法律责任包含吊销营业执照，执法主管单位应为市场监督管理部门。

国家市场监督管理总局下设网络交易监督管理司，主要负责拟订实施

---

[1] 参见《网络安全管理局》，载中华人民共和国工业和信息化部 2008 年 10 月 27 日，https://www.miit.gov.cn/jgsj/waj/jgzz/art/2020/art_4646354791574be7b6971ba29254e910.html。

网络商品交易及有关服务监督管理的行政法规、部门规章及制度措施;组织指导协调网络市场行政执法工作;规范管理网络交易平台和网络经营主体的市场行为;进行网络市场监测工作[1]。

此外,中国网络安全审查技术与认证中心为市场监管总局的直属机构,主要职责为依据《网络安全法》和国家网络安全审查、认证制度,负责实施网络安全相关审查和认证工作,开展技术与方法研究;负责网络安全审查人员和认证人员的技术培训工作;在批准范围内按照规定开展网络安全相关产品、管理体系、服务、人员等认证业务[2]。

(五)国家标准化管理委员会

就狭义角度而言,国家标准化管理委员会并非"监管部门",但在数据合规领域,国家标准化管理委员会主要负责与网络安全、个人信息安全等相关的各类国家标准的制定,根据 2018 年国务院机构改革方案其职责划入国家市场监督管理总局,对外保留牌子。

(六)其他

2019 年 1 月,四部门(网信办、工信部、公安部、国家市场监督管理总局)联合发布《关于开展 App 违法违规收集使用个人信息专项治理的公告》,由全国信息安全标准化技术委员会、中国消费者协会、中国互联网协会、中国网络空间安全协会组织相关专业机构,对用户数量大、与民众生活密切相关的 App 的隐私政策和个人信息收集使用情况进行评估。基于本次专项治理行动,上述机构在一定程度上也能视为数据合规的监管部门。

还需说明的是,数据合规问题还会因涉及的不同领域而受到对应行业/领域的主管部门的监管,如交通、金融、自然资源、卫生健康、教育、科技等主管部门,故在处理数据合规问题时应注意不同部门之间监管的交互性。

二、数据合规监管动态

(一)立法层面

近年来,我国对网络安全、数据保护的范围和力度逐步增强,自 2017 年

---

[1] 参见《网络交易监督管理司》,载国家市场监督管理总局网,http://www.samr.gov.cn/jg/sjzz/201812/t20181218_278205.html。

[2] 参见《中国网络安全审查技术与认证中心》,载国家市场监督管理总局,http://www.samr.gov.cn/jg/zsdw/201904/t20190429_293306.html。

6月《网络安全法》正式施行以来，我国陆续公布与网络安全保护相关的法律、法规、其他规范性文件和司法解释。

2018年8月31日，《电子商务法》颁布，要求电子商务经营者在收集、使用其用户的个人信息的活动中，应当遵守有关个人信息保护的规定。

2019年10月颁布《密码法》，规定要规范密码应用与管理，保护网络与信息安全。

2020年4月，十二部门（网信办、发改委、工信部等）联合发布《网络安全审查办法》（已失效），明确确保关键信息基础设施供应链安全，坚持防范网络安全风险。[1]

2020年5月，《民法典》经全国人大会议表决通过，在法典层面规定了隐私权与个人信息保护，为日后个人信息保护立法提供法理基础，留下立法空间。

2021年6月10日，十三届全国人大常委会第二十九次会议通过《数据安全法》，将数据安全保护正式提升到国家法律保护的高度，第24条明确规定"国家建立数据安全审查制度，对影响或者可能影响国家安全的数据处理活动进行国家安全审查。依法作出的安全审查决定为最终决定"。

2021年9月，最高人民法院表示将加大信息化时代网络侵权行为的制裁力度，严格保护人格权特别是个人隐私，正在制定有关个人信息保护、人格权侵害禁令等司法解释。

除此之外，国家行政监管部门及地方各级行政机关等对数据安全还出台了若干部门规章、规范性文件，在此不一而足。《中华人民共和国国民经济和社会发展第十四个五年规划和2035年远景目标纲要》（以下简称"十四五"规划）中也明确提出要激活数据要素潜能，推进网络强国建设，加快建设数字经济、数字社会、数字政府，以数字化转型整体驱动生产方式、生活方式和治理方式变革。数据保护已经成为国家战略发展计划中的重要内容，在立法层面的监管动态也呈现严格化、细致化的趋势。

（二）执法层面

2019年1月，网信办、工信部、公安部、国家市场监督管理总局四部门联合发布《关于开展App违法违规收集使用个人信息专项治理的公告》，加强

---

〔1〕 2021年12月28日公布《网络安全审查办法》，2020年4月13日公布的《网络安全审查办法》同时废止。

对违法违规收集使用个人信息行为的监管和处罚,包括责令 App 运营者限期整改、公开曝光违法行为、暂停相关业务、停业整顿、吊销相关业务许可证或者吊销营业执照。2019 年 11 月 28 日发布了《App 违法违规收集使用个人信息行为认定方法》。

2019 年开展了金融风险专项整治,公安机关在全国范围开展了扫黑除恶行动,严厉打击"套路贷"和暴力催收的数据源头的爬虫软件侵权行为,魔蝎、新颜、天机、有盾、聚信立、白骑士等多家企业因此主动或被动地停止了与爬虫相关的数据业务。

针对 App 违规收集使用个人信息等问题,工信部开展了专项整治行动,对国内主流应用商店数十万款 App 进行技术检测,并定期公开通报 App 违法违规情况。

2020 年 5 月,网信办在全国范围内启动为期 8 个月的"2020'清朗'专项行动",深入整治网上各类违法违规问题乱象,加大力度整治侵犯公民个人隐私等网上各类违法行为。

2021 年 7 月 2 日,滴滴出行因存在国家数据安全风险被行政查处并全面下架。2021 年 7 月 10 日,网信办发布了关于《网络安全审查办法(修订草案征求意见稿)》公开征集意见的通知,规定"掌握超过 100 万用户个人信息的运营者赴国外上市,必须向网络安全审查办公室申报网络安全审查"。

综上来看,国家监管部门在执行层面的监管力度与立法层面的监管要求是相辅相成的,随着技术检测手段的革新,监管部门对网络数据安全行为的查处在频率、力度、深度上将会逐步提高。金融、医疗健康、教育、电子商务、人工智能等重点数据相关行业或领域将进一步加强行业内网络安全和信息安全的规范和监管工作。

(三)融资层面

2019 年 10 月,墨迹风云上市首发申请未予通过,用户数据收集及处理的合规问题为其被否的关键。

2020 - 2021 年,越来越多企业在申请上市、重大重组、定向增资过程中收到发审委或交易平台关于数据合规问题的问询,如每日互动、尚品宅配、平台信息等。可见在资本市场融资场景下,企业的网络安全与数据合规情况也日益受到监管部门的重点关注,数据搜集方式、来源、利用、传输、共享、第三方处理等数据相关业务经营均为审核机构关注的要点。

◇ 第三节　企业数据合规管理体系

一、数据合规目标与计划制定

数据合规的目标应该是企业构建从高层承诺、组织架构、人员安排、业务流程、数据盘点、分类分级、风险识别、合规整改、合规培训、自评估、定期审计、关注法律政策变化、产品业务更新和合规体系优化等方面的全面数据合规。

数据合规的计划应当从合规承诺、合规范围、合规方针、合规角色和责任、合规义务与风险的角度进行重点安排。

（一）数据合规承诺

数据合规应当从高层承诺开始，包括实际控制人、董事长、总经理等高层人士要首先意识到数据合规的重要性，愿意让企业从规范的角度对数据的收集、存储、使用、加工、传输、提供、公开、删除等进行规范操作，并且向企业和社会做出公开承诺。

（二）数据合规范围

应当对本企业的数据合规现状和所面临的合规环境进行详细调查，评估数据合规风险，以此来确定数据合规范围。同时，对于企业所在国、所在地区、业务开展国、合作伙伴等数据合规要求，都应当详细知晓。

（三）数据合规角色和责任，组织架构、人员安排

在合规委员会中，企业应该至少设置一位专门的数据合规委员。同时，应当设置首席数据官，由首席合规官兼任或设置在首席合规官之下。在合规部门中，应该至少有一位合规专员负责数据合规工作，在其他部门的兼职合规专员，在本部门或业务中应当注意数据合规。

（四）数据合规方针

企业制定数据合规方针应注意以下要点：

（1）企业应遵循合法、正当、必要和诚信原则，不得通过误导、欺诈、胁迫等方式处理数据。

（2）处理数据应当具有明确、合理的目的，并应当与处理目的直接相关，

并采取对个人权益影响最小的方式。收集个人信息，应当限于实现处理目的的最小范围，不得过度收集个人信息。

(3)处理个人信息应当遵循公开、透明原则，公开个人信息处理规则，明示处理的目的、方式和范围。

(4)处理个人信息应当保证个人信息的质量，避免因个人信息不准确、不完整对个人权益造成不利影响。

(5)企业应当对其个人信息处理活动负责，并采取必要措施来保障所处理的个人信息的安全。

(6)维护国家安全、网络安全、公共利益、第三方合法权益。

(7)不得非法盗取、非法使用数据。

(8)遵守法律、法规，尊重社会公德和伦理。

(9)遵守商业道德和职业道德，承担社会责任。

(10)特别注意对未成年人数据的保护。

(五)数据合规义务与风险

应该从企业的业务和部门人员等角度全方位了解企业的数据来源以及处理、使用和流出情况，识别合规义务与风险。

除中国外，美国、欧盟常见的数据合规义务要求的主要依据见表2－3，通过与合规义务的比对，可发现企业的合规风险。

表2－3 美国、欧盟有关数据合规的规范性文件

国家或地区	序号	规范名称
美国	1	《国家安全与个人数据保护法案》(National Security and Personal Data Protection Act of 2019)
	2	《数据保护法案》(Data Care Act)
	3	《澄清海外合法使用数据法案》(Clarifying Lawful Overseas Use of Data Act)
	4	《金融现代化法案》(Financial Modernization Act)
	5	《健康保险流通及责任法案》(Health Insurance Portability and Accountability Act)
	6	《视频隐私保护法案》(Video Privacy Protection Act)

续表

国家或地区	序号	规范名称
	7	《家庭教育权和隐私法》(Family Education Rights and Privacy Act)
	8	《儿童线上隐私保护法案》(Children's Online Privacy Protection Act)
	9	《电子通信隐私法案》(Electronic Communications Privacy Act)
	10	《计算机欺诈与滥用法案》(Computer Fraud and Abuse Act)
	11	《隐私权法》(The Privacy Act)
欧盟	1	《通用数据保护条例》(General Data Protection Regulation,GDPR)
	2	《针对 GDPR 第 42 条和第 43 条有关"认证"规定的指南》(Guidelines 1/2018 on Certification and Identifying Certification Criteria in Accordance with Articles 42 and 43 of the Regulation)
	3	《关于通过视频设备处理个人数据的指南》(Guidelines 3/2019 on Processing of Personal Data through Video Devices)
	4	《关于 GDPR 第 6(1)条如何适用的指南》(Guidelines on How Article 6 (1) of the GDPR Applies)
	5	《GDPR 域外使用指南》[Guidelines 3/2018 on the Territorial Scope of the GDPR(Article 3) – Version for Public Consultation]
	6	《"通过设计和默认的数据保护"适用指南》(Guidelines 4/2019 on Article 25 Data Protection by Design and by Default)
	7	《人工智能法》(Artificial Intelligence Act)
	8	《个人数据保护指令》(Data Protection Directive)

(六)数据合规业务流程

数据合规的业务流程应该遵从数据合规现状和环境的调查、数据合规策划、数据合规实施、数据合规检查、数据合规决策改进的顺序进行。

二、数据合规实施执行

企业数据合规管理体系建设是一项系统化的工程,涉及企业高层管理人员等自上而下的全面认知和企业相关部门之间的资源协作与配合,不仅要有清晰的数据合规目标和实施计划,也要遵循事先设定的科学合理的合规目标和计划,切实开展、实际落地执行工作,将数据合规贯穿于整个企业内部的管理和业务流程当中。因此,对广大企业的数据合规管理部门或数据合规负责人来说,想要构建有效的数据合规管理体系,在前期数据合规目标和计划制定完成之后,下一步该如何落地实施和执行将是其中最重要的课题,也是企业在法规与监管日益趋严的形势下不得不认真面对的工作,同时,这也是企业数据合规实务当中最难的一环。

为有效开展数据合规实际落地执行,企业可以从数据盘点、数据分类分级、数据合规风险识别、数据合规专项整改、合规培训等方面入手,逐步使企业产品和业务满足数据合规相关法规和监管要求,保障数据安全和业务连续性。

(一)数据盘点

数据盘点即数据资产盘点,数据资产是相对于实物资产而言的,是企业或组织从其设立到运营过程中产生或控制的,能给企业或组织带来相关经济利益或竞争优势的一切数据资源,包括企业的生产经营数据、财务数据、销售数据、人力资源数据、供应商及客户数据、用户或消费者数据等,数据不限于以电子形式记录的,也可以是以其他形式记录的。可以说,数据资产是数字经济时代企业重要的资产形式之一。

当今时代,互联网、物联网、5G、人工智能等数字技术高速发展,任何一家企业都会沉淀或积累大量的数据,不论其是传统型的企业,还是互联网基因的企业;也不论其是生产制造型企业,还是面向大众的消费型企业。在数字经济时代,企业往往对自身的数据资产缺乏清晰透彻的了解,仅知道自己拥有大量数据,但不知道拥有的到底是些什么数据,是结构化数据还是非结构化数据,是生产经营数据,还是用户个人信息数据等,也不清楚各种类型数据的数量到底有多大。因此,进行数据盘点是企业在对自身数据资产进行管理和开发利用的前提,也是企业开展后续数据合规工作的重要基础。也就是说,企业要做数据资产管理或者对数据进行开发利用,或者要进行数据合规体系建设,首先都必须清楚自己拥有或控制有什么数据。

企业应结合自身所处特定行业、业务范围与类型、商业模式、产品与服务链条等,对企业生产经营或运营过程中产生或控制的数据进行系统地自查和梳理,摸清企业自身的数据资产现状,以及可能存在的缺陷或问题。

首先,应明确数据盘点的范围,如果企业愿意投入足够多的成本或资源,最好是对企业做个全面的数据盘点,如果成本或资源有限,那么可以在企业的核心业务或重要业务范围内进行数据盘点，企业应根据自身情况科学合理地设定数据盘点范围。其次，企业也应确定数据盘点的人员，具体由谁来执行数据盘点的工作往往会影响数据盘点的效果和质量。通常，企业内部的 IT 管理人员或网络安全人员是最佳人选，如果没有相关技术人员或相关技术人员不够，也可以安排相关业务人员负责实施数据盘点，必要的时候也可以聘请外部专业机构或团队协助。

确定数据盘点范围及人员后，接下来就是进行具体的盘点工作了，可以将人工与相关自动化工具或技术相结合，以提升数据盘点的整体效率，同时保障盘点的质量，避免数据盘点耗费大量人力物力后却达不到预期的效果或成果。

（二）数据分类分级

企业数据盘点与数据分类分级密不可分，企业可以根据自身数据梳理和盘点情况，按照一定的维度进行数据的分类和分级，以便全面掌握自身的数据资产现状和管理数据资产，并按照数据分类分级情况采取相应的数据安全保护措施和合规动作，这也是企业建立数据合规体系的重要步骤。

我国《数据安全法》对数据分类分级提出了明确要求，第 21 条规定国家建立数据分类分级保护制度，根据数据在经济社会发展中的重要程度，以及一旦遭到篡改、破坏、泄露或者非法获取、非法利用，对国家安全、公共利益或者个人、组织合法权益造成的危害程度，对数据实行分类分级保护。虽然法律提出了数据分类分级保护的原则性要求，但是具体如何进行数据的分类分级，目前仍是行业实践中的难点和痛点。在国家或有关部门制定出台具体的实施细则之前，企业可根据现行法律法规，并结合自身业务和特定行业背景，参照国家标准或某些特定行业的行业标准或指南（如金融、电信等）先行先试，探索一套或多套既满足法律要求又适合自身企业现状的数据分类分级方法。

比如，根据我国《数据安全法》《个人信息保护法》《网络数据安全管理条例（征求意见稿）》《网络安全标准实践指南——网络数据分类分级指引》等相关法律法规和标准指南，企业可以按照数据的重要程度、类型、影响等进行分类，总体上根据数据一旦遭到篡改、破坏、泄露或者非法获取、非法利用，对国家安全、公共利益或者个人、组织合法权益造成的危害程度，可将数据等级按照从低到高的顺序分为一般数据、重要数据、核心数据三大维度，然后分别对各个维度的数据采取相应的安全技术措施和保护策略，制定相应的合规政策和制度〔1〕。具体三大数据维度可参见表2-4。

表2-4　数据等级分类

类别	概念
一般数据	是指一旦遭到篡改、破坏、泄露或者非法获取、非法利用，可能对个人、组织合法权益造成危害，但不会危害国家安全、公共利益的数据①
重要数据	是指与国家安全、经济发展，以及社会公共利益密切相关的数据，具体定义可参照《个人信息和重要数据出境安全评估办法（征求意见稿）》②，具体范围和识别可参照国家有关标准和重要数据识别指南。《网络数据安全管理条例（征求意见稿）》和《网络安全标准实践指南——网络数据分类分级指引》中对“重要数据”的定义为“一旦遭到篡改、破坏、泄露或者非法获取、非法利用，可能危害国家安全、公共利益的数据”③
核心数据	关系国家安全、国民经济命脉、重要民生、重大公共利益等数据属于国家核心数据，实行更加严格的管理制度④。《网络数据安全管理条例（征求意见稿）》和《网络安全标准实践指南——网络数据分类分级指引》将“核心数据”定义为关系国家安全、国民经济命脉、重要民生和重大公共利益等的数据⑤

①参见《网络安全标准实践指南——网络数据分类分级指引》第2.4条。

②参见《个人信息和重要数据出境安全评估办法（征求意见稿）》第17条。

③参见《网络数据安全管理条例（征求意见稿）》第73条；《网络安全标准实践指南——网络数据分类分级指引》第2.2条。

④参见《数据安全法》第21条。

⑤参见《网络数据安全管理条例（征求意见稿）》第73条；《网络安全标准实践指南——网络数据分类分级指引》第2.3条。

数据分类是非常复杂的技术性工作，可以具有多种维度和视角，企业应结合自身数据利用和管理的目的等进行具体分类。比如，企业根据自身数据资产的实际情况，可参照《信息技术大数据　数据分类指南》（GB/T38667—2020）开展数据分类工作，该指南提供了大数据分类过程、分类视角、分类维度和分类方法等方面的建议和指导，具有一定的参考价值。〔2〕

在数据分类基础上，可根据企业数据敏感度或重要程度以及数据泄露后对国家安全、民生经济、社会秩序、公众利益和企业经营管理造成的影响和危害程度，对企业的数据资产再进行分级。数据分级更多是从数据安全

〔1〕　参见《信息技术大数据　数据分类指南》（GB/T38667—2020）第3.3-3.7条。

〔2〕　参见《信息技术大数据　数据分类指南》（GB/T38667—2020）第3.3-3.7条。

角度来考虑的，行业实践中通常可根据企业所属行业以及数据的敏感程度或安全影响的大小，从高到低分为 3－5 个级别不等，具体分级的方式方法可参照某些特定行业的相关标准和指南。

我国目前在金融、证券期货、基础电信等少数重点行业以及政府政务数据方面，都出台有相关数据分类分级的行业标准或指南，如《金融数据安全　数据安全分级指南》（JR/T0197—2020）、《证券期货业数据分类分级指引》（JR/T0158—2018）、《基础电信企业数据分类分级方法》（YD/T 3813—2020）、《工业数据分类分级指南（试行）》，浙江省发布的《数字化改革　公共数据分类分级指南》（DB33/T2350—2021）、贵州省发布的《政府数据　数据分类分级指南》（DB52/T1123—2016）等，尤其是金融行业和工业数据的分类分级标准或指南，对其他企业的数据分类分级工作有着较大的示范作用和借鉴意义。

以工信部的《工业数据分类分级指南（试行）》为例，该指南包括总则、数据分类、数据分级、分级管理共四章 16 条，适用于工业和信息化主管部门、工业企业、平台企业等开展的工业数据分类分级工作。这里所指的工业数据是工业领域产品和服务全生命周期产生和应用的数据，包括但不限于工业企业在研发设计、生产制造、经营管理、运维服务等环节中生成和使用的数据，以及工业互联网平台企业在设备接入、平台运行、工业 App 应用等过程中生成和使用的数据〔1〕。

《工业数据分类分级指南（试行）》将工业数据分为两大类（工业企业工业数据和平台企业工业数据），其中，工业企业工业数据分类维度包括但不限于研发数据域（研发设计数据、开发测试数据等）、生产数据域（控制信息、工况状态、工艺参数、系统日志等）、运维数据域（物流数据、产品售后服务数据等）、管理数据域（系统设备资产信息、客户与产品信息、产品供应链数据、业务统计数据等）、外部数据域（与其他主体共享的数据等）；平台企业工业数据分类维度包括但不限于平台运营数据域（物联采集数据、知识库模型库数据、研发数据等）和企业管理数据域（客户数据、业务合作数据、人事财务数据等）〔2〕。

---

〔1〕 参见《工业数据分类分级指南（试行）》第 2 条。
〔2〕 参见《工业数据分类分级指南（试行）》第 6 条、第 7 条。

在数据分级方面,《工业数据分类分级指南(试行)》根据不同类别工业数据在遭篡改、破坏、泄露或非法利用后,可能对工业生产、经济效益等带来的潜在影响,将工业数据分为一级、二级、三级三个级别,并对各个级别适用的条件进行了列举。结合工业数据分级情况,企业可分别采取相应的安全保护措施,其中针对三级数据采取的防护措施,应能抵御来自国家级敌对组织的大规模恶意攻击;针对二级数据采取的防护措施,应能抵御大规模、较强的恶意攻击;针对一级数据采取的防护措施,应能抵御一般恶意攻击[1]。

(三)数据合规风险识别

在做好数据资产盘点和数据分类分级的基础工作之后,数据合规风险识别将是企业推进数据合规建设的重要环节,也是企业规避数据合规风险,进行合规整改的前提。风险识别不是最终目的,而是便于企业后续针对各个阶段或场景面临的不同风险,采取相应有效的合规整改措施,构建合规流程和体系。

企业数据合规风险的识别包括民事风险识别、行政风险识别、刑事风险识别,贯穿于企业数据全生命周期(收集、存储、使用、加工、传输、提供、公开、删除或销毁),涉及企业的商业模式、产品设计开发、内部运营管理、外部合作等多个阶段或场景。

在各个阶段或场景中,企业均应确保数据处理活动的安全与合法合规,在确保商业模式合法合规的前提下,重点对数据全生命周期的安全与合法合规进行风险识别,包括识别出数据在收集、存储、使用、加工、传输、提供、公开、删除或销毁等各个环节所面临的法律和合规风险,以及相应的安全风险,特别是在数据收集、使用、加工、提供等环节,不仅要确保企业自身(数据控制者或处理者)遵循法律法规的规定,还要确保数据的合作第三方(如数据提供者、加工者、处理者)遵循法律法规的规定,不得触碰法律红线和合规禁区;在数据存储、传输、公开等环节,企业应特别注意加强数据安全保护措施,通过匿名化、去标识化、差分隐私、同态加密、隐私计算等技术手段,确保数据的安全,避免发生数据泄露、窃取或安全事件。

如果企业业务涉及海外或遍布全球的,还应识别海外相关国家或地区的数据法律风险和合规风险,特别是欧盟的 GDPR、美国的 CCPA、COPPA

---

〔1〕 参见《工业数据分类分级指南(试行)》第 8 条、第 14 条。

等法案相关要求。目前全世界已有100多个国家或地区颁布有自己的数据保护或个人信息保护法律,涉足这些国家或地区的企业,还应特别注意识别当地法律的一些特殊规定,如俄罗斯的数据本地化存储等要求。因此,在条件允许的情况下,企业应建立国内和国外两套数据合规风险识别机制或体系,对出海企业或跨国企业来说尤为重要。

数据合规风险识别需要结合相关的法律法规、监管要求和标准指南来进行,准备和制作相应的合规要素清单,根据合规要素清单对数据全生命周期各环节进行一一尽调核查,识别出相关环节或阶段存在的风险触发点或漏洞,并做好相应的风险识别标记,对识别出的风险可按照法律后果的严重程度进行相应的分类分级,比如,按照可能引发的民事风险、行政风险、刑事风险设定相应的等级,并形成书面合规风险评估报告或清单。

以国内App个人信息合规风险识别为例,可结合我国现行的《网络安全法》《数据安全法》《个人信息保护法》《电子商务法》《未成年人保护法》等法律,以及《儿童个人信息网络保护规定》《App违法违规收集使用个人信息行为认定方法》《关于开展纵深推进App侵害用户权益专项整治行动的通知》等工信部、网信办等相关部委的行政法规、部门规章、规范性文件,以及《个人信息安全规范》(GB/T35273—2020)等国家标准或指南,进行个人信息的合规要素清单设计和风险识别,对识别过程中发现的重大合规风险进行标记,划分相关风险等级程度和处理优先级,形成书面合规风险评估报告,以便后续对相关风险标记点按照报告进行重点整改。

数据合规风险识别不仅是人工劳动,还应尽可能地采用各种自动化检测工具,提高数据风险识别效率和有效性、全面性,覆盖人工识别无法触及的深层次的风险或漏洞,弥补人工风险识别的局限与缺陷。以App合规检测为例,单纯的人工检测不仅无法有效识别App后台权限可能存在的合规风险,如超范围收集用户个人信息、频繁过度索取用户权限等,也无法满足企业庞大的合规检测需求。因此,善用自动化系统或技术工具是识别企业数据合规风险的有效途径和必备手段。

(四)数据合规风险整改

数据合规风险整改与风险识别密不可分,合规风险识别完毕后,企业就应制订数据合规整改计划并按计划启动具体的数据合规整改工作,对照数据合规风险评估报告将前期风险识别阶段发现的各种数据违法违规风险,分阶段分批次一一进行整改，以使企业的业务运营和数据处理活动达到合法合规状态。

数据合规风险整改涉及企业的业务、产品、技术、管理甚至商业模式等多个方面，需要企业内部多部门联动，不是仅靠法务或数据合规某一个部门就能够单独完成的，还需要业务、技术、安全等其他部门人员相互配合，共同参与，协作进行。因此，企业数据合规整改工作可以由法务或数据合规部门牵头主导，但是必须有安全、技术、业务等其他部门人员参与，同时应取得企业高层领导的支持，由高层调配相关部门人员与资源，这样才能确保数据合规整改工作顺利实施和整改到位。否则，将会极大地影响整改效率，增加整改成本，甚至可能导致数据合规风险整改工作无法正常推进。

企业数据合规风险整改要按照计划逐步进行，结合数据合规风险紧急程度设置整改优先级，分阶段分批次推进，优先解决风险程度高、执法监管严的合规风险点，以尽可能早地降低企业数据不合规可能导致的行政处罚、刑事责任等高风险，这样也有利于企业将有限的合规资源或力量集中投入到最紧迫和最需要整改的地方，把握好轻重缓急，兼顾合规与发展利益。

企业数据合规风险整改不仅关注企业自身业务或内部合规，还需关注和监督企业的客户或外部合作方或供应商，让其进行合规整改，通过及时调整和修改与客户或外部合作方或供应商的数据合作协议或数据处理条款，对数据接收方或合作方进行责任义务约束与限制，同时可以采取相应措施进行持续监督。若发现数据接收方或合作方未按合作协议条款约定、超出委托处理范围、违反法律法规处理数据或个人信息的，应立即要求其停止相关行为，并采取有效的补救措施来消除企业数据面临的安全和违法违规风险，甚至在必要时还可以解除与数据接收方或合作方的合作关系，并要求其及时返还、删除或销毁获得的企业数据或相关个人信息。

企业数据合规风险整改是持续性工作，不是一蹴而就的，也不是解决掉某个问题后就一劳永逸。企业数据合规面临的内外部环境随时都可能发生变化，企业数据合规部门或负责人必须及时跟进和识别这些变化，并在合规风险整改应对工作中及时作出反应和调整。比如，企业内部新产品开发上市或某项产品推出新功能等，都会涉及数据合规风险的重新识别与整改应对。而外部环境诸如法律法规的变化、监管的新要求等，都会给企业数据合规增加新的不确定性风险。

因此,企业需要充分认识到数据合规风险整改是一项日常性工作,要将合规整改工作融入业务流程当中,发现合规问题随时进行整改。整改完成后,还可以通过数字跟踪技术对数据的使用和变化情况进行实时监控,及时发现违法违规情况,及时启动整改,及时降低数据违法违规风险。此外,企业在日常数据合规风险整改过程中,还应当密切关注和跟踪数据相关立法、监管执法、司法判例等方面的动态,根据动态变化及时更新风险识别机制和整改方案。

(五)数据合规培训与考核

企业数据合规管理是一项长期持久的工作,不仅需要有合规风险识别和整改方面的具体的可落地实施的工作,还需要企业员工具有数据安全和合规意识,特别是企业产品经理、业务或产品开发设计人员、网络或 IT 数据安全人员、商务合作部门等人员,更要具备一定的数据合规与安全意识。

因此,对相关人员进行数据合规培训的工作必不可少。至于数据合规培训面向的具体人员,企业可以根据自身业务类型、人员组织结构等进行确定,从上至下覆盖尽可能多的员工。如果企业出于信息安全或业务保密考虑,也可以针对特定相关人员进行小范围的培训或封闭培训。企业数据合规或法务相关人员也应该对培训过程进行全程记录并留档,方便以后企业内部开展合规审计或自查,当发生数据安全合规事件时,也可以用来回溯追责,当面临政府监管执法时也可用来作为企业尽到合规义务的免责依据。

培训的目的是增强员工数据安全与数据合规意识,提升相关人员的专业技能水平,从而实现企业整体的数据安全与合规能力水平的提升。所以,除定期或不定期举行数据合规培训外,企业还需结合内部其他的培训活动,将数据安全与合规培训融入日常经营管理活动中,制定相关的培训机制、课程、手册等,持续地对员工进行相关培训和指导,进一步增强员工的数据安全概念和合规意识,让每个员工都知道数据合规的红线,让数据安全合规融入企业员工行为规范中和企业管理制度当中,最终内化成企业的文化。

通过持续不断地开展定期或不定期培训,也可以提升企业数据合规部门或法务部门在企业内部的影响力和地位,反过来也有利于数据合规部门或法务部门后续更好地开展数据合规工作。

最后,企业可以将数据安全与合规遵从纳入企业内部绩效考核管理当中,对数据合规意识强的员工及行为遵从积极者进行奖励,对发生数据安全或违规事件的人员进行惩罚，以确保企业数据合规管理制度和体系的权威性和有效性，保障企业数据合规管理体系的可持续性和生命力。

三、数据合规检查

企业需要提高风险防范意识，在日常经营中积极对照合规要求，从法律、管理和技术角度进行全面的数据合规检查，通过采取适当措施如自评估、定期审计等确保数据安全。同时注重对第三方供应商和合作方数据合规的跟踪监控，防止第三方数据安全风险蔓延至自身。

（一）企业进行数据合规评估

企业进行数据合规评估，旨在发现、处置和持续监控企业在数据合规方面的安全风险。根据企业业务现状、商业环境、法律法规和标准要求等情况，开展企业整体数据安全保护水平评估、重点业务数据安全合规性评估和核心数据处理活动平台系统数据安全合规性评估，并最终形成各项评估报告。评估报告中应包括评估对象的基本情况、评估流程、评估要点对标情况、保障措施配备情况与佐证材料说明、问题分析和改进措施等。

1. 企业整体数据安全保护水平评估

评估内容包括但不限于数据安全制度建设情况、数据分类分级情况、数据安全事件应急响应水平、重点业务与系统数据合规处理情况、数据安全保障措施配备情况以及合作方数据安全保护水平等内容。

2. 重点业务数据安全合规性评估

评估内容包括但不限于重点业务数据处理活动中相关制度规范执行落实情况、数据安全保护措施配备情况以及业务数据处理模式变化时的动态跟踪评估等。

3. 核心数据处理活动平台系统数据安全合规性评估

评估内容包括但不限于企业内部管理措施执行落实情况、平台建设运维部门及合作方数据安全保护措施配备情况等。

（二）企业应定期进行数据合规审计

企业应当定期对其处理的相关数据信息遵守法律、行政法规和安全措施的有效性等情况进行合规审计。主要包括以下内容：

（1）对数据授权访问、批量复制、开放共享、销毁、数据接口调用等重点环节实施日志留存管理，日志记录至少包括执行时间、操作账号、处理方式、授权情况、IP 地址、登录信息等，能够对识别和追溯数据的操作和访问行为提供支撑。定期对日志进行备份，防止非授权访问、篡改或删除审计记录。

(2)加强企业数据安全审计管理，明确审计对象、审计内容、实施周期、结果规范、问题改进跟踪等要求。企业数据安全管理责任部门或核心数据处理活动相关平台系统负责部门应配备日志安全审计员，加强日志访问和安全审计管理，至少每半年形成一份数据安全审计报告。

(3)对于审计过程中发现的个别人员违法违规使用、滥用企业数据的情况，应及时处理，避免继续进行违规操作。

(三)企业应采取第三方数据安全风险预防措施

目前企业与第三方供应商和合作方之间普遍存在互相开放数据接口、系统端口，或者使用第三方提供的平台、系统进行数据的存储、处理等情况。企业在加强自身数据合规检查的同时，也应注重来自第三方数据合规风险的检查，最大限度地避免企业因第三方原因承担数据合规责任。

1. 使用第三方提供数据的防御措施

企业要求数据提供方以合同条款形式承诺其数据来源合法，采取相应安全措施进行数据传输，查明数据来源以及获取数据的形式并进行抽样检查，对隐私政策或授权文件进行审阅，确保来源合法，查明数据提供方是否完成定级测评、是否建立了完备的网络安全及数据保护制度并切实遵守，必要时委托第三方机构进行尽职调查或安全审计。

2. 向第三方提供数据的防御措施

在目前的司法实践中，如因第三方原因造成数据主体损失的，数据提供方需要承担过错责任。企业在向第三方提供数据信息时，应对第三方进行必要的尽职调查，以确保其有完备的数据安全能力。企业应确保第三方提供的有关数据及处理该等数据的目的及方式已提前征得数据主体同意。在第三方接收企业提供的相关数据并开展处理活动后，企业应密切监督第三方的数据处理活动，确保合同约定的合规义务得到遵守，并在必要时对第三方进行审计。

四、数据合规的持续改进

数据经营企业通常掌握着体量巨大的数据，而这些数据往往类型繁多，既有结构化数据，又有非结构化数据，如网络日志、音视频资料、图像和位置信息等非结构化数据,是不断变化且需要高速处理的。随着法律法规和行业监管要求的不断变化,以及企业自身产品业务的变化和升级,数据处理的合规要求亦不断变化,这就需要数据经营企业不断改进数据合规管理体系。

(一)法律政策变化

由于数据与国家安全、行政治理、经济安全、企业经营、个人信息安全等息息相关,在我国,除目前已经颁布的《网络安全法》、《数据安全法》和《个人信息保护法》外,有关数据合规的法律规定,亦分布在其他各类不同部门的法律之中。比如,《刑法》中关于非法侵入、获取、控制、破坏计算机信息系统等犯罪,关于提供侵入、非法控制计算机信息系统程序、工具的犯罪,关于侵犯公民个人信息的犯罪;《民法典》第四编第六章专门对个人信息范围、收集以及处理作特别保护规定;《消费者权益保护法》第 29 条关于以合法、正当、必要为原则收集、使用个人信息,并要求将收集、使用信息的目的、方式和范围告知被收集对象,并在取得消费者同意后方可收集和使用。经营者收集、使用消费者个人信息,应当公开其收集、使用规则,不得违反法律、法规的规定和双方的约定收集、使用信息;《反不正当竞争法》第 2 条要求经营者在生产经营活动中,应当遵循自愿、平等、公平、诚信的原则,遵守法律和商业道德。

除上述法律规定外,行政法规、部门规章以及其他关于数据合规的监管文件,也逐步加大了对数据合规的监管,如《中华人民共和国电信条例》、《互联网信息服务管理办法》、《信息安全等级保护管理办法》、《全国人民代表大会常务委员会关于加强网络信息保护的决定》、《电信和互联网用户个人信息保护规定》、《儿童个人信息网络保护规定》、《App 违法违规收集使用个人信息行为认定方法》以及《关于开展 App 违法违规收集使用个人信息专项治理的公告》。

除上述规定外,《信息安全技术　信息系统安全等级保护基本要求》(GB/T 22239—2008)、《信息安全技术　个人信息安全规范》(GB/T 35273—2017)以及《个人金融信息保护技术规范》(JRT 0171—2020)等国家标准、行业标准的推出,也对数据合规管理提出了更加明确具体的要求。

对于企业而言,数据领域相关政策规定是数据合规管理的直接依据,政策的变化,意味着数据合规管理要求以及员工合规义务也需要不断变化。比如,在 2021 年 9 月 13 日,国务院新闻办公室举行的关于“推进制造强国网络强国建设助力全面建成小康社会”的新闻发布会上,针对解除屏蔽网址链接相关问题,再次强调互联网安全是底线,互联网发展一定要能够使老百姓的生活更加方便,助力各方面发展,最终促进互联网行业、平台经济健康有序发展。工信部召集包括阿里巴巴、腾讯、字节跳动、百度、华为、小米、陌陌、360、网易等企业就屏蔽网址链接问题举行了一场行政指导会。会上,工信部提出有关即时通信软件的合规标准,要求各平台在限期内按标准解除屏蔽措施。腾讯随即作出应对,陆续放开外链限制,QQ 已可直接跳转其他网站。

对于法律政策等发生的变化,合规部门应当组织技术、业务和法务等部门联合分析政策变化对数据合规管理的影响,并进行评估,根据评估结果重新调整合规政策、产品结构或者业务流程。同时,应当对员工进行再培训,及时调整员工的合规意识和行为规范,以应对已经或即将发生变化的法律政策要求。

(二)产品业务更新

我国互联网行业的高速发展促使大量的互联网创新领域与传统行业领域进行深度整合,形成了趋于多元化的行业特点。互联网产品业务更新速度快和跨界性强的发展特点,也对数据合规管理提出了新的挑战。

对于产品业务的更新,产品或者运营部门应对业务模式和流程进行清晰化表述,并与法务部门、合规部门就更新后的产品业务进行合规风险评估。待评估的风险包括刑事风险、行政风险和民事风险。评估后便能确定相关风险的类型、原因以及后果,企业应根据评估结果,对更新的业务产品作出相应的合规评价,提出新的合规义务要求。

单从个人信息处理方面讲,如果企业的产品业务发生变化,那么关于个人信息的处理目的、处理方式和处理的个人信息种类都有可能发生变更。根据《个人信息保护法》第 14 条规定,基于个人同意处理个人信息的,该同意应当由个人在充分知情的前提下自愿、明确作出。法律、行政法规规定处理个人信息应当取得个人单独同意或者书面同意的,从其规定。个人信息的处理目的、处理方式和处理的个人信息种类发生变更的,应当重新取得个人同意。

基于上述规定,合规部门和业务部门应根据新的产品业务模式,重新梳理需要收集的个人信息范围、收集的目的,以及明确对个人信息的处理方式和保护措施,同时对前述个人信息收集和处理所对应的隐私政策进行更新,并将更新后的版本重新向用户公布。而技术部门应根据新的个人信息收集和处理的合规要求,及时调整技术流程,以确保技术能够支持新的合规要求。

比如,抖音隐私政策有该等规定:“为了给您提供更好的服务,抖音及相关服务将不时更新与变化,我们会适时对本隐私政策进行修订,这些修订构成本隐私政策的一部分并具有等同于本隐私政策的效力,未经您明确同意,我们不会削减您依据当前生效的本隐私政策所应享受的权利”,“随着我们业务的持续发展,我们将有可能进行合并、收购、资产转让,您的个人信息有可能因此而被转移。在发生前述变更时,我们将按照法律法规及不低于本隐私政策所载明的安全标准要求继受方保护您的个人信息,否则我们将要求继受方重新征得您的授权同意”。抖音的前述隐私政策规定,体现了抖音根据产品业务的更新,将相应地调整对个人信息保护的合规措施。

(三)合规体系优化

由于内外部因素的影响,企业应根据实际情况不断优化合规管理体系。若阶段性合规审查结果不合格的,应当分析导致该等不合规结果的原因,并及时采取措施进行控制和纠正,以避免再次发生或在其他地方发生。如有必要,可以对合规管理体系进行优化和修改,以确保合规管理体系能够有效运转。

在总结和优化数据合规管理体系过程中,企业还应注意对不合格事项的证据和性质、随后采取的任何措施、绩效评价结论、调整的控制程序以及评审的结果等内容进行整理。企业还应当根据合规管理制度,对不合规事项形成合规报告,并将合规报告予以上报。如此既有利于对员工进行再培训,对潜在不合规行为提供预警,也有利于加强管理层对合规管理的重视和支持。

对近些年经常发生的个人信息泄露事件进行分析后可以发现,发生个人信息泄露的企业,其数据合规管理体系在一定程度上存在问题。企业除了应当对数据安全事件迅速做出响应,及时执行应急预案,采取补救措施,防止事态进一步扩大外,还应对数据安全事件进行调查,详细记录发现事件的人员、时间、地点,涉及的个人信息及人数,发生事件的系统名称,对其他互联系统的影响以及是否已联系执法机关或有关部门等内容。同时,应对事件性质进行准确判断，比如，是网络病毒、黑客攻击等外部原因导致，还是由于内部员工存在违规或不道德行为。在判断事件性质后，应当确定事件领导小组，评估可能造成的损失和优先保护的部分，迅速对应事先指定的应急预案，确定内部分工和具体操作流程。完成前述事项后，应当形成合规评审报告，并向管理层以及政府有关部门报告，以便企业管理层和政府主管部门对事件作出有效的指示和决策。

当前，监管部门对数据合规日益重视，在强监管态势下，数据经营企业应当从以下几个方面加强合规管理：

1. 加强制度规范和权限管理

不断优化企业的数据权限管理制度和安全责任制度，基于国家、区域和行业的法规要求，结合组织前期的数据安全治理和数据分类分级制度，建立不同类别、不同级别的数据访问授权规则和授权流程，确保所有的数据使用过程都经过授权和审批。

2. 加强组织意识

通过对不合格的合规管理事件的评价和应对措施的总结，不断强化合规文化建设和提升合规意识，通过开展数据正当使用和合规管理的培训和宣传，从正反两个角度强调数据安全及数据正当使用的必要性，让相关人员充分理解数据合规管理的重要性，让安全意识扎根于心，保障操作规范。

3. 加强监管审计

数据经营企业应建立“全流程监管”，建立从数据收集到数据删除的全生命周期监控制度，确保每一条数据去向清晰、流向合规，保证相关人员能够严格履行安全责任和义务，发现异常情况时可及时采取措施实施阻断并警告，保障数据资产安全。

第五章 刑事合规

第一节 刑事合规概述

一、刑事合规的定义

随着国际社会对企业治理认识的不断提升，许多国家在刑事立法中引入合规概念。近年来，企业合规也由民事、行政法律风险的自我管控延伸到刑事合规领域，刑事合规与企业法律风险防范具有天然的关联性。企业是国民经济的基石，是未来经济发展的主力军，刑事合规制度的根本价值是为企业增值、赋能，使企业具备抵御刑事风险的能力。为护航民营企业发展，最高人民检察院启动涉案违法犯罪依法不捕、不诉、不判处实刑的企业合规监管试点工作，积极拓展检察职能，帮助企业认罪认罚、建立合规制度，进而作出相对不起诉，给予企业改正与重生的机会〔1〕。所谓刑事合规，是指为避免因企业或企业员工相关行为给企业带来的刑事责任，国家通过刑事政策上的正向激励和责任归咎，推动企业以刑事法律的标准来识别、评估和预防公司的刑事风险，制定并实施遵守刑事法律的计划和措施〔2〕。从广义上理解，刑事合规是企业通过自身合规管理，开展企业经营管理过程中的合规

---

〔1〕 参见李玉华：《刑事合规：创新检察履职助推企业高质量发展》，载《检察日报》2021年3月15日，第3版。

〔2〕 参见孙国祥：《刑事合规的理念、机能和中国的构建》，载《中国刑事法杂志》2019年第2期。

风险管控工作,规范企业以及员工行为,以实现预防刑事风险的目的,该意义上的刑事合规属于企业合规的组成部分,本质上还是要求企业合法经营,避免触犯刑事法律规范。这里的刑事法律规范不仅包括刑法、相关司法解释,还包括与刑法相关的各类部门法。从狭义上理解,“企业刑事合规”主要是指“合规不起诉”制度,该制度最早可以追溯到1991年美国联邦量刑委员会发布的《联邦量刑指南》,在该指南第八章“组织量刑指南”中,首次通过立法赋予企业合规刑事法意义,开启了企业合规的刑事化发展,即企业在触犯刑事法律规范后,为避免或减少承担刑事责任,通过建立有效的合规计划,积极履行合规承诺,进行合规整改,来达到不起诉或者减轻刑事责任的刑事合规目的。

我国目前的合规考察制度是建立在涉罪企业刑事违法轻微,认罪认罚并且具有合规意愿的基础上的,对于这样的企业,检察机关对其设立一定的考察期限,并且责令企业聘请外部独立监管人,制订并执行企业合规管理计划,在考察期限届满后,经检察机关审查核验和听证,企业经整改满足要求且建立合规管理体系后,由检察机关作出不起诉的决定。我国这一刑事合规模式的核心要点主要在于四个部分:第一,企业已经构成某种相对轻微的单位犯罪;第二,企业认罪认罚,并且积极地采取措施弥补因先前犯罪行为造成的损失;第三,检察机关同意,涉罪企业被列入合规考察的对象,并聘请外部独立监管人协助企业在规定期限内完成合规整改;第四,在规定期限届满后,企业建立了合规管理体系,并通过检察机关的核验,举行听证。在以上四项核心要点都逐一达成之后,检察机关可以对涉案企业作出不起诉的决定,从而免除其刑事责任。

二、刑事合规的渊源

我国关于企业合规考察免责制度的实践探索大致始于2020年,在最高人民检察院的指导下,一些试点地区的检察院开始对犯罪情节轻微的单位犯罪企业采用合规考察制度。在最高人民检察院的积极推动下,深圳、浙江、江苏、上海等地的基层检察机关积极探索企业刑事合规。然而,基于筹划、设立、运行刑事合规体系带给企业高额的成本负担与企业的逐利最大化本质相悖,推动体系建设的动力除了企业内因外,离不开刑事政策环境的支持。对于我国而言,虽然在立法层面上并不存在明确的量刑激励制度,但我国的刑事司法政策也在逐步实施认罪认罚及刑事合规不起诉制度。

三、刑事合规制度的意义

首先，刑事合规以单位作为犯罪主体。纵观全球，两大法系国家纷纷制定了追究单位刑事责任的法律制度，且单位犯罪的罪名范围显著扩张，仅由单位作为犯罪主体的新罪名亦有增加。有效的企业刑事合规体系在阻却维度、免责维度、救济维度的共同作用下，能够为企业划定明确的刑事风险红线，并形成相应的犯罪阻却事由或者构成从轻、减轻、免除刑事责任的情形，进而使企业规避因遭受刑事指控而可能引发的对于企业经营体系的冲击。其次，刑事合规的核心在于单位犯罪的预防。刑事合规主要功能在于犯罪预防的整合，预防导向鲜明。有效的合规计划以及良好的内部监管和控制应当成为单位或法人免于刑事责任的主要依据乃至关键因素。

企业刑事合规可以有效地防范、识别和应对刑事风险，提高企业的市场竞争力。在企业的员工因个人的不合规行为而触犯刑法时，企业自我监管和合规体系可以切割与涉案员工之间的刑事责任，使企业得以全身而退。刑事合规逐渐成为促进公共机构和企业守法的一部分，也是推进法治化营商环境建设的重要内容。刑事合规制度的核心价值就在于能够辅助企业安心参与经济活动，确保企业经营与发展的稳定性，同时可以缓解滞后立法体系与企业商业模式创新之间的冲突，为商业创新保驾护航。企业刑事合规体系将会成为立法滞后性与商业创新的缓冲剂，在刑事立法带有时代烙印的情况下，刑事合规体系为经济新兴增长模式设立保护屏障，让企业在不碰触刑法红线的基础上得以利用商业创新实现更持久的存续与发展。在接下来一段时间内，上述这种刑事合规制度也很有可能会成为轻微企业单位犯罪中最有利于社会经济发展的一种处理模式。

值得注意的是，刑事合规制度的建立绝非一张静态的制度规定清单就足够，企业也不可能因为员工手册中的几条名存实亡的合规规定就可以与具体实施犯罪的员工或关联方划清责任界限。合规的动态化在企业合规的不断推进中一定会成为一个必然的要求。

诚然，基于企业合规所需要耗费的人力和物力成本，从我国目前的市场环境来看，短期之内不会对企业提出强制实施统一标准的合规建设要求，但会积极提倡各企业加强自我监控和风险管理规范建设，鼓励树立积极预防犯罪的合规精神。鼓励企业根据自身情况,区别建立不同程度的合规体系,央企和国企的合规标准应当会保持一种最高要求(例如,要求企业建立合规制度、合规管理机构,举行合规培训,宣传合规文化,开展合规风险的识别评估和处置,并对违规行为实施具体的内部调查,对违规人员进行问责和惩戒,以及在每一段时间后总结之前的合规经验,不断地更新和改进合规体系等),大型企业次之,中小型民营企业相对达到一个普适性的标准。探索推行企业刑事合规的积极意义,还在于它提出了刑事合规的概念和目标,将极大地促进整个社会体系更加规范化。刑事合规作为民营企业健康发展的组成部分,也是国家治理体系和治理能力现代化的一个方面。

四、刑事合规政策动态及启示

(一)刑事合规政策动态

自 1991 年起,美国率先确立了合规不起诉制度,将企业建立有效的企业合规计划作为检察机关作出不起诉决定的考量因素。此外,美国还确立了不起诉协议制度和暂缓起诉协议制度,对于涉嫌犯罪的企业,根据其建立合规计划的情况来决定是否达成和解协议,并通过建立考验期,责令企业缴纳高额罚款和建立或完善合规计划,以换取考验期结束后的撤销起诉。由于建立或完善合规计划可以获得撤销起诉的结果,并避免受到定罪判刑,涉案企业因此在建立合规计划方面具有强大的动力〔1〕。从美国的实践中可以发现,美国检察机关与企业合规相结合的方式有三种:其一,不起诉协议,该种方式是针对犯罪情节比较轻微的案件,且公司高层管理人员认罪态度好,承诺作出合规管理,合规管理经过检验后有效,在此情况下即可与检察官达成不起诉的协议,不以犯罪论,不追究企业及高层管理人员的刑事责任。其二,暂缓不起诉协议,此种是针对犯罪情节稍微严重,需予以追究企业刑事责任的情况,但如果企业承诺合规,并且合规管理能够通过检验,起到比较好的管理效果,在考核期后,可以对企业作出暂缓不起诉的决定,即我国的附条件不起诉。其三,认罪协议,即犯罪情节严重,需要追究刑事责任的。在这种情况下,如果企业认罪态度好,积极配合检察机关的调查、侦查,并且愿意进行企业合规,即可把企业合规管理的成效作为从轻从宽处罚的一个

〔1〕 参见陈瑞华:《企业合规基本理论》(第 2 版),法律出版社 2021 年版。

法定情节。以上规定存在于美国，在我们国家还没有法律把企业合规规定作为一个法定情节，目前只是一个酌定情节。对于必须追究刑事责任的企业，如果实行企业合规，也可以从宽处罚。

美国施行的不起诉协议制度及暂缓不起诉协议制度在我国并无相对应的刑事法律制度予以支撑。为此，我国在刑事合规制度上不断探索实践。

2008 年国资委发布的《中央企业资产损失责任追究暂行办法》（已失效）中，针对采购、销售、资金管理、投资决策等经营活动中存在的未履行职责或未正确履行职责的行为标准、企业资产损失核算方式进行了细化，这可成为国企人员构成渎职罪的解释标准或参考文件。

2010 年至 2018 年，国资委等部门又陆续发布了《关于开展中央企业"小金库"专项治理工作的通知》（已失效）、《关于加强中央企业廉洁风险防控工作的指导意见》、《关于加强中央企业国际化经营中法律风险防范的指导意见》、《关于进一步推进国有企业贯彻落实"三重一大"决策制度的意见》、《中央企业境外国有资产监督管理暂行办法》、《中央企业合规管理指引（试行）》、《企业境外经营合规管理指引》等法律政策文件，在国资委上述文件的指引下，广东、江苏等地的国资委也以《省属企业合规管理指引（试行）》等地方性规定的形式确定了国企的合规原则。以上法律政策文件规定国企在制定合规方案时既要考虑境外监管风险，又要兼顾境内法律政策要求，同时，在国家层面也已开始一步步将笼统的企业合规义务细化到不同行业、业务中。

2020 年 3 月起在上海浦东、金山，江苏张家港，山东郯城，广东深圳南山、宝安等 6 家基层检察院开展企业合规改革第一期试点工作。

2020 年 8 月 21 日，全国首家企业刑事合规促进会在浙江省杭州市成立，踏出了政府部门和企业共同进行企业刑事合规制度建设的第一步。

2020 年 8 月 21 日，广东省深圳市宝安区人民检察院联合区司法局共同会签了《企业刑事合规协作暂行办法》。

2020 年 8 月 28 日，深圳市宝安区司法局印发了《深圳市宝安区司法局关于企业刑事合规独立监控人选任及管理规定（试行）》，该规定第 12 条明确："独立监控人应就企业刑事合规情况进行调查，协助犯罪嫌疑企业制定合规计划以及协助区人民检察院监督合规计划的执行，并针对其履职情况、企业刑事合规建设出具阶段性书面监控报告，作为区人民检察院作相应处理决定的参考。"虽然该规定的制定者为地方司法局，其内容也未涉及刑事合规不起诉制度等规定，但该规定已然走在了时代的前列，通过法律文件明确企业是否制订有效的刑事合规计划，将作为该区企业涉嫌犯罪时人民检察院作出相应处理决定的参考。

2020 年 9 月 28 日、29 日，国资委又下发了《关于深化中央企业内部审计监督工作的实施意见》和《中央企业违规经营投资问题线索查处工作指引》两份文件，上述两份文件明确并细化了国企廉洁及渎职刑事合规计划。

2021 年 4 月，最高人民检察院下发《关于开展企业合规改革试点工作方案》，正式启动第二期企业合规改革试点工作。上述方案仅要求开展企业合规改革试点要与依法适用认罪认罚从宽制度和检察建议、依法清理"挂案"、依法适用不起诉结合起来。

2021 年 6 月 3 日，最高人民检察院发布《关于建立涉案企业合规第三方监督评估机制的指导意见（试行）》，该意见仅对检察机关在办理涉企犯罪案件时，对符合企业合规改革试点适用条件的，交由第三方监督评估机制管理委员会选任组成的第三方监督评估组织对涉案企业的合规承诺进行调查、评估、监督和考察，考察结果作为检察院依法处理案件重要参考等相关企业合规评价作出规定，仍然未涉及企业刑事合规谁来监管、如何监管问题。

从上述法律政策文件及实践上看，国家及多地方的国有企业主管部门已经颁布了多项有关企业合规的规定，尽管这些规定仍属于指引的范畴，且主要针对国有企业，但其中的内容已经与域外企业刑事合规法规的内容相仿，部分地区甚至已经出台了企业刑事合规的规定〔1〕。换句话说，在整个监管政策的演进过程中，国企的合规义务从原先的概括性规定，逐步分化到职责权限的实体内容和程序规范之中，体现了刑事合规精准化和细节化的监管发展趋势。通过对这些政策发展趋向的透析和把握，可以帮助企业准确理解刑事合规的精要，从而构建符合监管要求且富有实效的刑事合规治理方案〔2〕。

〔1〕 参见杨毅东：《企业刑事合规系列专题（二）企业刑事合规制度在中国的现状》，载微信公众号"天衡联合律师事务所"2020 年 9 月 15 日，https://mp.weixin.qq.com/s/RH1m_mz4cVc2JkXUpK3L0g。

〔2〕 参见王潜、王峰：《企业刑事合规系列国企篇之（三）——国企刑事合规监管政策的趋向透视》，载微信公众号"中伦世界"2020 年 12 月 22 日，https://mp.weixin.qq.com/s/-qpGmH_8Je_pbbhIQ9b00g。

(二)刑事合规监管制度建立的启示

从前文列明的法律政策文件的具体内容来看,国企的合规计划在强制合规计划建设、合规计划评估升级、设立独立合规部门等方面的内容均借鉴了国外发达国家中企业合规计划的设计。与国外发达国家的企业合规计划相比,我国的企业合规计划仍有以下不足:首先,指引仅规定了法律行为,却未规定法律后果,即仅规定了国企应当建立合规体系,却未规定建立合规计划对企业发展有何实际益处,既未涉及企业合规制度中的激励机制,也未规定没有建立合规计划有何惩罚,导致企业进行合规建设的动力不足;其次,各个指引对合规计划内容的规定都较为原则,缺乏明确的实施细则;最后,指引缺乏企业在遭到行政执法或者刑事司法调查时,应如何配合及应对的相关规定,合规计划仅是实现内部管理的工具,无法实现企业管理与行政部门及司法部门的良性对接。

尽管目前缺少相应的法律制度支撑,但从司法实践上看,除了中兴事件等涉外案件外,在国内也已经出现了企业刑事合规不起诉的案例,最具代表性的是"企业刑事合规抗辩第一案"兰州市中级人民法院的裁判观点[1]认为,雀巢公司的企业管理规范和自我监控制度等证实雀巢公司禁止员工从事侵犯公民个人信息的违法犯罪行为,员工违反公司管理规定实施的犯罪为个人行为,因此认定雀巢员工侵犯公民个人信息,而雀巢公司因为建立了合规体系而不承担刑事责任,裁定驳回上诉,维持原判。深圳市南山区检察院办理的某科技公司工作人员涉嫌对非国家工作人员行贿案,检察机关在督促该公司建立了反商业贿赂制度等合规体系后,作出了相对不起诉的决定。该公司也因此重启了上市申报程序[2]。

上述不断探索实践的案例对我国建立刑事合规监管制度也有所启发,如在综合考虑我国法律制度和司法实践需求的基础上,可以借鉴美国法人犯罪制度中以"替代责任原则"为代表的成熟经验,完善企业犯罪构成制度;可以引入企业缓刑制度,避免刑事处罚对企业的永久损害,并为其提供内部改革的契机。另外,应提升单位犯罪的罚金数额,并将是否存在有效的合规

---

〔1〕 参见甘肃省兰州市中级人民法院刑事裁定书,(2017)甘01刑终89号。

〔2〕 参见于兴泉、马圣昆:《刑事合规制度构建及展望》,载微信公众号"尚权刑辩"2021年7月22日,https://mp.weixin.qq.com/s/HxOGRbG5UPml84EvxWJDvw。

计划作为罚金刑的法定量刑参考因素，完善企业刑事责任制度；确立企业及企业高管构建实施企业合规的刑事义务规则，推动企业及企业高管在企业内部构建实施旨在发现、预防和制止企业内部违法犯罪的内控机制；考虑借鉴域外企业犯罪追诉中的审前分流协议，完善企业犯罪的刑事追诉规则，在保证追诉犯罪企业的同时，避免正式的刑事诉讼对企业造成严重损害〔1〕。目前，刑法学界在大力呼吁修改《刑法》，构建"刑事合规机制"，确立刑事合规的出罪功能，将企业建立有效合规计划既作为不追究刑事责任的依据，也作为重要的减轻量刑情节〔2〕。

第二节　刑事合规常见的犯罪、体系及标准

现代社会经济发展的进程不断加快，新型的商业模式不断涌现，使整个社会的经济环境变得纷繁复杂，传统刑事司法的一般预防功能在经济领域已然收效甚微，而关注于企业内部治理机制优化，防范企业刑事风险产生与演化的企业刑事合规体系建设，已经成为多数发达国家刑事司法体系变革的最新动向。在这种背景下，国家对于经济活动的监管也越发严苛，企业生产经营涉嫌刑事犯罪的风险也陡然激增。原本立足事后惩戒的传统刑事司法，已经很难实现其所预设的"一般预防"这一司法目标。因此，确保企业规范运营，制订避免企业在运营过程中产生与演化法律风险的合规计划，正在成为完善企业内部治理机制、防范企业刑事风险的重要举措与实践。特别是以美国为代表的西方发达国家，已经形成了很多在刑事立法与司法实务中引入企业合规管理制度的实践先例，其中美国联邦量刑委员会颁布的《联邦组织量刑指南》最具代表性。而随着 2018 年发生的中兴事件、华为事件，我国政府与企业也逐渐意识到了企业刑事合规体系建设的重要意义。

一、常见企业犯罪罪名及典型案例

从刑法的角度来看，企业犯罪指的是由于企业制度方面的漏洞，企业或

〔1〕 参见万方：《企业合规刑事化的发展及启示》，载《中国刑事法杂志》2019 年第 2 期。

〔2〕 参见陈瑞华：《论企业合规的中国化问题》，载《法律科学（西北政法大学学报）》2020 年第 4 期。

者企业的成员为了企业或是自己的利益，所做出的违反刑法的行为。在司法实践中，企业面临的刑事法律风险可以分为四类：企业生产经营中的刑事法律风险、企业管理中的刑事法律风险、企业交往中的刑事法律风险和融资中的刑事法律风险。这四类法律风险对应着刑法规定的100多个罪名，下面我们按照这种分类一一表述企业触犯的高频罪名。

（一）企业生产经营中的高频罪名

企业生产经营中的高发罪名主要涉及污染环境罪、食药类犯罪及重大责任事故罪等。其中污染环境事故罪主要是指违反国家规定，排放、倾倒或者处置有放射性的废物、含传染病病原体的废物、有毒物质或者其他有害物质，严重污染环境的行为。近年来，我国对于环境整治力度加大，而企业在生产过程中很多时候未能跟上国家对于环境要求的标准，导致污染环境事故时有发生。食药类的犯罪主要涉及的是生产、销售伪劣商品罪一节，例如，生产、销售伪劣产品罪及生产、销售、提供假药罪等及生产、销售、提供劣药罪，这方面的罪名严重危害了广大人民的身体健康，很多不良商家利欲熏心，不顾普通民众的生命安危，不惜失去生命和自由来获取不法利益，国家加大对食药类的监管力度成为必然，因此被抓获的犯罪企业和商家也大量出现。重大责任事故罪是指在生产、作业中违反有关安全管理的规定，因而发生重大伤亡事故或者造成其他严重后果的行为。重大责任事故罪是近年来常见多发的一种犯罪行为，不仅危及人民群众的生命安全，也造成了国家和群众财产的重大损失，严重地阻碍了企事业单位的正常经营和发展，直接危害到社会的稳定。

（二）企业管理中的高频罪名

在企业管理过程中主要涉及的罪名有挪用资金罪、职务侵占罪、拒不支付劳动报酬罪、知识产权类刑事犯罪及危害税收征管罪等方面的犯罪。其中挪用资金罪和职务侵占罪是民营企业家、公司高管最容易触犯的一种罪名。相比于普通民众，企业家无疑拥有更多的经济资源和社会关系资源，在现代公司的治理中，以公司内部权力架构为基础，单纯依靠企业内部监督机制防范企业负责人腐败具有一定的局限性。在大多数企业中，公司权力层级覆盖，上命下从，内部审计和监督很容易被顶层操控，尤其是企业创始人或者大股东，对这类人的内部监督就会更为困难，因此企业家和公司高管挪用企业资金或侵占企业物资就显得轻而易举。特别是在家族企业中，企业家常常认为这个企业是自己的,根本没有意识到企业资产和自己的资产不是同一性质的财产,因此支配企业的资产往往非常随意,比如,将企业的资产划入自己的账号或者关联企业,以及未经其他股东同意对外借款等行为。

拒不支付劳动报酬罪是近年来高发的罪名,主要发生在民营企业家之中,触犯该罪名的多为企业主要负责人,以初中以下学历的企业家居多,而且触犯拒不支付劳动报酬罪的企业家的潜伏期与触犯其他罪名的企业家的潜伏期相比有差异,触犯该罪的以一年居多。根据《刑法修正案(八)》的规定,拖欠劳动者劳动报酬的用人单位只有被查证具备以下三个要件时,才有可能被认定为拒不支付劳动报酬罪:第一,有支付能力;第二,故意不支付;第三,经有关部门责令支付后仍不支付。

在知识产权方面常见的罪名有假冒注册商标罪,销售假冒注册商标的商品罪,非法制造、销售非法制造的注册商标标识罪,侵犯商业秘密罪等。知识产权属于无形资产,在科技引领时代的大背景下,知识产权越来越具有重要地位,企业应注意在经营活动中尊重他人的著作权,合法使用对外图片、商标、商标标识、专利,也应及早搭建企业自身的知识产权体系,提高市场竞争力。

《刑法》第三章第六节规定了危害税收征管罪,涉税类犯罪中虚开增值税专用发票、用于骗取出口退税、抵扣税款发票罪,虚开发票罪,逃税罪,抵扣税款发票罪,骗取票据承兑罪是高频犯罪。其中虚开增值税专用发票、用于骗取出口退税及抵扣税款发票罪是企业管理过程中涉及税务问题的主要罪名,其行为是串通不法生产销售企业,非法获取虚开、代开的增值税专用发票。犯罪分子通常流窜于全国各省市,用贿赂企业工作人员和提供“优惠”的开票价格(一般按开票金额的比例计算)等手段,取得这些不法企业开出的没有实际商品购销活动的虚假增值税专用发票。开票的货名通常是一些没有外贸出口限制的皮革制品、服装、电器元件以及其他日用小商品等,开票的单价通常远远高于实际商品价格,是实际价格的十几倍甚至几十倍。有的犯罪分子直接或间接地与国内不法生产、销售企业建立联系,从企业获取空白增值税专用发票自行填开,或坐地收购不法企业虚开、代开的增值税专用发票。

(三)企业交往中的高频罪名

企业交往中的高频罪名主要有行贿罪和合同诈骗罪,行贿罪成为高发罪名的原因是企业在发展过程中常常出现和权利关系纠缠等情形,某些企业家为了企业的生存和发展及获取高额的利润和回报,对官员实施了利益输送,企业家和官员构筑了千丝万缕的利益关系。随着反腐力度的加大,大批官员落马,这些官员的背后出现了很多的企业和企业家,行贿罪成为高发罪名可见一斑。然而企业只要被纪律检察机关传唤协助调查,马上就有银行催还贷款,引发一系列危机,给家庭、企业带来致命的打击。随着反腐力度持续加大,政府努力实现"官员不敢贪,不能贪,不想贪"的政治局面,不断推进政府权力透明化、公开化,因而企业家需转变行事风格,预防企业腐败,规避企业的刑事法律风险。

而对于合同诈骗罪,无疑是有些企业出于恶意欺骗合同对方当事人的故意,骗取对方当事人的大额财物的行为。然而在司法实践中,很多民营企业家遇到的情形是一开始有履约能力,并不重视合同相关条款,等到突然遭遇经营困难时,就可能招致"明知没有履约能力而签订合同"的诈骗罪名。这时关注企业合规,规避法律风险显得尤为重要。首先对于企业家而言,如果其在签订合同的时候,已经考虑到该项合同确实在未来有履行风险,就需要注意在合同签订之初,让对方在一定程度上了解这种风险,同时留存书面资料,这样在日后能够证明自己于合同签订之初就没有任何欺骗的恶意。后期如果的确遇到履约能力不足的情形,那也应该尽量争取做一些履约的行为并留下证据,目的是证明并没有不履行合约的恶意,而是在努力想方设法履行,由此来规避被认定为合同诈骗罪的风险。随着中国市场经济的不断发展,利用签订合同诈骗钱财的案件大有愈演愈烈之势,不仅侵犯了他人的财产权,扰乱了市场秩序,而且极难与经济纠纷区分与识别,因而成为司法实践中的一个热点问题。

(四)企业融资中的高频罪名

在企业运营过程中,大多数企业家面临着资金短缺、融资困难的问题,为了企业自身的生存和发展,企业家在无法通过正常的融资渠道获取经营所需资金时,往往会通过法律规定以外的其他方式进行融资,而企业融资类刑事法律风险主要出现在两种融资过程中,一是向社会民众公开筹集,二是向金融机构贷款。在向社会民众公开筹集过程中可能会触犯刑法,其中涉及的罪名主要有非法吸收公众存款罪、集资诈骗罪、贷款诈骗罪及票据诈骗罪等。为了满足银行贷款的审批标准和要求,银行常常口头指示企业更改财务数据，以符合银行要求的贷款条件和财务审查需要，企业为了获取银行贷款，基本上都会满足银行的要求，修改财务报表和数据。但一旦企业无力或者无法归还银行贷款时，企业也将面临构成贷款诈骗罪、票据诈骗罪，被追究刑事责任的风险。

在中国当前的经济社会，企业和企业家是社会财富的创造者，也是社会创新的重要推动力量，企业家们始终扮演着瞩目的角色。企业高管有无刑事法律风险意识，直接关系到企业自身的发展和存亡，而且往往涉及企业的整体形象，对经济的发展、社会的稳定等也会造成一定的影响。加强企业高管在企业治理过程中的刑事法律风险防范意识，已经成为企业特别是民营企业在发展过程中必须认真对待的重大课题。

（五）常见企业触犯罪名数据分析报告

近几十年中国经济高速发展，作为企业管理者，企业家为此作出了巨大的贡献，但也不可避免地出现了一系列法律问题，而在刑事犯罪领域尤为突出。为了帮助解决企业家犯罪这一社会问题，提升企业的法律风险防范能力，擎盾数据中台通过已有的大数据对企业家及企业犯罪情况进行了深度解析并形成了相应的分析报告。

(1)2011 年至 2020 年企业刑事犯罪案件数量的变化情况见图 2－3。

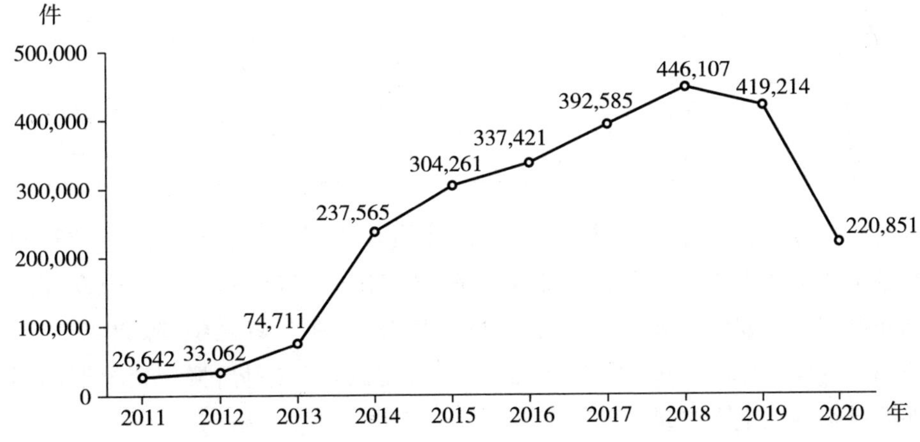

图 2－3　2011－2020 年企业刑事犯罪案件的数量变化

2011－2020 年，每年案件数量均超过 2 万件，数量最多的 2018 年达到了 44 万,整体属于高频犯罪类型。以 2013 年和 2018 年作为两个分界点,2013 年以前案件数量缓步上升,但每年均不超过 10 万件;2014 –2018 年这一阶段的案件数量呈现急剧上升趋势,且每年均超过了 20 万件,截至 2018 年达到峰值 446,107 件,然而 2019 年又回落至 41 万件左右,2020 年降低至近五年的最低数量 22 万件左右。

因疫情突然暴发,致使大批企业停工停产甚至无数企业破产倒闭,2020 年案件数量下降。此外企业刑事犯罪数量如此之多,这也反映了企业存在较大的刑事合规风险,应当制定规范严密的合规监督体系,同时提高企业管理人员的风险识别能力和管控能力。

(2)2014 –2020 年融资类犯罪罪名的数量变化见表 2 –5。

表 2 –5　2014 –2020 年融资类犯罪罪名的数量变化

单位:件

年份	非法吸收公众存款罪	抽逃出资罪	集资诈骗罪	挪用资金罪	单位行贿罪
2014	1128	180	320	1712	542
2015	2031	152	675	1943	852
2016	3031	152	625	1943	852
2017	4320	73	919	1707	862
2018	4396	150	1015	1808	770
2019	5507	137	1116	2058	589
2020	4890	63	973	1796	321

非法吸收公众存款罪、抽逃出资罪、集资诈骗罪、挪用资金罪、单位行贿罪是企业金融类犯罪中的高频罪名。随着年份的变化,非法吸收公众存款罪和挪用资金罪两类罪名一直处于高发状态,而在二者之中,除 2020 年之外,非法吸收公众存款罪的数量保持相对稳定的增长态势,挪用资金罪的案件数量则存在上下波动。

(3)2014－2020年涉税类犯罪罪名的数量变化见表2－6。

表2－6　2014－2020年涉税类犯罪罪名的数量变化

单位:件

年份	逃税罪	虚开增值税专用发票、用于骗取出口退税、抵扣税款发票罪	虚开发票罪	抵扣税款发票罪	骗取票据承兑罪
2014	69	1281	102	153	31
2015	50	1191	139	145	45
2016	86	1399	124	153	55
2017	107	1760	146	197	68
2018	29	2284	198	201	56
2019	82	2480	303	239	46
2020	65	2212	328	221	29

首先,涉税类犯罪中的数据显示,虚开增值税专用发票、用于骗取出口退税、抵扣税款发票罪,虚开发票罪,抵扣税款发票罪,逃税罪,骗取票据承兑罪是其中的高频犯罪。其次,虚开增值税专用发票、用于骗取出口退税、抵扣税款发票罪的犯罪数量一直居高不下,这体现出企业财务会计方面的犯罪频发,部分企业在实际生产经营中未能做到诚信合法经营,也从侧面凸显了我国多数企业的财务管理制度不够完善。

(4)2014－2020年侵权类犯罪罪名的数量变化见表2－7。

表2－7　2014－2020年侵权类犯罪罪名的数量变化

单位:件

年份	假冒注册商标罪	拒不支付劳动报酬罪	合同诈骗罪
2014	291	205	1329
2015	228	320	1500
2016	185	453	2031
2017	116	526	2343
2018	143	540	2244

续表

年份	假冒注册商标罪	拒不支付劳动报酬罪	合同诈骗罪
2019	143	580	2526
2020	134	164	2135

犯罪企业家在 2014 - 2020 年侵权类罪名数量的总体变化趋势为：合同诈骗罪的数量 > 拒不支付劳动报酬罪的数量 > 假冒注册商标罪的数量，其中合同诈骗罪一直都稳居高位且数量远超假冒注册商标罪和拒不支付劳动报酬罪，几乎是后两个罪名数量的五倍。这表明，诈骗是企业犯罪的高发领域，应当加强企业诈骗方面的监管，严格规范企业的经营管理制度。

(5)企业犯罪触犯罪名的数量排名见图 2 - 4。

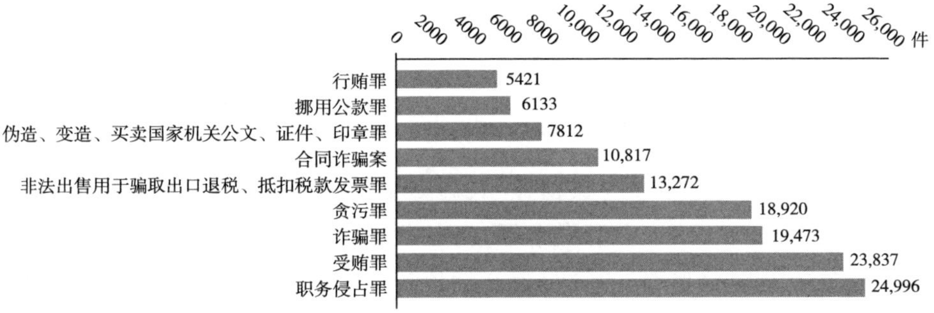

图 2 - 4 企业犯罪触犯罪名的数量排名

擎盾数据中台对企业犯罪触犯罪名的数量进行了排名：职务侵占罪 > 受贿罪 > 诈骗罪 > 贪污罪 > 非法出售用于骗取出口退税、抵扣税款发票罪 > 合同诈骗罪 > 伪造、变造、买卖国家机关公文、证件、印章罪 > 挪用公款罪 > 行贿罪。

依据《刑法》分析这些犯罪所属类别，我们可以发现侵犯财产类犯罪、贪污贿赂犯罪、危害税收征管类犯罪的数量居于前列，属于企业刑事犯罪的常见类型。引进企业刑事合规制度可以有效避免企业身陷刑事犯罪囹圄，为此，我们可以分析以下企业合规不起诉的典型案例。

二、典型案例及启示[1]

(一)基本案情

2015年12月间,为了F警用器材公司少缴税款,乌某某、陈某某商议在没有实际货物交易的情况下,从其他公司虚开增值税专用发票抵扣税款,并指使倪某通过公司供应商杜某某等人介绍,采用伪造合同、虚构交易、支付开票费等手段,从王某某(另案处理)实际控制的商贸公司、电子科技公司虚开增值税专用发票24份,税额计人民币377,344.79元,后F警用器材公司从税务机关抵扣了税款。

乌某某、陈某某、倪某、杜某某分别于2018年11月22日、23日至公安机关投案,均如实供述了上述犯罪事实。11月23日,公安机关对乌某某等四人依法取保候审。案发后,F警用器材公司补缴全部税款并缴纳滞纳金。2019年11月8日,无锡市公安局新吴分局以F警用器材公司及乌某某等人涉嫌虚开增值税专用发票罪移送检察机关审查起诉。经审查,检察机关综合案件情况拟作出不起诉处理,并就此举行了公开听证。该公司及乌某某等人均自愿认罪认罚,在律师的见证下签署了《认罪认罚具结书》。2020年3月6日,无锡市新吴区人民检察院依据《刑事诉讼法》第177条第2款规定,对该公司及乌某某等四人作出不起诉决定,就没收被不起诉人违法所得及对被不起诉单位予以行政处罚向公安机关和税务机关分别提出检察意见。后公安机关对倪某、杜某某没收违法所得共计人民币45,503元,税务机关对该公司处以行政罚款人民币466,131.8元。

(二)处理结果

1. 开展释法说理,促使被不起诉单位和被不起诉人认罪认罚

新吴区人民检察院受理案件后,向F警用器材公司及乌某某等四人送达《认罪认罚从宽制度告知书》,结合案情进行释法说理,并依法听取意见。乌某某等四人均表示认罪认罚,该公司提交了书面意见,表示对本案事实及罪名不持异议,愿意认罪认罚,请求检察机关从宽处理。

2. 了解企业状况,评估案件对企业生产经营的影响

检察机关为全面评估案件的处理对企业生产经营的影响,通过实地走

---

[1] 参见《最高人民检察院第二十二批指导性案例》,载《检察日报》2020年12月9日,第2版。

访、调查，查明该公司成立于1997年，系科技创新型民营企业，无违法经营处罚记录，近三年的销售额为人民币7000余万元，纳税额为人民币692万余元。该公司拥有数十项专利技术、计算机软件著作权和省级以上科学技术成果，曾参与制定十项公共安全行业标准，在业内有较好的技术创新影响力。审查起诉期间，公司参与研发的项目获某创新大赛金奖。

3. 提出检察建议，考察涉罪企业改进合规的经营情况

该企业在案发前有基本的经营管理制度，但公司治理制度尚不健全。在评估案件情况后，检察机关围绕如何推动企业合法规范经营提出具体的检察建议，督促涉罪企业健全完善公司管理制度。该公司根据检察机关的建议制定合规经营方案，修订公司规章制度，明确岗位职责，对员工开展合法合规管理培训，并努力完善公司治理结构。结合该企业上述改进情况，根据单位犯罪的特点，在检察机关主持下，由单位诉讼代表人签字、企业盖章，该公司在律师见证下签署《认罪认罚具结书》。

4. 举行公开听证，听取各方意见后作出不起诉决定，并提出检察意见

考虑到本案犯罪情节较轻且涉罪企业和直接责任人员认罪认罚，检察机关拟对涉罪企业及有关人员作出不起诉处理的决定。为提升不起诉决定的公信力和公正性，新吴区人民检察院举行公开听证会，邀请侦查机关代表、人民监督员、特约检察员参加听证，通知涉罪企业法定代表人、犯罪嫌疑人、辩护人到场听证。经听取各方意见，新吴区人民检察院依法作出不起诉决定，同时依法向公安机关、税务机关提出行政处罚的检察意见。公安机关、税务机关对该公司作出相应行政处罚，并没收违法所得。

从上述典型案例可以看出，检察机关将积极推动企业合规与适用认罪认罚从宽制度或依法适用不起诉相结合，通过对涉嫌犯罪的民营企业进行走访、调查，查明企业犯罪的诱发因素、制度漏洞、刑事风险等，提出检察建议，依法对涉案企业或企业负责人作出从轻从宽处罚的建议或不起诉决定，并通过对企业提出整改意见，推动企业合规建设，进行合规考察等后续工作，努力让企业"活下来""留得住""经营得好"。同时，检察机关结合企业合规情况，主动做好刑行衔接工作，提出检察意见并移送有关主管机关处理，防止不起诉后一放了之。此举既推动了对企业违法犯罪行为依法处罚、教育、矫治，使企业能够改过自新、合规守法经营，又能减少和预防企业再犯罪，使企业更主动地承担社会责任。

但这一案例也反映出实践中对于企业合规建设的落实、整改或验收都无明确且清晰的规划，如企业刑事合规体系的建设标准、评价标准不统一，检察机关对企业的合规能发挥什么样的作用、如何发挥作用不明晰，存在相应的政策制度问题。

三、企业刑事合规体系及标准

（一）企业刑事合规体系的构建原理

1. 企业刑事合规体系的理论溯源及内涵剖析

传统刑法的“一般预防”理论强调通过事后追惩已然犯罪来实现预防犯罪的目的，但即便各国部署了日趋严密的经济犯罪法网，企业犯罪丑闻依旧层出不穷。以“消极一般预防”理论为主导的刑法规制手段并没有在遏制企业刑事犯罪方面取得良好的效果。在此背景下，追求事先预防的“积极一般预防”理论越发被重视，构筑于此理念之上的企业刑事合规体系的意义得以凸显。但是，不容否认，筹划、设立、运行刑事合规体系带给企业高额的成本负担，所以推动体系建设的动力既包括企业内因，也离不开刑事政策环境的支持。在我国，虽然在立法层面上并不存在明确的量刑激励制度，但我国的刑事司法政策也在逐步实施认罪认罚及刑事合规不起诉制度。因此，企业刑事合规体系的建立，也是企业应对刑罚理论演变的必然选择。

2. 企业刑事合规体系的内容

刑事合规体系的内容囊括两方面：一方面其需要明晰企业积极的作为义务，通过相应的留痕化行为阻却犯罪构成要件的成就，创设免责抗辩事由；另一方面通过设立风险事件处置机制，来最大限度地防止刑事风险事件对企业发展的不利影响。基于上述论述，所谓企业刑事合规体系应当是指企业在法定框架内，结合组织体自身的组织文化、组织特性以及组织规模等特殊因素，设立一套违法及犯罪行为的预防、发现及报告机制，从而减轻、免除刑事责任，甚至将涉刑风险行为正当化的机制，这一机制应是立足组织体的守法文化并能够被切实地贯彻和执行。

（二）企业刑事合规体系的架构设计与运作流程

企业刑事合规体系的架构应当符合阻却、免责、救济三大实践维度要求，因此在架构设计企业刑事合规体系时，必须要对以上三大维度的诉求予以充分的回应。而这种回应，在企业刑事合规体系中的核心体现为对企业商业模式刑事合规评估体系、企业运营过程刑事合规管理体系、企业刑事合规风险事件处置体系这三大分支的合理设计与运用。

1. 企业商业模式刑事合规评估体系

(1)刑事合规评估体系基础构架

监管层面的缺失与缺位促使企业必须对其商业模式进行拆解、评估和整改,从而保全其创新模式得以在现行刑事法律规制框架中合规运营。立足上述出发点,刑事合规评估体系主要着眼于三个层面:第一个层面,研判企业商业模式及其背后的商业利益诉求,分析并阐释其商业行为的法律本质;第二个层面,将创新商业行为中可能存在的风险行为与现行刑事法规的禁止性行为进行匹配性比照,明确刑事风险高发的创新行为,确定刑事合规风险点;第三个层面,针对风险高发点,在维护企业核心利益的基础上,针对创新商业模式中的企业行为进行合规化整改,阻却相应高危行为成为犯罪构成要件成就的诱因,以确保企业商业模式在刑事立法的规制框架之中运行。

(2)合规评估工作的步骤

依据上述基础架构,律师在参与商业模式合规评估时,首先,必须认清商业模式的法律评价及其背后的商业利益。律师在判定企业运营模式的法律属性的基础上区分合规业务和问题业务,明晰企业经由商业模式获取的商业利益与核心诉求,罗列在不合规的业务与商业利益产生冲突时可牺牲的可调节利益点。其次,在第一步骤基础上,针对问题业务剖析刑事风险点,对于可能涉及的罪名及其核心要件的刑事风险点设置商业模式的犯罪阻却事由,在保留企业合法盈利的核心利益基础之上,针对风险行为设计合规整改方案。最后,结合上述两个层次制定商业模式合规整改方案,舍弃部分商业利益进而优化制度设计,在关键节点处设置违规禁令,使整改后的商业模式符合合规运营的基础,为企业的商业创新保驾护航。

2. 企业运营过程刑事合规管理体系

(1)企业运营管理体系框架构造

以审慎监管为核心的刑事合规管理体系旨在控制企业运营过程中因内控机制乏力和外部因素干扰而引发的刑事风险,主要包括企业内控监管体系和企业制度管理体系。企业内控监管体系的运作分为三个步骤:第一,明确企业合规监管义务,以企业内控监管行为的操作指引企业契合法定前置性监管义务。第二,设置企业合规监管流程,全面回应相关法规对于企业自我监管的要求。第三,建立合规监管绩效评估体系。对企业监管流程进行常态化评估,并根据经营背景的变化及时修补其中疏漏之处。

企业制度管理体系着眼于治理并防范传统的企业内部犯罪行为。律师需要协助企业设置财务、税务、发票等方面的规范化的制度,通过制度化运营消解刑事风险,通过制度框架限制人为因素诱发的刑事风险点,进而避免企业因内控不严而衍生的刑事犯罪风险。

(2)合规运营管理工作的步骤

依据上述基础架构,律师参与企业运营过程刑事合规管理体系建设以梳理刑事立法中的前置性监管义务为前提。当前刑事立法已经针对不同类型的企业设置积极监管义务,例如,对配备校车的学校和校车服务提供者设定了应当建立校车安全管理制度,配备安全管理人员等安全防范、应急处置义务。在此基础上,企业再设立满足监管诉求的监管流程。例如,针对交通安全肇事犯罪中的校车安全事故,实施校车驾驶员定期技能和安全教育培训制度、校车急救设备配置与更换制度,在人员管理、应急设备储存等方面履行企业安全监管义务,进而实现其合规经营。最后,建立企业内部管理流程的定期考核评估制度,从而保持制度的时效性和有效性。例如,定期查验校车驾驶员的驾驶证级别和驾驶年限,及时反馈和履行变更义务,进而促进企业的审慎监管内控得以有效实施。

另外,针对传统类企业的内部刑事犯罪,企业反腐败制度、财务合规管理制度的建设亦不可或缺。这样的制度建设包含以下几个层面:第一,将企业反腐败制度作为常设制度,纳入企业动态预防体系之中,明确企业管理人员的权限。第二,将企业财产的管理与控制分路径管控,实现管理人员与企业资产的隔离,降低企业财产被侵占的可能。第三,通过设立权利授予、报告呈送、限时审批、责任审计、业务考评等几个程序,建立权限严格的企业财务层报制度,防控刑事风险的出现。通过以上企业规范化决策制度、财务制度的实施,将会切实发挥企业刑事合规管理体系的作用。

3. 企业刑事合规风险事件处置体系

(1)企业刑事风险事件处置体系的脉络层次

事前风险防御机制并不能彻底消除企业刑事风险,所以设立应对风险事件爆发的应急处置体系也是企业刑事合规体系中不可或缺的一环。企业刑事风险处置体系主要有三个模块,即风险发现模块、风险消解模块和风险应对模块，三个部分相辅相成，作为刑事风险事件发生后企业的救济机制。

风险发现体系需要三管齐下，其一，通过检视企业岗位职责权限来寻找脱管风险，预判人员履职的犯罪风险性；其二，梳理包括人事、财物、经营在内的企业管理制度，寻找脱离监督制约的风险环节；其三，收集整理企业历史纠纷事件，排查企业纠纷高发风险节点。刑事风险消解体系以针对性地修补治理问题，降低企业被刑事追诉的可能性为核心，主要从三个角度入手：首先，针对企业历史性风险事件采取修补措施，通过事后修补企业早期发展时的违规行为为企业创设新的免责事由。其次，严格治理企业纠纷多发业务，杜绝高频风险事件再发。最后，推行企业合规文化的培养，促使企业及其成员主动遵纪守法，预防人为制造的潜在刑事风险的发生。

当风险事件越过企业风险排查体系和消解体系而直接爆发时，企业将直接应用刑事风险危机应对体系。该体系主要包含三个层面：第一，实施危机和解公关。该步骤以第一时间采取策略与相关潜在的刑事控告方促成和解，缓和对立情绪为中心。第二，主动进行风险报备。企业主动向政府主管部门说明情况，推动其提前介入和沟通风险事件，避免因企业人员被采取刑事强制措施而使企业的生产经营和纠纷解决陷入停滞不前的状态之中。第三，针对发生危机进行业务专项整改。企业及时梳理危机引发的原因与内控机制存在的漏洞，调整业务结构或者优化业务模式，杜绝同样的风险事件再次发生。

（2）企业刑事合规风险事件处置的工作步骤

第一，企业刑事合规风险的发现。

根据刑事合规风险设立的框架，企业通过历史刑事风险事件梳理、经营性刑事风险点筛查、创设合规风险评级制度三个角度综合排查刑事风险高发点。首先，对企业长久以来的经营模式、管理范围、运营制度进行全面梳理，寻找企业刑事风险的高发领域，进而针对该风险高发领域进行规律总结，为风险消解体系做好信息铺垫。其次，检视企业岗位职责权限，排查脱离监督制约的风险环节，预判职务犯罪风险性，为企业完善风险监察体系提供信息基础。最后，基于历史风险和经营性风险的筛查总结设立风险评级制度。针对不同制度给企业造成的成本和代价划分风险层级，以所涉罪名对应的自由刑期限与罚金刑上限作为层级划分依据，再针对风险层级确认投入资源，进而有效提高企业合规体系的运作效率。

第二，企业刑事合规风险的消解。

企业刑事合规风险消解体系通过高危漏洞的弥补、高危领域的监察、合规风险的教育三个步骤落实。首先，通过历史性刑事风险筛查，及时补纳税款或完善企业高管权责监管体系，扼制风险隐患持续发酵。其次，总结企业经营性高危刑事风险点，例如，针对发票类犯罪设立层层核查校对的发票管理制度，为企业创设新的减刑免责抗辩事由，进而预防可能发生的刑事追诉风险。最后，针对企业商业模式给员工开展定期的法律知识普及讲座，增强其对高危刑事罪名的认识，由内而外加强企业的刑事风险防范能力。

第三，企业刑事合规危机的应对。

一旦风险事件爆发，按照和解公关、风险报备、专项整改"三步走"模式，更容易缓和刑事危机事件对企业带来的冲击。企业风险事件的发生通常会引起企业经营合作方或者投资方的不安，进而出现挤兑风潮或者群体性事件。因此，在刑事风险事件发生节点应及时通知业务合作方并尽快达成和解和补偿协议，稳定相对方情绪，避免形成维稳事件，进而防止企业因为司法机关对企业或其负责人采取刑事强制措施而彻底陷入业务瘫痪的境地。同时，风险报备应当与和解公关同步推进，企业负责人应当主动向企业主管部门及当地司法机关报备企业风险事件的发生状况、影响范围以及应对方案，积极寻求政府主管部门与司法机关的帮助，并征询官方意见，为企业后期的业务整改争取监管方的支持，防止企业被动陷入刑事程序的泥沼之中。在综合合作方、监管方对于企业业务整改方案的意见后，企业应当出台令企业方、投资方、监管方三方均能够接受的专项整改与补偿方案，以换取公安的暂不立案或暂不采取强制措施的处理，为企业自救以及主动消除涉刑风险行为的社会危害性换取充足的时间和空间。

（三）企业刑事合规的标准

2014 年 11 月 11 日，第 22 届亚太经合组织领导人非正式会议发布的《亚太经合组织有效和自愿的企业合规计划基本要素》（APEC General Elements of Effective Voluntary Corporate Compliance Program）提出了企业合规项目的基本要素，即开展风险评估；管理层的全力支持和参与；制定和遵守书面的公司行为准则；建立合规管理组织架构；提供反腐败培训、教育讲座和持续指导；开展基于风险和详尽记录的尽职调查；审计和内部会计控制；合规机制和报告要求；激励；惩处；定期审查和测试。因此刑事合规法律体系的标准应以是否满足企业合规项目的基本要素为依据。

1. 合规制度是否完备

"企业合规管理制度是企业与员工在生产经营活动中需要共同遵守的行为指引、规范和规定的总称,是企业合规管理的核心内容。合规管理制度相当于企业的'内部立法'。""企业合规管理制度的表现形式或内容组成一般包括合规行为准则、制度规范、各项合规专项管理办法、合规管理的工作流程、管理表单等管理制度类文件。"例如,西门子股份有限公司的合规制度包括《商业行为准则》《内部合规调查行为准则》《商业伙伴合规手册》《供应商和第三方中间人行为准则》《保持商业诚信》《西门子内部合规标准》《全球合规通告》等;中国石油天然气集团公司合规管理制度包括《诚信合规手册》《合规管理办法》等。

2. 企业是否具备合规组织机构

"企业合规组织是企业实施合规管理以及建设企业合规管理体系的组织载体。建立独立、高效、协调合作的企业合规组织,是企业合规管理体系的重要组成部分,是企业有效进行合规管理、依法治企的组织保障。"巴塞尔银行监管委员会2005年4月29日发布的《合规与银行内部合规部门》采用的是大合规组织机构,最早提出了建立合规管理部门以及较为完善的企业合规组织架构,并对其合规管理职责作出了具体规定,包括董事会、高级管理层、合规管理人与合规部门。目前企业合规组织主要有三种模式:"第一,独立模式,即企业设立独立的合规部门,统一负责企业的合规管理,常见于重监管行业(如医药、金融等)的企业、大型公司、上市企业等。第二,合并模式,即企业不设立独立的合规部门,由法律部门下设合规分部或者合规专员履行合规管理职责,常见于合规风险较低或者规模较小的企业。第三,混合模式,把法律、合规、内控部门的职责划归统一的合规部进行管理,由合规部兼具组织各业务条线的常规检查与专项检查、提供合规性法律审查与咨询服务、牵头建立内控体系、评估合规政策执行情况、向管理层提出合规建议等。"企业合规部门的设置采取何种模式,取决于企业的组织架构、规模、运营管理模式以及行业监管环境。

3. 企业是否具有合规文化

合规文化是企业在合规管理中形成的合规理念、合规目的、合规方针、合规价值观、合规管理体系、合规管理运行等的总和。如果对组织的文化缺乏敏感性，那么无论这个计划多么符合指南中规定的标准，在有效性方面都将达不到标准。“企业合规文化的基本内容包括：(1)合规理念：合规从领导做起；全员主动合规；合规创造价值；全员安全、质量、诚信和连接。(2)合规价值观：诚信与正直；诚实守信；依法合规。(3)合规行为：与外部监管部门有效互动；培训；制定和发放合规手册、签订合规承诺书。(4)合规管理人员荣誉感。”

4. 企业是否开展合规培训

合规培训是有效刑事合规的基本要素。合规培训的目的是使公司全员树立合规意识、掌握合规知识、减低企业经营风险。合规培训应当遵循持续性原则、适当性原则、有效性原则、可追溯性原则和重要性原则。针对不同岗位的员工，培训内容有所不同。对于公司的高级管理层，合规培训的重点是合规意识、合规文化、合规制度建设以及有关的政策和法律法规。对于普通员工而言，合规培训主要是与其工作岗位和职责相关的规定、风险以及具体操作规程。合规培训内容和形式应当有利于员工理解和接受。企业应当为各级员工(尤其是从事高风险活动的员工)提供有效培训并做好记录，也可适时为业务伙伴提供培训。

5. 企业是否建立合规风险识别机制

合规风险识别是发现、收集、确认、描述、分类、整理合规风险，对其产生原因、影响范围、潜在后果等进行分析归纳，最终生成企业合规风险清单，为下一步合规风险的分析和评价明确对象和范围的活动。合规风险识别是合规风险管理的首要步骤、前提和基础。进行合规风险识别应遵循全面识别原则、及时识别原则、客观识别原则、统一识别原则。开展合规风险识别，宜遵循以下步骤：构建合规风险识别框架；查找合规风险事件，收集违规案例；编制初步合规风险清单。

6. 企业是否具备合规风险评估机制

合规风险评估是指企业在有效识别合规风险的基础上，运用特定的风险评估方法及工具对合规风险可能产生的危害、损失及造成的影响程度等进行测算，并基于此采取相应的控制措施。“一个公司的合规计划必须依据其风险评估，并且合规计划应围绕着公司的个体风险和特定风险而建立。因此，为了制定一个有效的合规计划，就必须识别并理解行业的系统性风险因素和公司的独特风险因素。这些风险因素可能会与公司发展业务的地理位置、公司和潜在客户类型是政府机构还是国有企业,以及公司用于拓展海外业务的人员类型相关。”合规风险评估应当重点考虑造成损失的概率、造成损失的大小、合规风险的影响程度等。合规风险评估应遵循全面性原则、公正性原则、准确性原则。

7. 企业是否具备合规风险处置机制

合规风险处置是在完成风险评估之后,选择并执行一种或多种改变风险的措施,包括改变风险事件发生的可能性和/或后果,以及针对合规风险采取相应措施,消除合规风险或者将合规风险控制在企业可承受的范围之内。合规风险处置包括选择合规风险应对策略、评估合规风险应对现状、制定合规风险应对措施、制订合规风险应对计划、实施合规风险应对措施与计划等环节。合规风险处置措施包括规避风险、降低风险、转移风险、接受风险等。

8. 企业是否具备合规审计机制

合规审计是对合规管理工作进行全面评价和监督的重要手段,应重点审查合规体系的运行情况、合规程序的执行情况以及对财务控制和其他内控手段的实施情况。合规审计可以保障公司合规制度得以遵守,预防违法违规行为发生。合规审计可分为全面合规审计与专项合规审计;定期合规审计、临时合规审计和后续合规审计。合规审计应当遵循独立原则、客观原则和公正原则。

9. 企业是否具备合规调查机制

内部调查是有效合规计划的重要组成部分。“一次彻底、有效和可信的内部调查对于公司是很重要的,不仅能够使公司充分了解自己所面对的责任和义务,而且监管权力机构展示了公司对于所接到的投诉严肃对待,以及公司希望了解公司内存在的潜在问题。”“在开展调查前首要确定适合的调查人员。很多情况下,调查的质量取决于调查人员的素质。”轻微问题的调查由公司内部的合规机构或总法律顾问办公室组织调查较为合理;严重违法问题或对企业有重大威胁的问题最好雇佣外部调查者主导调查,因外部调查的结果可信度更高。内部调查主要通过收集查阅文件和谈话进行。调查结束后通常要有一个调查报告。

10. 企业是否具备合规举报机制

合规举报是指企业员工以匿名的方式,对企业经营活动中存在的合规风险隐患或已发生的违规问题,根据一定的途径和步骤向合规部门报告的活动。合规举报机制的执行并不是为员工施加进行举报的义务,而是赋予全体员工对所有不合规行为进行举报的权利,员工享有举报的权利这一点本身就可以对全体员工产生震慑效应,进而形成对全体员工行为的无形约束。有效的合规举报制度通常需要包括以下几个方面:第一,便捷的举报渠道,如提供电子邮件、网页、电话热线等多种投诉方式,一周七天、一天 24 小时均可接受举报。第二,举报奖励制度。"《多德—弗兰克法案》在美国商品期货委员会(Commodify Futures Trading Commission,CFTC)新创设了一项举报者计划。该计划允许向那些举报者(指那些向 CFTC 共享信息和提供协助的人)支付货币性奖励,同时为这些举报者提供'反报复'保护。"第三,举报保密制度,如设立匿名热线。此外"对于负责企业举报信息收集及调查处理工作的部门或岗位人员,应确保其工作的保密性和独立性,对上级主管部门或领导垂直负责,业绩考核、职级升迁和工资待遇等由上级部门决定,尽量脱离本级企业的权力制约"。第四,反报复措施,例如,"公司应该维持一个记录机密的机制,以便其对那些已经提供过举报投诉信息员工的后续就业经历进行回顾,这样就可以明文记录这些员工已经受到保护,并没有招致任何报复"。

11. 企业是否具备问责与惩戒机制

有责必究是一个在组织内部建立和保持道德文化的关键要素。合规的问责与惩戒是指企业对违反企业合规计划的行为人(包括各级管理人员和普通员工)进行的纪律处分,如训诫、警告、降级、降职、调离、解雇、向执法部门报告违法情况、对违规者提起民事诉讼等。

12. 企业是否具备持续改进机制

企业的合规风险是时时存在、动态变化的,因此,面对内部和外部的变化,企业必须在合规风险方面建立持续改进机制并付诸实施。我国《GB/T 35770－2017 合规管理体系　指南》第 3.6 条规定,发生以下情形时,宜对合规风险进行周期性再评估:(1)新的活动、产品或服务,或者现有活动、产品或服务发生改变;(2)企业结构或战略发生改变;(3)重大的外部变化,如金融经济环境、市场条件、债务和客户关系;(4)合规义务改变;(5)发生不合规。

第三节　企业刑事合规管理体系

有效的企业刑事合规管理,应该是能够及时地以刑事法律的标准识别、评估、预防和控制企业在经营活动中的法律风险。在此,我们认为引用国际上普遍认可的《GB/T 35770－2022/ISO 37301:2021 合规管理体系　要求及使用指南》PDCA 循环工作方法作为企业刑事合规管理的运行机制,是行之有效的路径。根据企业刑事合规管理体系形成的基本结构,按照 PDCA 方法的运行模式,其过程包括以下四个阶段:

第一阶段:计划阶段,即刑事合规目标与计划制定。企业在确定全年经营目标时,应将企业合规管理作为一项不可或缺的组成部分,制定全年的合规管理计划或者专项合规计划,将合规政策和合规目标与企业的战略方向相兼容。

第二阶段:执行阶段,即刑事合规实施与执行。企业应按照计划任务,有序推进合规管理措施,有效地识别合规风险及完成整改等工作。企业执行合规任务时应调动一切资源,包括但不限于合规部门、财务部门、内控审计部门等,使合规任务的执行达到预期的目的。

第三阶段:检查阶段,即刑事合规检查。针对合规计划落实的情况,通过内部审核、管理评审、调查程序等及时纠正存在的问题和偏差,进一步完善执行阶段存在的不足,确保各项合规任务均能有效落实到位。

第四阶段:决策阶段,即刑事合规持续改进。通过动态监测和系统评估,将监测、审计、检查处置后的问题进行处理并持续改进,进而实现合规管理目标的全面完成。

一、刑事合规目标与计划制定

企业经营发展的阶段不同,会产生不同的合规管理策略,刑事合规计划的制定也要具有针对性,通常企业制订合规计划既要满足内部经营需要,也要满足外部监管要求。具体而言,可以分为事前、事后两个阶段,事前阶段即要求企业的经营行为符合法律法规、行业规则、监管要求等,达到预防刑事犯罪的合规管理目标。事后阶段即企业在已经触犯相关刑事法律规范,被司法机关依法追究刑事责任的情况下，应全面配合执法和司法机关的刑事合规调查，通过制订专项刑事合规计划来实现避免或者减少刑事责任的合规目标。

（一）刑事合规计划制定的主体

根据《GB/T 35770—2022/ISO 37301:2021 合规管理体系　要求及使用指南》的要求，以及国家有关企业合规管理的规范、办法、指引，多数要求企业合规管理部门制定合规计划，举例如下。

（1）《GB/T 35770—2022/ISO 37301:2021 合规管理体系　要求及使用指南》第6.2条要求，合规目标和实现这些目标的计划，应当确定实现目标所需的行动（“什么”），相关的时间范围（“何时”）和负责人（“谁”），应根据需要定期监测、记录、评估和更新目标的状态和态度。

（2）《中央企业合规管理办法》规定，合规管理牵头部门负责研究起草合规管理计划、基本制度和具体制度规定，业务及职能部门依据职责权限完善审查标准、流程、重点等，定期对审查情况开展后续评估。

（3）《企业境外经营合规管理指引》规定，合规管理部门制定企业的合规管理制度和年度合规管理计划，并推动其贯彻落实。

（4）《商业银行合规风险管理指引》规定，合规管理部门的基本职责包括制定并执行风险为本的合规管理计划，包括特定政策和程序的实施与评价、合规风险评估、合规性测试、合规培训与教育等。

根据上述有关合规管理的国际标准、指南要求以及国家标准、办法和指引来看，合规计划一般由合规负责人领导合规管理部门起草，由企业领导和管理层或者董事会批准后执行。

（二）刑事合规计划的类型

刑事合规计划按照不同阶段和任务，可以包括年度刑事合规计划和专项刑事合规计划。年度刑事合规计划是企业年度刑事合规管理的总体安排，主要目的是预防犯罪，排除合规风险隐患。专项刑事合规计划既可以是公司依据实际发展情况针对某一项经营业务或者某一合规管理领域专门开展的合规整改，如出口管制合规、反洗钱合规、数据合规等；也可以是按照上级单位的计划开展的专项合规整顿工作，如接受上级集团公司或者主管部门开展的专项合规整治；也可以是企业发生了重大合规风险事件，被监管部门责令整改，如企业触及刑事犯罪，在符合刑事合规不起诉条件的前提下，接受检察机关的合规考察,在检察机关监督指导下制订专项合规计划并开展合规整改管理。具体类型如表 2 -8 所示。

表 2 -8　刑事合规计划的类型

基本分类	情形特征
年度刑事合规计划	贯彻全年的日常刑事合规风险任务
专项刑事合规计划	某一领域、某一时期、某一项目的专项整治

(三)刑事合规计划的内容

1. 年度刑事合规计划

首先应遵循企业合规风险管理现状,基于刑事合规管理体系建设,逐项分解合规任务和管理清单。合规管理部门应根据企业发展状况和合规风险管理情况,拟定合规风险计划并报企业最高领导机构审议批准和实施。计划的具体内容包括:(1)领导层管理者合规承诺;(2)年度合规管理目标的确立;(3)公司合规管理制度的立改废活动;(4)合规风险识别与重点排查;(5)合规风险整改方案和措施;(6)合规管理信息系统建设;(7)公司合规流程的修改完善;(8)公司合规文化建设;(9)员工合规意识宣传培训;(10)公司合规管理人才的培养;(11)合规绩效考核管理与评价;(12)合规计划奖惩机制的设置。

年度刑事合规计划的基本要素和具体内容表述见表 2 -9。

表 2 -9　年度刑事合规计划的基本要素和具体内容

基本要素	具体内容
领导层管理者合规承诺	一把手刑事合规责任负责制,企业领导层管理者应落实首要责任负责制,向公司全员传达有效的合规管理要求和遵守合规管理要求的重要性
总体刑事合规目标	预防犯罪、消除风险、避免损失
公司规章制度管理	审查现有规章制度,第一,制度是否全面完备,是否满足刑事合规管理的需要;第二,是否符合法律法规等规定;第三,根据外部环境变化和公司经营情况及时制定、更新、修订、废止有关规章制度

续表

基本要素	具体内容
合规风险识别和分析评估	根据企业所属行业情况和经营现状，全面识别分析固有风险、潜在风险，形成刑事合规风险清单和任务
合规风险整改方案	具体如何分工推进，采取的措施，完成要求和完成结果
合规管理系统建设	合规管理信息化、技术化、标准化、精细化建设，科学管理
合规流程修订完善	规范合规流程操作，优化流程管控，从企业生产经营的每个环节把握合规管控的薄弱点，形成全流程合规管理
合规文化建设	资源配置，全员合规，文化活动支撑，合规品牌管理建设
员工合规意识培养	开展内外部合规培训活动，制定培训任务，明确培训的对象、内容、方式，规定培训频率，提升合规意识
合规管理人才培养	建设各部门、各层级合规管理人才队伍，保证人才专业化
合规绩效考核管理	明确刑事合规目标结果导向、绩效导向，实现高效合规
合规计划的奖惩机制	健全举报渠道，完善内部监督调查以及相应的奖励处罚措施

2. 专项刑事合规计划

专项刑事合规计划是企业针对特定领域，为避免企业因违反相关法律法规而承担刑事责任或产生其他方面的损失所采取的合规风险管理手段。专项刑事合规计划除了参照年度计划中共性的内容之外，需要根据企业的性质、所经营的业务情况、刑事风险可能产生的阶段进行量身制作，比如，从事保险业务或银行业务的企业，为预防反洗钱风险，需要制订开展反洗钱专项合规计划；对已经产生违法犯罪行为的合规风险事件，比如从事外贸销售的企业发生涉嫌销售非法产品行为，被检察机关要求进行刑事合规整改，在检察机关设置的刑事合规考察期限内制定刑事合规专项计划进行整改。专项刑事合规计划的类型具体见表2－10。

表2－10　专项刑事合规计划的类型

类型	内容
反洗钱合规	针对洗钱的类型对资金账户、票据、证券等的流转进行跟踪识别
反商业贿赂合规	强化合资合作伙伴等相关合作方管理，量化准入门槛和要求
出口管制合规	筛查出口管制的范畴和物项，明确清单许可内容，检查临时出口许可等

续表

类型	内容
数据安全合规	进行网络安全监测,数据安全管理和防护,遵循国家网络安全标准
反垄断合规	围绕价格固定、串通围标、市场份额划分等开展合规举措
专项犯罪合规整治	涉嫌犯罪行为的合规整改,参照本章节"刑事合规不起诉"的内容

(四)刑事合规计划的要求

《GB/T 35770—2022/ISO 37301: 2021 合规管理体系　要求及使用指南》指出,理事机构和最高管理者应通过以下方式表现出对合规管理体系的领导和承诺:确保建立合规政策和合规目标并与组织的战略方向兼容;确保将合规管理系统要求集成到组织的业务流程中;确保合规管理系统所需要的资源可用;传达有效的合规管理和遵守合规管理系统要求的重要性;确保合规管理系统达到预期结果;指导和支持人员为合同管理系统的有效性做出贡献;促进持续改进;支持其他相关角色以展示其在职责范围内的领导能力。因此,公司领导和管理层必须体现对合规计划的领导和承诺,才能有效地传达和执行。

刑事合规计划应具有全面性和针对性,要满足符合相关法律法规规范、行业准则、监管要求,在遵守各项规范的前提和基础上,采取符合公司刑事合规风险管理的应对措施,包括公司的规章制度是否存在合规风险漏洞,公司业务流程、产品、财务、采购、销售、纳税等环节是否存在合规风险;在检察机关监督下的刑事合规不起诉过程中,合规计划还应针对涉罪行为进行量身定制,既要满足刑事法律规范的规定以及所在行业的监管要求,同时要满足检察机关对涉罪行为合规整改的具体要求。

一份完备的刑事合规计划需要体现合规任务清单、完成时限、责任人员等元素,各部门管理者和员工是刑事合规计划的具体执行者,要把合规任务清单分工落实到相应的责任人员,明确合规任务完成的时限和采取的具体措施,定期形成汇报成果,由公司合规管理部门进行汇总后上报公司领导和管理层。

二、刑事合规的实施与执行

按照确定的刑事合规计划,企业推进合规计划的落实和执行,首先需要充分了解合规风险的属性和运行规律，明确区分合规风险的类型、等级，对发生或潜在的合规风险进行全方位识别、监测、评估和调查，形成合规风险清单，通过设定相应的合规整改措施，以确保企业的合规目标更能达到预期的目的和效果。

（一）合规的分类分级

造成企业发生各类刑事合规风险的因素是多元化的，既有外部因素，也有内部因素，既有政治因素，也有市场因素，不同的行业也会衍生出特有的刑事合规风险。结合企业合规风险的运行规律，就刑事合规可以大致作以下区分。

（1）从行业属性分，包括银行合规、保险合规、证券基金合规，房地产建设工程合规，生物医疗合规，教育合规、文化娱乐合规，物联网人工智能合规、大数据网络安全合规等，这些就是根据行业特征所进行的分类。

（2）从企业经营的角度分，包括投资决策合规、采购合规、销售合规、产品合规、组织管理合规、财务合规、税务合规、劳动用工合规、知识产权合规、数据合规、信息披露合规、反垄断合规、反洗钱合规等，这些就是根据企业经营行为所进行的分类。

从行业属性和企业经营的角度，结合企业内部刑事合规风险运行的实际情况，合规管理部门需要根据企业某个阶段可能发生的刑事合规风险内容、发生频率、风险后果、对企业经营目标的影响程度等来综合判定合规风险的等级情况。刑事合规风险等级分类具体见表 2 - 11。

表 2 - 11　刑事合规风险等级分类

风险名称	风险描述	发生频率	产生后果	风险等级	对企业经营的影响
1	1	经常	严重	高	重大
2	2	一般	轻微	中	较大
3	3	较少	一般	低	一般

（二）合规风险识别和评估

合规风险识别是指企业为实现对合规风险全面、准确、有效的管理而对合规风险进行甄别、评估、聚焦的动态过程和机制，合规风险识别应当遵循全面覆盖、准确定位和重点突出的基本原则。由于企业产生刑事合规的原因受到行业属性、自身经营状况、内外部因素等的综合影响，企业刑事合规呈现多样化。因此，在管理合规风险、推行合规计划实施的过程中，需要先全面进行合规风险甄别，然后再进行相应的评估。

在《GB/T 35770—2022/ISO 37301:2021 合规管理体系　要求及使用指南》中，对合规风险的识别要求如下。

组织应基于合规风险评估、识别、分析和评估其合规风险；

应通过将合规义务与其活动、产品、服务和运营的相关方面相关联来识别合规风险；

应评估与外包和第三方流程相关的合规风险；

应定期评估合规风险，并应在情况或者组织环境发生重大变化时进行评估；

应保留有关合规风险评估以及应对其合规风险的措施的书面信息。

组织应通过考虑违规的根本原因和根源以及后果来分析合规风险，同时包括可能发生这些后果的可能性。后果可以包括人身和环境损害、经济损失、名誉损害、行政变更以及民事和刑事责任等。

合规风险的标识包括合规风险源的标识和合规风险情况的定义。组织应根据部门职责、职务职责和不同类型的组织活动，识别各个部门、职能和不同类型的组织活动中的合规风险源。组织应定期识别合规风险源，并定义与每个合规风险源相对应的合规风险情况，以制定合规风险源列表和合规风险列表。

根据《合规管理体系要求及使用指南要求》的规定，合规风险识别主要涵盖合规风险识别分析、合规风险评估两大基本流程。

1. 合规风险识别分析

合规风险识别是合规风险管理的首要前提，是实行合规风险评估、合规风险整改的基础，只有正确识别自身的合规风险，企业才能采取针对性的措施和方法进行处理。比如企业涉嫌违法犯罪行为，需要对该行为产生的原因、过程、影响以及当事人涉嫌犯罪的主客观因素进行综合分析，进而判断产生该行为所关联的合规因素，是企业内部制度存在缺陷的问题，或是用工管理存在风险的问题，还是对市场需求判断失误导致的结果等，通过多角度的合规风险识别分析，在此基础上形成科学有效的预防措施或处理方案。

根据企业所属行业属性、业务领域、经营状况等因素不同，识别合规风险的角度和侧重点也不同，总体而言，可以从以下几个方面进行合规风险识别和分析。

（1）合规组织管理体系是否健全规范，主要通过审查企业最高管理层、各部门、各岗位人员的职责范围、授权体系、管控体系是否符合法律法规、公司章程规定，针对每一项环节可能存在的合规风险进行筛查和甄别。

（2）全面审查公司的规章管理制度，包括公司章程、股东会议事规则、董事会议事规则、总经理办公会议议事规则、公司财务制度、投资管理制度、采购销售制度、安全生产制度、审计内控制度等，对每一项制度及相关的业务流程进行审查，是否符合法律法规规定，符合行业监管要求。

（3）重视梳理企业过去原有合规风险事件，进行归纳总结，吸取教训，审查分析企业过去发生的合规风险在未来可能再次发生的概率，判断该类合规风险产生的原因。

（4）企业涉嫌违法犯罪活动，主要还是由具体的经营行为导致的，要通过对企业现有的经营行为，包括但不限于决策程序、财务管理、税务管理、生产加工、采购销售、产品管理、出口管制、合同管理、印章管理、用工管理等进行梳理筛查，识别每一项业务经营活动固有或潜在的刑事合规风险。常见合规风险具体见表2－12。

表2－12 企业主要经营活动和行为所面临的常见合规风险

序号	具体行为	常见合规风险
1	决策程序	有无违反股东会、董事会、总经理办公会议议事规则等
2	财务管理	审查虚开增值税专用发票、虚开发票，提供虚假财务报告等
3	税务管理	涉嫌偷税、逃税、漏税，骗取出口退税
4	生产加工	是否未经许可批准生产，掺假，不符合质量标准等
5	采购销售	招投标管理，非法销售，假冒伪劣产品，涉嫌传销
6	产品管理	不符合检验检疫，不符合技术规范标准，不符合绿色环保要求等
7	出口管制	走私犯罪、非法经营，未经许可或未取得相关经营资质
8	合同管理	审查合同诈骗行为
9	印章管理	审查授权情况，私刻印章、伪造印章
10	用工管理	反商业贿赂，职务侵占、贪污、受贿、挪用资金等行为
11	……	……

（5）侧重不同业务领域的特殊合规风险要求，不同企业类型要求识别的重点不同，比如从事证券资产管理业务的企业，需要根据满足金融机构资产管理业务的各项监管细则，从事化工原料生产的企业，需要遵循环保领域的法律法规和技术规范、标准，通过对不同业务领域的特别梳理，来识别其特有的合规风险。

（6）侧重不同部门法领域识别不同的合规风险，刑事规范涵盖了各部门法的内容。比如，一个生产制造型企业，长期招用未满16周岁的未成年人从事超强度体力劳动，触犯《刑法》中的雇佣童工从事危重劳动罪，可以从企业用人用工是否符合劳动用工法律进行刑事合规风险识别；再如，一个生产销售医疗药品的企业，可以从国家药品生产销售管理的规范进行刑事合规风险识别，筛查是否存在生产或销售不符合药品管理规范和产品标准的行为。

（7）对照同行业容易发生的刑事合规风险进行识别，从外部企业的刑事合规风险来审视自身的经营行为。比如，同是从事外贸活动的其他企业，销售了某一类当前不被法律法规所允许销售的产品而被海关或公安机关查处时，企业就应该引起高度警惕，应对其产品及行为的合规环境、违规行为引发刑事合规风险的原因进行识别，分析自身企业是否存在同样的刑事合规风险。

（8）要及时更新跟进外部市场环境、法律法规、政策等变化，及时作出经营策略和经营行为的调整，刑事合规风险在不同经济发展时期所呈现和反映的重点不一样，比如，过去某一类行为未纳入刑事规范体系的管理范畴，市场环境突然发生变化或者监管政策出台新的规定，该类行为已被刑事规范或者监管新规所禁止，或者该类行为所应承担的刑事责任或者监管责任较之前大幅增加。又如，2021年3月1日正式实施的《刑法修正案（十一）》，在药品管理领域刑事规范中，将“生产、销售劣药罪”改为“生产、销售、提供劣药罪”，按照新规，药品使用单位的人员明知是劣药而提供给他人使用的，也依照生产、销售、提供劣药罪追究刑事责任，如果企业未能根据最新的法律法规变化及时发现和识别相应风险，将造成损失。

刑事合规风险识别是合规管理的前提和基础，识别是否全面、准确将在很大程度上影响合规任务和目标的完成，因此企业进行刑事合规风险识别应该进行全面系统的调查分析，多角度对固有或潜在的风险进行综合归类，分析其性质、类型以及产生的后果。如果缺乏严密科学的识别管控，企业的刑事合规风险就会存在漏洞，也不利于后期合规整改的有效推进。此外，刑事合规风险识别也是一个连续不断、演变更迭、动态管理的过程，这就要求在进行刑事合规风险识别和分析时要形成动态化、制度化的运行机制。

2. 合规风险评估

风险评估包括将组织可以接受的合规风险水平与合规政策中规定的合规风险水平进行比较。

根据《合规管理体系要求及使用指南要求》的要求，评估的基础是依据已识别的合规风险，企业在完成合规风险识别的基础上，应对已有的合规风险事件或违法犯罪行为进行归类，形成合规风险管理清单，设置相应的项目名称，内容描述，涉及的业务领域和制度规范，评估合规风险发生的原因、频率，可能产生的刑事责任后果，可以采取的应对措施或防范建议。评估合规风险时应考虑的因素具体见表2－13。

表2－13 评估合规风险时应考虑的因素

序号	评估因素
1	因合规风险存在而产生的威胁和发生损失的可能性
2	一旦发生合规风险事件，企业面临怎样的损失和影响
3	企业内部的资源能否足以应对该项合规风险的处置
4	企业应当采取何种安全措施和管理手段以降低合规风险带来的损失

在评估了合规风险之后，企业应当确定合规风险的应对措施，包括合规整改、风险回避、消除风险源头等。合规风险识别分析清单示例见表2－14，具体可参照实际情况填写。

表2－14 合规风险识别分析清单

合规风险项目	具体内容描述	产生原因	风险等级分类	引发的结果或影响	接受监管部门处罚的情况	归口业务管理和处置部门

（三）合规整改

合规整改是构建刑事合规管理体系重要的一环，也是推进合规实施执行落地的关键步骤，在前述完成合规风险识别、合规风险评估、明确合规风险整改清单的基础上，通过合规整改来控制、减轻或者消除合规风险对企业造成的危害和损失，各部门、各层级的合规责任才能得到落实。根据合规计划的不同阶段，既可以由企业根据年度合规整改计划自行开展日常合规整改，也可以是针对某一特定领域或特定业务类型、经营行为而进行的专项合规整改。

1. 合规整改的操作要点

合规整改是围绕企业合规风险或者涉案犯罪事实所暴露的企业管理漏洞，针对具体的合规风险，或者引发犯罪行为的企业内部治理结构、规章制度、人员管理等问题进行全面梳理，通过制定完备的合规管理措施和方案，构建有效的合规组织体系，以整改为手段，以健全合规风险防范为目的，有效地预防犯罪或者防止犯罪再次发生。在刑事实务中，由于企业所处的行业属性不同，不同企业类型、不同罪名所涉及的具体整改内容也存在差异，在设计整改方案或者整改举措时，要注意把握企业合规风险与可能产生的刑事责任之间的关系，增强合规整改的有效性和可操作性。在设计具体整改方案时，除了需要把握部分特殊的合规整改要点和其共性的内容，也可以包括以下几个方面，具体见表2－15。

表2－15　刑事合规整改操作要点

名目	具体举措
组织管理建设	分管企业合规管理的领导或者合规管理部门负责人应组织有关部门及人员成立专项小组，全面统筹处理合规风险，制定合规风险事件应对方案，确定合规整改目标，明确各部门和相关人员的合规风险整改任务，对于合规风险级别较高、潜在隐患较大的合规风险事件应有针对性的、优先侧重处理的应对方案
合规整改分工	专项小组成员根据分工负责各项合规整改任务，确定整改完成的时限，定期向合规整改小组报告整改进度情况。小组应当定期或者不定期召开会议，对合规整改的效果进行评估，及时制定合规整改信息和文件，做好合规整改存档工作
信息披露告知	合规风险事件需要对外进行信息披露的，应当建立信息发布和告知管理程序，与新闻媒体沟通、发布信息应遵循实事求是、公开透明、及时高效的原则
合规整改报告	合规整改应形成整改报告，内容应包括合规风险产生的原因和经过、对企业和客户造成的影响和损失、整改采取的措施和效果等
合规整改评价	开展年度合规责任落实情况考核，企业应建立客观独立公正的评价责任机制，可由其他部门或者第三方参与合规整改评价

2. 合规整改的评价标准

在合规实践中,无论是企业内部自行推行的合规整改,还是第三方监管人监督参与的合规整改,最终都需要通过验收整改结果,才能评价整改结果是否达到预期的目的。在设置考量企业合规整改的验收标准方面,整改的效果可以从以下几个方面予以评价。

(1)公司领导对合规管理体系的领导和承诺,通过访谈公司管理人员、员工或者通过调查问卷的形式了解公司领导是否有效传达合规整改的行动和目标;通过获取公司相关文件来评判公司领导在公司建立合规政策和合规目标时是否与公司的战略发展方向兼容。

(2)公司合规管理制度是否得到健全,合规管理的基本制度建设和员工行为准则和手册中是否包括公司合规管理的目标、基本原则、履职保障、合规考核以及违规事项的报告、处理和责任追究机制。

(3)公司组织架构是否优化,公司是否建立了完善的治理结构,是否设立了合规管理部门或配置了合规负责人,是否聘请了具备专业资质的合规管理人员,合规管理人员是否具备独立向公司管理层汇报合规整改情况的权限或渠道,是否能够独立履行合规管理职责。

(4)合规风险应对机制是否建立健全,通过一系列的合规整改措施,公司能否快速有效地识别合规风险并加以化解和防范。

(5)涉罪行为是否得到全面遏制,涉罪行为引起的业务类型是否要进行必要的调整,是否遵守合规承诺、服从监督,并定期向监管人汇报整改情况。

(6)整改期间是否隐瞒真实情况,提供虚假陈述、虚假材料或者在整改期间再次发生行政违法或者刑事犯罪行为。

(7)企业有无建立合规问责制度和标准,有无建立违规举报制度,让员工发现并报告犯罪行为,强化内部处分,加强合规考核培训,对违法违规行为的发生负有责任的管理者和员工作出处分。

(8)企业合规文化培育情况是否全面,管理者和员工的合规意识是否普遍得到提高,全员能否认真遵守法律、法规和行业公认应当普遍遵守的执业道德和行为准则,企业是否定期采取多种形式的合规宣传引导与培训,制定并解读合规行为守则、合规手册等,对公司各部门开展合规培训活动进行督导。

3. “刑事合规不起诉”制度下的合规整改

刑事合规整改是构建刑事合规管理体系重要的一环,如果说刑事合规风险识别、分析和评估是对企业刑事合规的“全身体检诊断”,合规整改则是“对症下药”,消除企业刑事风险,促进企业恢复刑事免疫功能。在刑事合规不起诉制度中,更能直观地反映合规整改对于构建企业刑事合规管理体系的整体效能。本章节旨在通过刑事合规不起诉制度下的合规整改,为企业防范刑事风险提供参考和借鉴。

2020 年 3 月起,最高人民检察院在上海浦东、金山,江苏张家港,山东郯城,广东深圳南山、宝安等六家基层检察院开展“企业犯罪相对不诉适用机制改革”试点,对涉嫌犯罪的企业在达到一定条件后,依法不逮捕、不起诉。经过一年多的探索实践,涉案企业合规改革试点于 2021 年 4 月在辽宁、北京、山东、上海、江苏、浙江、福建、湖北、湖南、广东等十个省市全面开展。2022 年 4 月,在全国范围内放开试点,各地检察机关也自发根据本地实际情况纷纷探索出各具特色的合规不起诉制度,并尝试构建一系列企业合规考察制度。

2021 年 4 月 8 日,最高人民检察院下发了《关于开展企业合规试点改革工作方案》,“检察机关对于办理的涉企刑事案件,在依法作出不批准逮捕,不起诉决定或者根据认罪认罚制度提出轻缓量刑建议等的同时,针对企业涉嫌具体犯罪,结合办案实际,督促涉案企业作出合规承诺并积极整改落实,促进企业合规守法经营,减少和预防企业犯罪,实现司法办案政治效果、法律效果、社会效果的有机统一”。从改革目的看,刑事合规不起诉包括了不批捕、不起诉、从宽处罚等内容,进而督促推进企业重视合规建设,积极进行合规整改,消除风险、预防犯罪、减少损失。

2021 年 6 月,最高人民检察院、司法部、财政部等九部门联合发布了《关于建立涉案企业合规第三方监督评估机制指导意见(试行)》,初步落实了涉案企业合规第三方监督评估机制,并明确了涉案企业的事后合规审查:愿意认罪认罚,仍有进行正常生产经营活动条件且自愿接受第三方审查的,对企业内部合规改革的评估结果将成为检察院依法办理案件的重要参考。自此,企业刑事合规第三方监管人应运而生,作为企业刑事合规的重要配套制度,第三方监管评估机制充实并丰富了企业刑事合规不起诉的运转效能。

从各地推行刑事合规不起诉的实践来看,刑事合规不起诉可以由检察机关启动,或者由第三方监管人提出监管建议,企业自行申请,最终由检察机关根据案件情况评估合规整改可行性后决定是否启动。检察机关、涉案企业、第三方监管人是企业刑事合规的参与人，三者的角色和职责各不相同。

（1）检察机关

检察机关告知企业合规整改的相关制度，了解涉案企业合规整改的意向，涉案企业同意合规整改后向检察机关申请进行合规整改的，检察院审批确认是否同意涉案企业的申请；同意涉案企业申请的，检察院内部确认合规专员协助承办检察官办理后续的合规整改事宜，要求企业签署合规承诺书；检察机关或者涉案企业选择律师事务所等合适的专业机构作为第三方监管人，与第三方监管人签署委托协议，告知第三方监管人涉案企业的案件概况、涉案原因、确认整改期限；检察机关应审议定稿的企业自查报告、整改计划、第三方监管人的合规考察计划、合规考察标准，定期了解企业、第三方监管人的工作情况，接收第三方监管人的工作报告，对涉案企业合规整改进行验收，确定处理意见；在考察期结束后，召开听证会对企业合规整改情况进行听证，除企业代表、第三方监管人外，还可以邀请市场监管部门、税务部门、人大代表、政协委员、人民监督员等一起参与听证。作出处理决定后可邀请记者采访，发宣传稿等。

（2）第三方监管人

第三方监管人与检察院机关签署委托协议（部分地区由企业与第三方监管人签署），向检察机关了解涉案企业概况、涉案原因，沟通整改的期限，根据了解的案件情况确定与涉案企业人员的访谈笔录、尽职调查清单，方便进一步了解涉案企业概况及涉案行为发生的原因。在访谈、尽职调查过程中告知企业合规的相关制度和第三方监管人的工作思路，了解企业的整改意向。督导涉案企业出具合规风险自查报告及合规整改计划，对企业提交的自查报告、合规整改计划进行审议，提出修改完善的意见，定稿文件交检察院审定。涉案企业拒绝调整的，第三方监管人要如实报告检察院。第三方监管人制作合规考察工作计划、合规考察标准交检察院审定。第三方监管人要针对涉案企业提交的整改材料进行审议，提出修改完善的意见，每月了解涉案企业合规整改计划的落实情况，视涉案企业整改情况，定期和不定期开展实地走访、抽检、员工访谈等考察工作，每月/按阶段向检察院汇报涉案企业合规整改计划的落实情况，在合规整改期间发现涉案企业有新的、尚未被追究的同类违规行为线索，要求其说明情况并及时向检察机关报告；参与检察机关组织的工作例会等,接受检察机关的问询,汇报相关工作进展。涉案企业整改完毕后,根据检察院审定合规考察标准,通过实地走访、收集内部制度、对员工的抽查访谈等方式进行验收考察,向检察院提交合规考察评定意见;参与检察院对涉案企业合规整改的验收工作,参与检察机关召开的听证会,汇报合规考察评定意见,协助检察机关制定相关合规整改文件。(《第三方监管人操作指引》及有关文书参考详见附录)

(3)涉案企业

涉案企业应向检察机关申请启动企业合规整改,签署合规承诺书,对发生的刑事合规风险进行自查,向第三方监管人提交需要的企业材料,配合第三方监管人做访谈和尽调调查,在检察机关的监督指导下提交经第三方监管人审议修改的合规计划书,认真履行合规义务,按照合规计划书的进度完成合规整改任务,定期向检察机关和第三方监管人汇报合规计划执行报告和整改进展,向检察机关申请合规整改验收,参加检察机关组织的听证会,汇报合规整改的落实情况。

经过一系列完备的合规整改措施,企业一方面对潜在刑事合规风险达到了预防犯罪的目的,另一方面对已经发生的刑事风险也进行了合规化的处理。从合规整改的整体功能来看,企业合规整改不仅是对具体涉案行为的整改,更是通过一系列的整改措施,推动企业刑事合规体系建设的完善,对企业长期经营以来存在的治理结构缺陷进行修复,在公司制度建设、治理结构、业务流程、内控管理、人员安排等设置相应的刑事合规风险防火墙,同时,筛查排除涉案之外的其他业务模块和管理活动的刑事合规风险,及时填补治理漏洞。因此,合规整改实质贯彻了识别合规风险、整顿涉罪行为、完善公司治理、健全内控建设、构建防范体系的全体系合规管理过程。

(四)合规培训

合规实施执行是动态和持续改进的管理过程,合规识别和评估、合规整改是为了全面排除现有或潜在的合规风险,而合规培训则是培养全体员工的合规意识,帮助员工理解和掌握合规义务,以便更好地推进合规整改任务,是企业合规文化建设的重要途径和内容。

企业员工是推进实施合规任务、落实合规责任的实施者,员工的合规意识关乎合规计划实施执行、合规整改任务完成的效果。根据《合规管理体系及使用指南》的规定,以及相关企业合规管理的国家标准,合规培训应该包括以下几个方面的内容。

1. 确定合规培训对象

(1)公司治理机构和管理层

公司治理机构和管理层主要包括董事会成员、监事会成员和领导班子成员。公司治理机构和管理层需要作出表率,重视合规文化的建设,提倡依法依规治企,把合规文化建设作为企业经营目标的重要组成部分,制定公司的合规文化建设计划和目标,做出合规承诺,履行合规承诺,为全公司实现合规文件建设目标提供必要的资源支持。公司治理机构和管理层还需要带头学法用法,掌握合规管理的基本知识,具备基本的合规风险识别能力和履行合规义务的能力,在公司带头形成崇法学法守法用法的良好氛围。

《GB/T 35770—2022/ISO 37301:2021 合规管理体系　要求及使用指南》第 5.1.2 条指出,应在组织内的各个层级上建立、维护和促进合规文化。理事机构、高层管理人员和管理层应表现出对整个组织所需要的共同行为和行为标准的积极态度,最高管理者应鼓励建立和支持合规,应防止而不是容忍损害合规性的行为。

(2)公司各职能部门负责人

公司合规计划的实施执行和合规整改任务的完成,需要从各层级分工逐步推进,公司各职能部门负责人是本部门合规管理工作的践行者,需要负责制定具体合规步骤,组织指导和监督所属员工开展合规计划。部门负责人除需要掌握与业务相关的知识能力外,还需具备基本的法律知识和合规管理技能。

(3)基层员工

按照《合规管理体系要求及使用指南》的要求,所有人员应当遵守组织的合规义务、政策、流程和程序,报告合规问题,参加所需的培训。以上人员应确保他们了解自己的合规责任并有效地履行。员工合规意识的水平,直接影响合规任务的完成和合规责任的落实。据此,定期为员工组织安排有针对性的合规培训和学习交流,培育员工合法合规的经营意识,提高员工对合规义务和目标的理解能力,促使他们依法依规办事,履行各自的合规义务。

(4)合作伙伴

在刑事犯罪实务中,存在内部员工伙同外部客户、供应链、渠道商等合作伙伴恶意串通实施违法犯罪行为，侵害企业权益的情形，因此需要对企业上下游进行合规培训，包括反洗钱、反商业贿赂等，设置严惩制度、黑名单制度，要求合作伙伴对企业作出合规承诺，遵守法律法规、国际贸易规则、国际条约等。

2. 确定合规培训内容

合规培训是推进公司合规管理体系建设的重要环节，要求该公司治理机构和管理层人员、公司各职能部门负责人、业务基层员工具备以下几个方面的知识能力。

（1）基本法律知识能力

各管理层需要具备本管理区域内与公司经营业务相关和适用的法律法规知识，持续加强业务学习、法律知识学习，准确理解和运用合规管理规范，掌握合规专业技能；负责具体实施执行合规任务的人员应具备基本的法律素养，理解合规目标和内容，对公司涉及合规风险的业务具有基本的甄别和判断能力。

（2）了解掌握公司规章制度和合规文件

合规管理需要形成制度文件，纳入公司的规章制度体系中，成为规范员工行为的依据所在。公司建立合规管理部门、制定合规政策文件和员工行为合规手册等，均需要向员工进行全面传达，以便员工进行学习和贯彻落实。合规管理部门的具体职责、合规风险的处置流程、公司合规运行机制等，公司全员都需要充分了解和掌握。

（3）公司业务知识能力

合规管理需要将合规风险、监管要求结合到具体业务中，当公司开展一项非常规业务时，需要结合相关的合规知识对相关经营业务进行评估，各管理层和人员需要掌握公司以及本部门的业务内容、模式和流程等，以及当法律法规、行业监管规则等发生变化时对经营业务的影响评估。

3. 确定合规培训方式

合规培训方式与合规宣传活动可以多样化，可以在公司内部定期举办合规讲座、开展合规知识竞赛、通过多媒体形式宣传合规等，也可以在公司外部参加合规培训等。

（1）举办合规培训讲座。公司内部合规部门负责人和合规人员应定期组织全员开展合规培训讲座，或者参加上级单位组织的合规培训讲座，也可以邀请外部合规专家人士提供现场培训。公司人力资源部门或者合规管理部门应做好员工合规培训记录，员工参与合规培训的情况可以作为公司员工的考核指标之一，以保证合规培训的效果。

(2)公司可以通过网络媒体、公司内部管理平台、OA协同系统等建立员工学法用法栏目，设置各类专项合规培训课程，要求全员完成合规知识课程，也可以开设企业合规宣传栏，播放普法影音，提高员工的合规和法律意识。

(3)鼓励员工积极参与公司合规文化建设，可以通过有奖合规知识竞赛、现场案例讲解分享、宣读合规手册、开展合规宣传周活动等形成合规氛围。公司合规手册和合规制度可以上墙展示，让员工成为公司合规文化建设的主人翁。

三、刑事合规检查

企业刑事合规检查是指针对合规计划落实的情况，通过内部审核、管理评审、调查程序等及时纠正存在的问题和偏差，进一步完善执行阶段存在的不足，确保各项合规任务均能有效落实到位。

只有经得起检查的合规工作才是有效的合规，合规检查是合规管理体系中必不可少的环节，因为它既是合规实施的试金石，也是合规改进工作的基础。刑事合规检查既要有企业合规检查内部自评估、外部定期审计等常规动作，又可能包括按照《关于建立涉案企业合规第三方监督评估机制的指导意见（试行）》规定的企业合规第三方监督评估。合规部门要尽可能地训练出专业、高效的企业内部检查团队，这个团队应当是企业合规团队中的“特种兵”，既要在企业尚未爆发刑事风险时能够担负起企业整体合规工作的自评估和配合外部审计机构的定期审计工作，又要能够在企业通过寻求合规途径化解已经爆发的刑事风险的关键时刻，很好地配合和应对第三方监督评估机构（又称“第三方监管人”或“第三方监控人”）的监督检查。

（一）自评估

刑事合规风险的自评估，是指企业内部对是否按照刑事合规程序完成相应合规动作并达到刑事风险规避预期目标的自我评估。刑事合规风险的自评估包括对企业刑事合规程序的评估，企业刑事合规计划、刑事风险识别、刑事合规整改的评估，以及对相关主体责任的评估。

1. 刑事合规程序评估

2019 年 4 月 30 日，美国司法部刑事局出台新版企业合规指南——《企业合规程序评估》（以下简称新版指南），该指南为检察官在办案时和企业在更新其合规程序时提供更多的参考。尽管这些资料多为美国合规领域的律师所熟悉，但在指导意见中加入检方在实务中具体的关注点依然大有裨益。新版指南从商业角度来理解企业的经营，包括企业是否有设计良好的合规程序，企业如何发现、评估、定义其风险范围，以及企业是否就其风险进行了充分审查并投入资源。一个设计良好的合规程序的特点是建立有效、值得信赖的机制来保证员工可以匿名或秘密报告其发现的任何不当行为或违规行为。

2019 年新版指南从企业合规体系的设计是否完善、实施是否有效、实际运行是否有效三个方面进行评估，设置了 12 个评估主题，48 个评估要素，包含 160 个评估问题。指南为企业进行有效的合规建设提供了明确指引，也为企业的刑事合规程序评估提供了借鉴。通过回答指引中的 160 个问题，可以对自己的企业合规体系的有效性进行初步评估，从而找准体系漏洞与薄弱环节，为企业下一步的合规建设明确路径和方向。

2. 刑事合规工作评估

全面、具体、可行的合规计划，是刑事合规工作的基础。刑事合规工作评估，首先应注重合规计划的审查。良好的合规计划首先要针对可能存在的刑事风险提出整改方案，还要“举一反三”，对本企业存在的合规风险全面排查整改，并就加强业务、法务培训、强化内部监督制约等作出详细安排，并保证每一步的操作执行都可以留痕。对一些“泛泛而谈”、无法具体操作、不易作出评判的合规计划要及时督促整改，并可以予以指导。值得注意的是，制定合规计划往往涉及企业具体业务，对刑事合规评估进行审查也需要相关专业知识，执行该工作的合规团队成员既要懂业务知识，又要非常了解刑事法律知识。

合规计划的实施执行是合规工作的关键。刑事合规工作评估还要加强对合规实施过程细节的评估。公司刑事合规计划究竟是“纸上工程”，还是以有效的方式得到了实施和执行，关键在于刑事合规执行工作是否做到了“处处留痕”，合规计划执行的每一步是否都有据可查、具备可审查性。另外,应注意刑事风险频发的原因一定包括责任人故意(直接故意、间接故意)、过失(疏忽大意的过失、过于自信的过失)的主观因素,加强对合规工作主观风险意识的审查和评估尤为重要。可以通过对特定关键岗位人员进行访谈、开展问卷调查、试探性测试等方式评估刑事合规计划的执行是否达到了预期效果,员工是否具备主动防范刑事风险的主观意识。例如,对于销售人员必备的反商业行贿受贿风险意识,最有效的验证方式就是最接近于现实场景的试探性测试。

确立有效性是刑事合规工作评估的要点。企业自评估同样应当以企业合规体系是否对执法部门或司法部门的判断和行为有效为评判标准。有效的刑事合规工作应当是,执法部门或司法部门在对涉案企业作出是否宽大处理的决定时,对其合规管理体系能否发挥防范、监控和应对违规行为的作用,所采取的评估判断标准,或者是公安司法机关在对企业以及员工实施立案、侦查、起诉、审判等刑事诉讼行为时,评估企业的合规管理体系能否发挥防范、监控和应对违规行为作用所依据的标准。有效刑事合规的基本标准,是指在确立有效刑事合规基本标准时应当考量多种因素。不同规模的企业、不同涉案阶段、不同领域的企业、不同历史发展阶段的企业、是否为涉及域外的企业等都会有不同的合规标准。但是,所有的企业都有着大概的合规有效评判标准体系,刑事合规工作的评估也不例外,一般应包括合规制度、合规组织机构、合规文化、合规培训、合规风险识别、合规风险评估、合规风险处置、合规审计、合规调查、合规举报、问责与惩戒、持续改进等方面。有效合规的标准与要素具体见表 2 – 16。

表 2 – 16　有效合规的标准与要素

有效性评估机制	具体评估要素
预防机制	合规制度、合规组织机构、合规文化、合规培训
识别机制	合规风险识别、合规风险评估、合规风险处置、合规审计、合规举报
应对机制	合规调查、问责与惩戒、持续改进

刑事合规主体责任评估是刑事合规评估工作最终的落脚点。刑事合规工作的审查结果不可能都是令人满意的,如果出现评估结果不达标的情况,那就应当进一步落实主体责任。评估刑事合规主体责任,首先要厘清是合

规计划制定不合理还是合规计划实施保障工作不到位，是合规执行不够严肃认真还是相关部门或人员配合程度不够等因素。当然，某项评估结果的不满意也可能是多重原因造成的，这就需要多责任主体共同承担责任，但也应当有所区别、罚当其则。也可能会出现互相推诿责任的情况，这时候就说明企业的合规责任担当文化还需要提高，当评估不合规时，好的合规团队应当是涉及的人员主动自我检讨，而不是互相推诿。

谈到合规主体责任，当然涉及惩罚和激励，刑事合规自评估应当与部门、员工个人的年终绩效或评奖评优相挂钩，做到有奖有罚、罚当其则、奖能激励。根据刑事合规的年度计划或专项计划的不同，可以设置不同的奖惩体系。刑事风险是企业风险"底线中的底线"，刑事合规主体责任一定是严肃的，在某种意义上讲，刑事合规工作不达标，确定主体责任就相当于在企业内部对相关责任人的"审判"。自评估团队首先要有权威性，而且要认真严谨，确定主体责任必须要有理有据，才能让承担责任的人"认罪服法"。承担合规主体责任更深层的意义在于，公正的合规主体责任，可以让趋利避害的员工明白刑事合规工作不存在任何侥幸，合规主体责任更不是看不见、摸不着的，做得好一定有奖励，做得差一定有惩罚。

（二）定期合规审计

合规审计是对合规管理工作进行全面评价和监督的重要手段，应重点审查合规体系的运行情况、合规程序的执行情况以及对财务控制和其他内控手段的实施情况。合规审计可以保障公司合规制度得以遵守，预防违法违规行为发生。合规审计应当遵循独立原则、客观原则和公正原则。

刑事合规的考察评估的专业性强、需要投入的精力多，刑事合规评估需要有充足的成员对合规工作的结果进行审计、记录、分析和运用，而且纯粹的自评估不一定具备高度的独立性、客观性。这时候就需要引入定期的第三方合规审计，可以委托行业监管机构、行业专家、专业律师事务所、会计师事务所等协助对企业制定的合规计划及其实施情况进行审计。合规审计可分为全面合规审计与专项合规审计，定期合规审计、临时合规审计和后续合规审计。审计结果可以作为企业自评估的补充和参考，作为落实合规工作主体责任的依据之一。

刑事合规审计既有一般合规审计的基本内容，又有刑事合规工作独有的特点。刑事合规审计需要在了解企业业态特点、业务内容、业务流程、重点环节、重点人员等基础上，根据企业固有的刑事风险点和企业制定的合规计划，对企业合规计划的可行性、有效性与全面性进行审查，对合规计划的落实情况进行审查，并指出不足，提出修改完善的意见建议。重点针对涉案企业自身经营管理漏洞、自身内部控制、风险评估监督、财务管理制度、合规文化建设体系等方面存在的刑事风险进行合规审查。刑事合规审计的独特性在于要紧紧依据刑事合规相关法律规定和企业既定的合规要求对企业的合规工作进行审查，《刑法》规定的罪名、有关定罪量刑的司法解释，以及刑事合规审查考量因素等都是刑事风险的判断依据和刑事合规工作的参考。犯罪构成是确定构成犯罪的基本标准，刑事合规审计要注重结合犯罪构成来审计企业的合规工作，尤其是对于犯罪主观方面和犯罪客观方面，每项合规计划和合规工作的执行都是针对特定罪名的主观或客观方面而存在的。

（三）第三方监督评估

根据《关于建立涉案企业合规第三方监督评估机制的指导意见（试行）》的规定，涉案企业合规第三方监督评估机制，是指人民检察院在办理涉企犯罪案件时，对符合企业合规改革试点适用条件的，交由第三方监督评估机制管理委员会选任组成的第三方监督评估组织，对涉案企业的合规承诺进行调查、评估、监督和考察。考察结果作为人民检察院依法处理案件的重要参考。

刑事合规第三方监督评估适用的语境往往是企业已经因涉及具体在办刑事案件爆发了潜在的刑事风险，这是自评估和外部合规审计最显著的特点。第三方监督评估的现实价值在于能够为已经爆发的特定刑事风险争取出罪、不批捕、不起诉、反判处罚金、适用缓刑等。2021 年 6 月 3 日，最高人民检察院发布四起企业合规改革试点典型案例。典型案例分别是：张家港市 L 公司、张某甲等人污染环境案，上海市 A 公司、B 公司、关某某虚开增值税专用发票案，王某某、林某某、刘某乙对非国家工作人员行贿案和新泰市 J 公司等建筑企业串通投标系列案件。典型案例的结构为：基本案情、企业合规整改情况、处理结果和典型意义。在目前企业合规改革尚没有立法支撑的情况下，这四起典型案例可以为刑事合规提供指引。

纵观该意见全文，可以得出顶层设计在刑事合规上是开足马力，加快涉案企业合规的试点，并且明确了具体的评估流程。该意见的主要亮点包括明确“合规不批捕、合规不起诉”，第三方监督评估机制明确涵盖涉案企业的具体整改方案，明确第三方机制既适用于涉案的公司、企业实施的单位犯罪，也适用于涉案公司、企业的实际控制人、经营管理人员、关键技术人员等实施的个人犯罪。第三方机制启动方式可以是人民检察院自行启动，也可以依据当事人申请启动。目前，各地方正在根据该意见制定实施细则或建设第三方监控人队伍，按照已有实践，人民检察院在第三方监督评估工作中还是起主导作用。

四、刑事合规持续改进

企业的合规风险是时时存在、动态变化的，因此，面对内部和外部的变化，企业必须在合规风险方面建立持续改进机制并付诸实施。刑事合规持续改进，是指通过动态监测、系统评估，将监测、审计、检查处置后的问题进行处理并持续改进，进而全面完成合规管理目标。刑事合规的持续改进是刑事合规工作质量不断提高的源源动力和根本保障。随着社会的不断发展变化和企业的自身发展，刑事合规的内容也会更加丰富，重点会有所变化。以前不是重点合规内容的可能会上升到刑事合规的高度，例如，随着互联网的高速发展和数据保护相关立法的完善，不少企业正在凸显出侵犯个人信息犯罪的刑事风险。在企业国际化发展道路上，可能也伴随此前不涉及的跨国业务出口管制类刑事风险等。这就需要合规团队在跟进企业产品业务发展的过程中，还要保持追踪最新法律政策变化、构建合规建设的新思路等，在不断持续改进的刑事合规实践中完善和优化企业合规体系。

（一）刑事合规环境的监测

刑事司法环境是影响公民生活的重要社会环境，刑事合规环境则是影响企业生存、发展的重要社会环境。企业所面临的刑事合规环境，应当是国家在对企业及其人员管理过程中形成的刑事法律体系、刑事司法者及相关人员和社会大环境所营造的对司法公正与效率会产生一定影响的物质和精神的条件状态。

刑事合规环境是企业无法脱离的现实社会。企业在进行刑事合规建设的过程中，若不去关注外部的刑事合规大环境，就如同“刻舟求剑”“掩耳盗铃”。刑事合规环境的核心是刑事司法体系的运行状态，各种刑事法律、法规、司法解释所营造的法治环境，外围还包括司法管理体制、运行机制和各机关内部、各机关之间相互影响形成的社会环境，以及刑事合规工作涉及的各类司法人员素质高低所形成的人的因素。

刑事合规环境的监测，就是要求企业在刑事合规建设过程中，对企业所面临的刑法理念发展、刑事法律规定变化、刑事司法改革以及相关的刑事司法环境保持追踪和对最新动态的关注。刑事合规是21世纪新的国际刑事政策趋势，在国际范围内，原先主要作为事后惩罚之法的刑法，开始向事前预防之法转型，并因此拓展了刑法参与社会治理的深度和广度。近年来，刑事合规在跨国企业刑事风险防范中的应用越来越普遍。这种趋势与我国完善和发展中国特色社会主义制度，推进国家治理体系与治理能力现代化这一全面深化改革的总目标高度契合，也是我国经济社会进入高质量发展阶段之后，治理法人犯罪的必然要求，值得我们高度重视。在我国的刑事司法改革中，也在朝着重视刑事合规的方向发展。在刑事理念上，已经从"严宽相济"（惩办与宽大相结合）转向"宽严相济"，从"重打击、轻保护"转换到"打击与保护并重"，检察理念也在从"捕、诉、打、严"的观念转向"少捕慎诉""平等保护民营经济"等。在具体刑事司法制度方面，更是出台了认罪认罚从宽制度、涉企案件合规不起诉制度、企业合规第三方监督评估机制等重大刑事合规制度。

对于企业合规团队而言，在进行刑事合规建设过程中，需要投入专门的人力、物力去持续监测刑事合规环境，不仅包括定期的刑事法律规定的梳理和更新、对重大司法制度改革的正确理解、对重要法律规定的组织学习等，还包括积极去尝试和建立相关的配套制度，及时根据刑事合规环境的具体变化对合规计划团队提出合规计划建议，将企业时刻保持在最新的刑事合规环境之中。

（二）刑事合规的精细化

只有更精细化的合规，才是更有效的合规。企业刑事合规的建设，与企业其他方面的合规建设一样，都是不断完善、不断精细化的过程。刑事合规的精细化，应当是在企业的不断发展壮大、区分更细的业务领域、应对不同涉案阶段以及对合规文化沉淀累积的过程中实现的。《GB/T 35770—2017 合规管理体系　指南》规定，"发生以下情形时，宜对合规风险进行周期性再评估：(1)新的活动、产品或服务，或者现有活动、产品或服务发生改变；(2)企业结构或战略发生改变；(3)重大的外部变化，如金融经济环境、市场条件、债务和客户关系；(4)合规义务改变；(5)发生不合规"。刑事合规精细化的实现，应当是有效刑事合规的基本标准，包括预防机制、识别机制和应对机制三个方面共十二项要素。基于法律结构的发展调整以及企业现实风险的防控，应当在企业的设立、经营、发展过程中全面、细致、具体地做好合规性布局，从管理决策、人财物配置、资源整合等各个层面开展合规性工作。

(三)合规体系的优化

刑事合规是企业合规体系的重要组成部分，刑事合规体系的优化既是企业合规整体体系优化的体现，也是促进企业整体合规的要求。刑事合规体系的优化是在刑事合规工作反复计划、执行、检查、改进的过程中实现的，也是刑事合规工作精细化的结果。合规体系的优化需要合规团队在工作中积极总结经验并在合规的组织体系、运行体系、文化体系、人才体系方面总结提炼出优化合规体系的合理化建议。

1. 优化合规管理的组织体系

建立并完善合规管理的组织体系是做好合规管理工作的关键。合规管理团队与其他部门相比具有独立性的要求，但是在实际工作中又需要协调各个部门进行配合。因而，如何根据每个公司的具体情况建立合理、高效的组织架构，是合规体系优化的重要内容。优化合规管理组织体系应当坚持组织适应性原则、责权相匹配原则、工作独立性原则、指挥一致性原则。完整的合规管理组织体系要实现合规管理工作的闭环。建立了较为独立的合规管理部门的企业，其合规管理工作往往是以合规风险为导向，建立预防、监察和应对的闭环管理体系，从而达到合规管理的目的。

2. 优化合规管理的运行体系

优化合规管理的运行体系应充分考虑主营业务的特点以及企业组织架构的特性来设计涉外经营的合规管理运行体系。第一，建立并完善合规信息采集系统；第二，建立并完善合规风险识别预警机制；第三，完善合规审批信息系统；第四，加强对重点项目、重点环节的把控；第五，加大违规追责力度；第六，注重检查整改。有效的合规管理在形成内部合理的结构后能够高效运行，这是关键。只有在持续地运行中，才能及时发现并有效防范合规风险。作为企业管理的重要组成部分，合规管理也应当遵循企业全面的质量管理方法。在此，笔者认为，国际上普遍公认的 PDCA 质量管理办法，应当作为企业合规管理的运行机制。

3. 优化合规管理的文化体系

合规是一项全员参与的系统性工程,但开始只能在重点岗位树立"合规至上"的理念,才能逐渐将合规文化融入企业文化,将合规的要求落实到每个员工。全力营造崇尚合规、践行合规的文化氛围,让合规成为坚定不移的"信仰",成为如影随形的"习惯"。在继承原有高效工作方法的基础上,登高望远,从营造环境入手,阐述依法合规的精神和理念,有组织、有计划、有拓展地创新方式方法,并在实践中不断总结、不断完善、不断提升。优化合规管理文化体系可以从形式上和内容上优化创新。在形式上,可利用合规知识手册、员工承诺书、论文、竞赛等营造氛围,同时,鉴于地理距离等因素,多发挥视频会议、即时通信等载体的作用,创新开展合规文化宣传活动。在内容上,不仅要有合规要求宣传贯彻,更需要加强违规案例的警示教育,让员工引以为戒。此外,企业应积极在国际上宣传自身的合规形象,凸显企业的社会责任感,奠定舆论基础。

4. 优化合规管理的人才体系

人才是合规管理体系的宝贵资源。企业在优化合规体系的过程中,应当注重对人才体系的建设,根据自身需求,既要培养专业复合型人才,又要培养细分领域专家型人才,构建立体、完善的合规人才体系。完善的合规管理人才体系一般要有担任企业高管的合规管理人员、首席合规官、部门负责人、部门经理、基层合规人员等多方面人才构成,还要有具备计算机、财务、审计等专门技术的人才和支持业务的辅助人员。另外,要根据特别法律规定的要求,引进特殊岗位人才,如首席合规官、数据合规官;也要满足一些特殊领域的合规岗位要求,如设置反洗钱合规官、出口管制合规官等。针对涉外业务或派驻境外的合规人员,还需要具备业务所在国的相关法律知识。随着企业合规工作的成熟化,还可以建立自己的合规人才能力模型及培养方案,为企业合规的发展储备源源不断的人才。

第六章 劳动人事合规

第一节　劳动人事合规概述

本部分内容是以吸收《GB/T 35770—2022/ISO 37301:2021 合规管理体系　要求及使用指南》的“PDCA”模块为基础，结合现行劳动法律法规、规范性文件、政策、有关准则、道德规范等合规方针，考虑劳动人事合规领域的主要问题、律师实务中的通常做法，综合自身的执业经验及对合规方针的理解所制作，旨在帮助律师深入了解劳资合规法律事务的业务内容、工作流程、注意事项等，促进同行劳资合规领域的业务交流，提高劳资合规的法律服务质量。

本部分内容为参考性意见，既不是律师承办劳资合规业务的依据，也不是评价律师工作的标准。律师在承办具体业务时应注意标准化指南、法律法规、政策等国际国内合规方针政策的变化和具体个案的特殊性，切忌生搬硬套。

一、劳动人事合规的定义

在实务中，一般将企业劳动用工与人力资源事务合规简称为劳动人事合规或劳资合规等。为简洁起见，本文标题统一采用实践中更为常用的“劳动人事合规”进行表述，但在正文中因为具体表述习惯的问题，对于“劳动人事合规”或“劳资合规”做同一概念理解，不做具体区分。要理解何为劳动人事合规，首先应先理解本指南语境下“合规”的含义。

狭义上的“合规”主要指强化合规经营、反对商业腐败。广义上的“合规”则泛指企业在运行过程中遵守经营活动所在地的法律法规政策、内部的规章制度、职业操守和道德规范，包括承担社会环境责任、反腐败、反垄断、反洗钱等合规义务。该内容在指引总则编已有充分的介绍和说明，笔者不再赘述。由此可见，劳动人事合规是从广义“大合规”概念的角度所作的界定。

结合广义上的“合规”的概念，本指南所谓的劳动人事合规，或称劳资合规，即泛指在企业劳动用工和人事管理过程中，遵守经营活动所在地的劳动人事法律法规政策、内部的规章制度、职业操守和道德规范，包括但不限于企业社会责任、企业伦理、社会道德规范等。

劳动人事合规管理或劳资合规管理，即是尝试吸收《GB/T 35770—2022/ISO 37301: 2021 合规管理体系　要求及使用指南》的要求、结合“PDCA”模块，按照企业劳资管理的主线流程、控制模块或其他合适的方式构建管理体系。如按劳资合规管理的流程，即指企业在招聘录用和劳动合同订立、变更、履行、解除、终止、续订等入职、在职、离职管理流程中，按照合规标准、合规要求建立劳资合规管控体系。如果按照控制模块，劳动人事合规管理即是在劳动合同、劳动基准、工伤职业病、社会保险、争议解决等劳资模块中，遵守合规义务。

近年“合规”成为业务热点，劳资风险管控、合规管控的专项合规服务产品众多、方案层出不穷，各有特色。本指南旨在提供劳资合规的参考性指引，在具体适用时，必须考虑企业已有的合规体系架构设计、合规模块、企业规模、需要达到的合规标准、对劳资合规模块的需求事项等选择适当的体例、制定适宜的服务方案，以便嵌入企业相应流程中。

二、劳动人事合规的发展历程

劳动人事合规或劳资合规管理伴随企业经营过程始终，是企业内部合规控制的重要内容之一。回顾国家的立法、司法实践，我国的劳资合规经历了从无到有、从粗到细、从点到面、从合法性向合理性发展的过程。

1995 年 1 月 1 日《劳动法》实施，该法确立了调整劳动关系的基本法律依据，为我国劳动人事合规业务提供了首部纲领性法律文件。但是，《劳动法》的原则性规定较多，在实施过程中与实践需求的对接有较大差距。加之当时正处于如何把计划经济下的工人统一安置过渡到市场关系中雇佣关系或者劳动关系下的劳动者的进程中，大量历史遗留问题有待解决，各种新问题频发，新难点有待应对，前述新旧问题如何处理尚有待实践摸索和经验总结。在这个时期，企业劳资合规的意识仍然滞后，劳动人事合规业务发展迟缓。

在经济全球化、劳动用工关系多样化的时代大背景下，为回应社会各界要求加强劳动权益保护的呼声，2007 年 6 月 29 日全国人大常委会通过了《劳动合同法》，此后相继出台了《就业促进法》《职工带薪年休假条例》《劳动合同法实施条例》等系列配套规定。劳动者在维护权利的过程中有了更明确可行的标准和法律依据，大大提高了劳动者的权利意识和维权热情，对企业劳动人事合规管理提出了更大的挑战。特别是 2008 年《劳动合同法》施行后，劳资纠纷高发，大量企业尝到了不合规的苦头，企业合规意识和需求提高，劳资合规业务得以快速发展。

2010 年以后，随着《社会保险法》《工伤保险条例》《职业病防治法》《非法用工单位伤亡人员一次性赔偿办法》《工会法》《安全生产法》《劳动合同法》《女职工劳动保护特别规定》等的出台或进行重大修订、修正，对于企业如何落实职工社会保险、工伤、职业病、安全生产、劳务派遣、女职工合规管理等提出了更具体的要求，逐步形成了法规众多、体例繁杂、内容较为完备的劳动人事合规义务体系。特别是这一时期前后，各类司法解释及各级法院的相关文件、各级地方政府及部门的各种规范性文件甚至内部文件也纷纷出台。因司法实践易受社会政治经济形势变化和地方具体差异的影响，劳动人事司法实践具有裁判口径不一、地区差异较为明显的特点，对企业增强依法用工意识、强化劳资管理、有效应对劳资问题的规范化提出了更高的要求。特别是面对违法用工成本不断增加的风险，越来越多的企业意识到劳资合规的重要性，相关法律服务需求剧增，特别是对于具备持续跟进法规政策研究和具有丰富实务经验的专业劳资合规人员的需求大增，劳动人事合规业务成为全国各地企业内控的重点模块之一。

三、劳动人事合规的时代背景

当前，我国政府积极推进企业合规经营、从要我合规到我要合规、从我要合规到我能合规，强化合规已经成为全球企业发展的趋势。2015 年 3 月

21日发布的《中共中央、国务院关于构建和谐劳动关系的意见》明确提出构建和谐劳动关系必须坚持以人为本、坚持依法构建、坚持共建共享、坚持改革创新的原则。在该原则指引下，围绕“调整劳动关系的法律、体制、制度、机制和能力建设，加快健全党委领导、政府负责、社会协同、企业和职工参与、法治保障的工作体制，加快形成源头治理、动态管理、应急处置相结合的工作机制，实现劳动用工更加规范，职工工资合理增长，劳动条件不断改善，职工安全健康得到切实保障，社会保险全面覆盖，人文关怀日益加强，有效预防和化解劳动关系矛盾，建立规范有序、公正合理、互利共赢、和谐稳定的劳动关系”的“目标任务”推进工作。[1]

在构建和谐劳动关系的政策背景之下，未来国家政策会更加重视底层权益的落实，如农民工群体的工资支付监管查处、劳动者“996”加班等普遍性违反休息休假制度的引导矫正，推进落实劳动者加班费报酬权的司法实践、倡导企业重视对有关超过法定退休年龄工人、三期女工、新业态从业人员的职业伤害保护和社会保障落实，职场反歧视、反性骚扰应对处置制度等均可能成为法规规制的重点，也是企业及劳资实务工作者需要应对的合规难点、痛点，应引起重视。

特别是随着“互联网＋”为基础的新业态的飞速发展，灵活就业形式更加多元化、复杂化，客观上对现有的政策、制度、法律、司法实践提出了巨大的挑战，灵活用工等新业态的合规问题将是不可忽视的新热点。自2016年起，国家信息中心开始每年发布分享/共享经济发展报告，发布平台企业服务提供者、平台就业群体的规模数据。2019年8月8日，国务院办公厅发布的《关于促进平台经济规范健康发展的指导意见》明确指出，要抓紧研究完善平台企业用工和灵活就业等从业人员社保政策，开展职业伤害保障试点，积极推进全民参保计划，引导更多平台从业人员参保。[2] 2021年3月5日，李克强总理在两会政府工作报告中就今后要做好的几方面重点工作，明确提到支持和规范发展新就业形态，加快推进职业伤害保障试点，继续对灵活

---

〔1〕 参见《中共中央　国务院关于构建和谐劳动关系的意见》，载中华人民共和国中央人民政府网，http://www.gov.cn/guowuyuan/2015-04/08/content_2843938.htm。

〔2〕 参见《国务院办公厅关于促进平台经济规范健康发展的指导意见》，载中华人民共和国中央人民政府网，http://www.gov.cn/zhengce/content/2019-08/08/content_5419761.htm。

就业人员给予社保补贴，推动放开在就业地参加社会保险的户籍限制。[1]近两年，地方紧跟国家政策要求，就职业伤害保险、特定项目险、特殊群体工伤险已按部就班开展先行先试工作。如近期广东省人力资源和社会保障厅等部门联合印发的《关于单位从业的超过法定退休年龄劳动者等特定人员参加工伤保险的办法（试行）》（粤人社规〔2020〕55 号）[2]，已于 2021 年 4 月 1 日正式开始试行，该办法将超过法定退休年龄人员、新业态从业者等十类特定人员纳入了可单项参加工伤保险的范畴，覆盖人群广泛，基本扩大到了以往被法律制度所忽略的人群。当然，其实施效果仍有待观察，但国家在政策导向上将沿着有效落实劳动者底线利益和基本权利保障、促进劳资关系的和谐、可持续运行的思路逐步出台系列配套法规政策。

同时，自 2020 年 1 月新冠疫情暴发以来，各地需要全面落实党中央"外防输入、内防反弹"的总体防控策略，在部分地区时有反弹的现状和风险之下，各地疫情常态化防控和应急防控工作依然艰巨，客观上对社会经济运行造成较大影响。在新冠疫情防控的特殊时期，劳动关系领域必然面临各种各样的新情况、新问题，劳动关系不稳定性增加，国家高度重视"稳就业""保就业"的妥善处理和利益平衡，一系列法规、规章、政策相继出台。2020 年 1 月 24 日，人力资源和社会保障部办公厅发布了《关于妥善处理新型冠状病毒感染的肺炎疫情防控期间劳动关系问题的通知》（人社厅明电〔2020〕5 号），强调要"妥善处理好疫情防控期间劳动关系问题，维护职工合法权益，保障企业正常生产经营秩序，促进劳动关系和谐稳定"。2020 年 2 月 5 日，人力资源和社会保障部、教育部、财政部、交通运输部、国家卫生健康委联合发布了《关于做好疫情防控期间有关就业工作的通知》（人社部明电〔2020〕2 号），强调"引导用人单位和重点群体有序招聘求职，确保社会大局稳定"。2020 年 2 月 7 日，人力资源和社会保障部、全国总工会、中国企业联合会/中

〔1〕 参见《第十三届全国人民代表大会第四次会议〈政府工作报告〉全文》，载中共北京市昌平区纪律检查委员会 北京市昌平区监察委员会网 2021 年 3 月 17 日，http://chpjw.bjchp.gov.cn/news/show.aspx? id = 118988。

〔2〕 参见《广东省人力资源和社会保障厅　广东省财政厅　国家税务局总局广东省税务局关于印发〈关于单位从业的超过法定退休年龄劳动者等特定人员参加工伤保险的办法（试行）〉的通知》，载广东省人力资源和社会保障厅网 2020 年 12 月 31 日，http://hrss.gd.gov.cn/zcfg/zcfgk/content/post_3177990.html。

国企业家协会、全国工商联发布了《关于做好新型冠状病毒感染肺炎疫情防控期间稳定劳动关系支持企业复工复产的意见》(人社部发〔2020〕8 号),指出“高度重视疫情对劳动关系领域带来的新挑战”“灵活处理疫情防控期间的劳动用工问题”等。此后,各地纷纷响应国家政策号召,陆续发布相关劳动争议案件法律适用问题的解答、意见,如广东省高级人民法院、广东省人力资源和社会保障厅《关于审理涉新冠肺炎疫情劳动人事争议案件若干问题的解答》(粤高法〔2020〕38 号),上海市高级人民法院、上海市人力资源和社会保障局《关于疫情影响下劳动争议案件处理相关指导的意见》(沪高法〔2020〕203 号),北京市高级人民法院、北京市劳动人事争议仲裁委员会《关于审理新型冠状病毒感染肺炎疫情防控期间劳动争议案件法律适用问题的解答》等。

对于企业来说,需要紧跟国家政策导向,履行企业社会责任,提升合规意识;对于企业劳资合规实务人员来说,需要及时注意已经、后续将逐步出台实施的相关法规政策,有效区分灵活用工类型,注意疫情防控特殊时期法规政策的合规工作,提前协助企业做好合规预案,指导企业加强合规义务清单动态更新和监控工作。

第二节　劳动人事合规法律体系及标准

一、劳动人事合规法律体系及标准概述

劳动人事合规法律体系及标准,即企业需要遵从的劳动人事法律法规、规则、规范规定的合规义务。结合本指南在前文对“劳动人事合规”的界定,相应地可以将企业在劳动人事合规管理中需要遵从的合规义务及标准分为三个部分。

第一,经营活动所在地的劳动人事相关法律法规政策。其中既有正式法源,也有非正式法源。一般来说,相关法律法规政策包括:(1)不同国家机关根据具体职权和程序制定的与劳动人事合规相关的各种规范性文件,如宪法,法律,立法解释、司法解释、行政解释,行政法规,地方性法规、自治条例和单行条例,经济特区法规,部门规章,地方政府规章等规范性文件;

(2)不同国家机关发布的有关劳资管理、运行、处置、裁判等的政策、通知、命令、指引等其他具有普遍指导性的规范性文件;(3)我国与外国缔结、参加、签订、加入、承认的双边、多边的条约、协定和其他具有条约性质的涉及劳动用工问题的文件。

第二,企业内部自行制定、实施的劳动人事规章制度。该部分包括:(1)行业协会制定的行业自律规范或行业标准;(2)企业章程及规章制度;(3)与劳动者签署合同产生的义务;(4)集体合同以及工会的要求。[1]

第三,企业自愿遵从、倡导的涉及劳动人事合规的职业操守和道德规范,包括但不限于履行企业社会责任、遵守企业伦理和社会道德规范等。

通常认为,前述第一部分规制体系属于强制性合规义务,当然就具体义务规范来说,认定其适用范围与效力等级、效力强弱,除需考虑《立法法》等法律规定的一般性效力等级解释规则外,在具体适用中还需要考虑地区的具体情况、适用弹性、实践差异性等问题;前述第二部分和第三部分规制体系,则一般被认为属于自愿遵从性合规义务。在实践中,企业需以强制性合规义务规范为基础,结合企业自身发展状况、现实需求、合规目标与合规承诺等确定其自愿遵从的义务范围。

对于大多数企业而言,通常难以一步达到全面完善的合规义务标准,不同企业或者企业在不同发展阶段,其合规的具体需求必然有所不同,相应地,这就要求在进行企业合规义务识别时,必须注意关注企业的发展阶段、发展模式、具体需求,在客观现状和既有体系中有条件、有选择地去逐步落实和改进完善。

二、劳动人事合规义务识别

(一)劳动人事合规义务识别步骤

企业要进行劳动人事合规,首先便是如何识别劳动人事用工中应遵守的合规义务。如前所述,合规义务来源不是一个封闭的体系,合规义务的识别自然也不是一次性的工作,而是一个持续改进的动态过程。由于外部强制性法规政策并非一成不变,在劳动人事领域更是经常随着社会经济形势的变化而变化,企业的规章制度需要根据法规政策的变动进行更新调整,职

---

[1] 参见周开畅、洪桂彬:《劳动人事合规管理指南》,法律出版社2020年版,第16页。

业操守、道德规范对不同企业、同一企业不同时期和不同发展阶段而言，也会有选择、需求的不同。

那么，如何指导企业进行劳动人事合规义务的识别呢？具体到劳动人事合规领域，可以参考从以下几个步骤落实。

(1)通过尽职调查对企业的章程、组织架构、业务活动、管理流程、自身及相关利益方诉求、内部治理体系成熟度、合规需求、面临的监管环境等进行初步了解；

(2)形成有关合规义务识别的尽职调查报告，以此确定大致的合规义务来源范畴；

(3)梳理与企业监管相关的外部强制性劳动人事合规义务规范和自愿遵从的义务准则、企业伦理、道德规范等其他与企业合规义务密切相关的标准；

(4)在有条件的情况下，结合风险识别尽职调查报告，细化、归类、梳理企业合规义务要点清单；

(5)将前述工作成果嵌入内部管理系统，有条件的企业实现 IT 化检索、关键节点控制；

(6)持续优化、及时更新等。

当然，对于以上步骤，企业可根据自身情况加以取舍、简化或者细化。在下文中，笔者仅提供参考性合规义务识别尽职调查清单、外部强制性劳资合规义务来源清单示例，简要分享如何开展和呈现相关工作及成果。

(二)劳动人事合规识别工作成果

1. 合规义务识别尽职调查清单

在接洽企业初期，可从宏观上对企业进行一次尽职调查，该阶段尽职调查的内容主要是帮助判断需要识别的合规义务来源，了解前述第一步中的相关内容，判断对应企业合规义务识别的范畴，了解企业合规试图达到的标准，该工作有利于相关法律工作者就人力、时间、物力等投入作出合理的评估。劳资合规(义务识别—接洽阶段)尽职调查清单的内容具体见表 2－17。

表2-17 劳资合规(义务识别—接洽阶段)尽职调查清单

序号	用人单位需提供或说明情况的资料 (一般提供扫描件、复制件即可)	备注
1	公司最新的营业执照、公司章程(如相关)	□已提供 □无 □不涉及 □待提供或另说明
2	公司文化、愿景、发展历程、获得荣誉、组织架构、主要业务活动、业务部门概况、管理流程等背景资料和介绍	□已提供 □无 □不涉及 □待提供或另说明
3	公司现有的合规管理体系、合规模块;已有的劳动人事合规管理体系、流程管理工具、系统等背景资料和介绍	□已提供 □无 □不涉及 □待提供或另说明
4	进行本次劳资合规的原因、合规目标、合规范围(涉及的内容、主体)、希望达到的合规效果等背景资料和介绍	□已提供 □无 □不涉及 □待提供或另说明
5	如有合规管理体系、工作需求涉及关联公司的情况,请列表说明公司目前全部对外投资情况(包括子公司、分公司、办事处)名单或者关联公司清单及其基本情况 如关联公司之间存在人员管理(包括但不限于管理制度、管理系统、管理流程)、工作安排上混同等情况,建议注明	□已提供 □无 □不涉及 □待提供或另说明
6	公司职工情况说明或花名册,如劳动关系用工、劳务派遣用工、非劳动关系用工等其他灵活用工的人员规模、专业结构、受教育程度、年龄分布等背景资料和介绍	□已提供 □无 □不涉及 □待提供或另说明
7	公司现有的员工手册,未设置成册的可具体提供奖惩制度、劳动纪律等相关规章制度文本,以便于做一般性了解	□已提供 □无 □不涉及 □待提供或另说明
8	如合规义务涉及相关利益方的承诺,请列表提供相关利益方名单以及相关承诺的文件化资料文本,如合同、承诺书等	□已提供 □无 □不涉及 □待提供或另说明

续表

序号	用人单位需提供或说明情况的资料 （一般提供扫描件、复制件即可）	备注
9	公司目前是否存在正在进行的重大项目（什么项目、涉及利益主体等），是否可能引发潜在劳资事件（何种事件、涉及人员情况等），对于潜在劳资事件可能对相关项目、声誉等造成的不良影响有无评估，如何考虑，如有请就前述问题做简要说明	□已提供 □无 □不涉及 □待提供或另说明
10	公司近两年内进行过哪些劳资合规培训（主题、对象、时间、人数等），近期或者在服务期限内，主要考虑针对哪些对象、进行具体何种内容的培训、有无相关具体主题倾向等背景资料和介绍，如有相关培训资料建议提供了解	□已提供 □无 □不涉及 □待提供或另说明
11	其他认为需要提供了解的资料	□已提供 □无 □不涉及 □待提供或另说明

注：1. 实务中可根据企业情况自行增删相应内容，该清单也可与风险识别尽职调查清单进行整合，表格样板的内容仅供参考。
2. 如有涉及劳动关系的特别事项、章程规定等情况，可以提供；如无劳动关系相关内容可以不提供。
3. 备注部分有四种情况供尽职调查人选择，符合情况之一的，则在表格中打钩。

2. 外部强制性劳资合规义务来源清单

劳资合规义务的遵从，最重要、最基础的是对外部强制性法律法规等规范性文件的遵从。笔者在前文已经对劳动人事领域涉及的法律法规政策做了概括，在具体梳理规范体系时，建议先了解清楚企业原有的规范性文件的整合逻辑和操作路径，要考虑企业在特定阶段的初期、中期或长期合规目标，特别是对于已经形成一定管理思路、合规模式的企业，切不可随意按照自身思路套上一个看似大而全的模板，跳过企业自身实际情况，否则形成的工作成果可能不符合企业的实际情况和阶段性需求，或者不利于企业整合到其管理系统中。因此，有关法规的类别归类以及梳理逻辑并无绝对统一的标准，公司的劳资合规义务清单具体可参见表 2 - 18。

表 2－18　××公司劳资合规义务清单——法律法规及其他外部强制性义务规范的注意清单

法规类别	序号	文件名称	颁发/修改文号	规范性质	适用区域	颁布/修改日期（按最新）	实施日期（按最新）	关键词	备注
综合性文件	L001	《中华人民共和国劳动法》	中华人民共和国主席令第24号	法律	全国	2018年12月29日	2018年12月29日	劳动法	全文关注
	L002	《中华人民共和国劳动合同法》	中华人民共和国主席令第73号	法律	全国	2012年12月28日	2013年7月1日	劳动合同	全文关注
	L003	《中华人民共和国劳动合同法实施条例》	中华人民共和国国务院令第535号	行政法规	全国	2008年9月18日	2008年9月18日	劳动合同	全文关注
	L004	《关于确立劳动关系有关事项的通知》	劳社部发〔2005〕12号	部门规章	全国	2005年5月25日	2005年5月25日	劳动关系	全文关注
	Lxxx	……							

续表

法规类别	序号	文件名称	颁发/修改文号	规范性质	适用区域	颁布/修改日期（按最新）	实施日期（按最新）	关键词	备注
工资福利									
工作时间与休息休假									
特殊群体保护									
工会与集体协商									
社会保险									
职业病、工伤与劳动保护									
外国人就业管理									
劳动争议处理									
其他									

注:完整参考清单见附录。

第三节　企业劳动人事合规风险管理

完整的劳资合规管理体系包括劳动人事合规承诺、组织架构、人员安排、计划制定，如何进行风险识别、使用何种风险分析工具、如何进行分类分级风险评估，如何进行劳资合规检查、违规处理、持续改进，如何进行劳资合规培训等内容。总则部分已经就前述方法论问题进行了详细说明，在具体实操中，劳资合规的实施步骤、思路等方法论问题可以直接参考总则的相关规定处理。因此，该部分笔者仅就劳资合规管理体系中相对具有特殊性的部分，即风险识别、风险评估提供一些参考性指引。

一、劳动人事合规风险识别评估流程

劳动人事合规风险识别分析评估旨在识别企业潜在的劳资合规风险行为，分析评估风险影响，以便企业采取必要的风险管控措施。"由于合规风险与合规义务是一一对应关系，合规风险是未履行或违反合规义务的不确定性导致的，所以合规义务分布在哪，这种不确定性就在哪，合规风险就源于哪"[1]。因此，识别企业自身存在的内外部劳资用工管理合规风险，需要将合规义务与企业业务、经营活动涉及区域等方面结合，查明原因并分析风险的影响后果以及影响后果的严重性、可能性。

关于劳动人事合规风险识别评估，可以参考下列工作流程[2]。

1. 确定风险识别评估主体

劳资合规风险识别主要由企业合规负责人或者人力资源部门牵头，对应业务部门配合实施，成立劳资合规风险管理工作组，并向企业管理层报告。劳资合规风险管理工作组由法律和非法律专业人员组成，必要时可聘请专业外部合规实务人员进行工作进程、操作的指导。劳资合规风险管理工作组需要由企业高层决策者、合规主管部门负责人、合规管理员、业务主

〔1〕 王志乐主编：《企业合规管理操作指南》，中国法制出版社 2017 年版，第 14 页。

〔2〕 本部分结合劳资合规的具体实操，方法论参见王志乐主编：《企业合规管理操作指南》，中国法制出版社 2017 年版，第 56－57 页。

管部门负责人、涉及的利益群体代表如工会负责人、员工代表、涉及的关联企业的代表、外部专业人员等共同组成。可以企业名义召集工作组召开会议,明确工作组成员的职责与权限。

2. 确定劳动人事合规的合规范围、关键岗位或业务部门、合规目标

合规工作组可通过召集工作组成员会议等方式,结合企业实际情况、生存发展需求,讨论合规范围、合规目标、合规承诺、合规方针,重点就企业劳资合规管理中存在的疑点、难点、盲点以及主要需要解决的问题等进行归纳概括。

例如,某生产制造型企业主要存在一线员工劳动合同管理不善、社保缴纳基数不足、工资支付不及时、加班加点等高发问题,企业决策层当前希望在强制性义务且影响后果较为严重的领域达到"合法性"标准,在一些弹性义务或者引发后果相对较小的领域留有空间,那么在风险识别时就需要注意兼顾这些问题和需求。又如,可能某一家大型跨国企业不仅关注"合法性"问题,还关注"合理性"问题,并希望在风险识别时注意对利益关联方的合规审查和国际规约等的遵从,则风险识别评估标准自然会有所区别。

3. 制定劳资合规风险识别评估的工作方案

在明确合规范围、目标、承诺遵从的合规义务的基础上,就合规风险识别评估的范围、风险评估办法、工作计划、时间要求、成本预算等劳资合规筹备的工作事宜给出初步工作方案,形成会议纪要、评审文件、工作指引、操作细则等系列工作文件。

4. 梳理合规风险识别尽职调查清单,开展尽职调查

结合前述工作的准备资料,对企业内外部劳资合规风险进行全面风险识别尽职调查。劳资合规风险尽职调查应结合合规义务清单,按照企业劳资管理的主线流程、控制模块或其他合适的方式形成尽职调查清单,以便进行合规风险点识别分析评估后,可以有效匹配企业原有劳资合规管理体系架构。对于尚无相关合规管理系统或者成熟架构的企业,则可以结合企业习惯、考虑主流方式和便捷性等进行归类。

劳资合规风险尽职调查清单可参考下列方向,收集整理相关资料。

(1)需要劳资合规企业的相关基本情况;

(2)企业劳资合规的合规范围、合规目标、合规承诺、期待效果;

(3)进行劳资合规的原因和背景、主要问题、紧迫事项；

(4)企业劳资合规涉及的业务部门、人数规模、人员情况；

(5)企业目前在劳资合规领域的合规现状及其文件化资料、存在的问题；

(6)企业目前在劳资合规领域面临的合规义务、监管环境、注意事项；

(7)进行劳动合规风险识别评估与控制的工作准备、落实时间、工作要求；

(8)本次劳资合规需要注意更新识别的内容,并持续监控、更新、识别风险因素。

5.形成劳资合规风险分析评估报告

通过尽职调查,查找合规风险点,分析不合规后果,确定风险等级,形成劳资合规风险分析评估报告。

结合合规义务清单进行比对,识别企业具体的劳资合规风险,分析可能触发的风险类型,如在招聘、录用、入职、在职、离职等过程中的内部管理风险;在民事纠纷、行政查处、刑事调查中面临的外部监管风险;商誉舆情等其他风险。

根据影响范围、责任后果、影响程度等选择合适的分类分级工具,定性、定量或者两者相结合进行风险等级分析,形成评估报告。该部分可以参考总则编、其他分则编的相关方法论进行,笔者不再赘述。

同理,对于以上流程,企业可根据自身情况加以调整和具体化。下面笔者仅提供参考性劳动人事合规风险识别评估尽职调查清单、风险评估报告示例,简要分享如何开展和呈现相关工作及成果。

二、劳动人事合规风险识别评估工具

1.劳动人事合规风险识别尽职调查清单

某企业劳资合规全流程风险识别尽职调查清单见表2-19,可为我们提供参考。

表2－19　某企业劳资合规全流程风险识别尽职调查清单

事项与内容	序号	用人单位需提供或说明情况的资料（一般提供扫描件、复制件即可）	备注
入职管理	1	招聘： 与招聘管理制度相关的文件化资料，如公司近期的招聘广告、招聘需求、面试登记、体检要求等相关文件、表格	□已提供 □无 □不涉及 □待提供或另说明
	2	录用： 与录用管理相关的文件化资料，如公司现有的员工背景调查规定、录用通知书、OFFER模板等文件、表格	□已提供 □无 □不涉及 □待提供或另说明
	3	招聘录用相关承诺、确认的相关文件： 需要求职者进行承诺、确认的相关文件化资料，如廉洁从业、安全生产、不竞争、保密、反歧视、反性骚扰等承诺；联系方式确认、规章制度签收；入职培训确认等文件、表格	□已提供 □无 □不涉及 □待提供或另说明
	4	岗位职责及胜任标准： 与公司各类岗位职责及胜任标准相关的文件化资料，如公司现有岗位的岗位说明书/职责说明书，岗位胜任工作标准、不胜任工作的考评机制等文件、表格	□已提供 □无 □不涉及 □待提供或另说明
	5	合同订立： 对各类、各层级、不同用工模式的员工合同签订管理相关的文件化资料，如各类员工合同及附件；借调协议、劳务派遣协议、非全日制用工和临时工合同、涉外劳动关系合同等；退休返聘协议、劳务合同等；灵活用工协议、合作协议、实习生协议等（合同文本不同的，每样提供一个版本即可）	□已提供 □无 □不涉及 □待提供或另说明
	6	试用期： 与试用期管理相关的文件化资料、介绍，如试用期考核等文件、表格	□已提供 □无 □不涉及 □待提供或另说明

续表

事项与内容	序号	用人单位需提供或说明情况的资料（一般提供扫描件、复制件即可）	备注
在职管理	1	规章制度： 与规章制度合法性（内容合法、民主程序制定、向员工公示）及制度文件相关的文件化资料，如规章制度制定公示流程、员工手册、纪律奖惩制度等文件、表格 （如公司尚无全套成册员工手册的，或者是分不同事项单项规定的，可分类打包、列表提供，并同步提供对应事项文件的生效要件资料。如已在清单列表中提供过的资料，备注即可，不用重复提供，下同，不赘述）	□已提供 □无 □不涉及 □待提供或另说明
	2	保密与竞业限制： 与保密与竞业限制管理相关的文件化资料，如公司现有的商业秘密、技术秘密的范围清单、保密措施/制度、协议；竞业限制制度、协议模板（特别是有无与主要管理人员、核心员工等签署竞业限制、保密等协议）；受限名单、受限情况（特别是主要管理人员、技术人员兼职情况，是否受限于与其他公司签署的竞业限制及保密义务）等 （前述提交材料中涉及公司商业秘密的，请脱密处理）	□已提供 □无 □不涉及 □待提供或另说明
	3	培训与服务期： 与员工培训（含内部培训、外部专项培训）及服务期管理制度相关的文件化资料，如公司现有的培训制度、协议、方式、对象、时间、规模以及培训考核制度；服务期相关制度、协议等文件、表格	□已提供 □无 □不涉及 □待提供或另说明
	4	工作时间与考勤： 与工作时间、考勤管理制度有关的文件化资料，如公司现有的上下班时间安排、采用的工时制度、考勤管理方式、最近一个月的考勤数据、出勤情况确认/统计等介绍、文件、表格	□已提供 □无 □不涉及 □待提供或另说明

续表

事项与内容	序号	用人单位需提供或说明情况的资料（一般提供扫描件、复制件即可）	备注
	5	加班管理： 与公司加班规范管理相关的文件化资料，如现有的加班制度、加班调休管理情况、加班计算方式、加班审批制度、加班时间表格、加班支付方式说明等介绍、文件、表格	□已提供 □无 □不涉及 □待提供或另说明
	6	休息休假： 与休息休假管理相关的文件化资料，如现有的请假、事假、病假、带薪年休假、婚假、产假、丧假、探亲假、公司自设的福利假等假期相关管理制度、文件、表格	□已提供 □无 □不涉及 □待提供或另说明
	7	工资福利： 与公司现有的工资福利制度相关的文件化资料，如工资构成体系、工资支付、绩效/提成/奖金激励、福利等管理制度、最近一个月的工资表、工资告知单、工资签收等介绍、文件、表格	□已提供 □无 □不涉及 □待提供或另说明
	8	特殊激励： 对董事、监事、高级管理人员、其他核心人员、相关员工实行的股权或其他特殊激励制度等文件化资料，如员工持股计划、限制性股票、股票期权及其他特殊激励制度安排和执行情况，以及相关股份支付的财务处理情况说明等（如有）	□已提供 □无 □不涉及 □待提供或另说明
	9	社会保险、公积金等： 与社会保险、公积金等管理相关的文件化资料，如公司社保、公积金、补充保险、企业年金等相关情况介绍（人员比例、险种、缴费基数、是否存在未缴情况等）	□已提供 □无 □不涉及 □待提供或另说明
	10	劳动合同变更： 涉及劳动合同变更的相关文件化资料，如公司现有的调岗调薪通知、调动通知、员工面谈记录；协商/单方变更合同（如停薪留职、停岗停薪）等文本、表格	□已提供 □无 □不涉及 □待提供或另说明

续表

事项与内容	序号	用人单位需提供或说明情况的资料（一般提供扫描件、复制件即可）	备注
	11	职业病、工伤与劳动安全： 与职业病、工伤、劳动安全保护相关的文件化资料，如公司职业病、工伤情况数据、有无相关处理制度、应对处置情况介绍等（如有）	□已提供 □无 □不涉及 □待提供或另说明
	12	集体协商、集体合同与工会： 与集体协商、集体合同、工会相关的文件化资料，如集体协商、集体合同制度文本、表格；公司工会组建情况、工会工作流程、办公场所、工作时间；工会主席、委员等人员的身份情况、职务情况、选举情况；工会经费来源、使用情况等介绍、文件、表格（如有）	□已提供 □无 □不涉及 □待提供或另说明
	13	反歧视、反性骚扰： 涉及反歧视、反性骚扰的文件化资料，如有无发生过职场歧视、性骚扰事件，公司关于歧视、性骚扰事件处理应对制度等介绍、文件、表格（如有）	□已提供 □无 □不涉及 □待提供或另说明
	14	特殊群体保护： 涉及三期女职工、未成年工、病伤残职工等特殊群体的文件化资料，如目前有无尚处于特情状态的员工（三期、未成年、病、伤、残疾等）、特情员工人数清单、具体特情、公司应对与处理情况等介绍、文件、表格（如有）	□已提供 □无 □不涉及 □待提供或另说明
	15	中国港澳台同胞、外国人就业： 涉及中国港澳台同胞、外国人就业管理的文件化资料，如公司相关港澳台同胞、外国人名单、岗位情况、就业许可办理审核情况、管理制度等介绍、文件、表格（如有）	□已提供 □无 □不涉及 □待提供或另说明
	16	其他特情： 目前，公司是否正在发生或者即将面临群体性纠纷、集体投诉、重大舆情、其他特殊情况等员工特情事件，如传染病盛行情况下的患者，疑似、密接、政府临时管控等特情员工，涉及人数清单、具体特情、公司应对与处理情况等介绍、文件、表格（如有）	□已提供 □无 □不涉及 □待提供或另说明

续表

事项与内容	序号	用人单位需提供或说明情况的资料 （一般提供扫描件、复制件即可）	备注
离职管理	1	合同解除： 与合同解除管理相关的文件化资料，如公司现有的合同解除（协商解除、单位解除、劳动者解除）管理制度与文件、辞职申请表、各种情形下的解除合同通知；解除合同协议、表格、离职证明等	□已提供 □无 □不涉及 □待提供或另说明
	2	合同终止与续签： 与合同终止及续签管理相关的文件化资料，如公司现有的合同终止及例外情形相关管理制度；终止合同通知、协议、表格；离职证明；续签通知等	□已提供 □无 □不涉及 □待提供或另说明
	3	其他与离职管理相关的文件化资料，如工作交接清单、是否有离职竞业限制义务审查、解除等文件、表格	□已提供 □无 □不涉及 □待提供或另说明
风险处理	1	内部管控处理： 涉及公司在内部进行自查自纠等风险处理相关的文件化资料，如监督举报制度、违规处分、不公正对待等反馈与应答机制；风险处置流程制度；公司风险处置事件或概况数据介绍等	□已提供 □无 □不涉及 □待提供或另说明
	2	劳动争议处理： 常见劳动争议裁审案件相关法律文书、案卷材料、情况说明等（如方便提供，可酌情选择几个代表性的案例供了解）	□已提供 □无 □不涉及 □待提供或另说明
	3	其他争议处理： 与劳动人事相关的民事、行政、刑事等不同案件的相关法律文书、案卷材料、情况说明等（如方便提供，可酌情选择几个代表性的案例供了解）	□已提供 □无 □不涉及 □待提供或另说明

续表

事项与内容	序号	用人单位需提供或说明情况的资料（一般提供扫描件、复制件即可）	备注
	4	其他与风险处理相关的文件、材料、信息、表格	□已提供 □无 □不涉及 □待提供或另说明
其他	××	（略，根据企业情况补充）	

注：1. 导语写明尽职调查目的、资料收集提交说明，此处略。

2. 以下按控制流程与模块相结合的方式进行梳理，实务中需结合企业劳资管理体系拟定，也可根据企业合规模块选择适宜的方式，非统一标准。

3. 实务中本清单通常与前文接洽阶段的清单进行整合，方便企业进一步补充，或者便于进一步了解情况。为节省篇幅，前文表格已列内容以及合规风险调查涉及的共性基础资料，笔者在这里不再重复列举。本表格样板和内容仅供参考。

4. 备注部分有四种情况供尽职调查人员选择，符合情况之一的，则在表格中打钩。

2. 劳动人事合规风险分析评估报告

劳动人事合规风险分析评估报告，即在前述合规义务识别、合规风险识别的基础上，重点围绕风险评估工作的实施概况、劳动人事合规风险评估工具、风险点清单、合规风险原因、控制整改措施等展开。关于其中涉及的基础方法论、工具使用问题等总则编已有相应方法论说明，笔者在此处不再展开。下文仅列一框架示例（详略），在具体案件中需根据识别风险点的情况进行处理，具体体例可根据企业情况调整，以下分析评估报告示例仅供参考。

某企业劳动人事合规风险分析评估报告

一、×××公司劳动人事合规风险评估实施概况

（一）风险评估背景

（二）风险评估范畴

（三）风险处置现状

（四）……

二、×××公司劳动人事合规风险评估说明

（一）已识别风险点清单

（二）风险分类分级方法

三、×××公司劳动人事基本面合规风险分析与建议

(一)权责不清,流程混乱

1.【现状描述】:

2.【原因分析】:

3.【合规依据】:

4.【风险类别】:

5.【风险等级】:

6.【合规建议】:

(二)合规标准低于法律最低限度要求

(三)欠缺合规承诺、合规目标不明确

(四)……

四、×××公司劳动人事具体模块合规风险分析与建议

(一)入职管理——招聘录用阶段

1. 招聘录用条件设计不规范

(1)【现状描述】:

(2)【原因分析】:

(3)【合规依据】:

(4)【风险类别】:

(5)【风险等级】:

(6)【合规建议】:

2. 招聘简章等涉嫌就业歧视

3. 欠缺招聘录用相关承诺确认

4. ……

(二)入职管理——合同签订及试用期

(三)在职管理——规章制度

1. 规章制度部分条款与现行规定冲突

2. 规制制度民主程序有瑕疵

3. 规章制度公示方式存重大隐患

(四)在职管理——保密与竞业限制

(五)……

最后，关于劳动人事合规，由于劳动法领域的法律法规和政策具有明显的地域差异，且受到社会经济运行形势的影响，在处理涉及具体地区合规对象的劳资合规业务时，需要注意区域性、地方性合规义务要求的识别、选择、适用，并需要监控和关注法规政策、社会变化趋势，保持及时动态更新和改进。本操作指南仅提供一些初步的思路，在具体实务中仍有待合规专业人员结合实务进一步细化、研究和探讨。

附录

一、合规经营承诺书范本

×××有限公司依法合规经营承诺书

为维护平台经济领域公平竞争秩序，保障消费者合法权益，本公司郑重作出以下承诺：

一、加强合规管理。各项业务发展和调整与合规评估紧密并行，严格按照有关法律法规开展经营，全面加强平台治理。

二、不实施“二选一”。遵循自愿、平等、公平、诚信的基本原则，尊重平台内经营者的自主选择权。

三、不滥用市场支配地位。尊重消费者，平等对待交易相对人，不对消费者和平台内经营者实施不合理限制或者附加不合理条件。

四、不实施垄断协议。坚持独立自主经营，不与同行就价格、市场等敏感信息进行协调。

五、不违法实施经营者集中。主动争取执法机关指导，全面评估、依法申报涉及本企业的经营者集中。

六、不实施不正当竞争行为。合理使用技术能力，不干扰其他经营者合法提供的网络产品或者服务正常运行。

七、不实施不正当价格行为。明码标价，不低价倾销，宣传及标注价格依法有据可依，防止对涉疫产品不合理涨价。

八、不发布违法广告。坚持从严审核广告业务，持续增强广告审查团队力量,防止发布违法广告。

九、不销售质量不合格商品。加强内部抽检,完善治理模型,不断提高平台商品质量总体水平。

十、强化食品安全保障义务。对食品相关商家、商品进行重点治理,对违规行为严厉处罚,严防重大食品安全问题。

十一、严格履行知识产权保护义务。畅通知识产权投诉渠道,加强与品牌方的合作,依法及时处理知识产权投诉。

十二、保护消费者权益。依法公示平台规则及商家、商品相关信息,确保消费者知情权和选择权,完善消费者意见收集、处理及反馈渠道,切实保护消费者权益。

十三、不非法收集和滥用个人信息。在确保用户知情的前提下,以"最小必要"原则依法收集、使用用户信息。

我们将认真践行以上承诺,自觉接受社会公众监督。

×××有限公司

××××年××月××日

×××有限公司依法合规经营承诺书

我国平台经济发展正处于关键时期,只有建立健全平台经济治理体系,明确规则,划清底线,加强监管,规范秩序,才能更好发挥平台经济产业的社会价值,为高质量发展和高品质生活服务。

集团将在合规经营方面积极助力维护良好的市场竞争环境、保护消费者合法权益,更好地服务平台商家,不断为社会创造更多有益价值。为实现上述愿景,我们在此郑重承诺:

一、严格依照《反垄断法》《电子商务法》《网络交易监督管理办法》等相关法律规范,加强合规体系和治理体系建设。忠实履行各项法定义务,加强食品安全和商品质量管理,不断提高知识产权保护水平,协助主管部门共同维护市场经营秩序,履行平台社会共治的社会责任。

二、全面规范企业竞争行为,不实施"二选一"、协议垄断等排除、限制市场竞争行为;依法进行经营者集中申报;不利用技术、平台规则和数据、算法等手段实施不正当竞争和不正当价格行为,依法规范广告经营活动,共同营造公平、有序、开放的市场竞争环境。

三、秉持诚信经营理念，不断完善消费者权益保障机制，规范平台及平台内商家经营行为，保护消费者的知情权、公平交易权、自由选择权等各项合法权益，不非法收集和滥用消费者个人信息。

四、不断加强平台内部生态治理，构建更开放、公平、高效、共享发展成果的平台经营环境，在为平台内商家提供更为优质和多元服务的同时，不断降低中小商家的平台经营门槛。

集团将始终坚守“客户第一”的价值观，坚持“聚精会神办企业、遵纪守法搞经营，在合法合规中提高企业竞争力”。我们诚恳接受来自主管部门、社会公众和媒体的全面监督，为我国互联网平台经济的健康有序发展做出更大贡献。

×××有限公司

××××年××月××日

×××有限公司依法合规经营承诺书

为持续优化营商环境，推动平台经济持续健康发展，保障广大用户、平台经济各方主体合法权益，维护互联网领域良好环境和公平竞争秩序，郑重作出以下承诺：

一、加强合规管理，依法合规经营。遵守法律法规，诚实守信、公平竞争，认真履行法定义务，切实落实法定责任。

二、尊重平台内经营者的自主选择权，不干扰其正常经营活动，不违法实施包括“二选一”在内的行为排除、限制竞争。

三、不实施垄断协议。不实施排除、限制竞争的协议、决定或者其他协同行为。

四、不违法实施经营者集中。依法进行经营者集中申报。严格遵守《反垄断法》规定，对达到申报标准的经营者集中依法申报。

五、不实施不正当竞争行为。公平参与市场竞争，维护良好竞争秩序。

六、不实施不正当价格行为，不以不正当价格行为误导消费者。

七、不发布违法广告。坚决贯彻落实《广告法》《互联网广告管理暂行办法》等相关法律法规，规范自身广告经营行为。

八、平台依法约束平台内经营者履行产品质量保障义务，强化食品安全保障义务。

九、严格履行知识产权保护义务。对发现的侵犯知识产权行为采取必要措施并积极协助执法查处。

十、保护消费者的合法权益，不侵害消费者知情权和选择权。建立健全消费者投诉、反馈机制。

十一、不非法收集和滥用个人信息。防范不当获取、使用用户个人信息或隐私数据的行为。

我们将践行以上承诺，自觉接受社会公众监督，共同营造更加安全放心、公平有序的网络市场环境。

×××有限公司

××××年××月××日

员工合规承诺书

本人承诺，作为公司的员工，从入职之日起，保证践行以下承诺：

共性承诺内容：

一、严格遵守国家法律法规、监管规定、行业准则、公司章程及规章制度，如果涉及外国相关业务的，还应严格遵守国际条约、规则等要求，并在工作中严格依规办事、按章操作。

二、树立依法合规、守法诚信的价值观，坚持诚信、正直的职业操守，保证在公司工作期间，做到依法合规、守法诚信，自觉抵制商业贿赂、侵占挪用、营私舞弊等不合规、不诚信的行为，绝不利用职务或工作之便谋取私利或其他利益。

三、恪守合规经营，严守风险底线，做好合规风险防范工作，严防违规操作。

四、严格遵守保密义务，不泄露公司的任何秘密信息，自觉对客户资料及交易信息保密。工作中发生岗位变动或离职等情形时，协助办好客户资料、信息等交接工作。

五、自觉维护公司和行业形象，不贬损同行，不以不合法、不正当的手段谋求业务发展。

六、自愿接受并积极配合公司合规调查，诚实、全面地说明合规调查相关事项。

本人保证严格遵守、践行以上承诺并自觉配合公司对以上事项的检查、调查，如有违反，本人愿承担一切法律责任，并无条件接受公司和法律的处理。

个性承诺内容：

需根据岗位实际情况进行制定，并结合本岗位职责、梳理的合规承诺事项、合规风险易发点确定个性承诺内容。

承诺人：××

××××年××月××日

二、企业刑事合规不起诉相关文书

企业刑事合规业务第三方监管人操作指引

第一条 为规范企业刑事合规第三方监管人（以下简称监管人）参与企业刑事合规监督考察工作，推进企业合规管理体系建设，切实履行监管人职责，维护和促进企业守法合规经营和健康长远发展，根据《刑事诉讼法》和《关于适用认罪认罚从宽制度的指导意见》、《关于建立涉案企业合规第三方监管评估机制的指导意见（试行）》的规定，特制定本指引。

第二条 本指引所称企业刑事合规，是指人民检察院在办理涉企犯罪案件时，对符合企业合规改革试点适用条件的，交由监管人对涉案企业的合规承诺进行调查、评估、监督和考察。考察结果作为人民检察院依法处理案件的重要参考。

第三条 第三方监管适用于公司、企业等市场主体在生产经营活动中涉及的经济犯罪、职务犯罪等案件，既包括公司、企业等实施的单位犯罪案件，也包括公司、企业的实际控制人、经营管理人员、关键技术人员等实施的与生产经营活动密切相关的犯罪案件。

第四条 监管人办理企业刑事合规案件，须采取有效的措施，依法依规推进企业进行合规整改，完善企业内控建设，进而减少企业的损失。

第五条 本指引所称涉案企业，是指企业涉嫌犯罪，自愿认罪认罚，积极自查、整改生产经营过程中不规范事宜，自愿接受检察机关的刑事合规监督考察，满足相对不起诉适用条件的市场主体。

第六条 本指引所称监管人，是指经检察机关选定，受检察机关或涉案企业的委托，协助涉案企业进行合规整改，提高企业合规管理水平，推进企业合规管理体系建设的单位。

第七条 监管人应当严格遵守法律和检察机关工作规定，按照规定的权限和程序，独立公正地履行监督考察职责，服从检察机关的监督。如发现涉案企业有违法违规或者违反刑事合规承诺约定义务的情况，应及时通报检察机关。

第八条 监管人应秉承诚实、信用、谨慎、勤勉、中立的立场，不得妨碍案件的公正处理，不得泄露案件涉及的国家秘密、商业秘密、个人隐私。

第九条 监管人不得以考察为名，随意干扰涉嫌犯罪企业正常生产经营活动或者实施损害涉嫌犯罪企业合法权益的行为，不得实施收受财物等违反廉洁纪律的行为。

第十条 监管人应当指派具备企业合规专业知识、技能和经验的执业律师组成合规监管团队，督促指导企业开展合规整改工作，按照检察机关确定的合规考察期限完成刑事合规监督考察工作。

第十一条 监管人在合规考察期内须严格审查涉案企业合规整改落实情况，提出合规整改意见，向检察机关定期报告涉案企业合规承诺履行情况，提交合规监督考察报告。

第十二条 监管人接受承办企业刑事合规案件，由律师事务所统一接受委托，与检察机关或涉案企业签订书面合规监督考察委托协议，明确所涉案件考察目标、任务内容和考察期限。

第十三条 监管人接受承办企业刑事合规案件之前，应注意审查是否与涉案企业存在影响案件公正处理的利害关系，如监管人在接受委托时担任涉案企业的法律顾问、诉讼代理人、辩护人或者其他存在利益冲突的角色的，应该及时报告检察机关，不宜担任该涉案企业的合规监管人。

第十四条 监管人应当在检察机关的主导下开展企业刑事合规工作，以有效防控合规风险为目的，以整改企业违法违规问题为重点，以规范企业和员工经营管理行为为对象，开展包括合规管理制度建设、风险识别、合规审查、风险应对、责任追究、合规培训、考察评价等有组织、有计划的管理活动。

第十五条 监管人应当自接受检察机关或涉案企业委托之日起十个工作日内向检察机关申请阅卷，了解涉案企业概况、涉案原因、认罪认罚情况以及合规承诺书签订等情况，沟通合规监督考察工作计划，确定合规监督考察标准。

第十六条 监管人自接受合规监督考察委托之日起十个工作日内应会见有关负责人，并对相关涉案人员进行访谈，进一步了解涉案企业概况及涉案行为发生的原因，进行企业刑事合规宣传培训和政策解读，督促涉案企业出具合规风险自查报告，根据合规监督考察标准指导企业制定合规整改计划书。

第十七条 合规整改计划应包括合规整改目标、整改内容、完成时间、责任人员等内容。监管人对涉案企业提交的合规整改计划进行可行性审查，提出修改完善的意见，定稿文件提交检察机关审定，涉案企业拒绝提交或修改的，监管人应如实报告检察机关。

第十八条 合规整改计划书经检察机关审查批准后，监管人应根据合规监督考察标准监督考察涉案企业的执行情况，至少每月要求涉案企业提交一次执行报告，监管人应认真审查涉案企业提交的执行报告和整改资料，提出整改监管意见。

第十九条 合规整改期间，监管人应当定期/不定期开展实地走访、抽检、访谈员工，出具调查任务清单，了解涉案合规整改计划的落实情况，要求涉案企业提交调查内容、涉案整改材料，并将涉案企业的执行情况进行评估后报告检察机关。

第二十条 涉案企业提交的合规执行报告如被发现提供虚假陈述、虚假文件材料，或故意逃避整改监管，拒不按照要求进行整改的，监管人应当要求其进行说明并将有关情况书面报告检察机关。

第二十一条 监管人在监督考察涉案企业落实合规计划情况的过程中，如发现涉案企业或其人员正在接受行政处罚，或者发现尚未被办案机关掌握的犯罪事实或者新实施的犯罪行为，应当中止监督考察，并书面报告检察机关。

第二十二条 监管人应妥善保管监督考察涉案企业整改过程中形成的相关文件档案，做好整改记录和总结，未经检察机关同意，不得擅自对外披露、宣传。

第二十三条 合规考察期届满前，监管人根据涉案企业合规计划执行落实情况，出具考察评定意见，形成合规考察报告，报送检察机关审定，配合检察机关对涉案企业合规整改工作的验收工作。

第二十四条 合规考察评定意见或合规考察报告书应当载明涉案企业基本概况、犯罪事实及原因、履行刑事合规承诺、制定和执行合规计划情况、监管人监督考察经过、企业刑事合规监督考察综合评价分析及结果等内容。

合规承诺书

×××人民检察院：

我司在涉嫌××××一案中自愿认罪认罚，积极自查、整改生产经营过程中不规范事宜，自愿接受检察机关的企业合规监督考察，并承诺在今后的生产经营活动中做到以下几点：

一、遵守法律法规，积极配合司法机关的调查和追诉，服从检察机关及委托的第三方监管人的监督；

二、自愿在××××年××月××日至××××年××月××日接受企业合规监督考察，且接受检察机关根据实际情况对考察期限进行延长或者缩短；按照检察机关要求按时提交企业经营、纳税、员工情况说明以及行政主管机关证明等有关材料，以及检察机关认为有必要提交的其他证明材料；

三、积极采取停止××××相关涉案行为/产品等措施，弥补受损的法益和社会关系；

四、按照检察机关及第三方监管人的规定和要求建立有效的合规管理制度和合规守则，制定并有效执行企业合规计划，定期如实全面报告涉及企业合规事项的情况和刑事风险的排除措施，做好相应的预防犯罪工作；

五、指派高管人员组建合规监管小组来负责合规计划的执行和改进，或聘请有合规经验的律师或审计人员作为外部监管人，协助合规计划的制定和执行；

六、企业合规监管小组在出具本承诺书之日起×周内向检察机关提交完备的企业合规计划文本；

七、每×个月（承诺书签订日后每1个月的同日，无该日期或遇节假日的顺延至下一个工作日）向检察机关及第三方监管人报告合规计划执行的进度，对检察机关指派的检察官提出的完善企业合规计划指导意见及时采纳和反馈；

八、及时发现、制止企业、员工可能存在的违法犯罪行为，依法合规经营。如发现企业或员工有违法违规或者违反本承诺书约定义务的情况，应及时向检察机关通报；

九、积极配合执行检察机关其他要求、建议做到的事项；

十、如在考察期内违反法律法规规定或承诺书事项，自愿承担相应法律后果。

此致

×××人民检察院

×××有限公司

××××年××月××日

企业刑事合规监督考察委托协议

甲方（委托单位）：________人民检察院/企业

联系人：

联系方式：

乙方（独立监管人）：__________律师事务所

联系人：

联系方式：

因×××公司涉嫌××××罪一案，在审查起诉阶段犯罪嫌疑企业自愿认罪认罚，积极自查、整改生产经营过程中不规范事宜，自愿接受甲方的刑事合规监督考察，为加强对犯罪嫌疑企业的合规监管工作，保护和促进企业守法合规经营和健康长远发展，根据《刑事诉讼法》《关于适用认罪认罚从宽制度的指导意见》《关于建立涉案企业合规第三方监督评估机制的指导意见（试行）》等有关规定，甲方委托乙方履行独立监管人职责，签订本协议。

第一条 乙方具备履行独立监管人职责的资质和条件。

1. 具有良好的诚信和市场形象，三年内无行政处罚及行业处分记录；

2. 经司法行政机关等主管单位批准成立且连续运营三年以上；

3. 具有完善的内部管理、项目监管和操作制度，并且运行良好；

4. 具备企业合规及法律风险防控的相关经验及承担独立监管职责的专业知识及技能；

5. 与本协议所涉案件无利害关系。

第二条 乙方的工作职责

1. 在甲方检察官的主导下对犯罪嫌疑企业履行刑事合规承诺进行监督考察，包括监督犯罪嫌疑企业制定并执行刑事合规计划，在考察期内定期（签订本协议后每<u>×</u>个月）向检察官报告犯罪嫌疑企业履行刑事合规承诺的进度；

2. 考察期限届满后<u>×</u>个工作日内，对犯罪嫌疑企业履行刑事合规承诺的情况向甲方出具评定意见；

3. 开展与犯罪嫌疑企业刑事合规监督考察有关的其他工作。

第三条 乙方的权利

1. 对本协议所涉刑事合规案件，可获取相关文件资料和查阅案卷材料；

2. 完成刑事合规监督考察工作，可根据工作量获得一定劳务报酬（具体报酬详见第六条）；

3. 不定期接受甲方和司法行政机关刑事合规试点工作相关的培训和情况通报；

4. 优先受邀参加检务公开相关活动；

5. 根据工作需要受邀参加外出考察学习。

第四条 乙方应当严格遵守法律和甲方有关试点工作规定，按照规定的权限和程序，独立公正地履行监督考察职责，不得有下列行为：

1. 妨碍案件公正处理；

2. 泄露案件涉及的国家秘密、商业秘密、个人隐私；

3. 披露其他依照法律法规和有关规定不应当公开的案件信息;

4. 在未经甲方同意的情况下进行公开宣传;

5. 以监督考察为名,随意干扰犯罪嫌疑企业正常生产经营活动或者实施收受财物等违反廉洁纪律的行为;

6. 实施违反独立监管人工作职责和损害犯罪嫌疑企业合法权益的其他行为。

乙方在履职中有上述行为之一的,视情节给予劝诫或解除委托协议并免除独立监管人资格,构成犯罪的,依法追究刑事责任。

第五条 乙方应当勤勉履行工作职责,同时也负有如实向检察官报告犯罪嫌疑企业刑事合规承诺履行情况的义务,如发现犯罪嫌疑企业有违法违规或者违反刑事合规承诺约定义务的情况,应及时向检察官通报。

第六条 甲方支付乙方的劳务报酬按人民币________元全包计算,于本协议签订之日起十个工作日内支付乙方人民币__________元,于乙方出具监督考察评定意见后十个工作日内支付剩余的劳务报酬人民币____元。上述劳务报酬支付至乙方以下账户:

开户名称:____________________

银行账号:____________________

开户银行:____________________

乙方收取上述费用前均需向甲方提供相应的发票。

非因乙方原因导致监督考察程序终止的,由甲乙双方协商确定已完成工作的劳务报酬;因乙方的过错导致更换独立监管人或监督考察程序终止的,甲方收回已付报酬,并保留追究乙方法律责任的权利。

第七条 甲方的义务

1. 依照协议约定及时向乙方支付劳务报酬;

2. 根据工作需要向乙方提供履职所需的文件材料,沟通协调乙方进入犯罪嫌疑企业开展工作(包括但不限于协调犯罪嫌疑企业提供乙方履职所需的文件材料、工作权限及工作设施,协调犯罪嫌疑企业相关人员配合乙方履行独立监管人工作)。

第八条 甲方指派刑事合规专员______(或案件承办检察官______)共同对犯罪嫌疑企业开展刑事合规监督考察工作。

乙方指派______律师及其团队成员组成独立监管人团队开展工作。

第九条 乙方应于本协议签订之日起×个工作日内向甲方提交详细的监督考察工作计划。考察期内，甲、乙双方可根据监督考察工作具体开展情况，对监督考察工作计划进行合理调整。

第十条 本协议所涉案件设置的考察期为____个月，自________年____月____日至________年____月____日。根据犯罪嫌疑企业整改情况，甲、乙双方可以书面形式对考察期进行合理调整。

第十一条 本协议一式两份，甲、乙两方各持一份。

甲方：	乙方：
联系人：	联系人：
联系方式：	联系方式：
××××年××月××日	××××年××月××日

第三方监管人监督考察工作计划

×××人民检察院/企业：

自××××年××月××日，××××律师事务所（以下简称第三方监管人）与贵院/企业签署《企业合规监督考察委托协议》以来，我们对本项目高度重视，组建了专门的项目团队，多次召开内部讨论会，积极开展尽职调查、访谈等有利于推进后续合规整改与监督的相关工作。

根据《企业合规监督考察委托协议》的约定，现将我们对涉案单位因涉嫌××××一案（以下简称本项目）的监督考察工作计划汇报如下。预计本项目的监督考察工作将分成三个阶段有序推进。

一、各阶段工作方案

（一）第一阶段：合规整改准备阶段

第三方监管人将优先开展尽职调查、访谈等工作，督导涉案单位按规定出具《自查报告》及《合规整改计划》，并由第三方监管人对涉案单位的《自查报告》及《合规整改计划》提出修改完善意见，制定《合规考察标准》，提交贵院审定。（预计时间：×周）。

为全面了解涉案单位涉案行为的背景情况，第三方监管人将开展尽职调查及访谈工作，在此基础上督导涉案单位出具《自查报告》，要求涉案单位对标相关法律法规要求，深刻剖析发生涉案行为的具体原因，全面梳理与涉案行为相关的内部经营管理制度，识别现有内控制度下的漏洞及薄弱环节，并在此基础上制定以全面停止×××行为、强化依法依规经营为核心的《合规整改计划》。

第三方监管人将对涉案单位的《自查报告》及《合规整改计划》提出修改完善的反馈意见。如涉案单位拒绝按照第三方监管人的意见调整，第三方监管人将及时向贵院报送相关情况。修改完善后的《自查报告》及《合规整改计划》将由涉案单位提交贵院及第三方监管人。第三方监管人将参照涉案单位通过全面自查所确定的合规整改目标，制定《合规考察标准》，并提交贵院审定。审定后的《合规考察标准》将作为监督考察涉案单位合规整改情况的依据。

（二）第二阶段：合规整改实施阶段

涉案单位将根据《合规整改计划》开展具体整改工作，第三方监管人每月核查涉案单位的整改执行情况，并向贵院报告（预计时间：×周）

涉案单位根据《合规整改计划》，逐项落实各项整改措施。第三方监管人每月向涉案单位了解《合规整改计划》落实情况，并视涉案单位整改情况开展实地走访、抽检、不定期员工访谈等工作。第三方监管人将完整保留此阶段与涉案单位的沟通记录、《合规整改计划》落实情况月报、抽检情况报告、访谈记录等相关工作底稿，以备贵院审查。

第三方监管人在开展工作的过程中，如果发现涉案单位有新的或者尚未被追究的同类违规行为线索，将要求涉案单位就相关线索做出说明，并提供相关材料。同时，第三方监管人会立即向贵院报告相关情况。

在合规考察期内，第三方监管人将根据贵院的要求，参加贵院组织的工作例会等，并及时通过电话、信件、微信等贵院确定的方式，向贵院定期及不定期汇报工作进度。在合规考察工作的各个阶段，第三方监管人将认真接受贵院的指导和监督，包括但不限于贵院针对合规考察工作的整体进展，各项工作的具体开展情况、提交文件的内容等提出的各项具体指示、要求。

（三）第三阶段：合规整改验收阶段

第三方监管人将针对涉案单位履行企业合规承诺情况出具《合规考察评定意见》并向贵院汇报（预计时间：×周）

第三方监管人将在涉案单位根据《合规整改计划》整改完毕后，通过实地走访、收集内部制度、对员工抽查访谈等方式,结合贵院审定后的《合规考察标准》,从涉案单位是否已停止案涉违法行为、防范案涉违法行为再次发生的内部制度的完备程度、人员合规意识等多方面对涉案单位企业合规承诺履行情况进行考察。第三方监管人将完整保留涉案单位提供的文件、材料、修订后的内部制度、访谈记录等相关工作底稿,以备贵院审查。

第三方监管人将根据合规考察过程中收集的材料及了解的信息,结合对涉案单位合规整改计划的执行落实情况,起草对涉案单位履行企业合规承诺的情况评定意见。第三方监管人完成《合规考察评定意见/考察报告》起草工作后,作为对涉案单位企业合规承诺履行情况的最终意见向贵院提交。

二、各阶段进度安排及成果文件

(1)第一阶段:合规整改准备阶段

工作内容:督导涉案单位开展合规自查,确定合规整改方案

完成时间:第1-×周

提交文件:《自查报告》、《合规监督考察标准》以及监管人向涉案单位出具的《合规问题整改清单》、《合规整改计划》

(2)第二阶段:合规整改实施阶段

工作内容:督导涉案单位根据合规整改计划进行整改

完成时间:第×-×周

提交文件:《合规整改计划执行报告》、《整改意见》以及涉案单位完成整改情况的材料。

(3)第三阶段:合规整改验收阶段

工作内容:根据合规承诺履行情况出具评定意见

完成时间:第×-×周

提交文件:《合规考察评定意见/考察报告》

××××律师事务所

××××年××月××日

第三方监管人监督考察标准

×××有限公司：

根据《中华人民共和国刑事诉讼法》《关于适用认罪认罚从宽制度的指导意见》《关于建立涉案企业合规第三方监督评估机制的指导意见（试行）》及本项目《第三方监管人监督考察工作计划》，我们将围绕贵司履行合规承诺、执行合规计划的情况开展考察，考察标准如下：

一、全面停止涉案违规行为/业务并积极整改

就贵司涉嫌××××的行为，贵司应当积极采取有效措施，立即全面停止涉案违规行为/业务。同时，贵司应当向检察机关表明愿意接受合规监管，认真履行合规整改义务，定期向检察机关报告合规执行情况。

二、贵司应当积极开展自查并制定合规计划

贵司应当对标相关法律法规的要求，深刻剖析涉案违规行为发生的具体原因，识别现有内控制度下的漏洞及薄弱环节，按时提交《自查报告》。《自查报告》应当重点说明以下问题：

（1）梳理公司管理体系的缺陷

内容包括但不限于：公司内部监督的漏洞所在，公司监事对公司经营管理的合法合规性是否发挥了监管作用，公司是否建立了健全的人力资源管理体系、财务管理体系、产品管理体系、采购销售流程管理体系等。

（2）重视涉案行为的自省纠正

围绕涉案违法行为进行深刻地自我剖析，就公司涉嫌××××行为的起因经过、相关人员及其主观认识进行深入自查，针对自身行为的违法性与风险点进行深刻地自我分析，及时停止违法行为。

（3）加强法律法规的宣传培训

内容包括但不限于：公司是否组织全员开展法律法规的培训学习，有关人员在涉案前后对《刑法》、×××相关法律规定的掌握程度如何，合规意识和法律风险识别能力是否得到提升。

（4）建立健全公司规章制度

对公司规章制度进行深入自查，分析公司是否将法律法规的有关规定内化为公司的内部制度，筛查公司内部制度中的漏洞及不完善的地方，重点

自查是否建立了完备的合规管理准则、合规管理办法、专项合规制度等。

(5)健全公司内控流程建设

在理顺现有风险管理体系的基础上,结合公司的业务流程,将合规管理的监管要求和内在要求转化为公司管理的日常工作制度和流程,推动公司经营行为流程化、规范化、合法化。

在《自查报告》基础上,全面停止违法行为、确定合规整改目标,制定《合规计划》。该计划应当将合规整改任务工作分解,明确各项工作的具体措施、完成时间、责任人员。内容至少应当包括:公司的高层重视与承诺、设置合规专员推进合规建设、公司规章制度的构建与完善、内控管理流程的设置、各业务板块合规管理的监督与执行、员工普法宣传教育培训活动等。

三、开展专项合规管理建设

公司应当结合自身的经营、管理特点,建立专项合规制度、流程,并有效落实执行,切实预防未来再次发生同类违规行为。公司在制度建设及执行过程中,应当贯彻以下合规要求:

(一)高层重视与承诺

1. 公司每年度应当投入相对充足的资源,包括但不限于人力、资金、政策性支持。

2. 公司高层应当高度重视公司的合规整改项目,作出创造和培养合规文化的承诺和表率,并确保合规计划在全体员工中得到明确传达及有效执行。

3. 公司高层应当出具书面承诺书,承诺公司建立专项合规制度并有效运行,对公司在开展业务过程中再次发生类似的违规行为承担个人责任;鼓励公司员工对公司存在违法违规的行为进行检举揭发,设置相应的奖惩制度。

(二)设置合规管理人员

1. 贵司应选任能够承担合规管理职责的人员。承担该职责的人员应该具有独立性、权威性和专业性等特征。

2. 贵司应以书面形式明确规定承担合规管理职责的人员的具体职责及权利。

3. 承担合规管理职责的人员应当出具承诺书,承诺不定期地对贵司各项内部经营管理制度的执行情况进行检查,如若发现类似违规行为,应及时制止、报告,否则需要承担个人责任。

(三)建立、完善公司规章制度

公司应当建立或完善规章制度,包括但不限于:

1. 建立健全的公司财务制度、监察审计制度、人力资源制度、项目管理制度、资产管理制度、招标采购制度、生产安全制度、销售制度等,为公司合法经营提供制度支撑;制定员工手册,为员工合法经营提供行为指南,并规定相关违规后果。

2. 根据最新法律法规的变动修订公司规章制度,应当完整保留修订、完善规章制度的全部流程性文件,促使公司规章制度符合法律法规规定,进而内化成公司各业务板块工作流程。

(四)切实落实合规计划工作

1. 公司应当采取有效措施或手段保障专项合规整改的有效落地和实施。承担合规管理职责的人员应当不定期对公司合规计划的执行情况进行抽查,如发现违规行为,可责令相关人员整改,并依据公司规章制度的规定采取惩戒措施。

2. 公司应当定期向检察机关和监管人报告合规整改的进度情况,听取整改意见,认真落实整改任务,提交执行情况报告。

(五)培育依法依规的经营文化

公司应当建立常态化的合规文化宣贯制度,包括:

1. 组织全员签署合规承诺书,将员工合规行为作为绩效考核的重要评价因素。

2. 定期举行员工培训,提升员工合规意识,并通过有效方式来保证培训效果。

3. 完整保存培训记录,包括培训签到表、培训课件等。

请贵司根据上述合规监督考察标准,严格落实《合规计划》,确保在考察期内高质量、高标准完成整改工作。在合规考察期内,我们将参照以上标准,对贵司开展考察,并向检察院报告。

××××律师事务所

××××年××月××日

第三方监管人审查访谈情况表

<table>
<tr><td rowspan="2">涉案单位</td><td rowspan="2">×××有限公司</td><td>负责人</td><td></td></tr>
<tr><td>联系方式</td><td></td></tr>
<tr><td>企业住址</td><td colspan="3"></td></tr>
<tr><td>涉案事由</td><td colspan="3">涉嫌××××罪</td></tr>
<tr><td>管辖检察机关</td><td colspan="3">××××人民检察院</td></tr>
<tr><td>第三方监管人</td><td colspan="3">××××律师事务所</td></tr>
<tr><td>考察期限</td><td></td><td>合规专员</td><td></td></tr>
<tr><td>访谈时间</td><td colspan="3"></td></tr>
<tr><td>访谈地点</td><td colspan="3"></td></tr>
<tr><td>访谈内容</td><td colspan="3">1.
2.
3.</td></tr>
</table>

您好！我们是××××律师事务所×××律师、×××律师，受×××委托，作为你单位涉嫌××××行为的刑事合规第三方独立监管人，现在就相关情况向你单位进行访谈，你所提供的信息、文件或陈述将作为审查你单位是否全面、真实履行合规承诺的重要参考，请确保你提供的信息、文件均是真实的，相关回答均是你本人的真实意思表示，没有任何虚假陈述。

一、被访谈人基本情况

1.1 请你自我介绍一下，并请提供你本人的身份证件、学历情况、工作证件。

答：姓名：××；年龄：××；民族：××；身份证号：××。

1.2 请你介绍一下你在公司的职务、工作职责、过去三年工作经历。

答：

二、涉案企业基本情况

2.1 请你介绍一下公司的成立时间、业务经营范围？

答：

2.2 请你介绍一下公司组织架构以及人员情况？

答：

2.3 公司各部门管理人员是谁，各管理人员的职责范围和管理权限如何？

答：

三、被访谈人单位/部门经营管理情况

3.1 对公司主要从事的业务是否了解？

答：

续表

3.2 对这次涉案的情况你是否了解？
答：
四、被访谈人单位涉嫌违法犯罪行为情况
4.1 请你介绍一下你单位涉嫌违法行为的情况。
答：
4.2 请你说明一下你单位涉嫌犯罪的原因是什么？
答：
4.3 你单位对检察机关指控的犯罪事实是否认可？
答：
五、被访谈人单位相关人员对企业合规制度的熟悉情况
5.1 你们公司是否有合规部门(包括法务部门)或者合规专员？
答：
5.2 公司是否制定了企业合规制度？
答：
5.3 根据《最高人民检察院关于开展企业合规改革试点工作方案》的规定，企业合规是指检察机关对于办理的涉企刑事案件，在依法做出不批准逮捕、不起诉决定或者根据认罪认罚从宽制度提出轻缓刑建议等的同时，针对企业涉嫌具体犯罪，结合办案实际，督促涉案企业作出合规承诺并积极整改落实，促进企业合法守法经营，减少和预防企业犯罪，实现司法办案政治效果、法律效果、社会效果的有机统一。你现在是否了解？
答：
5.4 作为本项目的第三方监管人，我们接下来的工作分三个阶段进行，第一阶段由你单位出具自查报告和合规整改计划，我们审议后提出修改意见，定稿后交检察院审定；第二阶段按照合规整改计划开展具体整改工作，在此期间我们会定期/不定期向你们了解整改进展，并汇报给检察院；第三阶段是在你们合规整改完成后，我们对整改情况进行考察，向检察院出具合规考察意见。你是否清楚？
答：
六、合规整改意向及工作计划
6.1 你单位/个人是否愿意针对违法行为作合规整改/配合合规整改工作？
答：
6.2 你单位准备怎么开展合规整改工作？
答：
6.3 你单位能否结合相关法律法规对涉案行为进行自查，剖析涉案违法行为发生的原因并出具自查报告？
答：
6.4 你单位多长时间可以出具自查报告？
答：

续表

6.5 你单位能否根据自查过程中发现的违法原因及相关制度漏洞制定合规整改计划? 答: 6.6 你公司多长时间内可以出具合规整改计划? 答: 6.7 我们将对你公司提交的自查报告及合规整改计划提出反馈意见或提交检察机关审核,你是否同意? 答: (以下无正文,为《访谈笔录》签署页)	
十分感谢你的配合,本次访谈到此结束。下一步我们将根据你单位提交的合规计划监督考察落实的情况,在合规考察期间我们还可能继续向你访谈。请在本访谈笔录每一页的下方及最后一页签名处签名。	
受访谈人(签名):	日期: 年 月 日
访谈人员(签名:)	日期: 年 月 日

企业刑事合规计划书

××××人民检察院:

首先感谢贵院同意对×××有限公司开展企业刑事合规监督考察,感谢第三方监管人对公司悉心指导督查。公司一定在考察期内严格履行刑事合规计划,并在今后的工作中时刻警醒自己,在做到运营完全合理合规合法化的同时奋力前行!

一、企业基本信息

企业成立时间、法定代表人、住址信息、主要负责人、联系方式、股东及董事构成、经营范围、知识产权、公司架构、员工情况等

二、企业经营发展及纳税情况

(介绍企业经营发展情况,以及近三年纳税情况)

三、企业犯罪事实及原因

阐述企业所涉罪名、犯罪事实和经过、分析犯罪产生的原因、企业认罪认罚情况

四、企业刑事合规承诺以及合规计划

1. 刑事合规承诺

我公司作出如下承诺:(1)自愿认罪认罚;(2)能够正常生产经营,承诺建立或者完善企业合规制度,具备启动第三方机制的基本条件;(3)自愿适用第三方机制。

2. 合规计划

(包括整改内容、整改期限、责任人员等)

A. 合规基本制度建设情况

落实计划:完成时间、交付成果

B. 合规管理机制运行情况

落实计划:完成时间、交付成果

C. 涉案行为具体整改内容情况

落实计划:完成时间、交付成果

D. 人事管理部分情况

落实计划:完成时间、交付成果

E. 合规文化建设情况

落实计划:完成时间、交付成果

F. 其他发展计划

五、合规计划具体完成项目及文件,时间安排等

1. 聘请第三方律师事务所(××××律师事务所)提供常年法律顾问服务

包括为公司内部合规提供法律咨询、法律意见;对公司运营产品的合规性、合法性进行确定;对公司运营业务的规范性、合规合法性进行确定。

2. 公司内部设置合规岗位

设置合规专员××××,主要配合法律顾问的工作,同时作为内部合规专员,对公司经营产品、经营范围做合规监督及文件存档。

3. 具体落实计划的日期及资料汇总

序号	内容(存档资料)	具体日期安排	相关人员	合规界定
1	人事合同及社保信息	随时更新	全体员工	是
2	……			

六、结语

×××有限公司

××××年××月××日

企业刑事合规计划执行报告

××××人民检察院/××××律师事务所：

第一阶段（××××年××月××日至××××年××月××日）企业刑事合规计划执行主要内容如下：

一、合规制度建设情况

二、涉案行为整改情况

三、员工学法用法情况

四、企业经营纳税情况

第二阶段（××××年××月××日至××××年××月××日）企业刑事合规计划执行主要内容如下：

第三阶段（××××年××月××日至××××年××月××日）企业刑事合规计划执行主要内容如下：

附件：相关整改文件资料

×××有限公司

××××年××月××日

第三方监管整改意见书

涉案单位	××××有限公司		
企业住址			
涉案事由	涉嫌××××罪		
管辖检察机关	××××人民检察院		
第三方监管人	××××律师事务所		
考察期限		合规专员	

续表

<table>
<tr><td rowspan="2">审查意见</td><td colspan="2">整改周期:××××年××月××日至××××年××月××日</td></tr>
<tr><td colspan="2">根据贵司××月××日提交的《合规整改计划书》/《合规执行报告》,监管人经认真审核,实地访谈相关人员,审查相关资料,就本《合规整改计划书》/《合规执行报告》提出以下修改意见:

请于××月××日前将修订完善的《合规整改计划书》/《合规执行报告》书面报告至监管人处,地址:××,联系人:××,联系方式:××</td></tr>
<tr><td colspan="2">涉案单位负责人/授权人(签字):</td><td>日期:××××年××月××日</td></tr>
<tr><td colspan="2">监管人负责人/承办人(签字):</td><td>日期:××××年××月××日</td></tr>
</table>

企业刑事合规整改报告

×××人民检察院/×××律师事务所:

我司在涉嫌××××一案中自愿认罪认罚、积极自查,整改生产经营过程中不规范事宜,在第三方监管人××××律师事务所的悉心指导监督下,开展为期×个月的刑事合规整改工作。现将整改情况报告如下:

一、企业基本情况

二、涉案行为的起因

三、合规计划落实完成情况

四、结语

此致

×××人民检察院/×××律师事务所

×××有限公司

××××年××月××日

第三方监管人监督考察报告

监督考察对象：____________________

考察报告编号：____________________

刑事合规专员：____________________

承办检察官：____________________

独立监管人：____________________

独立监管人团队成员：____________________

联系方式：____________________

监督考察期间：____________________

一、监督考察企业基本信息

（本部分包含企业名称和法定代表人等工商登记信息，以及用工、纳税、行业地位等企业经营发展情况等内容）

二、企业犯罪事实及原因

（本部分包含企业所涉罪名、犯罪事实和经过、犯罪原因、认罪认罚情况等内容）

三、企业履行刑事合规承诺及制定、执行合规计划情况

（本部分包含企业向本院出具的刑事合规承诺和自行制定的合规计划及执行情况）

四、独立监管人监督考察经过

（本部分包含独立监管人监督考察企业刑事合规建设的具体经过）

五、企业刑事合规监督考察综合评价分析及结果

（本部分包含独立监管人对企业履行刑事合规承诺和执行合规计划情况的具体论述并予以综合评价）

六、其他需要补充说明的情况

（独立监管人资质材料等作为附件后附）

××××律师事务所

××××年××月××日

第三方监管人整改验收标准

序号	项目	内容	评分标准	评分
1	公司领导对合规管理体系的领导和承诺(5分)	(1)确保建立合规政策和合规目标并与公司的战略发展方向兼容;(1分)	通过访谈公司管理人员、员工、问卷调查等形式进行了解评分	
		(2)确保将合规管理系统要求集成到组织的业务流程中;(1分)	查阅相关业务流程是否存在合规管理环节,如无该项不得分	
		(3)确保合规管理系统所需的资源可用;(1分)	如缺乏相关资源支持合规管理系统运行,该项不得分	
		(4)传达有效的合规管理和遵守合规管理系统要求的重要性;(1分)	调查获知公司领导能否在组织内有效传达合规管理系统要求重要性,否则该项不得分	
		(5)确保合规管理系统达到预期效果;(1分)	公司合规管理系统不健全,未能达到预期合规管理目标和效果的,该项不得分	
2	建立健全合规管理制度(5分)	(6)是否制定合规管理的基本制度,经董事会审议通过后实施;(2分)	未制定合规管理基本制度,该项不得分,制定制度但未经董事会审议后实施的,得1分	
		(7)合规管理的基本制度是否包括合规管理的目标、基本原则、机构设置及其职责、履职保障、合规考核以及违规事项的报告、处理和责任追究等内容;(2分)	合规管理基本制度涵盖的基本内容不全面的,酌情扣1分	
		(8)是否制定工作人员执业行为准则、员工手册,引导工作人员树立良好的合规执业意识和道德行为规范,确保工作人员执业行为依法合规;(1分)	未制定工作人员执业行为准则、员工手册之一的,该项不得分	

续表

序号	项目	内容	评分标准	评分
3	完善企业组织架构、设置合规部门或岗位(5分)	(9)是否建立完善的公司治理结构,确保董事会有效行使重大决策和监督功能,确保监事会有效行使监督职能;(1分)	监事未能有效行使监督职能的,该项不得分	
		(10)是否设立合规总监或者合规专员,合规人员是否具有胜任合规管理工作需要的专业知识和技能;(2分)	未设置合规专员,该项不得分;合规专员不具备相应专业知识的,扣1分	
		(11)合规人员能够履行合规管理职责,能为公司的经营管理行为提供合规咨询意见;(2分)	合规专员未能全面履行合规管理职责的,该项不得分	
4	建立合规风险应对机制(15分)	(12)是否通过有效的合规管理防范并化解合规风险,提升管理和业务能力,确保不将实质上的裁量权赋予被认为存在违法活动倾向的管理者,防止违规行为再次发生;(2分)	授权管理不规范,该项不得分	
		(13)合规管理是否覆盖所有业务、各部门、各层级和全体人员,贯穿策划、实施、检察、决策等各个环节;(2分)	合规管理未能覆盖全过程的,酌情扣1-2分	
		(14)是否审慎评估公司经营管理行为的合法性,发现违法违规行为及时报告、整改,落实责任追究,采取有效措施,防止扰乱市场秩序;(2分)	未能及时发现、报告、制止违法违规行为的,扣1分	
		(15)公司各部门、各层级负责人是否负责落实本单位、本部门的合规管理目标,并承担合规运营承担责任;(3分)	相关负责人不清楚合规管理目标的,该项不得分;未能有效承担合规责任的,扣1分	

续表

序号	项目	内容	评分标准	评分
		(16)合规专员是否在法律法规和准则发生变动时或者发现合规隐患时,及时建议董事会或者公司高层并督导有关部门,评估其对合规管理的影响;(3分)	合规专员未能及时评估法律法规政策变化或者未能及时报告合规隐患,给公司造成影响的,该项不得分	
		(17)各部门、各层级人员发现违法违规行为或合规风险隐患的,是否能够及时主动地向合规人员或公司高层报告;(3分)	未能健全合规报告机制的,该项不得分	
5	开展合规计划的制定和落实整改的实施情况(60分)	(18)针对涉案行为是否签订合规承诺书,是否认真履行合规承诺;(2分)	通过查阅相关整改资料,发现未认真履行合规承诺的,扣2分	
		(19)围绕违法犯罪行为开展自查情况,提交自查报告;(3分)	未开展自查,未提交自查报告的,扣5分;自查不全面或未按时提交自查报告的,扣3分	
		(20)接受第三方监管人的指导,认可合规考察标准并据此制定、按时提交合规计划书;(3分)	拒绝第三方监管人的指导,不能按时提交合规计划书的,该项不得分;未按时提交合规计划书的,扣3分	
		(21)安排企业高级管理人员负责合规计划的制定和实施;(3分)	公司高级管理人员未参与合规计划的制定和实施,该项不得分	
		(22)接受第三方监管人的修改意见,对合规计划进行修正;(2分)	拒绝接受第三方监管人对合规计划提出的修改意见的,该项不得分	
		(23)合规计划书能够确定整改具体内容、整改期限、责任人员等;(3分)	合规计划书未明确整改内容、整改期限、责任人员等,每少一项扣1分	

续表

序号	项目	内容	评分标准	评分
		(24)建立惩戒机制,保障合规计划的严格执行;(2分)	未建立惩戒机制,保障合规计划严格执行的,扣2分	
		(25)整改任务是否全面得到落实,整改方案是否发挥实质性作用;(7分)	根据整改任务的完成情况和实质效果,酌情打分	
		(26)全面停止涉案违法行为,积极采取有效补救措施;(5分)	未全面停止涉案行为,该项不得分,未积极采取有效补救措施的,扣5分	
		(27)建立合规部门或者设置合规专员(可由纪检人员担任)推进合规整改工作;(3分)	未设置合规人员推进合规整改工作的,该项不得分	
		(28)遵循的相应标准、账目是否完备,根据合规风险因素调整生产、经营、纳税等情况;(2分)	未根据合规风险调整相关生产经营行为的,该项不得分	
		(29)遵守规定、服从监督,为检察院及第三方监管人开展监督考察提供便利,配合调查、访谈,协助配合监管部门找寻了解情况的员工;(3分)	有关人员拒绝配合调查、访谈的,该项不得分	
		(30)是否积极主动定期向检察院和监管人如实全面报告专项合规整改情况,提交合规执行报告;(3分)	未积极主动报告合规整改情况,提交合规执行报告的,该项不得分;未按时提交合规执行报告的,扣3分	
		(31)是否存在隐瞒整改情况、篡改资料、提供虚假陈述或者虚假整改材料;(2分)	存在隐瞒整改情况或篡改资料,提供虚假信息或陈述的,该项不得分	

续表

序号	项目	内容	评分标准	评分
		(32)是否认真按照检察院及第三方监管人提出的合规整改意见进行整改、修正;(3分)	拒绝接受整改意见的,不得分;未全面整改的,扣2分	
		(33)合规整改期间有无发现新罪、漏罪或者其他违法行为;(2分)	发现新罪、漏罪或其他违法行为,该项不得分	
		(34)是否拒绝接受调查、拒绝配合提交相关整改材料;(2分)	拒绝接受调查、拒绝配合提交相关整改材料的,该项不得分	
		(35)涉案行为有关产品均已下架,业务流程管控得到合法优化;(3分)	涉案行为的有关产品仍未下架、销毁,业务管控流程未合法优化的,该项不得分	
		(36)公司全体员工依法接受法律培训,全员合规意识得到提升;(2分)	公司未开展员工法律法规培训的,该项不得分;培训不全面的,扣1分	
		(37)企业停止违法行为,经整改之后经营状况及业绩、规模等的变化;(5分)	企业停止涉案行为之后出现经营困难的,该项不得分;停止涉案行为且经合规整改之后,企业经营业绩、规模状况等趋向良好的,视情况予以3-5分	
6	建立违规问责机制(5分)	(38)企业有无建立合规问责制度和标准,对在经营管理及执业过程中违反法律、法规和准则的责任人或责任单位进行合规问责,并与绩效考核和薪酬发放相挂钩;(2分)	未建立合规问责机制的,该项不得分	

续表

序号	项目	内容	评分标准	评分
		(39)企业有无建立违规举报制度,让员工发现并报告犯罪行为,强化内部处分、加强合规考核培训,对违法违规行为的发生负有责任的员工或者管理者作出处分(涉嫌犯罪的移交相关部门);(2分)	未建立违规举报制度的,该项不得分	
		(40)合规人员对合规问责具有建议权、知情权和检查权,是否按照公司规定指导和督促有关部门处理涉及公司和工作人员违法违规行为的投诉和举报;(1分)	合规人员未按规定处理违法违规行为的投诉和举报的,该项不得分	
7	培育企业合规管理文化(5分)	(41)是否树立全员合规、合规从管理层做起的理念,倡导和推进合规文化建设,培育全体工作人员合规意识;(1分)	通过访谈、问卷等形式了解全员合规意识,视情况打分	
		(42)公司及工作人员是否能够遵守法律、法规和行业公认应当普遍遵守的职业道德和行为准则,包括但不限于主动防范、发现并化解合规风险;(2分)	通过访谈、问卷等形式了解全员合规意识,视情况打分	
		(43)开展多种形式的合规宣导与培训,制定行为守则、合规手册等文件,对公司各部门合规宣导与培训工作的落实情况进行督导。(2分)	未开展多形式的合规宣导与培训,未进行督导的,视情况扣1-2分	

填表说明:

1. 本表评分根据涉案企业合规整改情况进行评估,通过调查、查阅相关资料,访谈相关人员,评估涉案企业的包括但不限于合规计划整改实施情况、合规基本制度建设、合规体系运行、合规风险识别及应对等内容,综合评价涉案企业的合规管理情况。

2. 本表作为合规整改验收标准,其综合得分情况反映涉案企业在合规考察期届满的整

续表

改总体表现,得分60分以下为整改不合格,60分以上为整改合格,70分以上为一般,80分以上为良好,90分以上为优良。 3.本表中"评分"栏由参与涉案企业合规整改工作的监管人团队填写,交由本项目监管负责人签署。
监管人负责人:　　　　复核人:　　　　制表人: 日期:　　　　日期:　　　　日期:

××××律师事务所

××××年××月××日

三、××公司劳资合规义务清单

法律法规及其他外部强制性义务规范的注意清单

法规类别	序号	文件名称	颁发/修改文号	规范性质	适用区域	颁布/修改日期（按最新）	实施日期（按最新）	关键词	备注
综合性文件	L001	《中华人民共和国劳动法》	中华人民共和国主席令第24号	法律	全国	2018年12月29日	2018年12月29日	劳动法	全文关注
	L002	《中华人民共和国劳动合同法》	中华人民共和国主席令第73号	法律	全国	2012年12月28日	2013年7月1日	劳动合同	全文关注
	L003	《中华人民共和国劳动合同法实施条例》	中华人民共和国国务院令第535号	行政法规	全国	2008年9月18日	2008年9月18日	劳动合同	全文关注
	L004	《劳务派遣暂行规定》	中华人民共和国人力资源和社会保障部令第22号	部门规章	全国	2014年1月24日	2014年3月1日	劳务派遣	全文关注

续表

法规类别	序号	文件名称	颁发/修改文号	规范性质	适用区域	颁布/修改日期（按最新）	实施日期（按最新）	关键词	备注
	L005	《劳务派遣行政许可实施办法》	中华人民共和国人力资源和社会保障部令第19号	部门规章	全国	2013年6月20日	2013年7月1日	劳务派遣	全文关注
	L006	《非法用工单位伤亡人员一次性赔偿办法》	中华人民共和国人力资源和社会保障部令第9号	部门规章	全国	2010年12月31日	2011年1月1日	非法用工	（结合企业情况填写）
	L007	《关于确立劳动关系有关事项的通知》	劳社部发〔2005〕12号	部门规范性文件	全国	2005年5月25日	2005年5月25日	劳动关系	全文关注
	L008	《劳动部关于实行劳动合同制度若干问题的通知》	劳部发〔1996〕354号	部门规范性文件	全国	1996年10月31日	1996年10月31日	劳动合同	可关注
	L009	《劳动部关于贯彻执行〈中华人民共和国劳动法〉若干问题的意见》	劳部发〔1995〕309号	部门规范性文件	全国	1995年8月4日	1995年8月4日	劳动法	可关注

续表

法规类别	序号	文件名称	颁发/修改文号	规范性质	适用区域	颁布/修改日期（按最新）	实施日期（按最新）	关键词	备注
	L010	《违反〈劳动法〉有关劳动合同规定的赔偿办法》	劳部发〔1995〕223号	部门规章	全国	1995年5月10日	1995年5月10日	劳动法	不与现行法律违背部分仍然有效
	L011	《企业经济性裁减人员规定》	劳部发〔1994〕447号	部门规章	全国	1994年11月14日	1995年1月1日	经济性裁员	（结合企业情况填写）
	L012	《关于〈劳动法〉若干条文的说明》	劳办发〔1994〕289号	部门规范性文件	全国	1994年9月5日	1994年9月5日	劳动法	（结合企业情况填写）
	L013	《关于做好劳务派遣暂行规定贯彻实施工作的通知》	人社厅发〔2014〕13号	部门规范性文件	全国	2014年1月26日	2014年1月26日	劳务派遣	（结合企业情况填写）
	L014	《关于做好劳务派遣行政许可工作的通知》	人社厅发〔2013〕66号	部门规范性文件	全国	2013年6月20日	2013年6月20日	劳务派遣	（结合企业情况填写）
	L015	《关于非全日制用工若干问题的意见》	劳社部发〔2003〕12号	部门规范性文件	全国	2003年5月30日	2003年5月30日	非全日制用工	（结合企业情况填写）

续表

法规类别	序号	文件名称	颁发/修改文号	规范性质	适用区域	颁布/修改日期（按最新）	实施日期（按最新）	关键词	备注
	L016	《关于妥善处理劳动关系有关问题的通知》	劳社厅函〔2003〕257号	部门规范性文件	全国	2003年5月14日	2003年5月14日	劳动关系	（结合企业情况填写）
	L017	《关于对劳部发〔1996〕354号文件有关问题解释的通知》	劳办发〔1997〕18号	部门规范性文件	全国	1997年2月5日	1997年2月5日	劳动合同	（结合企业情况填写）
	L018	《关于非全日制用工若干问题的意见》	劳社部发〔2003〕12号	部门规范性文件	全国	2003年5月30日	2003年5月30日	非全日制用工	（结合企业情况填写）
	L019	《关于建立劳动用工备案制度的通知》	劳社部发〔2006〕46号	部门规范性文件	全国	2006年12月22日	2006年12月22日	劳动用工备案	（结合企业情况填写）
	L020	《关于建立高校毕业生就业见习制度的通知》	国人部发〔2006〕17号	部门规范性文件	全国	2006年2月27日	2006年2月27日	毕业生就业见习	（结合企业情况填写）
	L021	《广东省高等学校学生实习与毕业生就业见习条例》	广东省第十三届人民代表大会常务委员会公告第43号	省级地方性法规	广东省	2019年9月25日	2019年9月25日	广东省，学生实习，毕业生就业见习	（结合企业情况填写）

续表

法规类别	序号	文件名称	颁发/修改文号	规范性质	适用区域	颁布/修改日期（按最新）	实施日期（按最新）	关键词	备注
	L022	《广东省劳动合同签收公示暂行办法》	粤劳社发〔2007〕16号	省级地方规范性文件	广东省	2007年10月22日	2007年10月22日	广东省，劳动合同签收	（结合企业情况填写）
	L023	《深圳经济特区和谐劳动关系促进条例》	深圳市第六届人民代表大会常务委员会公告第150号	经济特区法规	深圳市	2019年4月26日	2019年4月26日	深圳经济特区，劳动关系	（结合企业情况填写）
	L024	《关于〈深圳经济特区和谐劳动关系促进条例〉第五十八条的解释》	深圳市第六届人民代表大会常务委员会公告第13号	经济特区法规	深圳市	2015年12月24日	2015年12月24日	深圳经济特区，劳动关系	（结合企业情况填写）
	L025	《深圳经济特区企业技术秘密保护条例》	深圳市第六届人民代表大会常务委员会公告第167号	经济特区法规	深圳市	2019年11月13日	2019年11月13日	深圳经济特区，技术秘密	（结合企业情况填写）
工资福利	L026	《保障农民工工资支付条例》	中华人民共和国国务院令第724号	行政法规	全国	2019年12月30日	2020年5月1日	农民工，工资支付	（结合企业情况填写）

续表

法规类别	序号	文件名称	颁发/修改文号	规范性质	适用区域	颁布/修改日期（按最新）	实施日期（按最新）	关键词	备注
	L027	《关于工资总额组成的规定》	中华人民共和国国家统计局令第1号	行政法规	全国	1990年1月1日	1990年1月1日	工资总额	（结合企业情况填写）
	L028	《最低工资规定》	中华人民共和国劳动和社会保障部令第21号	部门规章	全国	2004年1月20日	2004年3月1日	最低工资	（结合企业情况填写）
	L029	《工资支付暂行规定》	劳部发〔1994〕489号	部门规章	全国	1994年12月6日	1995年1月1日	工资支付	（结合企业情况填写）
	L030	《关于修改〈建筑工人实名制管理办法（试行）〉的通知》	建市〔2022〕59号	部门规范性文件	全国	2022年8月2日	2022年8月2日	建筑领域，实名制，工资保障	（结合企业情况填写）
	L031	《关于个人所得税法修改后有关优惠政策衔接问题的通知》	财税〔2018〕164号	部门规范性文件	全国	2018年12月27日	2019年1月1日	个人所得税	（结合企业情况填写）

续表

法规类别	序号	文件名称	颁发/修改文号	规范性质	适用区域	颁布/修改日期（按最新）	实施日期（按最新）	关键词	备注
	L032	《关于全面治理拖欠农民工工资问题的意见》	国办发〔2016〕1号	国务院规范性文件	全国	2016年1月17日	2016年1月17日	农民工，工资支付	（结合企业情况填写）
	L033	《关于部分公民放假有关工资问题的函》	劳社厅函〔2000〕18号	部门规范性文件	全国	2000年2月12日	2000年2月12日	假期工资	（结合企业情况填写）
	L034	《对〈工资支付暂行规定〉有关问题的补充规定》	劳部发〔1995〕226号	部门规范性文件	全国	1995年5月12日	1995年5月12日	工资支付	（结合企业情况填写）
	L035	《〈关于工资总额组成的规定〉若干具体范围的解释》	统制字〔1990〕1号	部门规范性文件	全国	1990年1月1日	1990年1月1日	工资总额	（结合企业情况填写）
	L036	《关于企业加强职工福利费财务管理的通知》	财企〔2009〕242号	部门规范性文件	全国	2009年11月12日	2009年11月12日	福利费	（结合企业情况填写）
	L037	《广东省工资支付条例》	广东省第十二届人民代表大会常务委员会公告第65号	省级地方性法规	广东省	2016年9月29日	2016年9月29日	广东省，工资支付	（结合企业情况填写）

续表

法规类别	序号	文件名称	颁发/修改文号	规范性质	适用区域	颁布/修改日期（按最新）	实施日期（按最新）	关键词	备注
	L038	《关于印发〈广东省人力资源和社会保障厅、广东省住房和城乡建设厅、广东省交通运输厅、广东省水利厅关于建设工程领域农民工工资支付保证金管理办法〉的通知》	粤人社规〔2019〕10 号	地方规范性文件	广东省	2019 年 3 月 1 日	2019 年 3 月 1 日	广东省，建筑领域，农民工，工资支付	（结合企业情况填写）
	L039	《广东省建设工程领域用工实名管理暂行办法》	粤建规范〔2019〕1 号	地方规范性文件	广东省	2019 年 1 月 31 日	2019 年 3 月 15 日	广东省，建筑领域，实名制，工资保障	（结合企业情况填写）
	L040	《关于高温津贴发放的管理办法》	粤人社发〔2012〕117 号	地方规范性文件	广东省	2012 年 5 月 24 日	2012 年 6 月 1 日	广东省，高温津贴	（结合企业情况填写）
	L041	《深圳市员工工资支付条例》	深圳市第七届人民代表大会常务委员会公告第 60 号	设区的市地方性法规	深圳市	2022 年 8 月 4 日	2022 年 8 月 4 日	深圳市，工资支付	（结合企业情况填写）

续表

法规类别	序号	文件名称	颁发/修改文号	规范性质	适用区域	颁布/修改日期（按最新）	实施日期（按最新）	关键词	备注
	L042	《深圳经济特区欠薪保障条例》	深圳市第六届人民代表大会常务委员会公告第150号	经济特区法规	深圳市	2019年4月26日	2019年4月26日	深圳经济特区，欠薪保障	（结合企业情况填写）
	L043	《〈深圳经济特区欠薪保障条例〉实施细则》	深圳市人民政府令第270号	地方政府规章	深圳市	2014年8月28日	2014年10月1日	深圳经济特区，欠薪保障	（结合企业情况填写）
	L044	《深圳市建设工程项目人员实名制管理办法》	深建规〔2018〕7号	地方规范性文件	深圳市	2018年7月12日	2018年7月12日	深圳市，建筑领域，实名制，工资保障	（结合企业情况填写）
工资福利－涉刑	L045	《关于审理拒不支付劳动报酬刑事案件适用法律若干问题的解释》	法释〔2013〕3号	司法解释	全国	2013年1月16日	2013年1月23日	拒不支付劳动报酬相关的刑事犯罪	（结合企业情况填写）
	L046	《关于加强涉嫌拒不支付劳动报酬犯罪案件查处衔接工作的通知》	人社部发〔2014〕100号	司法解释性质文件	全国	2014年12月23日	2014年12月23日	拒不支付劳动报酬相关的刑事犯罪	（结合企业情况填写）

续表

法规类别	序号	文件名称	颁发/修改文号	规范性质	适用区域	颁布/修改日期（按最新）	实施日期（按最新）	关键词	备注
	L047	《关于确定拒不支付劳动报酬刑事案件数额标准的通知》	粤高法发〔2015〕4号	地方司法文件	广东省	2015年3月3日	2015年3月3日	广东，拒不支付劳动报酬相关的刑事犯罪	（结合企业情况填写）
工作时间与休息休假	L048	《关于职工工作时间的规定》	中华人民共和国国务院令第174号	行政法规	全国	1995年3月25日	1995年5月1日	工作时间	（结合企业情况填写）
	L049	《关于颁发〈《国务院关于职工工作时间的规定》的实施办法〉的通知》	劳部发〔1995〕143号	部门规范性文件	全国	1995年3月25日	1995年3月25日	工作时间	（结合企业情况填写）
	L050	《关于职工工作时间有关问题的复函》	劳部发〔1997〕271号	部门规范性文件	全国	1997年9月10日	1997年9月10日	工作时间	（结合企业情况填写）
	L051	《关于印发〈《国务院关于职工工作时间的规定》问题解答〉的通知》	劳部发〔1995〕187号	部门规范性文件	全国	1995年4月22日	1995年4月22日	工作时间	（结合企业情况填写）

续表

法规类别	序号	文件名称	颁发/修改文号	规范性质	适用区域	颁布/修改日期（按最新）	实施日期（按最新）	关键词	备注
	L052	《关于职工全年月平均工作时间和工资折算问题的通知》	劳社部发〔2008〕3号	部门规范性文件	全国	2008年1月3日	2008年1月3日	平均工作时间，工资折算	（结合企业情况填写）
	L053	《关于企业实行不定时工作制和综合计算工时工作制的审批办法》	劳部发〔1994〕503号	部门规章	全国	1994年12月14日	1995年1月1日	不定时工作制，综合计算工时工作制	（结合企业情况填写）
	L054	《全国年节及纪念日放假办法》	中华人民共和国国务院令第644号	行政法规	全国	2013年12月11日	2014年1月1日	节假日	（结合企业情况填写）
	L055	《职工带薪年休假条例》	中华人民共和国国务院令第514号	行政法规	全国	2007年12月14日	2008年1月1日	带薪年休假	（结合企业情况填写）
	L056	《国务院法制办对〈关于《职工带薪年休假条例》有关问题的请示〉的复函》	国法秘政函〔2009〕5号	行政法规解释	全国	2009年1月6日	2009年1月6日	带薪年休假	（结合企业情况填写）

续表

法规类别	序号	文件名称	颁发/修改文号	规范性质	适用区域	颁布/修改日期（按最新）	实施日期（按最新）	关键词	备注
	L057	《企业职工带薪年休假实施办法》	中华人民共和国人力资源和社会保障部令第1号	部门规章	全国	2008年9月18日	2008年9月18日	带薪年休假	（结合企业情况填写）
	L058	《关于〈企业职工带薪年休假实施办法〉有关问题的复函》	人社厅函〔2009〕149号	部门规范性文件	全国	2009年4月15日	2009年4月15日	年休假	（结合企业情况填写）
	L059	《关于职工探亲待遇的规定》	国发〔1981〕36号	行政法规	全国	1981年3月14日	1981年3月14日	探亲假	（结合企业情况填写）
	L060	《关于制定〈国务院关于职工探亲待遇的规定〉实施细则的若干问题的意见》	〔81〕劳总险字12号	部门规范性文件	全国	1981年3月26日	1981年3月26日	探亲假	（结合企业情况填写）
	L061	《企业职工患病或非因工负伤医疗期规定》	劳部发〔1994〕479号	部门规章	全国	1994年12月1日	1995年1月1日	患病，非因工负伤，医疗期	（结合企业情况填写）

续表

法规类别	序号	文件名称	颁发/修改文号	规范性质	适用区域	颁布/修改日期（按最新）	实施日期（按最新）	关键词	备注
	L062	《关于贯彻〈企业职工患病或非因工负伤医疗期规定〉的通知》	劳部发〔1995〕236号	部门规范性文件	全国	1995年5月23日	1995年5月23日	患病，非因工负伤，医疗期	（结合企业情况填写）
	L063	《关于加强企业伤病长休职工管理工作的通知》	劳险字〔1992〕14号	部门规范性文件	全国	1992年6月9日	1992年6月9日	病休	（结合企业情况填写）
特殊群体保护-女职工	L064	《中华人民共和国人口与计划生育法》	中华人民共和国主席令第96号	法律	全国	2021年8月20日	2021年8月20日	生育	（结合企业情况填写）
	L065	《中华人民共和国妇女权益保障法》	中华人民共和国主席令第22号	法律	全国	2022年10月30日	2023年1月1日	妇女权益保障	（结合企业情况填写）
	L066	《女职工劳动保护特别规定》	中华人民共和国国务院令第619号	行政法规	全国	2012年4月28日	2012年4月28日	女职工劳动保护	（结合企业情况填写）
	L067	《女职工保健工作规定》	卫妇发〔1993〕第11号	部门规章	全国	1993年11月26日	1993年11月26日	女职工劳动保护	（结合企业情况填写）

续表

法规类别	序号	文件名称	颁发/修改文号	规范性质	适用区域	颁布/修改日期（按最新）	实施日期（按最新）	关键词	备注
	L068	《劳动部对〈关于《女职工保健工作规定》有关问题的请示〉的批复》	劳部发〔1994〕136号	部门规范性文件	全国	1994年3月18日	1994年3月18日	女职工劳动保护	（结合企业情况填写）
	L069	《广东省人口与计划生育条例》	广东省第十三届人民代表大会常务委员会公告第94号	省级地方性法规	广东省	2021年12月1日	2021年12月1日	广东省，生育	（结合企业情况填写）
	L070	《广东省实施〈中华人民共和国妇女权益保障法〉办法》	广东省人民代表大会常务委员会公告第76号	省级地方性法规	广东省	2007年5月31日	2007年10月1日	广东省，妇女权益保障	（结合企业情况填写）
	L071	《广东省实施〈女职工劳动保护特别规定〉办法》	广东省人民政府令第227号	地方政府规章	广东省	2016年12月20日	2017年2月1日	广东省，女职工劳动保护	（结合企业情况填写）
	L072	《深圳经济特区性别平等促进条例》	深圳市第六届人民代表大会常务委员会公告第150号	经济特区法规	深圳市	2019年4月26日	2019年4月26日	深圳经济特区，性别平等	（结合企业情况填写）

续表

法规类别	序号	文件名称	颁发/修改文号	规范性质	适用区域	颁布/修改日期（按最新）	实施日期（按最新）	关键词	备注
特殊群体保护－未成年人	L073	《中华人民共和国未成年人保护法》	中华人民共和国主席令第57号	法律	全国	2020年10月17日	2021年6月1日	未成年人保护	（结合企业情况填写）
	L074	《未成年工特殊保护规定》	劳部发〔1994〕498号	部门规章	全国	1994年12月9日	1995年1月1日	未成年工保护	（结合企业情况填写）
	L075	《禁止使用童工规定》	中华人民共和国国务院令第364号	行政法规	全国	2002年10月1日	2002年12月1日	童工	（结合企业情况填写）
外国人就业	L076	《外国人在中国就业管理规定》	中华人民共和国人力资源和社会保障部令第32号	部门规章	全国	2017年3月13日	2017年3月13日	外国人就业管理	（结合企业情况填写）
工会与集体协商	L077	《中华人民共和国工会法》	中华人民共和国主席令第107号	法律	全国	2021年12月24日	2022年1月1日	工会	（结合企业情况填写）

续表

法规类别	序号	文件名称	颁发/修改文号	规范性质	适用区域	颁布/修改日期（按最新）	实施日期（按最新）	关键词	备注
	L078	《集体合同规定》	中华人民共和国劳动和社会保障部令第22号	部门规章	全国	2004年1月20日	2004年5月1日	集体合同，集体协商	（结合企业情况填写）
	L079	《工资集体协商试行办法》	中华人民共和国第9号令	部门规章	全国	2000年11月8日	2000年11月8日	工资集体协商	（结合企业情况填写）
	L080	《中国工会章程》	—	团体规定	全国	2018年10月26日	2018年10月26日	工会	（结合企业情况填写）
	L081	《企业工会工作条例（试行）》	总工发〔2006〕41号	劳动工会综合规定	全国	2006年7月6日	2006年7月6日	工会	（结合企业情况填写）
	L082	《广东省实施〈中华人民共和国工会法〉办法》	广东省第十届人民代表大会常务委员会公告第32号	省级地方性法规	广东省	2004年9月24日	2004年11月1日	广东省，工会	（结合企业情况填写）

续表

法规类别	序号	文件名称	颁发/修改文号	规范性质	适用区域	颁布/修改日期（按最新）	实施日期（按最新）	关键词	备注
	L083	《广东省企业集体合同条例》	广东省第十二届人民代表大会常务委员会公告第21号	省级地方性法规	广东省	2014年9月25日	2015年1月1日	广东省，集体合同，集体协商	（结合企业情况填写）
	L084	《深圳市实施〈中华人民共和国工会法〉办法》	深圳市第六届人民代表大会常务委员会公告第154号	设区的市地方性法规	深圳市	2019年8月22日	2019年8月22日	深圳市，工会	（结合企业情况填写）
社会保险与公积金	L085	《中华人民共和国社会保险法》	中华人民共和国主席令第25号	法律	全国	2018年12月29日	2018年12月29日	社会保险	（结合企业情况填写）
	L086	《住房公积金管理条例》	中华人民共和国国务院令第710号	行政法规	全国	2019年3月24日	2019年3月24日	住房公积金	（结合企业情况填写）
	L087	《社会保险费征缴暂行条例》	中华人民共和国国务院令第710号	行政法规	全国	2019年3月24日	2019年3月24日	社会保险费征缴	（结合企业情况填写）

续表

法规类别	序号	文件名称	颁发/修改文号	规范性质	适用区域	颁布/修改日期（按最新）	实施日期（按最新）	关键词	备注
	L088	《失业保险条例》	中华人民共和国国务院令第258号	行政法规	全国	1999年1月22日	1999年1月22日	失业保险	（结合企业情况填写）
	L089	《实施〈中华人民共和国社会保险法〉若干规定》	中华人民共和国人力资源和社会保障部令第13号	部门规章	全国	2011年6月29日	2011年7月1日	社会保险	（结合企业情况填写）
	L090	《社会保险基金先行支付暂行办法》	中华人民共和国人力资源和社会保障部令第38号	部门规章	全国	2018年12月14日	2018年12月14日	社会保险基金，先行支付	（结合企业情况填写）
	L091	《社会保险稽核办法》	中华人民共和国劳动和社会保障部令第16号	部门规章	全国	2003年2月27日	2003年4月1日	社会保险稽核	（结合企业情况填写）

续表

法规类别	序号	文件名称	颁发/修改文号	规范性质	适用区域	颁布/修改日期（按最新）	实施日期（按最新）	关键词	备注
	L092	《社会保险行政争议处理办法》	中华人民共和国劳动和社会保障部令第13号	部门规章	全国	2001年5月27日	2001年5月27日	社会保险，行政争议处理	（结合企业情况填写）
	L093	《企业职工生育保险试行办法》	劳部发〔1994〕504号	部门规章	全国	1994年12月14日	1995年1月1日	生育保险	（结合企业情况填写）
	L094	《国务院关于建立城镇职工基本医疗保险制度的决定》	国发〔1998〕44号	国务院规范性文件	全国	1998年12月14日	1998年12月14日	医疗保险	（结合企业情况填写）
	L095	《国务院关于建立统一的企业职工基本养老保险制度的决定》	国发〔1997〕26号	国务院规范性文件	全国	1997年7月16日	1997年7月16日	养老保险	（结合企业情况填写）
	L096	《广东省社会养老保险条例》	—	省级地方性法规	广东省	2014年11月26日	2014年11月26日	广东省，养老保险	（结合企业情况填写）

续表

法规类别	序号	文件名称	颁发/修改文号	规范性质	适用区域	颁布/修改日期（按最新）	实施日期（按最新）	关键词	备注
	L097	《广东省失业保险条例》	广东省第十三届人民代表大会常务委员会公告第115号	省级地方性法规	广东省	2022年6月1日	2022年7月1日	广东省，失业保险	（结合企业情况填写）
	L098	《广东省职工生育保险规定》	广东省人民政府令第287号	地方政府规章	广东省	2021年7月29日	2021年10月1日	广东省，生育保险	（结合企业情况填写）
	L099	《深圳经济特区社会养老保险条例》	深圳市第七届人民代表大会常务委员会公告第16号	经济特区法规	深圳市	2021年7月6日	2021年8月1日	深圳市，养老保险	（结合企业情况填写）
	L100	《深圳经济特区失业保险若干规定》	深圳市第六届人民代表大会常务委员会公告第167号	经济特区法规	深圳市	2019年11月13日	2019年11月13日	深圳市，失业保险	（结合企业情况填写）
	L101	《〈深圳经济特区社会养老保险条例〉实施细则》	深圳市人民政府令第257号	地方政府规章	深圳市	2013年11月25日	2014年1月1日	深圳市，养老保险	（结合企业情况填写）
	L102	《深圳市社会医疗保险办法》	深圳市人民政府令第256号	地方政府规章	深圳市	2013年9月29日	2014年1月1日	深圳市，医疗保险	（结合企业情况填写）

续表

法规类别	序号	文件名称	颁发/修改文号	规范性质	适用区域	颁布/修改日期（按最新）	实施日期（按最新）	关键词	备注
职业病、工伤与劳动安全	L103	《中华人民共和国安全生产法》	中华人民共和国主席令第88号	法律	全国	2021年6月10日	2021年9月1日	安全生产	（结合企业情况填写）
	L104	《中华人民共和国职业病防治法》	中华人民共和国主席令第24号	法律	全国	2018年12月29日	2018年12月29日	职业病	（结合企业情况填写）
	L105	《工伤保险条例》	中华人民共和国国务院令第586号	行政法规	全国	2010年12月20日	2011年1月1日	工伤保险	（结合企业情况填写）
	L106	《生产安全事故报告和调查处理条例》	中华人民共和国国务院令第493号	行政法规	全国	2007年4月9日	2007年6月1日	安全生产事故	（结合企业情况填写）
	L107	《中华人民共和国尘肺病防治条例》	国发〔1987〕105号	行政法规	全国	1987年12月3日	1987年12月3日	尘肺病	（结合企业情况填写）
	L108	《职业病诊断与鉴定管理办法》	中华人民共和国国家卫生健康委员会令第6号	部门规章	全国	2021年1月4日	2021年1月4日	职业病诊断，职业病鉴定	（结合企业情况填写）

续表

法规类别	序号	文件名称	颁发/修改文号	规范性质	适用区域	颁布/修改日期（按最新）	实施日期（按最新）	关键词	备注
	L109	《伤残抚恤管理办法》	中华人民共和国退役军人事务部令第1号	部门规章	全国	2019年12月16日	2020年2月1日	伤残抚恤管理	（结合企业情况填写）
	L110	《工伤职工劳动能力鉴定管理办法》	中华人民共和国人力资源和社会保障部令第38号	部门规章	全国	2018年12月14日	2018年12月14日	劳动能力鉴定	（结合企业情况填写）
	L111	《用人单位职业健康监督监护管理办法》	中华人民共和国国家安全生产监督管理总局令第49号	部门规章	全国	2012年4月27日	2012年6月1日	职业健康监督	（结合企业情况填写）
	L112	《工伤认定办法》	中华人民共和国人力资源和社会保障部令第8号	部门规章	全国	2010年12月31日	2011年1月1日	工伤认定	（结合企业情况填写）

续表

法规类别	序号	文件名称	颁发/修改文号	规范性质	适用区域	颁布/修改日期（按最新）	实施日期（按最新）	关键词	备注
	L113	《因工死亡职工供养亲属范围规定》	中华人民共和国劳动和社会保障部令第18号	部门规章	全国	2003年9月23日	2004年1月1日	供养亲属范围	（结合企业情况填写）
	L114	《职业病危害因素分类目录》	国卫疾控发〔2015〕92号	部门规范性文件	全国	2015年11月17日	2015年11月17日	职业病危害因素	（结合企业情况填写）
	L115	《职业病分类和目录》	国卫疾控发〔2013〕48号	部门工作文件	全国	2013年12月23日	2013年12月23日	职业病分类	（结合企业情况填写）
	L116	《劳动能力鉴定职工工伤与职业病致残等级（GB/T 16180－2014）》	—	部门规范性文件	全国	2014年9月3日	2015年1月1日	工伤，职业病，伤残等级	（结合企业情况填写）
	L117	《人力资源和社会保障部关于执行〈工伤保险条例〉若干问题的意见（二）》	人社部发〔2016〕29号	部门规范性文件	全国	2016年3月28日	2016年3月28日	工伤保险	（结合企业情况填写）

续表

法规类别	序号	文件名称	颁发/修改文号	规范性质	适用区域	颁布/修改日期（按最新）	实施日期（按最新）	关键词	备注
	L118	《人力资源和社会保障部关于执行〈工伤保险条例〉若干问题的意见》	人社部发〔2013〕34 号	部门规范性文件	全国	2013 年 4 月 25 日	2013 年 4 月 25 日	工伤保险	（结合企业情况填写）
	L119	《劳动和社会保障部关于实施〈工伤保险条例〉若干问题的意见》	劳社部函〔2004〕256 号	部门规范性文件	全国	2004 年 1 月 1 日	2004 年 1 月 1 日	工伤保险	（结合企业情况填写）
	L120	《关于进一步做好建筑业工伤保险工作的通知》	人社厅函〔2017〕53 号	部门规范性文件	全国	2017 年 3 月 9 日	2017 年 3 月 9 日	建筑业，工伤保险	（结合企业情况填写）
	L121	《关于加快推进建筑业工伤保险工作的通知》	人社厅发〔2016〕43 号	部门工作文件	全国	2016 年 3 月 24 日	2016 年 3 月 24 日	建筑业，工伤保险	（结合企业情况填写）
	L122	《防暑降温措施管理办法》	安监总安健〔2012〕89 号	部门规范性文件	全国	2012 年 6 月 29 日	2012 年 6 月 29 日	防暑降温	（结合企业情况填写）
	L123	《关于贯彻执行〈高温作业分级〉国家标准的通知》	劳人护〔1984〕23 号	部门工作文件	全国	1984 年 5 月 24 日	1984 年 5 月 24 日	高温作业	（结合企业情况填写）

续表

法规类别	序号	文件名称	颁发/修改文号	规范性质	适用区域	颁布/修改日期（按最新）	实施日期（按最新）	关键词	备注
	L124	《关于贯彻执行〈体力劳动强度分级〉国家标准的通知》	劳人护〔1984〕8号	部门工作文件	全国	1984年2月23日	1984年2月23日	劳动强度分级	（结合企业情况填写）
	L125	《广东省工伤保险条例》	广东省第十三届人民代表大会常务委员会公告第37号	省级地方性法规	广东省	2019年5月21日	2019年7月1日	广东省，工伤保险	（结合企业情况填写）
	L126	《广东省高温天气劳动保护办法》	广东省人民政府令第166号	地方政府规章	广东省	2011年12月26日	2012年3月1日	广东省，高温津贴	（结合企业情况填写）
	L127	《关于进一步明确工伤保险有关待遇调整问题的通知》	粤人社规〔2014〕1号	地方规范性文件	广东省	2014年5月19日	2014年5月19日	广东省，工伤保险待遇	（结合企业情况填写）
	L128	《深圳市劳动能力鉴定管理办法》	深圳市人民政府令第326号	地方政府规章	深圳市	2020年3月7日	2020年3月7日	深圳市，劳动能力鉴定	（结合企业情况填写）
	L129	《关于审理工伤保险待遇案件的裁判指引》	—	地方司法文件	深圳市	2015年10月22日	2015年10月22日	深圳市，工伤保险	（结合企业情况填写）

续表

法规类别	序号	文件名称	颁发/修改文号	规范性质	适用区域	颁布/修改日期（按最新）	实施日期（按最新）	关键词	备注
就业促进	L130	《中华人民共和国就业促进法》	中华人民共和国主席令第24号	法律	全国	2015年4月24日	2015年4月24日	就业促进	（结合企业情况填写）
	L131	《就业服务与就业管理规定》	中华人民共和国人力资源和社会保障部令第47号	部门规章	全国	2022年1月7日	2011年1月7日	就业服务，就业管理	（结合企业情况填写）
	L132	《广东省实施〈中华人民共和国就业促进法〉办法》	—	省级地方性法规	广东省	2009年11月26日	2010年1月1日	广东省，就业促进	（结合企业情况填写）
劳动监察	L133	《劳动保障监察条例》	中华人民共和国国务院令第423号	行政法规	全国	2004年11月1日	2004年12月1日	劳动监察	（结合企业情况填写）
	L134	《关于实施〈劳动保障监察条例〉若干规定》	中华人民共和国劳动和社会保障部令第25号	部门规章	全国	2022年1月7日	2022年1月7日	劳动监察	（结合企业情况填写）

续表

法规类别	序号	文件名称	颁发/修改文号	规范性质	适用区域	颁布/修改日期（按最新）	实施日期（按最新）	关键词	备注
	L135	《广东省劳动保障监察条例》	广东省第十三届人民代表大会常务委员会公告第36号	省级地方性法规	广东省	2019年5月21日	2019年5月21日	广东省，劳动监察	（结合企业情况填写）
劳动争议处理	L136	《中华人民共和国劳动争议调解仲裁法》	中华人民共和国主席令第80号	法律	全国	2007年12月29日	2008年5月1日	劳动争议调解仲裁	（结合企业情况填写）
	L137	《关于审理劳动争议案件适用法律问题的解释（一）》	法释〔2020〕26号	司法解释	全国	2020年12月29日	2021年1月1日	劳动争议法律适用	（结合企业情况填写）
	L138	《关于在民事审判工作中适用〈中华人民共和国工会法〉若干问题的解释》	法释〔2020〕17号	司法解释	全国	2020年12月29日	2021年1月1日	工会	（结合企业情况填写）
	L139	《关于审理工伤保险行政案件若干问题的规定》	法释〔2014〕9号	司法解释	全国	2014年6月18日	2014年9月1日	工伤保险行政案件	（结合企业情况填写）

续表

法规类别	序号	文件名称	颁发/修改文号	规范性质	适用区域	颁布/修改日期（按最新）	实施日期（按最新）	关键词	备注
	L140	《劳动人事争议仲裁办案规则》	中华人民共和国人力资源和社会保障部令第33号	部门规章	全国	2017年5月8日	2017年7月1日	劳动人事争议，办案规则	（结合企业情况填写）
	L141	《劳动人事争议仲裁组织规则》	中华人民共和国人力资源和社会保障部令第34号	部门规章	全国	2017年5月8日	2017年7月1日	劳动人事争议，组织规则	（结合企业情况填写）
	L142	《最高人民法院对“我国劳动合同法无固定期限劳动合同的离职补偿问题”的答复》	—	司法解释性质文件	全国	2014年12月12日	2014年12月12日	无固定期限，离职补偿	（结合企业情况填写）
	L143	《最高人民法院关于超过法定退休年龄的进城务工农民在工作时间内因公伤亡的，能否认定工伤的答复》	〔2012〕行他字第13号	司法解释性质文件	全国	2012年11月25日	2012年11月25日	超过法定退休年龄，农民	（结合企业情况填写）

续表

法规类别	序号	文件名称	颁发/修改文号	规范性质	适用区域	颁布/修改日期（按最新）	实施日期（按最新）	关键词	备注
	L144	《最高人民法院研究室关于王某与某公司劳动争议纠纷申请再审一案适用法律问题的答复》	法研〔2011〕31号	司法解释性质文件		2011年3月9日	2011年3月9日	劳动争议，申请再审	（结合企业情况填写）
	L145	《最高人民法院行政审判庭关于超过法定退休年龄的进城务工农民因工伤亡的，应否适用〈工伤保险条例〉请示的答复》	〔2010〕行他字第10号	司法解释性质文件	全国	2010年3月17日	2010年3月17日	超过法定退休年龄，农民	（结合企业情况填写）
	L146	《最高人民法院行政审判庭关于离退休人员与现工作单位之间是否构成劳动关系以及工作时间内受伤是否适用〈工伤保险条例〉问题的答复》	〔2007〕行他字第6号	司法解释性质文件	全国	2007年7月5日	2007年7月5日	离退休人员，劳动关系，工伤	（结合企业情况填写）

续表

法规类别	序号	文件名称	颁发/修改文号	规范性质	适用区域	颁布/修改日期（按最新）	实施日期（按最新）	关键词	备注
	L147	《最高人民法院关于因第三人造成工伤的职工或其亲属在获得民事赔偿后是否还可以获得工伤保险补偿问题的答复》	〔2006〕行他字第12号	司法解释性质文件	全国	2006年12月28日	2006年12月28日	第三人造成工伤，民事赔偿	（结合企业情况填写）
	L148	《最高人民法院关于人民法院对经劳动争议仲裁裁决的纠纷准予撤诉或驳回起诉后劳动争议仲裁裁决从何时起生效的解释》	法释〔2000〕18号	司法解释	全国	2000年7月10日	2000年7月19日	撤诉，驳回起诉，裁决生效	（结合企业情况填写）
	L149	《〈关于因破产、被工商部门吊销营业执照或自行解散的企业拖欠职工工资引发的劳动争议如何确认被诉人的请示〉的复函》	劳部发〔1997〕285号	行政许可批复	全国	1997年9月30日	1997年9月30日	破产、吊销执照、解散，被诉人确认	（结合企业情况填写）
	L150	《广东省劳动人事争议处理办法》	广东省人民政府令第234号	地方政府规章	广东省	2017年3月16日	2017年5月1日	广东省，劳动争议	（结合企业情况填写）

续表

法规类别	序号	文件名称	颁发/修改文号	规范性质	适用区域	颁布/修改日期（按最新）	实施日期（按最新）	关键词	备注
	L151	《关于劳动人事争议调解的规定》	粤人社规〔2013〕1号	地方规范性文件	广东省	2013年5月10日	2013年6月10日	广东省，劳动争议	（结合企业情况填写）
	L152	《关于劳动人事争议仲裁与诉讼衔接若干意见》	粤高法发〔2018〕2号	地方司法文件	广东省	2018年7月18日	2018年7月18日	广东省，劳动争议	（结合企业情况填写）
	L153	《关于审理劳动争议案件的裁判指引》	深中法发〔2015〕13号	地方司法文件	深圳市	2015年9月2日	2015年9月2日	深圳市，劳动争议	（结合企业情况填写）
职业教育	L154	《中华人民共和国职业教育法》	中华人民共和国主席令第112号	法律	全国	2022年4月20日	2022年5月1日	职业教育	（结合企业情况填写）
	L155	《深圳市职业训练条例》	深圳市第六届人民代表大会常务委员会公告第154号	设区的市地方性法规	深圳市	2019年8月22日	2019年8月22日	职业训练	（结合企业情况填写）
其他	L×××	……							

注：本附录仅供参考，整理截止日期：2023年2月1日。

后记

本书的形成要大力感谢深圳市律师协会及领导的大力支持。深圳市律师协会重视青年律师培养,每年开办青年律师研修班。本书的作者为深圳市律师协会第十四期深圳青年律师研修班(企业合规方向)学员。一代代深圳市律师协会人的不断奋斗,把深圳改革创新的基因逐渐嵌入深圳律师行业之中。

作为青年律师,我们始终要思考在自己的职业生涯中能给行业、社会、国家带来什么有益的奉献。企业合规建设的大幕正在徐徐展开,坚定而宽广,这将是我辈不容推卸的责任。

2018 年之后,中国逐步了解和广泛开展了企业合规,但直到现在仍然处于初级发展阶段。现在实际的合规需求主要集中在少量国有企业和涉案企业,而律师广泛参与合规建设,实质上是在 2020 年涉案企业合规开展之后。对比已经有一定风险管理、内部控制经验的机构从业人员,律师在初始阶段的优势并不突出。快速提高律师行业的企业合规体系建设能力,是本书想达到的初心。

律师始终是企业合规建设的主力军,理由包括:第一,推动合规建设的主导部门主要为司法部门及行政部门,律师所从事的业务与司法部门及行政部门的工作内容有较为密切的关系。第二,合规分为管理体系搭建和规范识别、风险识别两大块任务,律师天然对规范识别、风险识别具有敏感性。第三,律师是贴近企业的专业人士,可以协助企业达到应有的合规要求,又能提供切合企业实际需要的合规方案。

我们始终要认识到企业合规是大事业,除了律师,还需多方主体参与合作,而且最终要回归到企业,给企业创造价值,如此才能使企业长久持续发展。

本书的顺利出版,需要感谢深圳市律师协会副会长杨道,深圳市律师协会第十四期深圳青年律师研修班(企业合规方向)班主任、深圳市律师协会副会长王伟,深圳市律师协会第十四期研修班辅导员肖伟东、曾艳青,以及深圳市律师协会全体工作人员的支持。同时也需要说明,作为深圳市律师协会第十四期研修班全体成员的智慧结晶,本书的具体分工如下:

第一期编撰小组讨论确定了全书的体例,这些同学为:

周国鹏、吴芷莹、李家宏、刘智英、刘小燕、张楠楠、尹诗的、杜婉纯、李婧、王彩琴、余明枫、林小曼、毛晶晶、赵乙桥、徐李晓红、谢宜峰、李福兴、郑惠珍、王红娟、曾祺、易怀炯、于雪飞、钟志伟、钟益平、蔡深兴、廖森林、辛月、纪金彪、倪勇进

第一小组撰写了本指南总则第四章、分则第五章,这些同学为:

林小曼(组长)、李家宏、刘诗霞、吴国荣、刘智英、于雪飞、王丹丹、许姣姣、陈文景、王荻

第二小组撰写了本指南总则第三章、分则第一章,这些同学为:

杜婉纯(组长)、蔡深兴、闫维航、杨玉盟、杨小丽、钟益平、李福兴、李婧、张楠楠、康芬芬

第三小组撰写了本指南总则第一章、分则第二章,这些同学为:

谢宜峰(组长)、郑惠珍、尹诗的、周国鹏、辛月、陈帅、刘春花、袁韶浦、廖森林、蒋清明

第四小组撰写了本指南总则第二章、分则第四章,这些同学为:

纪金彪(组长)、王小敏、钟志伟、陈嘉丽、徐李晓红、夏文娟、倪勇进、朱小华、刘小燕、余明枫

第五小组成员撰写了本指南总则第五章、分则第三章,这些同学为:

张亮(组长)、王彩琴、赵乙桥、毛晶晶、易怀炯、曾祺、吴芷莹、王红娟、刘涛、杨飞

本指南分则第六章由赵乙桥完成

第二期编撰小组在成文后期做了大量讨论、统稿、校对、修改工作,这些同学为:

钟志伟、李家宏、徐李晓红、谢宜峰、杜婉纯、尹诗的、林小曼、吴国荣

特别感谢无私奉献的深圳市律师协会第十四期研修班的同学们,是大家的艰苦努力和团结奋斗,思想的种子才结出硕果。

路漫漫,行则将至,未来可期,我辈仍需不断努力前进。诸君共勉。